Christoph Klotter · Niels Beckenbach

Romantik und Gewalt

Christoph Klotter
Niels Beckenbach

Romantik
und Gewalt

Jugendbewegungen
im 19., 20. und 21. Jahrhundert

VS VERLAG

Bibliografische Information der Deutschen Nationalbibliothek
Die Deutsche Nationalbibliothek verzeichnet diese Publikation in der
Deutschen Nationalbibliografie; detaillierte bibliografische Daten sind im Internet über
<http://dnb.d-nb.de> abrufbar.

1. Auflage 2012

Lektorat: Cori Mackrodt

VS Verlag für Sozialwissenschaften ist eine Marke von Springer Fachmedien.
Springer Fachmedien ist Teil der Fachverlagsgruppe Springer Science+Business Media.
www.vs-verlag.de

Umschlaggestaltung: KünkelLopka Medienentwicklung, Heidelberg
Gedruckt auf säurefreiem und chlorfrei gebleichtem Papier
Printed in Germany

ISBN 978-3-531-17644-4

Inhalt

Einleitung

Jugend und Romantik – eine Komplementärbeziehung

Die Jugend ist die Lebensphase, in welcher der junge Mensch sich schrittweise ablöst von der Herkunftsfamilie, wo er oder sie sich in das Abenteuer neuer Erfahrungen stürzt und in Kontakt tritt mit anderen, über den vertrauten Binnenbereich der Familie und des näheren Wohnumfeldes hinausreichenden, sozialen Kreisen. Im Jugenderleben sammelt sich dieser individuelle, in jeder Generation neu zu vollziehende, Übergangsprozess aus dem Mikrokosmos hinein in das gesellschaftliche Umfeld. Dort, wo der Heranwachsende sich nicht einfach dem Automatismus der Generationenfolge überlässt, wo sich unter dem Vorzeichen einer kulturellen oder politischen Zielsetzung eine Wir-Gruppe herausbildet und wo die gemeinsame Zielsetzung durch Manifest und Aktion öffentlich gemacht wird, entsteht eine Jugendbewegung.

Es kann als Ausdruck zunehmender Freiheits- und Differenzierungsgrade innerhalb der modernen Gesellschaft angesehen werden, wenn Gruppenmerkmale wie Alter bzw. Generation oder Geschlecht zur Grundlage von Gruppenbildung oder auch von sozialen Bewegungen werden können; wie dauerhaft solche Organisationen auch immer sein mögen. Die monolithische Machtstruktur der traditionalen Gesellschaft erlaubt immer nur eine Gruppenbildung nach Rang und Religion; die Ein- und Ausschlusskriterien sind dabei eindeutig und unwiderrufbar. Erst in der modernen Gesellschaft entsteht jene reflexive Öffentlichkeit, welche die Voraussetzung bildet für die Artikulation und Manifestation einer Wir-Identität innerhalb der Jugend. Befangenheit und Abwehr der gesellschaftlichen Mehrheit gegenüber dem Phänomen der Jugendbewegung und des Jugendprotests sind ein Zeichen für gesellschaftliche Statik; umgekehrt gehört die streitbare Auseinandersetzung mit mentalen Phänomenen wie Avantgarde und Revolte innerhalb der Jugend zu den untrüglichen Zeichen von Zivilität und Reflexivität als Teil einer Kultur der Moderne (über Statik und Dynamik s. Adorno in1979). Autoritäre Gesellschaften prägen der Jugend den Stempel der Staatsjugend oder des fahnenschwingenden Kollektivs mit starren Ritualen auf. In freien Gesellschaften besteht ein Sielraum für spontane und authentische Formen des Jugenderlebens.

Die Ideale einer ‚naturgemäßen' Lebensführung in der Lebensreformbewegung, die Naturromantik beim Wandervogel zu Beginn des 20. Jahrhunderts oder das zeitkritische Gefühl, in einer entfremdeten Welt zu leben und von ihren Exponaten umringt zu sein, sind unterschiedliche Ausdrucksformen dieses Wir-Gefühls. Der innere Kern des gemeinsamen Jugenderlebens bezieht sich stets auf dynamische Prozesse, die den Zustand der gesamtgesellschaftlichen Ordnung wiederspiegeln. Je nachdem, ob sich der gesellschaftliche Gesamtzusammenhang und die mediale Öffentlichkeit als transparent darbieten oder ob sich dieser Zusammenhang als krisenhaft und blockiert erweist bestimmt sich auch die Beziehung zwischen ‚bewegter' Jugend und dem gesellschaftlichen Umfeld.

Das romantische Empfinden als Ausgangspunkt, als gemeinsam gefühltes Ziel und Sammlungsort jugendspezifischer Vereinigungen oder Bünde ist so alt wie die romantische Bewegung selber. In der schematischen Betrachtung der Gesellschaft, wie sie etwa im Evolutionsdenken des späten 19. Jahrhunderts und in ähnlicher Weise auch in der strukturell-funktionalen Theorie im Anschluss an Emile Durkheim, Max Weber und Talcott Parsons präferiert wird, erscheint das romantische Erbe allenfalls, sofern überhaupt als soziologisches Thema wahrgenommen, als ein historisches Relikt oder als ein Forschungshobby für Kulturinteressierte. Im Lichte der vorliegenden Arbeit erweist sich dieses Urteil als mechanistische Verkürzung. Erst der grelle Lichtstrahl des positivistischen Denkens, erst die wirtschaftliche Rationalisierung und deren mediales Abbild in der Vermassung und Kommerzialisierung von Information und Kommunikation erzeugte jene Schattenbildungen und jene Gegenbewegungen, die im romantischen Denken ihren Ausdruck gefunden haben.

Charakteristisch für die Jugendbewegungen seit dem Ende des 18. Jahrhunderts ist eine deutlich markierte Wegbewegung vom Realitätsprinzip, hinein in das Reich der Imagination und der Wunschprojektion, darin eingeschlossen die leidenschaftlichen und dunklen Gefühle. Eine Wandinschrift während des Pariser Mai 1968 lautete:' *la phantaisie au pouvoir*': Phantasie an die Macht! Wir diskutieren diese Wendung von der Empirie zur Phantasie, anschließend an eine Formulierung von Friedrich von Hardenberg (Novalis), als Aufforderung zur Romantisierung der Welt. Dieser Versuch hat zwei verschiedene Seiten. Einmal sollen dem Alltag Züge des Nichtvertrauten und Unbekannten verliehen werden; zum anderen wird das Außerordentliche und vom Normalbürger als provokativ Empfundene zur Norm erhoben. Das romantische Projekt einer neuen Art der Freiheit, von dem im Folgenden die Rede sein wird, sowie das jugend-bündische Streben nach einem eigenen Ort, mitten in der Gesellschaft und gleichzeitig vom Gros dieser Gesellschaft abgetrennt durch eine unsichtbare Membran, unübersteigbar für die, die nicht dazugehören, erscheint dem Zeitbeobachter im Rückblick auf die neuere Geschichte so, als wenn man zwei Seiten ein und derselben Medaille betrachten würde.

Unsere These lautet: die Jugendbewegung als Teil der neueren Geschichte von Individuum und Gesellschaft und die Formierung der Romantik als sozial-kulturelles Phänomen bilden eine enge Wechselbeziehung. Jeder Versuch, das Eine ohne den anderen, komplementären Teil zu verstehen, wie dies häufig geschieht, ist zum Scheitern verurteilt. Wir verstehen die Romantik als Entwurf von Geschichte und Dasein, wo der modernen Rationalität und der Nüchternheit des menschlichen Daseins – Max Weber nennt es ‚Entzauberung‘ der modernen Welt – das Geheimnis der Phantasie, der Zauber des anderen, nicht zuletzt auch die Abgründigkeit einer dem Oberflächenbewusstsein gegenüber verborgenen Welt entgegengesetzt wird. In der oberen Mitte der Gesellschaft, in den vom Druck des Broterwerbs zumindest zeitweise freigestellten akademisch gebildeten Kreisen des Bürgertums und in Teilen des Adels kristallisierten sich im Gefolge der Aufklärung jene Strebungen nach bündischer Vereinigung und nach Poetisierung und Verzauberung des Daseins heraus, die man seit dem Beginn des 19. Jahrhunderts als Romantik bezeichnet.

Daraus ergeben sich folgende Fragestellungen: Welche Ausgangsbedingungen, welche inhaltlichen, z.B. ideellen Zielsetzungen und welche Gegebenheiten des Ortes und der Zeit bzw. der Epoche sind es, an denen sich aus dem Faktum des Miteinander einer Jugendgeneration[1] eine Jugendbewegung herausbilden kann? Künstlerische oder politische Bewegungen mit jugendspezifischem Hintergrund sind durch eine Reihe von Besonderheiten gekennzeichnet. Immer wieder stoßen wir im Zusammenhang einer jugendbewegten Romantik auf die Deklaration der Krise, auf die Markierung einer Wegscheide zwischen alt und neu sowie die Benennung von Ursachen für den perspektivisch wahrgenommenen lamentablen Zustand der realen Welt. Diese Deklaration der Krise kann als kulturelle oder soziale Erschöpfung einer Epoche wie im Falle der ‚Querelle‘ zwischen den Alten und den Modernen wahrgenommen werden oder sie gilt bestimmten Erscheinungsformen des Modernisierungsprozesses wie z. B. dem wirtschaftlich-technischen Wandel oder den Entfremdungserscheinungen von Urbanisierung und sozialer Ungleichheit. Es geht dabei nicht allein um ein Unbehagen an der Zeit, im Extrem artikuliert sich die romantisch bewegte Jugend als Kampfansage gegen das Bestehende. Phantasie und Projektion, Aktion und Militanz überkreuzen und vermischen sich dabei in einer Weise, die für Außenstehende kryptisch bleibt und deren innere Dynamik bereits ein Moment von Sozialkonflikt in sich birgt.

---

1 Zur näheren Erklärung dieses Zusammenhangs verweisen wir auf das Kapitel 3 ‚Jugend und Zeitlichkeit‘ in der vorliegenden Arbeit.

Behandelt man die Jugendbewegungen vom Sturm und Drang über die Romantik und die Naturverehrung bis hin zu den Avantgarden des 20. Jahrhunderts als Teil einer abgeschlossenen Geschichte, so steht das geschichtlich Gewesene: die Manifeste der Bewegung, die prägenden Ereignisse vom Wartburgfest (1819) über das Meissnertreffen (1913) bis zu den Straßenkämpfen nach 1968, als Teil der kulturellen Erinnerung. Immer dann, wenn eine Bewegung ihren Stachel für die Deutungsprobleme der Gegenwart verloren hat, wandert das geschichtlich Erlebte als geronnenes Bild in die Archive des kollektiven Gedächtnisses, es verliert seinen Bezug zum Erleben der Gegenwart und langweilt die jeweils nächste Schülergeneration als Teil des kanonisierten Lehrstoffs.

Allerdings ergibt sich eine andere Perspektive, folgt man den Aspekten von Mehrdeutigkeit, Latenz und Ambivalenz, analysiert man die Geschichte der Gefühle auf dem langen gewundenen Weg in die Gegenwartsmoderne. Gehen wir, eingedenk dieser Ambivalenz, zurück auf den Spuren der von Novalis beschworenen ‚Romantisierung der Welt', so eröffnet sich ein neuer Blick auf die gesellschaftliche Moderne im Allgemeinen und die Rolle der Jugendbewegungen im Besonderen. Die Aufforderung von Novalis zur Romantisierung der Welt, in der vorliegenden Arbeit als roter Faden für eine Veränderung der Wahrnehmung, der Weltauffassung und der Identitätsformierung betrachtet, führt auf ein bisher weitgehend unbekanntes Terrain im Langzeitprozess der deutschen und europäischen Moderne. Das romantische Phänomen wird uns im Folgenden begegnen als Motiv der Verhüllung nackter Interessen; wir folgen dabei den verschlungenen Wegen der Liebe und der Sexualität von Casanova über Friedrich Schlegels Phantasiefigur ‚Lucinde' bis hin zur romantischen Verklärung der Natur und des menschlichen Körpers sowie dem tendenziell bereits nationalistisch verdorbenen Kulturbegriff der tonangebenden Gruppen im deutschen Wandervogel von 1913.

Bilder als Medien der Erinnerung

Bilder sind Inschriften im Zeitgedächtnis. In ihnen werden spektakuläre Augenblicke, prägende Ereignisse und signifikante Akteure in der Geschichte eines Landes und ebenso in den wirtschaftlichen und kulturellen Gegebenheiten und Entwicklungen der Gesellschaft festgehalten. Solche ikonischen Bilder gehören zum kulturellen Gedächtnis einer Gesellschaft. Einerlei ob als journalistische Dokumentation, als literarische Fiktion oder als *Pop-Event* – die symbolische Bedeutung von visuellen Bildern bleibt immer dieselbe. Sie holen die vergangenen Ereignisse, die handelnden Personen weder heran an das Zeitbewusstsein der jeweiligen Gegenwart; sie machen eine imaginäre Neubegegnung möglich.

Die Gebilde aus dem Stoff der romantischen Verzauberung nehmen unterschiedliche Gestalten an. Bereits die Dichter des deutschen Sturm und Drang lassen, inspiriert durch Jean Jacques Rousseau, die bestehende Ordnung gedankenspielerisch über die Klinge springen. Die Frühromantiker um die Gebrüder Schlegel erfinden ein Reich der freien Phantasie, gleich weit entfernt von den zweck-rationalen Ordnungen der entstehenden Moderne und dem Skeptizismus des Aufklärungsdenkens. Wandervögel und Lebensreformer suchen im frühen 19. Jahrhundert, abseits von der Großstadt, in der primären Natur oder in der Kolonie der Lebensreformer die Erfüllung ihrer Sehnsucht nach einem nichtentfremdeten Dasein. Ein halbes Jahrhundert später, in der Epoche des Kommerz und der expandierenden Popkultur, behauptet sich in den Jahren der Jugendrevolte nochmals für einen kurzen Augenblick die schöne Illusion eines spontan-selbstbestimmten Lebens.

Die Jugendbewegungen seit dem Ende des 18. Jahrhunderts waren Ausdruck eines generationen-weiten Strebens nach Aufbruch und Veränderung. Diese Wunschprojektion einer Bewegung ‚nach vorne' manifestiert sich in einer eigenen Bildersprache. Diese Bilder erweisen sich ihrerseits als Konglomerat heterogener Elemente. Dazu gehören – ohne jeden Anspruch auf Vollständigkeit – Selbstdarstellungswünschen und Gesellschaftskritik; in ihnen reflektiert sich eine kulturelle Kreativität von enormen Ausmaßen und zugleich naive Freude, ungläubiges Erstaunen oder auch der narzisstische Glanz im Selbstbewusstsein als kultureller oder politischer Vortrupp; dies sind verschiedene Varianten, in denen sich die immer wieder manifestierten Wirkungen der Jugendbewegungen auf die gesellschaftliche Öffentlichkeit spiegeln. Erst der Ausbruch aus dem Gehege vorgeprägter Konventionen brachte häufig die öffentliche Aufmerksamkeit. Denken wir an Jugendbilder wie etwa Woodstock 1969 oder an Jugendikonen wie James Dean, Jimmy Hendrix, Jean Paul Belmondo oder, in einem anderen Kontext, an Rudi Dutschke, so wird blitzlichtartig deutlich, wie viel ‚älter', wie nachhaltig konservativer ohne die Bewegungen der Jugend und den Jugendelan die Gesellschaft der Nachkriegsperiode geblieben wäre.

Wir veranschaulichen diesen Aspekt anhand einer szenischen Erinnerung

Abbildung 1: Gudrun Ensslin mit Baader beim Brandstifterprozess

Kaufhaus-Prozess: © dpa - Report

Das Photo, erschienen in einem Bildband der Ex-Terroristin Astrid Proll, strahlt
das Flair einer gelungenen Wir-Findung aus. Das Paar Gudrun Ensslin und Andreas Baader, vereinigt durch eine Gewalttat, beide haben gemeinsam mit den beiden anderen Mitangeklagten im April 1968 Brandsätze in zwei Frankfurter Kauf-
häusern gelegt als Zeichen des Protests gegen den amerikanischen Vietnamkrieg.
Nach den Worten eines Mitstreiters aus der Anarchoszene: ‚Wer die knallhärtesten Taten bringt, gibt den Ton an‘; im Vokabular der Revolutionsikone Che Guevara: ‚Die Avantgarde erfindet sich selbst.‘

Astrid Proll, eine ehemalige Mittäterin, später ausgestiegen aus der Gewalt-
szene und im Zuge einer imaginären Neuerfindung seither tätig als Bild-Chronistin
ihrer eigenen Vergangenheit, hat den historischen Augenblick festgehalten, in dem
sich diese neue Avantgarde konstituiert. Sie nennt ihren Bildband, auf den Spuren
eines Märchens, ‚Hans und Grete‘. Andreas Baader und Gudrun Ensslin lächeln

einander zu. Im Widerschein des öffentlichen Medieninteresses verbinden sich angespannte Aufmerksamkeit und die lässige Pose, Merkmal des neuen Jugendtyps der 60er und 70er Jahre. Dabei überlagern sich zwei kontrastive Bildebenen. Das Grundmotiv – vier bzw. im Zentrum des Bildes zwei Angeklagte, die sich für das Verbrechen der Brandstiftung vor Gericht zu verantworten haben, wird überdeckt und tendenziell unkenntlich durch ein darunter liegendes Signifikat – schau her, hier sitzen politische Akteure eines neuen Typs, authentisch und schön, mit sich selbst im Reinen, Hauptdarsteller einer Avantgarde, die dabei ist, sich selbst zu erfinden und deren Protagonisten auftreten wie in einem Film der neuen Welle, umgeben von einer neuen Art des Publikums, den ‚Sympathisanten'.

Wer sind die Akteure dieser neuen Öffentlichkeit? Gudrun Ensslin, bis dahin eine völlig unbekannte junge Frau nutzt beim Frankfurter Brandstifterprozess die Chance des Auftritts. Sie wird öffentlichen bekannt mit dem Ausspruch: ‚Wir wollen kein Blatt in der Kulturgeschichte sein'. So hatte sich die Pfarrerstochter Gudrun Ensslin einem Prozessgutachter gegenüber geäußert (zit. n. Aust 1986, S.70). Nach dem Prozess sekundiert ihr Vater seiner Tochter. Als ein ganz heiliger Akt der Selbstverwirklichung sei die Frankfurter Brandstiftung zu sehen. Die moralische Wucht dieser Heiligsprechung bleibt nicht ohne Wirkung. Niemand spricht von Blasphemie, Niemand nimmt Anstoß an diesem eklatanten Missbrauch eines Pfarramtes. Die religiöse Idealisierung einer Straftat passt in die Hypertrophie einer Zeit, wo alte Grenzen eingerissen und neue Regeln über Nacht als Maßstab der Emanzipation ausgerufen werden. Kaum jemand in der 1968er-Szene erkennt die Selbstanmaßung und den moralisch verbrämten Wahn, der in dieser Revolution aus der Mitte der Gesellschaft (W. Kraushaar) sichtbar wird. Das Phantasma einer eigenen Welt mit eigenen Regeln, die Brechung der Gesetze der bürgerlichen Normalwelt und das Erleben als Teil der absoluten Situation sind drei konstitutive Elemente dieser Romantisierung der Welt. Nicht mehr wie im 18. und 19. Jahrhundert das Volksempfinden und die Volkskultur sondern eine medial hergestellte Öffentlichkeit, hier im Kontrastmodell der Gegenöffentlichkeit, liefert die Massenbasis für die hier beschriebene revolutionäre Inszenierung einer neuen Avantgarde.

Abbildung 2:   Baader und Ensslin im Pariser Untergrund

RAF: © Astrid Proll

Wie ein *still*, ein Szenenfoto aus einem Godard-Film wirkt das Photo, wiederum von der Mittäterin Astrid Proll aufgenommen, etwa ein halbes Jahr später. Das existenzialistische Liebespaar Baader und Ensslin sitzt sich gegenüber in einer Pariser Bar; beide sind noch ungeübt in der neuen Rolle, lässige Typen, sie wissen noch nicht genau, wohin die Reise gehen soll; ihr Lächeln in der gewissen Mischung von Sicherheit und Unsicherheit liegt im Trend der Zeit. Francoise Sagan hatte bereits 1955 Furore gemacht mit ihrem zweiten Roman, *un certain sourire*, die Autorin war damals gerade 20 Jahre alt.

Die Spreu hat sich nun, gegen Ende der 60er Jahre, vom Weizen geschieden. Während die beiden Mitangeklagten aus dem Brandstifterprozess ihre Strafe antreten, damit ihre Schuld anerkennen und gleichzeitig die Chance auf einen Rückweg in die bürgerliche Gesellschaft wahren, sind Andreas Baader und Gudrun Ensslin in den Untergrund abgetaucht. Die Verweigerung des normalen Lebens, die Erhebung über den Alltag, ein Leben in Anarchie bedeutet wiederum, zeitspezifisch gewendet, den Versuch zur Romantisierung der eigenen kleinen Welt.

Die Botschaft des Photos aus der geheimnisvollen Pariser Bar ist: wir sind bereit, alles aufzugeben, alles zu wagen. Andreas Baader und Gudrun Ensslin stellen sich vor, dass sie nun frei seien von den lästigen Zwängen der bürgerlichen Entfremdung. Aber das Beharren auf dem authentischen Selbst (,Wir ergeben uns nie') gilt nur um den Preis einer Feinderklärung der Gruppe an die Adresse der Institution. Wozu soll diese Freiheit dienen? Was ist der Zweck des permanenten Gesetzesbruchs? Getreu dem existenzialistischen Urmotiv, nur die Freiheit der eigenen Entscheidung und nichts als diese zu tolerieren betreten die späteren Terroristen Baader und Ensslin, Schritt für Schritt, den dunklen Kontinent von Gewalt und Verbrechen.

In der existenzialistischen Zuspitzung der Motive von Authentizität und radikaler Selbstverwirklichung verweist das Photo aus der Pariser Bar auf einen neuen Jugend-Typ, nicht mehr vom Krieg und im Wesentlichen auch nicht mehr durch die Ideale der Vorkriegszeit geprägt. Wie in den Filmen der *nouvelle vague* bezeichnet das gehobene Kneipen-Ambiente, ein Ambiente mit der gleichzeitigen Betonung von Anonymität und Individuierung, den urbanen Stil der 60er Jahre. Die Individualität, anfangs noch Ergebnis eines intellektuellen Erkundungsprozesses, wird von nun an tendenziell durch Haltung und Körperkult, mehr und mehr aber auch den Willen zur Gewalttat manifestiert.

Als ‚unheimlich konsequent' wird Andreas Baader nur wenige Jahre später von den Mittätern der RAF bezeichnet, die ihn wegen seines Hangs zur gnadenlosen Gewalt bewundern. Der jugendliche Delinquent, nicht mehr zu Umkehr und Resozialisierung bereit, geht, wie Jean Paul Belmondo in Godards Kultfilm ‚Außer Atem' (1959), lachend und lässig und in den Tod – Was solls? Es sieht ganz danach aus, als ob sich die RAF in ihrem Handeln an einem imaginären Drehbuch orientierte. Delinquenz und Deregulierung, d.h. die Durchbrechung gesellschaftlicher Tabus machen den inneren Zusammenhalt der neuen Avantgarde aus. Liegt hier eine spezifisch deutsche Entwicklung vor oder handelt es sich um ein internationales Phänomen? Wir werden diese Frage am Beispiel von Autoren wie Ernst Jünger und Carl Schmitt wieder aufgreifen.

Gewalt, in den Filmen der 50er Jahre, ein Jahrzehnt nach Ende des Weltkriegs immer noch weitgehend abgelehnt als Tabuthema, wird seit Beginn der 60er Jahre mehr und mehr nobilitiert im Pop-Olymp der jugendlichen Fundamental-Verweigerung. Der Brandstifterprozess im Herbst 1968 markiert den Entstehungszeitpunkt einer neuen Form der Militanz innerhalb der Jugendrevolte. Nicht mehr der seminaristische Diskurs, die Manifestation am Büchertisch, im *Teach In* oder in den variablen Formen des Straßenprotests, sondern die Straßengewalt mit Brandsätzen und Banküberfällen, am Ende mit Entführung und gezieltem Mord bestimmten diese neue Stufe der Militanz innerhalb der Revolte. Sie galt als Geburtsstunde einer neuen Phase, als Renaissance der 1968er-Revolte unter entschiedenerem Vorzeichen, als ein hegelianischer Sprung von der ‚Quantität' einer, wie es damals hieß, ins Unverbindliche ausufernden, unbestimmten Verweigerung zur ‚Qualität' einer

neuen Avantgarde. Es entwickelt sich eine neue Form der narzisstischen Schlie-
ßung, eine Vorstufe der ultimativen Gewalt eines Mohammed el Atta, der sich nur
noch instruieren läßt, wie man ein Flugzeug als Angriffsobjekt lenkt. Landung ist
nicht mehr beabsichtigt. Die ‚knallhärtesten Taten‘, gerade erst durch einen Ini-
tialakt erprobt, markieren die neue Führungsgruppe. Genau hier liegt die dunkle,
die ‚unbelichtete‘ Kehrseite des Bildes von der revolutionären Romantik. Es ist
eine Romantik des Schreckens.

Pop und Politik

Die Popkultur hat das Zeitalter der klassischen Avantgarden abgelöst. An die Stelle von definierten Zirkeln mit bekannten Gesichtern aus der Vorkriegszeit – z.B.
Stephan George und sein Kreis des geheimen Deutschland, André Breton und die
Surrealisten, später der existenzialistische Kreis um Sartre, Camus und Lacan, etc.
– treten die jungen anonymen Darsteller der Popkultur; für sich gesehen isoliert,
manchmal auch verzweifelt in ihrer psychischen und sozialen Einsamkeit, aber
nach außen hin lässig (das Wort ‚cool‘ kommt erst später auf) und in der Selbstwahrnehmung allmächtig durch das terroristische Kollektiv, durch die Macht der
Schusswaffen und Zugehörigkeit zu einer virtuell weltweiten Guerilla. Die Phantasie tritt im Popzeitalter heraus aus dem stillen Kämmerlein des Privaten. ‚Jeder
kann ein Künstler sein‘ hatte Andy Warhol, der Prophet der Popart gesagt. Die
Zuflucht zur ‚Mutter Natur‘ als Medium der Romantisierung hat ausgedient. Die
Popkultur überzieht den Kult der Gefühle mit einer glatten Schicht aus Künstlich-
keit und ironischer Brechung. Authentizität und Selbstverwirklichung, zwei eng
miteinander verwandte Ich-Werte, treten in den Vordergrund, die Natur gilt erst
dann als schön, wenn sie designerisch animiert und künstlerisch verfremdet wurde. Man kann die Popart verstehen als eine neue Antwort auf romantische Strebungen in einer nach-romantischen Zeit, in Szene gesetzt durch die Regisseure
der neuen Kultur sowie durch Werbung und Massenmedien.

Der Photograph Charles Wilp nutzt den nackten Ober-Körper als Werbefläche
für die Blue Jeans. Das neue Jugendidol, einsam wie James Dean, sexy wie Elvis
Presley oder Brigitte Bardot und tollkühn wie Che Guevara, wird weltweit kopiert
und gedoubelt. Andreas Baader und Gudrun Ensslin verfügen über alle Voraussetzungen, um diese verwirrende Mehrschichtigkeit vom Körperkult der neuen Läs-
sigkeit über die Skrupellosigkeit der Gewaltanwendung bis zum moralisch verbrämten Narzissmus (‚Wir wollten etwas tun‘) auszukosten.

Abbildung 3:   Andreas Baader

Herbert Tobias: Andreas Baader, Berlin um 1965
© Berlinische Galerie/VG Bild-Kunst, Bonn

Herbert Tobias: Ohne Titel, Berlin 1981
© Berlinische Galerie/VG Bild-Kunst, Bonn

Unsere Recherche ergab, dass das untere der abgebildeten Fotos, wie oben belegt, erst vier Jahre nach Baaders Tod entstand, es zeigt also eine andere Person. Allerdings gehört die hier zur Schau gestellte Pose des unbekannten jungen Mannes ebenso zur mythologischen Selbstüberhöhung der RAF. Die narzisstische Inszenierung von Andreas Baader und Gudrun Enslin verfing durchaus in Teilen der linksalternativen Szene. Es geht dabei, wie wir immer wieder feststellen konnten, weniger um die Übereinstimmung mit den Gewalttaten der RAF. Bewundert wird vor allem die ‚unheimliche Konsequenz‘, mit der die Mitglieder der Führungsgruppe das System bekämpft hätten. Auf dem Foto aus dem Jahre 1965 wirkt Baader dagegen noch wie das sprichwörtliche ‚unbeschriebene Blatt‘: ein Typ ‚Mamas Liebling‘, pummelig aber auch körperbewusst – ein Don Juan aus der Vorstadt.[2]

Romantisierung der Welt bedeutet den Kult des Authentischen, bedeutet individuelle Selbstverwirklichung und experimentelle Erprobung. Jeder kann ein Künstler sein, jeder sucht den ihm genehmen Weg. Daseinsromantik und Selbstinszenierung sind möglich geworden durch die erweiterten Freiheiten einer Gesellschaft, die langsam herausrückt aus den engen Spielräumen der ersten beiden Nachkriegsjahrzehnte.

Die nackten Körper der späteren RAF-Ikonen sind Probeaufnahmen. Sie verweisen auf eine Zeit, wo beide noch mit ihrem Leben experimentieren. Ehrliche und authentische Gefühle – Merkmale einer Romantisierung der Welt – setzen eine Differenz voraus; die Unterscheidung nämlich zwischen dem nomadisierenden Selbst, dem Menschen auf der Suche nach seiner ureigenen Bestimmung und dem ‚Trott‘ der Masse, und sei es die Masse Student mit dem alltäglichen Vorlesungsbetrieb, den Seminaren und den Prüfungen. Andreas Baader lebt zu der Zeit, als das Nacktphoto entstanden ist, in einer Halbwelt, mehr Rotlichtmilieu als Bohème. Gudrun Ensslin dagegen atmet die Atmosphäre einer Studentin, die sich politisch engagiert. Sie ist verlobt mit Bernward Vesper, dem Sohn des NS-Dichters Will Vesper, beide versuchen sich in verschiedenen literarischen Aktivitäten. Alles ist noch in der Schwebe.

Aber es sind für Gudrun Ensslin die ersten Schritte heraus aus der Normalität des studentischen Daseins. Baader wird immer der Revoluzzer-Macho bleiben, erst die Verbindung mit Gudrun Ensslin verleiht seinem Draufgängertum die intellektuelle Nobilitierung und befördert ihn in die Polit-Szene. Der erste Schritt, hier im Photo, ist die Präsentation des authentischen Selbst. Der Betrachter kann den Eindruck haben, dass sich insbesondere Andreas Baader wohlfühlt in der narzisstischen Pose – die Zur-Schaustellung des eigenen Körpers liegt ihm mehr als der intellektuelle Diskurs. Es gibt aus der späteren Phase der RAF eine Beschrei-

---

2   Wir danken Cori Mackrodt und Tanja Keppler für ihre hilfreiche Unterstützung.

bung, dass Baader bei gruppeninternen Diskussionen immer wieder durch sein endloses Gebrabbel seine Umgebung zur Verzweiflung brachte. Gudrun Ensslin hat ihm dann durch ihr suggestives Talent herausgeholfen. Erst nach 1972, in der Kassibersprache ‚im Knast‘, findet Baader, wieder in enger Verbindung mit Gudrun Ensslin, seinen eigenen Jargon.

Damit beide, der Szene-Macho und die laszive junge Frau mit, wie sich später zeigen wird, beträchtlicher Fähigkeit zu leicht wahnhaften Parolen, innerhalb einer vorwiegend intellektuell geprägten Gegenkultur mit ihrem Führungsanspruch durchdringen, ist eine dritte Person erforderlich, die über den nötigen Bekanntheitsgrad verfügt, um aus dem Stadium einer experimentellen Tatbereitschaft in weitere Kreise der 1968er-Kultur vorzudringen. Hier liegt die, wie sich zeigen wird, transitorische, Rolle von Ulrike Meinhof bei der Entstehung des bundesdeutschen Terrorismus.

Die ‚deutschen Verhältnisse‘

„Was Ulrike Meinhof umgebracht hat, waren die deutschen Verhältnisse." In der Nacht vom 8. auf den 9. Mai 1976 nahm sich Ulrike Meinhof, neben Andreas Baader und Gudrun Ensslin die dritte Gründerfigur der RAF, das Leben. Der Ausspruch über die ‚deutschen Verhältnisse‘, getan von dem Verleger und Freund von Ulrike Meinhof, Klaus Wagenbach, wurde in der Situation des zugespitzten Konflikts nach den dramatischen Ereignissen von 1967 und 1968 zum geflügelten Wort.

Als verbindendes Moment zwischen Romantik und einer Politik der Ausgrenzung und des Ressentiments kommt die Beziehung zwischen Moral und Politik in den Blick. Die Moralisierung des Politischen ist ein Kennzeichen von wenig eingelebter Demokratie. Jede soziale Aversion, jede politischen Auseinandersetzung wird zum Anlass eines Grundverdachts. Misstrauen und Spaltung bestimmen die politische Debatte, überall wird der Feind vermutet. In den ersten Jahrzehnten der Bundesrepublik galt jeder Versuch zu einer Überwindung der Frontstellungen im ‚kalten Krieg‘ als potentiell grundgesetzwidrig. Konnte diese gefrorene Sprache und die damit verbundene mentale Spaltung die deutschen Verhältnisse derart feindbestimmen, dass, wie Klaus Wagenbach vermutet, junge Idealisten und Weltverbesserer in der Bundesrepublik in den Tod getrieben wurden?

In der Tat existiert in Deutschland eine Tendenz, das öffentliche Geschehen wie einen Horrorfilm wegzurücken und für schlechthin indiskutabel zu erklären. Die Kehrseite dieser Haltung ist die Ideologisierung der Politik. Dies bedeutet, dass jedes Phänomen von allgemeinem Belang unter den Weltanschauungsblick gezwungen wird. Im Rückblick auf den Tod von Ulrike Meinhof und den ‚deutschen

Herbst' 1977 erscheint uns allerdings eine andere Formulierung adäquat. Als Frage formuliert: lässt sich eine durchlaufende Tendenz erkennen dahingehend, Politik und Gesellschaft nicht als Verlängerung und Verallgemeinerung des alltäglichen Lebens in Familie, Beruf und Freizeit zu betrachten sondern als eine fremde, von bösen Dämonen beherrschte Sphäre? Liegt hier eine verhängnisvolle Erbschaft vor, entsprungen aus dem Machtverzicht des deutschen Bürgertums im 19. und 20. Jahrhundert; wirkt diese irrationale Distanz gegenüber der politischen Sphäre noch in den 60er und 70er Jahren weiter als wechselseitiger Distanzverstärker im Generationenkonflikt? Führt die Romantik mit der Idee, daß sich das wirklich authentische Leben immer nur in kleinen Gemeinschaften ereignet, immer erneut in jene Sackgasse des unpolitischen Deutschen, den Thomas Mann zu Beginn des ersten Weltkriegs in den ‚Betrachtungen eines Unpolitischen' literarisch modellierte, damals noch ganz im Banne der Vorstellung vom ‚deutschen Sonderweg'?

Die Politisierung der Gefühle in den sozialen Bewegungen der späten 60er Jahre ist eine ernste Angelegenheit. Gerechtigkeitssinn und Überzeugung, Gudrun Ensslin spricht von ‚tief empfundener Freiwilligkeit' als Grundmotiv ihrer politischen Arbeit, liegen in enger Nachbarschaft zu einem Pathos von Ernst und Tragik. Diese pathetische Note, sie wurde ebenfalls gerne bemüht in der politischen Rhetorik in der DDR, zeigte sich auch bei dem DDR-Flüchtling Rudi Dutschke. Auch die linke Journalistin Ulrike Meinhof, bekannt geworden als Leitartiklerin der linken Zeitschrift ‚Konkret', argumentiert von einem moralischen Wertefundament her und verbindet ihr Urteil immer mit einer Fundamentalkritik am politischen Gegner. Ulrike Meinhof schreibt in ‚Konkret', aus ihrer Perspektive gesehen, über alle Mißstände der jungen Bundesrepublik, von der Wiederbewaffnung über den Nato-Beitritt, von den Notstandsgesetzen, dem Klassenkompromiss der SPD oder dem zu Anfang der 60er Jahre erstarkenden Rechtsradikalismus. Ulrike Meinhof vertritt in ihrem Kommentaren häufig die Haltung der DDR-Machthaber. Aber sie ist kein Apparatschik. Und sie verfügt über keine andere Macht als die moralische Verve ihrer journalistischen Parolen.

Die Journalistin Ulrike Meinhof unterscheidet sich von der Mehrheit ihrer Berufskollegen dadurch, dass sie die deutschen Verhältnisse immer nach dem Schwarz-Weiß-Schema abhandelt. Dadurch erreicht sie eine maximale moralische Wirkung, allerdings um den Preis einer extremen Vereinfachung. Ulrike Meinhof will anders als Andreas Baader oder Gudrun Ensslin nicht einfach radikal authentisch sein; sie tritt immer auf als das personifizierte schlechte Gewissen der anderen. Dahinter läßt sich eine Heile-Welt-Romantik vermuten, aber Ulrike Meinhof gibt nur selten zu erkennen, was sie wirklich will. Gleichzeitig bleibt in ihr ein Rest von Zweifel, dazu gehört ein starker Selbstzweifel, bis an ihr Lebensende, bis zu ihrem Selbstmord in Stammheim bestehen. So bleibt sie in einer moralisch zu spitzenden Vorstellung vom Sozialismus eine moderne Romantikerin, während sie andererseits und gleichzeitig, völlig anders als das Führungsduo Baader-Ensslin, ständig an ihrer eigenen Rolle zweifelt und am Ende auch verzweifelt. Es ist dieser permanente innere Konflikt zwischen romantischer Wunschwelt und den immer noch bleibenden Resten von Realitätseinsicht, welcher die politische Journalistin Ulrike Meinhof in den Terrorismus treibt und an dem sie am Ende zerbricht.

Romantik und Gnosis

Max Weber verdanken wir die Einsicht, dass jeder Erlösungsreligion ein Moment an Weltindifferenz und Weltablehnung zugrunde liegt. Etwas vereinfacht: die Pforten des Jenseits bieten sich überall dort und umso mehr als Zugang zur Glückseligkeit dar, je mehr das irdische Dasein dem Gläubigen als ein Jammertal erscheint bzw. unter dem Eindruck der religiösen Offenbarung, als ein solches geglaubt wird. Auch in den weltlichen Bewegungen, namentlich in der Geschichte der extremen Linken, gehört die Schwarzmalerei und ihre Extremform, der Mythos von Weltzerstörung und Untergang, zum immer wieder eingesetzten Instrumentarium von Agitation und Propaganda mit dem Ziel, neue Anhänger zu gewinnen. An die Stelle einer Kultur des intellektuellen Zweifels tritt das duale Denken nach dem Motto: ‚Teil des Problems oder Teil der Lösung, dazwischen gibt es nichts'. Diese Formel, von der Black-Panther-Bewegung in die Welt gesetzt, wurde von der RAF bereitwillig übernommen. Ihr Kern ist gnostisch.

Es existiert allerdings auch eine Verbindung zwischen Moderne und Unbewusstheit. Auch eine auf das Diesseits bezogene Bewegung wie die Aufklärung, französisch: *lumières* kann nicht alle Sphären des Daseins ausleuchten. Goyas Skizze vom Schlaf der Vernunft, der die Ungeheuer hervorbringt, führt dem Menschen der Moderne die Grenzen der Kontrolle und der Verfügbarkeit vor Augen. Von dieser durch künstlerische Intention erhellten Einsicht in die Ambivalenz des menschlichen Daseins, metaphorisch gesprochen, zwischen Tag und Nacht führen verschiedene Wege in das moderne Denken und so auch in die Richtung einer Romantisierung der Welt. Alle Materie, so lautet die Kernaussage der frühmittelalterlichen Gnostiker, ist weil von Gott abgefallen – Urbild des ‚Abfalls' im Sinne von *waste* – behaftet mit dem Fluch des Schmutzes und des Verderbens (Klotter in 2007, S.30 ff.). Von dieser Vorstellung führt eine gedankliche Verbindung zur Pornographie als hemmungslosem Ausleben der menschlichen Gier in einer gottlos-verlorenen Welt.

Auch die moderne Popkultur verwertet gnostische Elemente. Die Filme von
James Bond, wahrscheinlich die erfolgreichsten Kinofilme des letzten halben
Jahrhunderts weitweit, quer durch alle Ethnien, Religionen und alle sozialen Be-
sitzklassen, beruhen auf der dichotomen Spaltung der Welt in gut und böse. Nicht
dieser moralische Antagonismus als solcher, nur seine Erscheinungsform und die
jeweiligen Exponenten des Bösen wechseln je nach politischer Wetterlage und je
nach der in den Filmen traktierten Gefährdungsart. James Bond ist der moderne
westliche Heils-, Glücks- und Lustbringer, und er exekutiert seine ‚Lizenz zum
Töten' ohne jeden pathetischen Unterton, es sei denn den der Freiheit, alle Sinne zugleich zu befriedigen. An die Stelle der raffinierten Salonerotik des 18. und
19. Jahrhunderts, darin eingeschlossen die zynischen Exponenten des *ancien régime* wie in Chaderlos de Laclos Roman ‚Gefährliche Liebschaften' tritt im wa-
renproduzierenden Kapitalismus der Lustkonsument James Bond. Wer allerdings
genau hinschaut, sieht die Maske aus Ironie und Langeweile, hinter die sich der
Gentleman-Anteil des Selbst bei Darstellern wie Sean Connery oder Roger Moo-
re verbirgt. So wird das Verfallsdatum der Konsumware Sex verlängert, dies aber
immer nur auf Zeit.

Von dem gnostischen Prinzip der Welt-Spaltung ist es nur ein kleiner Schritt
zu der Kritik der künstlerischen Avantgarden an der modernen Rationalität mit fa-
schistischem oder anarchistisch-kommunistischem Hintergrund. Eine gnostische
Welterfahrung, das basale Gefühl des nahenden Weltuntergangs ist bei den künstlerischen Avantgarden des frühen 20. Jahrhunderts sicherlich auch ein Ausdruck
der Schrecken des industrialisierten Weltkriegs nach 1914. Aber in der Idee des
Unbewussten im Surrealismus und noch mehr explizit vertreten im italienischen
Futurismus dominiert die Vorstellung, dass das Dasein des modernen Menschen
unentrinnbar verbunden sei mit Gewalt und Zerstörung. Auch die Situationisten/
Lettristen im Nachkriegseuropa haben diese Vorstellung von der inkurabel kranken Welt wieder aufgenommen und im Geist der Zeit angepasst. Und leben nicht
die Vordenker der kritischen Theorie und des Marxismus von Benjamin und Bloch
bis zu Adorno und Marcuse in gleichem Maße von der alles beherrschenden Vorstellung einer ‚Dialektik der Aufklärung', derart, dass die moderne Welt *gerade*
im Vollzug und in Anwendung von Aufklärung – Rationalisierung und Entzauberung – ein selbst-zerstörerisches Prinzip in sich trage?

Fragen dieser Art führen immer wieder zurück zu den intellektuellen und affektiven Grundlagen einer Romantisierung der Welt.

*

Eine abschließende Bemerkung zur historischen Einordnung. Die ‚deutschen Verhältnisse' konstituierten und sie entwickelten sich nicht im luftleeren Raum. In der Bezugnahme zu den drei ‚grundstürzenden' Ereignissen des 18. Jahrhunderts – Aufklärung, französische Revolution und bürgerliche Republik – bildet sich innerhalb der politisch unentwickelten Verhältnisse in den deutschen Teilstaaten eine Kultur des erwartungsvollen Hoffens und Bangens, dann, nach wiederum langen Jahren der politischen Repression und vor allem nach der Niederlage der deutschen Demokraten in der 1848er-Revolution, ein Schwebezustand heraus; diese diffuse Lage begünstigt irrationale Sehnsucht, romantische Höhenflüge oder auch ein profanes Ressentiment mit nationalistischen und rassistischen Untertönen.

Der universalistische Geist einer europäischen Zivilisation trägt und beflügelt die seit Mitte des 19. Jahrhunderts sich ankündigende Moderne. Auch Deutschland ist Teil dieser Entwicklung. Aber im Ergebnis der blockierten Liberalisierung entwickelt sich in Deutschland eine halbierte Moderne, wirtschaftlich effizient, scheinbar politisch machtvoll aber gleichzeitig gekennzeichnet durch geistige Unsicherheit, häufig mündend in großtuerischer Attitüde, zunächst eher zur Verhüllung der kollektiven Unsicherheit. Das romantische Denken, ursprünglich ein vorwiegend nach innen gerichteter kultureller Impuls, greift im Zeichen der fortbestehenden Vormacht des Adels mehr und mehr über in den öffentlichen Raum. Der geistige Partikularismus in Deutschland steht spätestens zu Beginn des 20. Jahrhunderts im Kontrast zum europäischen Umfeld. Diese Retardierung der Verhältnisse betrifft auch die Jugendbewegung. Man wähnte sich auf dem Vormarsch. Doch der Vormarsch bewegte sich in den unruhevollen Bahnen einer partikularen Strömung. Dieser Sonderweg wurde in der Nachkriegssituation, unter den Bedingungen der deutschen Teilung, nochmals virulent.

Teil 1

Jugend in Bewegung

Kapitel 1
Sturm und Drang oder von der Idee der Freiheit

Mit der Aufklärung entwickelt sich eine erste Stufe des Modernitätsdenkens im Deutschland des späten 18. Jahrhunderts. In den fürstlichen Residenzen wie Berlin und Darmstadt, in Universitätsstädten wie Jena, Göttingen oder Heidelberg oder in den alten Reichsstädten wie Leipzig oder Frankfurt/ Main entwickeln sich literarische Zirkel und mit ihnen ein florierender Markt für Bücher und Zeitschriften. Leitendes Prinzip der Aufklärung ist der Gedanke der Freiheit, einmal als das Ideal des verstandesgeleiteten Denkens (Kant) und zum anderen als Projekt einer ganz im Diesseits zu erschaffenden republikanischen Ordnung (Rousseau und Condorcet). Im Bereich der Kunst bedeutet Aufklärung die zunehmende Ablösung des kreativen Schaffens von der Vorbildfunktion der Religion, gleichzeitig eine zunehmende Emanzipation von der Bevormundung des künstlerischen Schaffens durch kirchliche Zensur und weltliche Obrigkeit. Gleichzeitig drängt mit der Ausbreitung der Bildung auf die unteren Schichten ein Typ des Schriftstellers vor in die Öffentlichkeit, der nicht mehr nur aus dem Adel oder aus den gehobenen Schichten des Bürgertums stammt und der den herrschenden Ständen tendenziell kritisch oder gar ablehnend gegenübersteht.

Die Wendung der geistigen Aktivität nach innen, die Herausbildung von Empfindsamkeit als bürgerlicher Tugend und die Übertragung von künstlerischer oder philosophischer Sensibilität auf die Angelegenheiten der realen Welt bezeichnen wir als wichtige Quellen des romantischen Denkens[3]. An kaum einem anderen Begriff lässt sich die Emanzipation des Denkens von der traditionalen Autorität so anschaulich aufzeigen wie an der Kategorie der Empfindsamkeit. Es geht dabei um die Frage nach dem Inhalt und ebenso nach dem legitimen Träger bzw. dem Repräsentanten jener Gefühle, die seit den Zeiten von Augustinus verbunden werden mit der Rolle des Menschen innerhalb bzw. gegenüber der göttlichen Schöpfung, dem Gewahrwerden der Transzendenz des Lebens und der drängenden Frage nach Erlösung oder Verdammnis.

---

3   S. dazu Kap. 2 und 3 der vorliegenden Arbeit.

Niemand, nicht einmal die kleine Schar von naturwissenschaftlichen oder philosophischen Gelehrten, hätte sich etwa vor dem späten 17. Jahrhundert dem Wagnis aussetzen dürfen, eine eigene, vom kirchlichen Dogma abweichende Auffassung über Grundfragen der kosmischen und weltlichen Ordnung zu äußern – es sei denn um den Preis einer Gefährdung von Leib und Leben. Noch zu Beginn des 17. Jahrhunderts muss Claudio Monteverdi für die Aufführungsrechte der von ihm komponierten ersten europäischen Oper, es handelt sich um das musikalische Drama ‚Orfee‘ – die Erstaufführung findet im Jahre 1607 am Hofe von Mantua statt – vom katholischen Klerus die Billigung einholen. Monteverdi erhält das kirchliche *Placet* erst nach Änderung der aus der Sicht des Klerus zu dionysisch geratenen Schlußszene.

Eineinhalb Jahrhunderte später, mit dem Erscheinen der von Diderot und d‘ Alembert herausgegebenen Enzyklopädie und mit Kants berühmter Schrift ‚Was ist Aufklärung‘ vom Dezember 1783 wird der Mensch aufgefordert, ‚sich seines Verstandes zu bedienen‘. Es gehört zu den grundlegenden Einsichten des Aufklärungsdenkens beides – den erklärenden Verstand und das künstlerische Empfinden – auf eine weltliche Grundlage zu stellen. Michel de Jaucourt, Mitherausgeber der Enzyklopädie von 1752, definiert in diesem Werk Empfindsamkeit als … „Empfänglichkeit eines weichen und feinfühligen Herzens, mit dem es sich leicht ergreifen und rühren lässt… Sie verleiht ihren Besitzern eine Art Scharfblick für alles Rechtschaffene und durchdringt die Dinge tiefer, als der Verstand es vermag…Von der Empfindsamkeit rühren die Menschlichkeit und die Großmütigkeit her“ (zit. n. Selg und Wieland, Hg. In 2001, S. 59). Hatten bisher die beiden ersten Stände die Wertewelt gewissermaßen unter sich aufgeteilt – der Adel okkupierte die noblen Tugenden wie Tapferkeit, Ehre und Treue, die Geistlichkeit beherrschte den Ideenhimmel, so beansprucht nun das Bildungsbürgertum durch seine literarischen Repräsentanten jene Tugenden, die sich über die neuen Genres wie den Roman oder später über das politische Manifest ausbreiten und den ‚guten Ton‘ bestimmen.

Mit dem Sturm und Drang beginnt im Deutschland der 70er Jahre des 18. Jahrhundert ein Gärungsprozess, der seinen Ausgang nimmt im literarischen Schaffen. Der Sturm und Drang ist eine Probebühne, von der aus das Freiheitsdenken und die Kultur der Empfindsamkeit in allen deutschen Provinzen zum öffentlichen Gedankengut erhoben werden. Im Gefolge dieses Prozesses profiliert sich in dem Jahrzehnt zwischen 1774, dem Jahr der Veröffentlichung von Goethes ‚Werthers Leiden‘ und der Mitte der achtziger Jahre eine Generation von jungen Nationaldichtern. Schiller und der junge Goethe, Jakob Michael Reinhold Lenz und Christian Friedrich Daniel Schubart stehen beispielhaft für die Funken eines geistigen Aufbruchs und gleichzeitig für das Scheitern dieser Freiheitsbewegung.

Im Sturm und Drang werden bisher gebändigte Gefühle frei. Es breitet sich eine Vorahnung des Neuen, Unerhörten aus. Die Schöpfungen des Sturm und Drang waren, ähnlich wie die Schriften von Rousseau oder Voltaire in Frankreich, gedacht als Probebühne für ein revolutionäres Drama. Aber anders als in Frankreich folgte auf diese Ouvertüre im Deutschland der Teilstaaten nicht der entscheidende Akt – die politische Emanzipation des ‚dritten Standes'. Die Empfindsamkeit, in dem Jahrzehnt nach 1774 zelebriert als Geniekult einer kleinen Gruppe von revoltierenden jungen Schriftstellern, wird nicht wie jenseits des Rheins zu einer Quelle des Freiheits- und Gerechtigkeitsstrebens; sie wird, nur wenig später, in der Romantik wieder verinnerlicht und dadurch gewissermaßen abgezogen vom potentiellen Objekt der Kritik – den feudalen Herrschaftsverhältnissen im zersplitterten Deutschland.

Der Sturm und Drang steht im Deutschland des auslaufenden 18.Jahrhunderts als erstes Anzeichen der langen Welle einer jugendlichen Unruhe. Die Motive des wilden und scheinbar sinnlosen Trieb-Durchbruchs etwa in den Dramen von F.W. Klinger (er gab der Epoche den Namen), die ausweglose Verzweiflung eines Werther oder das himmelstürmende und gleichzeitig einsame Genie des an seiner Zeit verzweifelnden (und scheiternden) Franz Moor in Schillers Jugenddrama ‚Die Räuber', schließlich die gebrochenen Lebensläufe von Freiheitsdichtern wie Schubart und Lenz gegen Ende des 18. Jahrhunderts und selbst noch die nicht in engerem Sinne der ‚Sturm und Drang'-Epoche zuzurechnenden, ausweglosen Lebenskrisen von Freiheitsdenkern wie Kleist oder Hölderlin: sie alle stehen für die initiale Entwicklungsstufe einer sowohl geschichtlich-gesellschaftlichen wie individuellen Krise der Adoleszenz. In der kulturellen und politischen Dynamik des jugendlichen Moratoriums reflektieren sich gleichzeitig eine Reihe von gesellschaftlichen und politischen Zeiterscheinungen, die im Deutschland der kommenden Modernisierung eine tiefgreifende Krise der nationalen Identität heraufbeschworen.

Sturm und Drang als dionysisches Fest

Friedrich Maximilian von Klinger (1752 –1831) gibt der Sturm und Drang-Periode mit dem gleichnamigen Drama den Namen. Klingers Schauspiel ‚Sturm und Drang' erschien im Jahre 1776. Dramaturgisch bietet Klingers Stück ein Gemisch wie Kraut und Rüben: ein Schuss ‚Romeo und Julia' mit der Liebesgeschichte zweier tugendhafter junger Menschen, durchkreuzt von der Fehde zweier Familien, es geht um Auseinandersetzungen um Haus und Hof; dazu kommt eine Abenteuerstory mit *bataille* zu Land und Wasser, mit duellierenden Männern und händeringenden Frauen, schließlich ein Rühr- und Verwirrstück mit Verlust der Eltern und Namenswechsel, mit langen Leidenswegen bis zur späten Familienvereinigung, schließlich geht es um intime Männerfeindschaft, um Duell und Verwundung. Am Schluss des Stücks steht die Versöhnung alter Querköpfe und jugendlicher Heißsporne mit einem *happy end* für die beiden Liebenden.

Klingers erstes Drama ist, ähnlich wie Rousseaus ‚Emile‘, geschrieben als Kampfansage gegen die höfische Gesellschaft des Barock und die starre und überlebte Etikette des Adels. Aber anders als Rousseau steht hinter der turbulenten Szenerie von ‚Sturm und Drang‘ noch keine Diagnose der Gesellschaft und kein Diskurs über die Perspektiven des kommenden bürgerlichen Zeitalters. Das emanzipatorische Element in ‚Sturm und Drang‘, *pars pro toto,* besteht in der Flut sinnlicher Gefühle, welche die Protagonisten ungeniert von sich geben. Und, ganz im Sinne Rousseaus, ist es nicht mehr der Ehrenkodex von Ehre und Satisfaktion, auch nicht die Galanterie des Ritters oder die Koketterie des Schäferspiels, wodurch sich die vielen kleinen Spannungen oder der Antagonismus zwischen den verfeindeten Familien am Ende doch noch auflösen. Es sind die Akteure selber, ihre je individuellen oder zweiseitigen Fähigkeiten zu Vereinbarung, Kompromiss und Selbsterkenntnis, also perspektivisch gesehen ein modernes Muster, wodurch sich die Fäden am Ende entwirren und das ganze Geschehen auf eine Lösung zusteuert.[4] Dazu ein kurzer Auszug.

> Erster Auftritt des Helden, er ist der Sohn eines englischen Lords, Lord Berkley. Er ist verkleidet als Jäger und zieht gemeinsam mit zwei Kumpanen in ein Wirtshaus ein mit dem Ziel, ‚es krachen zu lassen‘. Sein *Alias* ‚Wild‘ sagt bereits alles. Der zweite im Bunde, La Feu – übersetzt: Er ist geil auf das Weib. *Feu* ist im Französischen ein Maskulinum, Feuer steht für Lust auf Sexualität. Der Dritte heißt Blasius – dazu das Signifikat: Ich kenne alles, Ich stehe über allem, Ich brauche Niemanden. Die Handlung spielt irgendwo in England.
>
> *Wild:* „Heida! Nun einmal in Tumult und Lärmen, daß die Sinnen herumfahren wie Dachfahnen beim Sturm. Das wilde Geräusch hat mir schon soviel Wohlsein entgegen gebrüllt, daß mir‘s wirklich anfängt, ein wenig besser zu gehen. ... Ha! Tobe und spanne dich dann aus, labe dich im Wirrwar!" (4)
>
> *La Feu:* „Es lebe die Illusion! Es solle mir nicht fehlen, das alte verrauchte Haus in ein Feenschloß zu verwandeln!... Beim Amor! Ich will mich in eine alt Weib verlieben, in einem alten baufälligen Haus wohnen, meinen zarten Leib in stinkenden Listlaken baden, bloß um meine Phantasie zu scheren. Ist keine alte Hexe da, mit der ich scharmieren könnte? Ihre Runzeln sollen mir

---

4   Zit. nach N. Nicola (Hg.): Strum und Drang, 2. Bde., Bd. 2, S. 1144-1199, München 1971: Winkler Verlag.

zu Wellenlinien der Schönheit werden; ihre herausstehenden schwarzen Zähne zu marmornen Säulen an Dianas Tempel; ihre herabhängenden ledernen Zitzen Helenens Busen übertreffen."

Blasius (auf Wilds Bemerkung, er liebe ja nichts): „Nein, ich lieb nichts. Ich habs soweit gebracht, nichts zu lieben, und im Augenblick alles zu vergessen. Ich betrüg alle Weiber, dafür betrogen und betrügen mich alle Weiber. Sie haben mich geschunden und zusammengedrückt, daß Gott erbarm." Etwas später, in den Spiegel des eigenen Ich schauend: „Ich bin zerrissen in mir und kann die Fäden nicht wieder auffinden, das Leben anzuknüpfen."

Die Posaunen des ‚Sturm und Drang' sind unüberhörbar. Die Lust am Zerstören – macht kaputt, was Euch kaputtmacht! – erscheint bereits in der initialen Szene als eine lustvoll ausgelebte martialische Party mit Saufen, Fressen und Sex. Aber in den wüsten Mannsbildern und hinter den artikulierten Grobheiten verborgen liegen, wie sich immer auch zeigt, seelische Verletzungen, schwierige und gewundene Lebensläufe und ‚unfertige', der Austragung bedürfende Handlungsdynamiken und Beziehungs-Spannungen. Der Lüstling La Feu wird am Ende mit der Schwester eines verarmten englischen Lords einig. Der Zyniker Blasius trifft auf Luise, eine ebenso gelangweilt daher kommende und durch ironische Distanz ‚gewappnete' entfernte Verwandte desselben Lords und findet in dieser ein gleichwertiges Gegenüber. Luise bleibt in der ironischen Distanz zum Geschehen. Ihr galliger Kommentar, auf die Ankündigung Le Feus, er werde sich mit Lady Kathrine zu einem Schäferspiel zurückziehen: „Ha! Ha! Ha!"

Auch der Held erreicht sein Ziel. Er findet am Ende der Erzählung zu sich selber. Hinter der zum Schutz und zur Abwehr errichteten Fassade des Wildlings verbirgt sich in Wirklichkeit ein sehnender Romeo, dessen Vater verschollen ist und dem er durch glückliche Fügung wieder begegnet. Am Ende kann er seine Jugendliebe glücklich und mit Billigung des Vaters heimführen. Aber der Schluss von Klingers Drama ist kein ‚Ende gut alles gut'. Der alte Lord Berkley, immer noch verletzt und von ambivalenten Gefühlen hin und her gerissen, taut noch nicht völlig auf. Er stellt sich seinen Problemen. Er ist in der Schlussszene bereit zum Gespräch mit dem vermeintlichen Kontrahenten, Lord Bushy. Berkley zu Bushy: „Ich kann dir noch über keine meiner Empfindungen Wort geben, hass dich noch und – es fällt mir so vieles ein – komm nur." Beide gehen ab, danach alle Anderen. (Schluß).

Der deutsche ‚Emile'. Ernst von Falkenberg

Zwei Jahrzehnte später hat sich mit der französischen Revolution die europäische Landkarte von Grund auf verändert. Die Stürmer und Dränger erkennen in den französischen Zuständen die Zurückgebliebenheit des eigenen Landes. In Klin-

gers Roman ‚Geschichte eines Teutschen aus der neuesten Zeit', erschienen im
Jahre 1798[5], enstanden unter dem frischen Eindruck der veränderten Zustände in
Frankreich, präsentiert F. M. Klinger ein Szenario, wo die deutschen Zustände
deutlich benannt werden.

Ernst von Falkenberg, Sohn eines Ritters, dessen Ruhm zurückreicht bis in
den dreißigjährigen Krieg, wächst wohlbehütet auf im Schloss seines Vaters. Der
Ritter von Falkenberg hält sich zurück vom höfischen Leben. Sein Bruder dagegen steht als Präsident der fürstlichen Verwaltung vor und ‚bedient' gegenüber
den Bauern die Herrschaftsinteressen des Adels. Ernst ist die deutsche Ausgabe
des ‚Emile' – wie dieser mutterlos, in der Obhut eines Erziehers, wiederum dem
französischen Original nachgebildet. Hadem, der Erzieher des jungen Ernst, er
war einst Feldprediger des Grafen von Falkenhain, lehrt den Jungen die Ehrfurcht
vor der Natur. Der alte Falkenberg hat Ernst noch einen Freund an die Seite gestellt. Er stammt aus einfachen Verhältnissen und wird auf dem Schloss der Fal-
kenbergs wie ein Adoptivsohn erzogen. Beide streifen, immer von Hadem angeleitet, durch die felsige Umgebung des väterlichen Schlosses. Schroffe Natur. Dazu
gehören dichter Eichenwald, Felsen mit dunklen Höhlen, ganz innen in einem gewaltigen Abgrund abstürzend. „Die Natur hatte ein kühnes wunderbares Werk erschaffen." Ein kühles feierliches Dunkel herrscht in Klingers Naturbeschreibung.
In der Mitte der Felsen droht ein tiefer Abgrund. Es ist die Ideal-Landschaft der
alten Germanier, die den jungen ‚Teutschen' Ernst und seinen Freund Ferdinand
formt. Es kann, folgerichtig nur ein Buch sein, welches Hadem den jungen Leuten als pädagogisches Vorbild zur Lektüre mitgibt. Es ist der Entwicklungsroman
‚Emile' von Rousseau.

Hadem führt gegen das barocke Deutschland der ‚jüngsten Zeit' einen Zwei-
frontenkrieg. Ebenso wie den Kult des Intellekts lehnt er auch den französischen
und angelsächsischen Materialismus ab. Nicht Standesdünkel, nicht das irdische
Verlangen nach materiellen Gütern oder der Wille zu Ruhm und hohem Ansehen
unter Seinesgleichen, sondern innere Werte wie Wahrhaftigkeit, Wahrheitsliebe
und, auch hier ein echter Seelenverwandter des Vorbilds Jean Jacques, ein Streben nach zwischenmenschlicher Gerechtigkeit und das Bewusstsein einer durch
die Natur selber vorgezeichneten Moral lehrt der weise Hadem seinen jungen und
gelehrigen Schüler. Hadem ist Gesinnungsethiker reinsten Wassers. „Das Bild hier
ist das eines Dichters. Es ist die hohe moralische Kraft, die allein den Dichter oder
den Helden macht. Vor dem inneren Auge steht die Tochter Jupiters, mit Schild
und Speer. Eine Göttin, ruhig und prunklos."

Es ist ein Minervabild der germanischen Art.

---

5   Zit. nach dem Nachdruck von 2007; Tübingen: Niemeyer Verlag.

Es existiert noch eine Parallelerzählung, wodurch wiederum ein Licht fällt auf die deutschen Verhältnisse. Ein Jahrzehnt nach der ‚Geschichte eines Teutschen' bringt die Genfer Bankierstochter Germaine de Staël – ihr Vater ist der legendäre Necker, er hatte dem Bourbonen Ludwig XVI nur wenige Jahre vor der Revolution den Staatsbankrott vorgerechnet – ebenfalls ein Buch über das damalige Deutschland heraus unter dem Titel ‚De l'Allemagne', veröffentlicht im Jahre 1810. In der Wechselwirkung von Natur und Mensch – hier die weitläufigen Laubwälder des deutschen Norden, die kaum die Strahlen der Sonne durchlassen, dort die deutschen Menschen in ihrer einfachen, manchmal sogar sich ein wenig einfältig darbietenden, würdevollen Schlichtheit, häufig einen religiösen Gesang auf den Lippen: in diesem ethnologischen Gemälde der reichen europäischen Kosmopolitin erscheint ein ganz ähnliches Deutschland wie in dem Klingerschen Bild des jungen ‚Teutschen'. Es ist eine Mischung aus Zurückgebliebenheit, Unverdorbenheit und, folgerichtig, angetan mit einer ‚natürlichen' Bildung oder zumindest einer Bildbarkeit, die von beiden, von Friedrich Maximilian Klinger und von Germaine des Staël dem Bild des über-zivilisierten Franzosen und des kalten Intellekts, als Produkten des Aufklärungszeitalters, als ein positiveres Gegenbild gegenübergestellt wird. Germaine des Staël dient in dieser Vorstellung von den unverdorbenen frommen Deutschen zwei Herren zugleich – den Aufklärern und den Romantikern. Die Kritik am Frankreich ihrer Zeit reicht immerhin aus, um die Autorin auf Geheiß von Napoleon Bonaparte durch die Hand des Polizeipräsidenten Fouché des Landes zu verweisen.

Zurück zur ‚Geschichte eines Teutschen'. Klinger führt eine zweite Ebene ein. Sie ist präzise und für jeden Zeitgenossen lesbar auf die Unterschiedlichkeit der politischen Verhältnisse diesseits und jenseits des Rheins bezogen. Hadem steht für die Rousseausche Naturreligion – so wie sie mit allerdings stark religiöser Akzentuierung auch von Mme de Staël vertreten wird. Hadem vertritt in Übereinstimmung mit dem Ideal der natürlichen Moral auch die Sache der gesellschaftlichen Reformen. Eine andere Lichtfigur in der Erzählung, Baron Kalkheim, macht die Bauern bekannt mit neuen Anbaumethoden. Er stärkt dadurch ihre Stellung gegen den übermächtigen Adel und macht sich diesen, ähnlich wie Hadem, zum unversöhnlichen Feind. Der Fürst, obwohl in ehrlicher Sympathie zu Ernst und seinem Vater zugeneigt, kann dem Druck der Adeligen nicht standhalten, die um den aus ihrer Sicht verderblichen Einfluß der Reformer fürchten. Der Landreformer Baron Kalkheim wird abgesetzt. Hadem muß das Land verlassen. Er geht nach Amerika.

Hier entpuppt sich der Stürmer und Dränger Klinger als scharfer Beobachter seiner Zeit. Klinger macht sich keine Illusionen über die restaurative Übermacht der Adelspartei im Deutschland des beginnenden 19. Jahrhunderts. Dieses

Faktum spiegelt sich auch im Plot. Der junge Ernst muss erdulden, wie sein Einfluss am Hof des Fürsten schwindet. Seinem engsten Freund Ferdinand gelingt es, die geliebte Frau, Amalie, in seinen Bann zu ziehen. Auch am Tod seines kleinen Sohnes trägt Ferdinand eine Mitschuld. Und, als ob des Leides noch nicht genug wäre, auch sein geliebter Vater stirbt, tragischerweise, im Kampf gegen das revolutionäre Frankreich. Ernst zieht sich vereinsamt und verbittert auf das väterliche Schloss zurück. Erzählung und Biographie des Autors berühren sich an diesem kritischen Punkt. Ähnlich, zeitgleich, wie Lenz und später Körner, Schubart und Büchner ist der Reformer Klinger eine unerwünschte Figur im Deutschland des frühen 19. Jahrhunderts, zuerst restaurativ beherrscht, dann durch Napoleons Armeen besetzt und danach wieder restaurativ eingeschworen.

Der Schluß der ‚Geschichte eines Teutschen‘ ist Drama, Kritik der ‚neusten Zeit‘ im gegen-revolutionären Deutschland und romantische Fiktion in einem. Hadem kehrt zurück aus Amerika, gerade noch rechtzeitig, bevor Ernst, vollständig am Leben verzweifelt, in Schweigen verfallen, sich in den Abgrund stürzt, um seinem Leben ein Ende zu machen. Hadem birgt aus der Tiefe eben dieser dunklen Höhle nahe dem väterlichen Schloss den Schatz der frühen Jugend seines Schützlings: Es ist Rousseaus Roman ‚Emile‘. Damit erschließt sich auch der ungewöhnliche Name des großen unbeugsamen Lehrers: Ernstens großer Erzieher bezwingt, Orpheus gleich, den Hades. Und so endet die Geschichte des ‚Teutschen‘ mit einem Hoffnungsschimmer. „Ernst sank in seine Arme- und der Geist aus jenem Lande goss sich in sein Herz. Er rief ‚O mein Vater, an Deiner Seite konnte ich an der Tugend zweifeln!‘ Hadem: ‚Und Rousseau!‘ ‚Rousseau!‘, antwortete Ernst – und aus den labyrinthischen Felsengängen aus der Höhle hallte es zurück, als antwortete die Ewigkeit."

*

Es hat den Anschein, dass der Stürmer und Dränger Ferdinand Maximilian Klinger seinen Figuren zunächst den Geist von Rabelais und Villon einbläst und dann, sublimiert und gleichzeitig auf den Geist der Zeit ausgerichtet, Rousseaus Kult der Innerlichkeit und der sozialen Sensibilisierung annimmt. Beides wird in Deutschland von den Herrschenden nicht goutiert. Am Ende versiegt der Impetus der neuen Bewegung. Die Schrift, das Innere, die Eigenständigkeit des Schriftstellers, hier zugleich in der Rolle des Intellektuellen, fungiert nur noch als Instanz der Aufbewahrung, sozusagen als ‚Aufhebung‘ ohne jene dialektische Vorwärtsbewegung, zu deren Zweck die Stürmer und Dränger nur wenige Jahre vorher angetreten waren. Klingers Schriften sind bis 1815 verboten und auch danach im Deutschland der ‚heiligen Allianz' von den Mächtigen nicht gern gesehen. Ähnlich wie zu gleicher Zeit Lenz fällt Klinger bei Goethe in Ungnade. Aber anders als Lenz versöhnt sich Klinger ein Jahrzehnt später wieder mit dem übermächtigen Weimarer. Klinger geht nach Russland in den Militärdienst, aber er bleibt seiner progressiven Gesinnung treu. Er wird beinahe 80 Jahre alt – nahezu so alt wie Goethe.

Lenz

„Gegen Abend kam er auf die Höhe des Gebirgs, auf das Schneefeld, von wo aus man wieder hinabstieg nach Westen, er setzte sich oben nieder. Es war gegen Abend ruhiger geworden; das Gewölk lag fest und unbeweglich am Himmel, soweit der Blick reichte, nichts als Gipfel, von denen sich breite Flächen herabzogen, und alles so still, grau, dämmernd; es wurde ihm entsetzlich einsam, er war allein, ganz allein, er wollte mit sich sprechen, aber er konnte nicht, er wagte kaum zu atmen, das Biegen seines Fußes tönte wie Donner unter ihm, er musste sich niedersetzen; es fasste ihn eine namenlose Angst in diesem Nichts, er riß sich auf und flog den Abhang hinunter. Es war dunkel geworden. Himmel und Erde verschwanden in Eins. Es war, als ginge ihm was nach, als müsse ihn was Entsetzliches erreichen, etwas, das Menschen nicht ertragen können, als jage der Wahnsinn auf Rossen hinter ihm her." (Aus Georg Büchners Erzählung ‚Lenz', erschienen im Jahre 1835)[6]

Als Weg nach Innen hatte der christliche Philosoph Augustinus die Suche nach der Identität bezeichnet[7]. In Rousseaus ‚Emile' gilt eine reflexiv fortschreitende Selbsterkenntnis, basierend auf Eigenliebe und Neugierde, im Innern des Selbst als dessen unzerstörbarer und authentischer Kern in den ‚soziablen' Eigenschaften wie Selbstliebe, soziale Sensibilität und Gerechtigkeitssinn. Auf den bürgerlichen Tugenden von Selbstliebe, Universalismus und Wechselseitigkeit ruhen die Institutionen der modernen Gesellschaft, die sich in der zweiten Hälfte des 18. Jahrhunderts von England, Frankreich und den Niederlanden aus in Europa auszubreiten begannen. Der Rektor einer Magdeburger Bürgerschule spricht mit Bewunderung von der ‚Seelenkraft' des Rousseauschen Menschen. Aber er verbindet diese Hochschätzung mit einem Zweifel darüber, ob solche Menschen auch im Deutschland seiner Zeit zu finden sein. Deutschland ist seit der französischen Aufklärung eine ‚verspätete Nation'.

Georg Büchner ist ein profilierter Mitstreiter in der Freiheitsbewegung im deutschen Vormärz. Er stirbt, erst 24 Jahre alt, im Jahre 1837. Büchner zeichnet in dem eingangs wiedergegebenen Zitat ein Bild von dem Stürmer und Dränger Reinhold Michael Jakob Lenz. Die Erzählung erscheint posthum, zwei Jahre nach dem Tod Büchners. In wenigen, unerhört eindringlichen Strichen gibt Büchner in seiner biographischen Erzählung einen Einblick in das Innenlenleben eines See-

---

6   G. Büchner: Lenz. Nachdruck, Stuttgart 2002: Reclam.
7   S. dazu die Ausführungen in Kap. 3 im vorliegenden Band.

lenverwandten, der ebenso wie Büchner leidenschaftlich für die Sache der Freiheit schreibt; ähnlich wie dieser ist auch Lenz vor der Zeit gestorben, anders als
Büchner allerdings gescheitert vor dem Ruhm.

Lenz steht zum Zeitpunkt der hier skizzierten Wanderung durch die Vogesen im Frühjahr des Jahres 1778 bereits dicht am Abgrund des Zusammenbruchs.
Lenz ist zu diesem Zeitpunkt 27 Jahre alt. Er durchlebt in dem kurzen Zeitraum
zwischen 1773 und 1778 die Katastrophe seines Lebens. Worin bestand der Knick
in seiner Lebenslinie, und warum konnte Lenz, anders als viele seiner Mitstreiter
des Sturm und Drang, sich aus dieser Krise nicht mehr selber befreien? Ein erster Aufschluss ergibt sich beim Blick auf die Stationen seines Lebens. Nach einem unsteten Leben von der Kindheit in Livland und dem Studium der Theologie in Königsberg, (nach drei Jahren abgebrochen) kommt Lenz als Gesellschafter
bei einem Brüderpaar, den beiden adeligen Offizieren von Kleist nach Straßburg.
Er ist während dieser Zeit Mädchen für alles, erwirbt gleichzeitig aber wichtige
Erfahrungen, die er später in dem Drama ‚Die Soldaten‘ verwerten kann. Vater
Lenz, zunächst Pfarrer in einer kleinen livländischen Gemeinde und schließlich
der oberste Repräsentant der protestantischen Kirche, drängt seinen Sohn zu einem geordneten Leben. Er lässt ihn immer spüren, dass er ihn für einen Versager
hält und dass der Sohn ihm auf der Tasche liegt. Vater Lenz predigt im livländischen Protestantismus mit großer Stimmgewalt gegen jegliche Form des Liberalismus, der dem Sohn so wertvoll ist.

In der intellektuell umtriebigen aber dennoch provinziell beengten Universitätsstadt Straßburg entscheidet sich Lenz im Jahre 1773, erst 24-jährig, für das
Leben eines freien Schriftstellers. Die Zeichen stehen zunächst günstig. Lenz ist
befreundet mit Goethe, der ebenfalls in Straßburg studiert. Straßburg gehört seit
der Zeit Ludwigs XIV zu Frankreich, ist aber gleichzeitig durch die deutsche Reformation beeinflusst. Lenz ist aktives Mitglied in mehreren literarischen Zirkeln.
Nicht in vorderster Linie politisch exponiert, nimmt er jedoch aktiv Anteil an den
intellektuellen Debatten über all die Fragen von Reform und Veränderung, die am
Vorabend der französischen Revolution das Denken der akademischen Jugend bestimmen. Lenz hat sich in diesen Jahren bereits einen Namen gemacht. Er schreibt
Dramen (‚Der neue Menoza‘, ‚Die Soldaten‘), Komödien (‚Der Hofmeister oder
Vorteile der Privaterziehung‘) und Diskurse in Briefform (‚Briefe über die Mo-
ralität der Leiden des jungen Werthers’, gerichtet an Goethe). Aber der große Erfolg bleibt aus. Auch eine befriedigende Beziehung, sei es als Liebesbeziehung,
sei es als ein Debattenkreis mit gleichgesinnten Freunden, kommt immer nur kurz
zustande. Das, wie Lenz sagt, verbale ‚Geschnarche‘ seiner Freunde ödet ihn an.
Lenz will mehr, viel mehr erreichen.

Lenz bricht im Jahre 1776 seine Zelte in Straßburg ab und zieht nach Weimar, auf Goethes Spuren und in der Hoffnung auf eine Förderung durch den mittlerweile berühmten Jugendfreund aus der Straßburger Zeit. Es wird die Katastrophe seines Lebens. Nach einem heftigen Streit mit Goethe im Spätjahr 1776 – ging es um eine Frau? Wirft er Goethe dessen intime Nähe zu den Mächtigen vor? Ging es um eine rein persönliche Angelegenheit, ausgelöst durch Lenzens Missgunst? Man weiß es nicht – muss Lenz Weimar fluchtartig verlassen. Lenz ist nun doppelt und dreifach gezeichnet – überworfen mit dem ‚Olympier‘, den man im literarischen Deutschland nach Götz von Berlichingen und vor Allem nach dem Werther nicht zum Feind haben darf, bar jeder festen Beziehung und dazu völlig mittellos. So ist die Lage, als Lenz im Februar 1778 und nach mehreren unsteten Aufenthalten in Süddeutschland – wiederum, wie magisch fixiert, auf den Spuren der näheren Verwandtschaft von Goethe – über die Vogesen wandert, bis er das Dorf Waldersbach erreicht.

Es herrscht das Gastrecht in den kleinen Orten des Gebirges. Lenz wird in der Pfarrei des Ortes freundlich aufgenommen. Pfarrer Oberlin, der zunächst einen wandernden Handwerker vermutet, kennt Lenzens Dramen. Und Lenz, erfreut über die freundliche Aufnahme des Kirchenmannes, findet zunächst ein wenig Ruhe. Lenz war vorher bei Lavater eingekehrt, der als Pfarrer in Zürich lehrte. Lavater hatte sich einen Namen gemacht als Vertreter des Geniekults, der gut zu dem jugendhaften Überschwang des ‚Sturm und Drang‘ passte. Darüber wird noch zu sprechen sein. Bei den Tischgesprächen mit den Oberlins, bei verschiedenen Wanderungen mit Oberlin über das Gebirge ist Lenz ein angenehmer und gern gesehener Gesprächspartner. Einmal hält er für den abwesenden Oberlin sogar die Sonntagspredigt. Sie fällt etwas düster aus, aber immerhin.

Christoph Kaufmann, ein typischer Vertreter des ‚Sturm und Drang‘ trifft ebenfalls mit seiner Verlobten bei den Oberlins ein. Auf Kaufmann geht der Titel von Klingers Drama ‚Sturm und Drang‘ zurück. Kaufmann, Tausendsassa, sucht für Alles und Jeden die passende Weltformel. Kaufmann zieht durch die deutschen Lande als säkularer Metaphysiker, ein wenig Charismatiker, ein wenig Scharlatan. Man nennt ihn den Kraftapostel des neuen Zeitalters, er erhebt Rousseaus Denken, dessen Lebensweise sowie dessen Kleidungsgewohnheiten zum Kult, Kaufmann trägt offenes Haar, er hat das Hemd offen bis zum Bauchnabel; er propagiert eine Ernährungsweise ohne Fleisch, ohne Fisch, als Getränk nimmt er nur Milch oder Wasser zu sich; immer nach dem Motto ‚Natur und sonst gar Nichts‘. Kaufmann gibt vor, mit übernatürlichen Mächten in Kontakt zu sein. Ähnlich wie Lenz strebt Kaufmann an den Weimarer Fürstenhof. Ähnlich wie dieser kann er dort nicht landen. Der Sturm und Drang ist kurzlebig. Das Eis ist dünn. Mancher bricht ein. Kaufmann erhält in den 80er Jahren eine Stelle als Arzt bei dem Orden der Herrenhuther. Kaufmann stirbt kurz darauf, gerade 42 Jahre alt, am Ende mehr belächelt als verehrt[8].

Pfarrer Oberlin und der ‚Kraftapostel' Kaufmann beschließen im Frühjahr 1778 eine gemeinsame Reise nach Zürich, um Lavater zu besuchen. Beide teilen das Gefühl der Neugierde und der Sympathie für einen prominenten und darüber hinaus auch unterschrocken Streiter für Aufklärung und wider die Tyrannei, so auch für die Rechte der eidgenössischen Bauern und gegen die Übergriffe der Aristokratie. Zwischen Kaufmann und Lavater besteht darüber hinaus eine untergründige Verbindung über Lavaters Geniekult. In einem prominent gewordenen Buch[9] (auch Goethe hatte zeitweilig daran mitgearbeitet) begründet Lavater, halb fabulierend, ein wenig unter Variation von Spinozas Idee der ‚Weltseele', eine transzendentale Konstruktion des Genie-Phänomens heute würde man sagen: eine Theorie der menschlichen Kreativität. Hier ein Auszug: „Was bemerkt, wahrnimmt, schaut, empfindet, denkt, spricht, wandelt, bildet, dichtet, singt, schafft, vergleicht, sondert, vereinigt, folgert, ahndet, gibt, nimmt, als wenn's ihm ein Wesen höherer Art diktiert und angegeben hätte, der hat Genie; als wenn er selbst ein Wesen höherer Art wäre, der ist Genie." Das Genie ist nach Lavater ein dem Menschen ‚propior Deus', ein näherer Gott.

Allein gelassen in Waldenburg, in einem für ihn unerträglichen Zustand der Einsamkeit, wird Lenz von den dunklen Schatten seines immer wieder scheiternden Lebens heimgesucht. Seine Angstattacken kommen immer in der Nacht, wenn die Gesprächspartner fehlen und die imaginären Gestalten seines bisherigen Lebens andrängen – er ist zu diesem Zeitpunkt erst 27 Jahre alt. Er hat in der Tat Einiges geleistet, aber nach dem Absturz in Weimar keinerlei greifbare Perspektive vor Augen. Ganz im Gegenteil. Über seinen Bruder ruft ihn sein Vater, inzwischen zu Macht und Einfluss gelangt, unerbittlich und uneinsichtig zurück nach Livland. Die Vorstellung, beim Vater zu Kreuze zu kriechen, muss für Lenz ganz unerträglich gewesen sein. Er will sich dem äußeren Vater nicht stellen aber er vermag ebenso wenig das tyrannische Überich des inneren Vaters abschütteln. In dieser Schwierigen Situation kommt ihm auch die Mutter abhanden. Büchner behandelt dieses Trauma mit einem starken Bild: Eines Morgens erzählt Lenz Oberlin einen Traum. Seine Mutter sei aus einer Kirchenmauer hervorgetreten, bekleidet mit einem weißen Gewand, in dem je eine weiße und eine rote Rose steckte. Dann sei die Mutter in eine Ecke gesunken, mehr und mehr überwachsen von den Rosen.

---

8   S. dazu auch S. Damm: Vögel, die Land verkünden. Das Leben des Jakob Michael Reinhold Lenz. Frankfurt/M. 1989.

9   J. C. Lavater: Physiognomische Fragmente zur Beförderung der Menschenkenntnis und Menschenliebe. (Erstausg. 1775). Nackdruck Hildesheim 2002: Weidmann Verlag.

In der Tat stirbt Lenzens Mutter im Jahr 1778. Der Revolutionär im literarischen Kostüm ist zum Todesseher mutiert – auch in diesem Wandel in weniger als einem Jahrzehnt manifestiert sich ein deutsches Schicksal.

Lenzens innere Qual bricht in psychotischer Form durch mit dem realen Tod eines Kindes in einem nahegelegenen Ort. Lenz, als ob er in seiner verzweifelten Lage nur auf eine Bestätigung seiner inneren Todesbotschaften gewartet hätte, eilt sofort zu dem entsprechenden Haus. Es betet laut und intensiv neben dem toten Körper. Dann, urplötzlich, packt er die Hände des kleinen Verstorbenen und nimmt eine Christuspose ein. Er ruft laut: „Steh auf und wandle!" Natürlich geschieht nichts. Lenz bestreut sein Gesicht mit Asche. Er läuft davon, halb Landstreicher, halb Wahnsinniger. Die Menschen im Ort fürchten sich vor ihm. Wenige Nächte später stürzt sich Lenz, der nach diesem Ereignis und in seiner Einsamkeit jetzt nachts gar keine Ruhe mehr findet, in suizidaler Absicht aus dem Fenster seiner kleinen Kammer im ersten Stock des Oberlinschen Hauses. Er überlebt. Ein Arm ist ausgerenkt. Lenz ist danach physisch und psychisch am Ende.

Lenzens Zustand wird für seine Umgebung mehr und mehr untragbar. Oberlin, der die Nachricht von Lenzens psychotischen Schüben erhält, eilt zurück nach Waldenburg. Von nun an steht Lenz unter Bewachung. Man fürchtet, er könnte sich jederzeit wieder etwas antun. Es wird beschlossen, ihn unter Bewachung nach Straßburg zu bringen, weil dort mehr für ihn getan werden kann. Lenz, inzwischen starr, phlegmatisch und über weite Strecken des Tages völlig teilnahmslos, wird danach nie wieder Ruhe finden. Er stirbt, etwa eineinhalb Jahrzehnte später und nachdem er noch dieses und jenes versuchte, immer vergeblich, auf den Straßen von Moskau, völlig mittellos, gejagt von der zaristischen Geheimpolizei.

*

Die literarische Bewegung des ‚Sturm und Drang' war im Deutschland der 70er und 80er Jahre des 18. Jahrhunderts der erste Aufbruch in die Freiheit seit Luther und Hutten. Diese Freiheit bezog sich ästhetisch auf die expressive Qualität des Stils, auf den Durchbruch der Gefühle anstelle von Vernunft und Verstand; sie bezog sich auch auf die Freiheit der Kulturschaffenden, ihre Meinung zu äußern. Aber die Protagonisten des ‚Sturm und Drang' stehen in dem kleinstaatlich beengten Deutschland (eine landesweite Zensur entsteht erst nach 1819, im Zeichen der ‚Karlsbader Beschlüsse') auf verlorenem Posten. Das gebildete Bürgertum und besonders der Adel wünschen Amüsement, so wie in Lenzens schwarzer Komödie ‚Der Hofmeister' trefflich herausgearbeitet. Sie ertragen expressiven

Überschwang und mystischen Tiefgang. Aber das Weiterdenken des aufkläreri-
schen Funkens dort, wo er an den Herrschaftsverhältnissen kratzt, ist unerwünscht.

Die Bewegung der Freiheit unter unfreien Verhältnissen beginnt mit dem
Aussprechen dieser Unfreiheit. Schillers frühe Dramen, sein dem Marquis Posa
in den Mund gelegter Ausspruch ‚Sire, geben Sie Gedankenfreiheit‘ sind ein leidenschaftlicher Aufschrei, gerichtet an Alle: an die Adresse der Fürsten, als Herren der höfischen Öffentlichkeit; an die gebildeten Stände und besonders an das
gehobene Bürgertum als potentiellem Nutznießer von mehr Freiheit und nicht zuletzt an die eigene Bezugsgruppe, die Schriftsteller und Dichter deutscher Zunge und Feder. Aber es fehlt im Deutschland der 27 Teilstaaten an einem sozialen
Träger für eine Befreiungsbewegung. Wie hier am schmalen Ausschnitt zweier
Dichter des Sturm und Drang gezeigt wurde, verhält sich das Volk ebenfalls weitgehend passiv. Allenfalls in der protestantischen Kirche ‚vor Ort‘ treffen die Aufklärer des ‚Sturm und Drang‘ auf offene Ohren. Aber die protestantische Kirche
in Deutschland steht seit den Zeiten der Reformation in ihren führenden Organen
fest unter der Aufsicht des Staates. So bleibt, insgesamt gesehen, der Sturm und
Drang ein liberales Sprengsel auf der restaurativ eingefärbten Landkarte von Duo-
dez-Deutschland, ein Vorzeichen für eine kommende Freiheitsbewegung, mehr
aber noch nicht. Und wie ein nicht eingelöstes Vermächtnis klingt, ganz im Geist
der Romantik verfasst, das Motto des Burschenschaftlertreffens von 1817, als sich
300 Jahre nach Luthers Aufstand gegen den römischen Papst kurzfristig die Hoffnung auf ein einiges demokratisches Deutschland am Horizont abzeichnet. „Der
Himmel segne unser gemeinsames Streben, ein Volk zu werden, das voll der Tugenden der Väter und Brüder durch Liebe und Eintracht die Schwächen und Feh-
ler beider beseitigt.“

Lenz 1973

In der Zeit des Verdämmerns der 1968er-Revolte zu Beginn der 70er Jahre schreibt
Peter Schneider, ein schreibender Rebell, eine Neufassung des ‚Lenz‘ (Schneider
1973, Neuaufl. 1997). Peter Schneider lebt und erlebt den Niedergang einer Bewegung, die auf der spontanen Begeisterung einer Jugendgeneration beruhte und
die nun, selbstverschuldet, schwunglos geworden ist. Er beschreibt die Situation
des vor sich hin driftenden Intellektuellen, der abwechselnd in Kneipen herum-
hängt, einer verflossenen Liebe nachtrauert, dann als Fabrikarbeiter die Klassen-
wirklichkeit des Proletariats erkundet. Peter Schneiders Lenz, in diesem Punkt ähnlich wie sein Vorgänger aus den 70er Jahren des 18. Jahrhunderts, hat seine Füße
nur vage auf dem Grund der Zeit. Was sich dort als Vor-Zeit eines nahestehenden

Umbruchs und, bezogen auf Frankreich, als Endzeit des barocken Absolutismus und des *ancien regime* ankündigt, als Erwartungs-Zeit also, an welcher der Protagonist gleichwohl nicht teil hat; dieses individuelle Verhängnis wird von Lenz 1973 empfunden als lähmender Zustand einer Post-Histoire.

Die Begriffe, das Handwerkzeug des Intellektuellen, wollen nicht mehr passen; aus der fröhlichen Revolte hat sich in den politischen Gruppen und den Schulungszirkeln (z. B. in den Marx-Zirkeln) eine Atmosphäre des Dogmatismus und der Scholastik entwickelt, die Bewegung ist in eine Art von Schockstarre gefallen. Hinzu kommt ein persönliches Drama. Es gelingt der Protest-Figur Lenz nicht, sich innerlich zu befreien von einer Liebesbeziehung, die offensichtlich auf beiden Seiten noch nachhängt, obwohl sie anlässlich eines letzten Treffens vom weiblichen Part definitiv als beendet erklärt wird. Auch in Lenzens Sexualität spiegelt sich die Verkrampftheit seines Daseins. Es geht in Peter Schneiders Erzählung um eine individuelle Lebenskrise, in der sich gleichzeitig ein Zustand der gesellschaftlichen Stagnation und ein Bruch in den persönlichen Beziehungen wiederspiegelt.

Blickt man zurück auf die Annalen der beginnenden 70er Jahre, so bestätigt sich das subjektive Zustandsbild aus Peter Schneiders Lenz-Erzählung. Zu Beginn der 70er Jahre begann die sozialliberale Regierung Brandt/ Scheel damit, die Vereisung der politischen Blöcke in ersten vorsichtigen Schritten auf eine mögliche Veränderbarkeit abzuklopfen. Es war keine Atmosphäre der Euphorie, kein vertrauensvolles Voranschreiten der Politik in Europa oder in Deutschland, die solche Schritte zu einer neuen Ostpolitik begleitet hätten; der Zeitgeist war, knapp drei Jahrzehnte nach Beendigung des Krieges, geprägt eher durch die Administrierung der deutschen und europäischen Teilung als durch wirklich substanziellen Fortschritt. Nur die charismatische Figur von Willy Brandt, sein symbolischer Kniefall im Warschau am 7. Dezember 1970 hatte in Osteuropa Wirkung erzielt; wies hinaus über den Status Quo; im Zusammenhang der neuen Ostpolitik begann die Vereisung des kalten Krieges langsam abzutauen. Es war das graduelle Anwachsen einer mühsam wieder zu erreichenden Normalität und nicht mehr der Sturm und Drang einer antiautoritären Revolte; eher eine vorsichtige Balanceübung auf dem glatten Terrain der Diplomatie und nicht der Ansturm einer Jugendbewegung, wodurch das Geschehen seine Impulse erhielt. Blickt man allerdings mit einem weniger romantisierenden Blick auf die Verhältnisse, so ergab sich ein anderes Bild: die Bildungsreform begann zu greifen, mit der Schaffung von Gesamtschulen und Gesamthochschulen, mit der Einrichtung neuer Studiengänge wurden wichtige anliegen der 1968er-Bewegung überführt in den gesellschaftlichen Alltag einer mehr offenen und pluralen Moderne. Aber die intellektuellen Vorposten hatten etwas an-

deres im Blick. Sie hörten längst nur noch ihre eigenen Signale. Auch dies gehört
zum Altern von sozialen Bewegungen.

Der Autor und Rebell Peter Schneider hat in den 70er Jahren gemischte Erfahrungen machen müssen. Er wird, obwohl niemals Mitglied der kommunistischen
Partei DKP oder des West-Berliner SED-Ablegers, Opfer des Berufsverbots-Er-
lasses von 1972. Erst Jahre später wird der Erlass abgeschwächt, der öffentliche
Dienst stünde ihm jetzt offen. Aber Peter Schneider ist mittlerweile zum erfolgreichen Schriftsteller geworden. Die Aufbruchszeit der Revolte ist definitiv beendet.
Die beginnenden 70er Jahre sind, trotz aller Parteiformeln und Organisationspa-
rolen eine neue Zeit der Sprachlosigkeit. Die 1968er-Revolte ist intellektuell ge-
altert. Es ist die Zeit einer politischen Theatralik aus zweiter und dritter Hand. Re-
volutionskostüme und Parteitagsrituale von Machtoligarchien, deren Mitglieder
das Alter von 80 überschritten haben, werden zum Modell für Parteigründungen,
die niemals und an keinem Ort durch ein Wählervotum gestützt werden und nur
in der Vorstellung ihrer Mitglieder existieren. Bei den Marx-Schulungen, gedacht
als theoretische Fundierung einer neuen Führungselite in der Bewegung, herrscht
eine strenge Disziplin. Mancher Genosse studiert jahrelang nichts anderes als Begriffe und Ableitungsübungen zu den drei Bänden des Marxschen ,Kapital'. Aber
die Modellierung einer Rhetorik kann originäre Subjektivität und Spontaneität im
Alltag nicht ersetzen, sie tendierte in der Praxis eher dazu, die letztere mit Sprech-
ritualen zu überkleistern.

Lenz 1973 widersteht den Versuchungen der Marxologie und des Partei-By-
zantinismus. Lenz, immer lustloser in dieser Mikrowelt der hohlen Phrasen, der
politischen Arbeit gegenüber innerlich mehr und mehr entfremdet, entschließt sich
kurzfristig zu einer Reise nach Italien. Der originale Lenz war niemals in Italien.
Es gibt in Klingers Gründerdrama ,Sturm und Drang' eine Italiensequenz, ähnlich
diffus und wirr, ähnlich voller Situationswechsel und, voll unerwarteter und, vom
Protagonisten her gesehen, zum überwiegenden Teil auch voll befremdlicher Er-
lebnisse. Es sind in Klingers Drama die Schalmeientöne seiner Angebeteten, die
den jungen Deutschen aus dem für ihn fremden und, z. B. mangels Sprachkennt-
nis auch fremd bleibenden, römischen Labyrinth wieder herausführen. Amouröse
Beziehungen wollen sich in Schneiders Lenz trotz mancher Verlockungen nicht
einstellen, zu sehr hängt er immer noch an der verflossenen Liebe. Tröstlich für
Schneiders Lenz ist in der neuen Tristesse der 70er Jahre allein der Umstand, dass
es ihm immer wieder gelingt, die Klassenschranke zwischen Intellektuellen und
Arbeiterschaft wenigstens punktuell zu überwinden. Es ist ein Fabrikarbeiter, tätig in der kommunistischen Partei und Gewerkschaftsmitglied, der in der nordita-
lienischen Stadt Trento lebt. Der barmherzige Samariter hilft dem deutschen Ge-

nossen mit Kleidung, Unterkunft und Verpflegung. Nach der Abschiebung durch die italienische Polizei hat Peter Schneiders ‚Lenz' genug innere Stärke, um seine Identität in der gewohnten Umgebung behaupten und sein Leben weiter führen zu können. Lenz kann jetzt die Kraft aufbringen, sich der Ödnis des Sektenwesens zu entziehen und die nötige Geduld entwickeln, um andere, produktivere Zeiten abzuwarten.

*

Man kann die eingangs aufgenommene Lenz-Erzählung von Georg Büchner nicht im Verhältnis eins zu eins mit Peter Schneiders gleichnamiger Geschichte parallelisieren. Die Situation des Schriftstellers im deutschen Sturm und Drang ist unendlich prekärer, für den Einzelnen enger, häufig aussichtslos, verglichen mit der Aufbruchstimmung der 70er Jahre in Berlin oder der Bundesrepublik. Selbst das östliche Europa gerät nur wenig später, in der zweiten Hälfte der 70er Jahre in eine progressive Bewegung; trotz des enormen Verharrungsdrucks von Seiten der kommunistischen Machthaber. Hinzu kommt, zurück zum Original-Lenz, die individuell gesehen verzweifelte Lage, in welche Jakob Michael Lenz nach der überhasteten Abreise aus Weimar geraten ist. Büchner erzählt ein Lebensdrama, welches unaufhaltsam auf ein Ende zuläuft; er lässt den Leser in eben jene Etappe blicken, wo der Zusammenbruch sich bereits ankündigt und punktuell auch ereignet. Peter Schneiders ‚Lenz' trägt ebenfalls biographische Züge. Seine literarische Figur steckt in einer Lebenskrise, die aber an keiner Stelle in den Abgrund mündet. Ganz im Gegenteil: Lenz widersteht den dogmatischen Vereinfachungen seiner Ex-Genossen. Er kann in dem Moratorium eines temporären Rückzugs neue Beziehungen knüpfen. Er kann eine zunächst schmerzhafte Trennung durch Trauerarbeit erträglich machen – der Schluß der Erzählung spricht für Offenheit.

Die semibiographische Figur ‚Lenz 73' beobachtet gegen Ende der Erzählung wie sich, bildlich gesprochen, der Himmel wieder zu lichten beginnt. Alte Beziehungen werden beendet, neue Verbindungen entstehen, neue Perspektiven tun sich auf. Schneiders Lenz könnte sich, nur wenige Jahre nach den Versteinerungen innerhalb der linken Bewegung der 70er Jahre, als Mitglied der Berliner Hausbesetzerszene, als Gründungsmitglied der Partei der ‚Grünen' oder als Aktivist einer der sonstigen Umwelt- und Bürgerrechtsbewegungen zugewandt haben. Lenz hat sich seine Spontaneität bewahrt. Wie der Satz eines DDR-Bürgers aus der Zeit unmittelbar vor der friedlichen Revolution, durchsetzt mit einem Schuss Optimismus klingt der Schlußsatz von Peter Schneiders Lenz-Erzählung. Einem

Freund, der auf dem Sprung ist nach Lateinamerika, antwortet Lenz auf die Frage, was er, Lenz, jetzt tun wolle lakonisch: „Dableiben" (S. 112) .

Kapitel 2
Quellen der Romantik

Noch nicht Romantik

Das 18. Jahrhundert weiß noch nichts von dem revolutionären Umbruch der Romantik, aber romantische Gefühle haben Konjunktur – um etwas anderes zu überdecken. Dazu ein Beispiel von Giacomo Casanovas, der am Ende seines Lebens seine höchst lesenswerten Memoiren schreibt: „Geschichte meines Lebens" (1985).

Zwei Schwestern, Nanetta und Martina, die bei ihrer Tante wohnen, buhlen um den jungen Casanova (er ist noch nicht 18 Jahre alt) und versprechen ihm einiges, sollte es ihm gelingen, der Tante aufgrund seiner guten gesellschaftlichen Beziehungen eine Rente zu verschaffen. Dies gelingt. Als Gegengabe überlassen sich die beiden Schwestern nacheinander im gleichen Bett seinem und möglicherweise auch ihrem Verlangen – einem Verlangen, das darauf beruht, dem des anderen zu entsprechen. Ziel ist es, eine vollkommene Harmonie herzustellen, indem der eine die Wünsche der anderen antizipiert (und umgekehrt) und sich dementsprechend verhält. Diese Harmonie repräsentiert nichts anderes als die göttliche Vollkommenheit. Gott ist im 18. Jahrhundert in Europa noch nicht tot.

Casanova weiß um die Einsätze, die er als Mann zu erbringen hat. Er gibt ökonomisch (die Rente für die Tante), er gibt, indem er Verlangen zeigt und hat. Auch die Schwestern wissen um ihre Einsätze. In scheinbaren Schlaf gehüllt, öffnen sie sich ihm. „ … Aber im Höhepunkt verließ sie die Kraft, sich weiter zu verstellen. Sie heuchelte nicht länger, schloss mich ganz eng in die Arme." (Casanova 1985, Band 1, S. 186)

Und wo bleiben die romantischen Gefühle? Schon der erste Kuss macht Casanova „unrettbar" verliebt, nach dem Beischlaf versprechen sie sich ewige Treue. Alle drei. Voreilig. Konsequenzenlos. Es bleibt bei einer, wie wir heute sagen würden, Affäre.

Warum müssen die romantischen Gefühle beschworen werden? Warum können die Schwestern zu Casanova nicht sagen: „Wenn Du das finanzielle Überleben unserer Tante absicherst, dann kannst Du Sex mit uns haben." Dieser Satz klänge eindeutig nach Prostitution. Verkaufen Nanetta und Martina ihren Körper?

Das darf nicht sein. Die romantischen Gefühle werden es richten, das ungute Gefühl des Verkaufs, des schnöden Tauschhandels zu übertünchen. Alle drei könnten sich nicht in die Augen sehen, wenn die Ökonomie von Gabe und Gegengabe allzu sichtbar werden würde. Romantische Gefühle haben demnach eine wichtige Funktion: Sie verschleiern ökonomische Realität und machen den drei Akteuren ein gutes Gefühl. Zudem wird der nackte Sex durch die romantischen Gefühle umhüllt. Es sollen die Gefühle sein, die sie zu ihren Taten veranlassen und nicht der reine Körper.

Eine erste minimalistische Antwort auf die Frage, was Romantik sein könnte, scheint auf: Romantisch sein bedeutet, über bestimmte Dinge wie ökonomische Verhältnisse nicht zu sprechen, sie zu ignorieren, sie aus der Narration zu entlassen. Hätte Casanova die Tante nicht ins Spiel gebracht, nicht den Umstand erwähnt, dass er ihr eine Rente verschafft hat, dann hätte er eine echte romantische Geschichte erzählen können, die uns alle irgendwie ergriffen hätte. Sie wäre verfilmbar und ZDF-fernsehtauglich gewesen. Aber Casanova dachte im Traum nicht daran, eine Geschichte seines Lebens derart zu retuschieren. Dafür hat er sich zu wenig für Gabe und Gegengabe geschämt. Deshalb kann eine weitere mögliche Definition von Romantik vorgestellt werden: Erst mit der Romantik beginnt die Scham über die Verknüpfung von Ökonomie. Liebe und Sex. Der Romantiker und die Romantikerin wollen ein von der Ökonomie befreites Begehren, ein reines Begehren, an dem nichts Weltliches haften darf.

Eine ferne Ahnung von Romantik:
Thomas Mann und Sigmund Freud

Eine romantische Beziehung, eine romantische Nacht, eine romantische Fahrt nach Paris oder Venedig – unglaublich oft wird das Adjektiv romantisch eingesetzt, ohne dass irgendjemand den Eindruck hat, er müsse es erklären. Schließlich wird vorausgesetzt, dass alle hierbei wissen, worum es ginge. Aber nicht nur im Alltag wird so verfahren, auch die so genannten Großen machten und machen dies zuweilen nicht anders.

1929 schreibt Thomas Mann einen Essay „Die Stellung Freuds in der modernen Geistesgeschichte". In diesem Text versucht Mann, Freud in die Tradition der Romantik zu stellen. Mann referiert vieles über Nietzsche, einiges über Freud und sehr wenig über die Romantik. Dies könnte daran liegen, dass Mann die Romantik so gut wie nicht rezipiert hat – das meinen die Herausgeber seiner Essay-Bände: „Thomas Mann verdankt seine Kenntnisse der romantischen Mythosforschung und Gesellschaftslehre weitgehend der Einleitung, die Alfred Baeumler

zu der Auswahl aus den Werken Johann Jakob Bachofen schrieb." (Kurzke und
Stachorski 2002, S. 419)

Thomas Mann versucht ein geistiges Band zu knüpfen zwischen der Romantik und Freud, um zu belegen, dass die Beschäftigung mit Mythos oder mit dem Unbewussten nicht automatisch reaktionär sein muss. Mann braucht die Romantik und Freud, um nicht nur den Rationalismus als Gegenspieler zum drohenden Nationalsozialismus zu haben, sondern auch geistige Kräfte, die sich zwar mit dem Irrationalen beschäftigen, ohne aber nach rechtsaußen abzugleiten. Thomas Mann charakterisiert die Psychoanalyse so:

> „Man kann sie antirational nennen, da ihr Forschungsinteresse der Nacht, dem Traum, dem Triebe, dem Vorvernünftigen gilt und an ihrem Anfange der Begriff des Unbewussten steht; aber sie ist weit davon entfernt, sich durch dies Interesse zur Dienerin der verdunkelnden, schwärmenden, zurückbildenden Geistes zu machen. Sie ist diejenige Erscheinungsform des modernen Irrationalismus, die jedem reaktionären Missbrauch unzweideutig widersteht." (Mann 2002, S. 154)

Freud bedankt sich in einem Brief an Mann, „dass Sie mich so entschieden gegen den Vorwurf eines reaktionären Mystizismus verteidigen." (zitiert nach Kurzke und Stachorski 2002, S. 417) In einem anderen Brief zum gleichen Thema an Lou Andreas-Salomé spottet Freud über Mann:

> „Der Aufsatz von Th. Mann ist ja sehr ehrenvoll. Er macht mir nur den Eindruck, als ob er gerade einen Aufsatz über die Romantik bereit hatte, als die Aufforderung kam, über mich zu schreiben, und so hatte er diesen halben Aufsatz vorne und rückwärts mit Psychoanalyse fourniert, wie die Tischler sagen; die Masse ist aus anderem Holz. Immerhin, wenn Mann etwas sagt, hat es Hand und Fuß." (Freud 1996, S. 80)

Es ist zu vermuten, dass Freud den Mannschen Essay nicht sehr intensiv gelesen haben kann. Denn Mann schreibt, wie bereits erwähnt, wenig über die Romantik – weil er sie kaum kannte.

Aber auch Freud war mit der Romantik wenig vertraut. Er benutzte das Adjektiv romantisch wie einen Gemeinplatz. Dem 1911 zum Schutz der Psychoanalyse gegründeten Komitee lag Freuds Meinung nach auch „knabenhafte Romantik" zugrunde (Freud 1996, S. 75) Romantik meint hier vermutlich das geheimbündlerische Element des Komitees. Romantik bedeutet für Freud auch, zu neuen Ufern aufzubrechen, das Abenteuer in der Fremde zu suchen. So schreibt er über seinen Freund Silberstein: „Ich suchte seine romantischen Instinkte zu wecken, damit er durchgehe und sich in Bukarest eine würdigere Stellung suche; er war ja in jungen Jahren voll Indianerpoesie, Cooper's ,Lederstrumpf' und Matrosengeschichten gewesen." (Freud 1988, S. 76)

Mann beschäftigt sich kaum mit Romantik, aber schreibt über sie. Freud fällt zu Romantik Indianerpoesie und Matrosengeschichten ein. Beide würden möglicherweise auch einen Sonnenuntergang am Meer als romantisch einstufen. So helfen uns die großen Männer nicht sehr viel weiter, um zu verstehen, was Romantik denn nun sei.

Romantische Liebe

Der gesunde Menschenverstand begreift den Sonnenuntergang auf Ibiza als romantisch, aber im Wesentlichen doch nur, weil dieser von einem verliebten Paar versonnen angeschaut wird. Natürlich: Die Liebe ist romantisch, oder soll romantisch sein. Aber was ist das?

Wir schreiben das Jahr 1792. Ludwig Tieck (1773-1853) und Wilhelm Heinrich Wackenroder (1773-1798), zwei zentrale Figuren der Frühromantik, kennen sich von dem legendären Berliner Friedrichwerderschen Gymnasium und versichern sich in einem Briefwechsel, dass sie für diese Welt nicht geschaffen seien, dass sie das, was in dieser Welt als wichtig gelte, als unwichtig einstuften und dass diese Welt sie für „exzentrische Schwärmer" (zitiert nach de Bruyn 2006, S. 122) halte. Wackenroder ist der Liebende und Leidende, der, der auf die Briefe von Tieck wochenlang wartet, warten muss, in „Rausch und Taumel" (ebd. S. 124) verfällt, wenn er an ein Wiedersehen denkt, aber ansonsten schmachtet und verzweifelt ist. „Aber ich schwör' es Dir bei den Seligkeiten, die ich je in den erhabensten Stunden von Deinen Lippen geküsst und aus Deinen Augen getrunken habe ..." (ebd. S. 124) Küssen ist nicht „geil" oder „scharf", wie wir heute eventuell sagen würden – Küssen wird bei Wackenroder mit Erhabenheit, also mit etwas Edlem, etwas Erhobenen in Verbindung gebracht. Einige Jahrzehnte später wird Nietzsche im „Zarathustra" von der Höhe träumen und sie verehren.

Romantische Liebe ist also bedingungslose Liebe, ist ekstatische Liebe, eine Liebe, die sich über alles erhebt, vor allem über den Alltag oder die Normalität. Sie darf mit Vernunft und Planen nichts zu tun haben. Sie wird durch die geschlossene Ehe, durch den Bausparvertrag beschmutzt.

Aus den Augen trinken, ist eine nährende oder kannibalistische Metapher. Wenn das Auge eine Metapher für das männliche Geschlecht ist (Bataille 1999), dann trinkt Wackenroder aus dem Penis von Tieck und will sich von seinem Sperma nähren. Diese Interpretation klingt nun nicht mehr ganz so erhaben. Somit wird die Aufgabe der romantischen Erhabenheit sichtbar: Sie erhöht und verklärt den sexuellen Akt und gibt ihm ein unerhörtes Mehr. Aus den Augen trinken, ist etwas nahezu vollkommen anderes als Fellatio beziehungsweise, um die aktuelle Metapher zu verwenden, als ein Blow Job. Der Romantiker sucht nach der Einheit von Körper und Geist, was immer das auch sein mag, und zwar dergestalt, dass ein Maximum an Geistigem mit einem Maximum an Sinnlichem zusammen fallen soll. So fasst Staiger (2006, S. 33) die Position von Novalis, einer weiteren wichtigen Gestalt der Frühromantik, zusammen. Einheit von Geist und Körper meint nicht wie heutzutage, dass Zuneigung und Liebe die Voraussetzung für Sex sind, sondern dass körperliches Verlangen nur möglich und zulässig ist, wenn geistige Interessen wie die gemeinsamen Reisen von Wackenroder und Tieck (siehe weiter unten) ein Paar verbinden. Geistige Interessen gehen bei den Frühromantikern nicht wie bei Freud aus den körperlichen hervor, vielmehr handelt es sich in den Augen der Frühromantik bei Körper und Geist um getrennte Entitäten. Der Geist legitimiert die körperliche Vereinigung, die ohne Geist einen tierischen Charakter besitzen würde, also verabscheuungswürdig wäre.

Der romantisch inspirierte Carl Schmitt, der Rechtstheoretiker des Dritten Reichs, graust sich ebenfalls vor dem nackten Sexuellen. Ca. 120 Jahre später weiß er seinem Tagebuch anzuvertrauen. „Wie ekelhaft ist alles Fleisch" (2005, S. 32). Am 5.12.1912 notiert er: „Die Einheit des leeren blauen Himmels ist die Einheit des weiblichen Bewusstseins, die Einheit des Obelisken ist die Einheit des männlichen Bewusstseins. (Schon daraus ergibt sich, dass Freud ein Schwein ist.)" (2005, S. 36) Ein Schwein ist man für Schmitt, wenn man die Dinge beim Namen nennt, wenn die Sexualität nicht umhüllt wird mit höheren Werten und Dingen. „In Wahrheit ist die Sexualität nur ein armseliger Schatten, eine ‚verunglückte' zotige Karikatur eines großen und erhabenen Begehrens." (2005, S. 48) Am 17.09.1913 findet sich folgender Eintrag: „Mittags nach dem Essen schliefen wir ein wenig, Ejakulation auf die herrliche Cari (seine damalige Geliebte; A. d. A.)." (2005, S. 96). Hüsmert, der Herausgeber der Tagebücher, kommt zur Verteidigung von Schmitt nicht umhin, den Begriff Ejakulation näher zu kommentieren: „Für den Däublerverehrer Carl Schmitt war dieser Begriff kein profanes Fachwort, sondern christlich-mythologisch besetzt." (2005, S. 96) Es darf keinesfalls der Eindruck hängen bleiben, Schmitt habe bloßen Sex gehabt. Auf die herrliche Cari zu ejakulieren, ist, was wir jetzt alle wissen, etwas hoch Geistiges, eine erhebende bis erhabene Tätigkeit.

Also: Romantiker sind keine Kostverächter, die Kost muss nur geistig verpackt sein, um tolerabel zu sein. Sie muss mit einem geistigen und radikalen Lebensentwurf verbunden werden. Schmitts Cari ist demnach auch keine gutbürgerliche Frau sondern eine eher zwielichtige Existenz.

Umhüllung des Sexes, Ergänzung des Sexes um den Geist – diese Elemente gehören zur romantischen Liebe, sie reichen allerdings nicht aus. Hinzu gesellen muss sich eine Idee von Totalität.

„Ja! Ich würde es für ein Märchen gehalten haben, dass es solche Freude gebe und solche Liebe, wie ich nun fühle, und eine solche Frau, die mir zugleich die zärtlichste Geliebte und die beste Gesellschaft wäre und auch eine vollkommene Freundin. Denn in der Freundschaft besonders suche ich alles, was ich entbehrte und was ich in keinem weiblichen Wesen zu finden hoffte. In dir habe ich es alles gefunden und mehr als ich zu wünschen vermochte: aber du bist auch nicht wie die anderen." (Schlegel 1985, S. 20)

Lucinde – das ist die Frau, der Julius aus dem gleichnamigen Roman von Schlegel, einer weiteren zentralen Figur der Frühromantik, diese Ode an die Liebe singt – ist deshalb so einmalig, weil sie für ihn alles ist: Geliebte, Gesellschaft, Freundin. Romantische Liebe ist ein Rundum-Paket, das alles enthält, was der Mann braucht, und von dem er zugleich ewiglich träumen kann:

„Du fühlst alles ganz und unendlich, du weißt von keinen Absonderungen, dein Wesen ist Eins und unteilbar. Darum bist du so ernst und so freudig: darum nimmst du alles so groß und so nachlässig, und darum liebst du mich auch ganz und überlässt keinen Teil von mir etwa dem Staate, der Nachwelt oder den männlichen Freunden. Es gehört dir alles und wir sind uns überall die nächsten und verstehen uns am besten." (ebd. S. 20)

„Alles", „ganz", „unendlich": Julius beschreibt die Liebe als etwas radikal Possessives und Totalitäres. Julius gehört alleine und zudem mit Haut und Haaren ihr, seiner Lucinde. Für immer. Gesetzt den Fall, dass ein kleiner Teil von ihm seinen Freunden gehören würde, dann wäre die wahre Liebe nicht mehr vorhanden. Der Romantiker begnügt sich nicht mit einem Kompromiss. Niemals. Ansonsten würde er sich selbst untreu werden, sich selbst verraten.

Die Angebetete muss nicht nur alles für ihn sein, sie muss selbst „Eins" sein, also selbst eine Totalität – ohne Fragmentierung, ohne Brüche, ohne Konflikte. Romantische Liebe atmet den Hauch von Diktatur, wie umgekehrt die revolutionären Bewegungen im 20. Jahrhundert ohne romantischen Geist nicht zu denken sind.

Romantische Liebe ist durchdrungen von so viel geballter Totalität, dass sie im Prinzip nicht realisierbar ist, dass sie eigentlich grundsätzlich scheitern muss. Die gleichzeitige und dauerhafte Vereinigung zweier Körper und zweier Seelen, die tief und inniglich empfinden, das ist eine in der Regel aussichtslose Angelegenheit. Romantiker suchen letztlich die unmögliche und tragische Liebe. Sie schließen damit an ein orientalisches Liebesmodell an, das sich um ein zentrales Motiv rankt, für die (uneingelöste oder einmalig realisierte) Liebe sterben wollen. Liebe und Tod sind damit untrennbar verknüpft. Abendländische Autoren wie Ovid haben dagegen fast immer für Klugheit und Distanz in Liebesangelegenheiten geworben. (Klotter 1999)

Schlegel, der Autor von „Lucinde" entwirft diese Frauengestalt in seinem Roman im Übergangsbereich zwischen Realität und Fiktion. Dagegen gab es im Le-

ben von Schlegel ein Vorbild für seine Romanfigur: Dorothea (1764-1839), die äl-
teste Tochter des Philosophen Moses Mendelsohn, die dreizehn Jahre unglücklich
verheiratet war, im Sommer 1997 den jüngeren Schlegel kennen lernte, sich in ihn
verliebte und wegen dieser Liebe ihren Mann verließ. Und was macht Schlegel?
Er formt aus dieser Liebe ein Roman: „Lucinde", was Dorothea nicht wenig ver-
störte. Die Enthüllung ihres Liebeslebens machte ihr schwer zu schaffen (Bruyn
2006, S. 109). Schlegel hingegen nicht. Etwas Unerhörtes und Einmaliges erleben, um es dann in Schriftform zu gießen – so lässt sich die Logik des romantischen Schreibens zusammenfassen, wobei das Schreiben wichtiger zu sein scheint
als die romantische Erfahrung. Ein halbes Jahr später, nachdem Friedrich Schlegel
und Dorothea zusammen gekommen waren, schreibt Schlegel an seinen Bruder:
„Meine Freundin lebt glücklicherweise sehr eingezogen und schont meine Zeit
aufs äußerste." (zitiert nach Bruyn 2006, S. 119) Welch glückliche Fügung: Die
Angebetete lässt ihn schriftstellerisch arbeiten, so viel er will.

Es wäre zu vermuten, dass mit Schlegel ein neuer Typus des Autor auf den
Plan tritt: etwas Außergewöhnliches erleben, um darüber schreiben zu können, um
sich selbst zu medialisieren, um der Star eines Romans, einer Doku-Soap oder von
Face Book zu werden – Tabubruch, Exzentrik, Stilisierung des Selbst, Medialisie-
rung um jeden Preis, nur so kommt das moderne Subjekt zu sich selbst im Sinne
eines abgebildeten Star-Poster. Es gibt kein richtiges Leben jenseits des Mediums,
so ließe sich die romantische Selbstinszenierung bündeln. Ein Einwand: Casanova hat doch auch die Geschichte seines Lebens geschrieben, aber vermutlich aus
anderen Gründen. Im Aufschreiben erinnert er sich an Genüsse, die ihm das Alter
versagt. Sein Ich konstituiert sich noch nicht über das Medium.

Romantische Devianz

Romantik ist eine Operation, bei der die Grenzen zwischen Realität und Phantasie
systematisch verwischt werden und damit die Banalität des Alltags überwunden
werden soll. Sie ist damit und zudem von den Prinzipien Entregelung und Ent-
rechtlichung konstituiert.

Diese Elemente spielen in *dem* Roman der Früh-Romantik „Lucinde" von
Schlegel (1985) eine zentrale Rolle.

- Julius geht davon aus, dass alles ewig lebt, und der Tod eine Täuschung ist
  (S. 13)
- Julius liebt die Empfindungen, die Schönheit der Welt, die Vermischungen, die
  Verwirrungen und mag kein rationales Denken und hasst jede Art von Ordnung

- Lucinde wird explizit beschrieben als einen schönen Traum, eine uneingelöste, dennoch beglückende Fantasie. Aber Lucinde darf nicht Realität werden, da ansonsten der Traum vorbei wäre
- Sexuelle Provokation und Entregelung: Schlegel beschreibt die kleine Wilhelmine, ein Kind: „Diese liebenswürdige Wilhelmine findet nicht selten ein unaussprechliches Vergnügen darin, auf dem Rücken liegend mit den Beinchen in die Höhe zu gestikulieren, unbekümmert um ihren Rock und um das Urteil der Welt." (S. 27) Wie reagiert der Erzähler auf Wilhelmine? „O beneidenswürdige Freiheit von Vorurteilen! Wirf auch du sie von dir, liebe Freundin, alle die Reste von falscher Scham, wie ich oft die fatalen Kleider von dir riss und in schöner Anarchie umherstreute." (S. 27)

Goethe und Hegel waren über diesen Roman entsetzt (Berlin 2004, S. 195). Schlegels Roman funktionierte also. Es gelang ihm, das Establishment zu schockieren. Sie reagierten erwartungsgemäß. Einem Provokateur kann nichts Besseres gelingen. Schreibt Schlegel einen Roman, so skizziert Novalis das Manifest der Romantik:

> „Die Welt muss romantisiert werden. So findet man den ursprünglichen Sinn wieder … Diese Operation ist noch ganz unbekannt. Indem ich dem Gemeinen einen hohen Sinn gebe, dem Gewöhnlichen ein geheimnisvolles Ansehen, dem Bekannten die Würde des Unbekannten, dem endlichen einen unendlichen Schein gebe, so romantisiere ich es." (Novalis zitiert nach Dülmen 2002, S. 177)

Transformation der banalen, sachlichen, nüchternen Welt in eine andere – so lässt sich Novalis zusammenfassen. Die profane Welt ist nicht zu ertragen. Sie ergibt keinen Sinn. Sie muss erhöht werden. Sie muss verdunkelt werden. Sie darf die Dimension des Unbekannten und Fremden nie verlieren. Sie lässt sich nicht auflösen in Realität und Fantasie. Sie schwebt dazwischen. Sie darf sich niemals reduzieren auf Naturbeherrschung.

Das Erzeugen fließender Übergänge zwischen Realität, Fantasie und Traum wird begünstigt, wenn der gemeinsam geschaffenen Welt eine Absage erteilt wird, so wie in dem Roman „Lucinde":

> „Auch sie (Lucinde; A. D. A.) war von denen, die nicht in der gemeinsamen Welt leben, sondern in einer eignen selbstgedachten und selbstgebildeten. Nur was sie von Herzen liebte und ehrte, war in der Tat wirklich für sie, alles andre nichts; und sie wußte was Wert hat. Auch sie hatte mit kühner Entschlossenheit alle Rücksichten und alle Bande zerrissen und lebte völlig frei und unabhängig." (S. 91)

Lucinde ist nicht von dieser Welt, sie hat sich eine eigene geschaffen, durch das Denken und Imaginieren. Nur was das Herz liebt, ist wirklich. Lucinde praktiziert radikale Weltverneinung. Der gemeinsamen Welt bringt sie kein Interesse entgegen.

Was zählt, ist die subjektive Fantasie und die Liebe des Herzens. Diese entschiedene Form von Subjektivität wird noch radikalisiert durch die Lucinde unterstellte Entschlossenheit, alle Rücksichten aufzugeben und die Banden zu zerschneiden. Diese Vision von Freiheit unterstellt sich keiner äußeren Autorität mehr, verwirft das Gesetz und schafft eine vollkommene Entregelung. Alles ist möglich, falls die Fantasie es wünscht oder das Herz dies verlangt.

Die Entregelung als Prinzip geht nicht nur auf die Romantik zurück. Auch Gegner von ihr oder ihr eher Fernstehende haben das Prinzip der Entregelung vorangetrieben. Zwar ist z. B. Kant der Gegenspieler zur Romantik schlechthin, dennoch macht der Ideengeschichtswissenschaftler Berlin Kant für die Entstehung der Romantik mit verantwortlich. Nach Berlin hasste Kant jede Form von Einengung des freien Willens, jede Form des Determinismus. „Werte sind keine Gestirne an irgendeinem Himmel der Sittlichkeit, sie sind innerlich, sie sind das, wofür Menschen aus freien Stücken leben, kämpfen und sterben." (Berlin 2004, S. 134) Die Ablehnung des äußeren Gesetzes, diese Subjektivierung des Menschen führt, auch wenn dies Kant nicht wollte, zum radikalen Subjektivismus der Romantik. Der Triumph des Willens.

Ein Schritt weiter geht Schiller. Er entbindet den freien Willen von der Moral. Derjenige Mensch ist ein richtiger, der sich gegebenenfalls frei gegen die Moral entscheidet (Berlin 2004, S. 147ff).

Nietzsche geht ebenfalls einen Schritt weiter: Wenn die Gesellschaft schlecht ist, wenn gegen diese Gesellschaft kein Kraut gewachsen ist, Widerstand unmöglich, dann ist jedes Verbrechen gegen diese Gesellschaft gerechtfertigt, auf dass sie untergehe (Berlin 2004, S.149).

Nach Schiller wurde ein ursprünglicher Zustand menschlichen Glücks durch die Kultur zerstört. Seither sind wir gespaltene und entfremdete Existenzen. Nur über die Kunst können wir uns wieder befreien, wir müssen unseren Spieltrieb wieder finden, müssen die Haltung von Spielern einnehmen, unserer Fantasie freien Lauf lassen und ungezwungen schöpferisch sein. Für ihn sind Menschen ideal, „die ihr Spiel erfinden und sich dann seinen Gesetzen mit aller Begeisterung, Leidenschaft und Freude unterwerfen, weil es ein Kunstwerk darstellt, das sie selbst geschaffen haben." (Berlin 2004, S. 154) Sich eigene Gesetze schaffen, das ist nach Schiller wertvoll. Von außen gesetzte „‚Regel‘, ‚Gesetz‘ usw. werden im letzten Drittel des 18.Jahrhunderts auch innerhalb der Kunsttheorie zunehmend zu negativ gefärbten Begriffen, vollends polemisieren gegen sie die Romantiker, z. B. Caspar David Friedrich." (Schneider 1996, S. 60)

Romantik – das wird jetzt schon klar, ist ein radikales politisches Programm, das nach Anarchie lechzt und bestehende Verhältnisse umstürzen will. Mit ihm soll der bürgerliche Alltag ausgehebelt werden. Es ist Carl Schmitt, der die romantische Sehnsucht nach Anarchie und das romantische Prinzip der Entregelung am Besten auf den Punkt bringt: „Die romantische Haltung wird am klarsten durch einen eigenartigen Begriff bezeichnet, den der *occasio*. Man kann ihn mit Vorstellungen wie: Anlass, Gelegenheit, vielleicht auch Zufall umschreiben. Aber seine eigentliche Bedeutung erhält er durch seinen Gegensatz: er verneint den Begriff der *causa*, das heißt den Zwang einer berechenbaren Ursächlichkeit, dann aber auch jede Bindung an die Norm. Es ist ein auflösender Begriff, denn alles, was dem Leben und dem Geschehen Konsequenz und Ordnung gibt – sei es die mechanische Berechenbarkeit des Ursächlichen, sei es ein zweckhafter oder ein normativer Zusammenhang -, ist mit der Vorstellung des bloß Occasionellen unvereinbar. Wo das Gelegentliche und das Zufällige zum Prinzip wird, entsteht eine große Überlegenheit über solche Bindungen." (1919; 1982, S. 22) Jedes revolutionäre Handeln, ob rechts- oder linksradikal, lebt von diesem romantischen Prinzip des Occasionalismus. Wer sich an kein Gesetz hält, ist immer ein Schritt voraus. Nur Über-Ich-Mitgesteuerte und Gesetzestreue haben hemmende Skrupel.

Romantischer Occasionalismus prägt ebenfalls die Sexualität. Der Romantiker hält sich an keine allgemein verbindlichen Normen. Es ist ihm im Prinzip gleichgültig, ob das Objekt dem eigenen oder dem anderen Geschlecht angehört. Das spielt keine Rolle. Tieck und Wackenroder sind ein homosexuelles Paar. In Tiecks Märchen „Der blonde Eckbert" ist dieser „Gefälligkeiten" von Männern keineswegs abgeneigt, auch wenn er mit einer Frau verheiratet war. Julius, der Ich-Erzähler von „Lucinde" kennt diese „Gefälligkeiten" auch. Erich Mühsam findet den sexuellen Kontakt mit Frauen verwerflich (1980). Friedrich Hielscher, ein Nationalrevolutionär und Weggenosse Ernst Jüngers, gründet eine heidnische Kirche, in der vorgeschrieben ist, dass die Ehe heterosexuell sein soll, aber die Affären nur homosexuell sein dürfen (Jünger / Hielscher 2005). In der Sprache der Psychoanalyse propagieren und leben Romantiker eine polymorph-perverse Sexualität. Diese wird von Freud zwar als existierend anerkannt, aber er fordert, dass sich in der Pubertät ein Primat der Genitalität etabliert. Für die Romantiker sind Os, Anus, Vagina, Penis auf derselben Ebene. Freud dagegen hierarchisiert. Er führt also in das Sexualleben Gesetz und Ordnung ein. Selbst die menschliche Psyche hat Freud hierarchisiert: Im Über-Ich sind die kulturellen Gesetze verortet, denen das Individuum im Prinzip Folge zu leisten hat. Das Ich ist sozusagen die Steuerungszentrale in der Psyche. Es versucht sich gegen zu massive Über-Ich-Forderungen und gegen bestimmte Es-Impulse zu behaupten. Carl Schmitt und den anderen Romantikern behagen diese Hierarchisierungen in keiner Weise. Freud geht davon aus, dass der Körper und damit auch der Sex Sprache und Ordnung braucht. Zur Anbindung des Körpers an die Psyche bedarf der Körper einer symbolischen Ordnung, um nicht libertär-gnostisch zu entgleisen, wie sich umgekehrt die Psyche über die symbolische Ordnung des Körpers definiert. Libertärgnostisch meint hier, dass die Gnosis, eine Unter- und Gegenströmung des und zum Christentum zwei Antworten darauf findet, wie das Problem der verachteten Materie, des verworfenen Körpers gelöst werden kann: durch maximale Askese und durch Libertinage. Gnostische Libertinage bedeutet: Wenn der Körper schon so unwürdig ist, dann ist es gleichgültig, was mit ihm passiert, dann kann ihm jede erdenkliche Sünde widerfahren. Genau gegen diese Abkopplung des Körpers vom „Geist" und von der Sprache hat Freud vehement votiert.

Romantik als Alltags- und Arbeitsverweigerung

Tieck beichtet seinem Freund in einem Brief, einen Abend nur Karten gespielt zu haben. Wie reagiert Wackenroder? „Um Himmels Willen, wie ist das möglich … Das ist ja ganz schrecklich … Das ist mir das schauerlichste, ich kann es gar nicht vergessen." (zitiert nach Bryun 2006, S. 124) Der Romantiker ist entsetzt angesichts des Banalen, des Alltäglichen. Offenbar hasst er die Zerstreuung. Was hingegen ist das richtige romantische Leben? Wackenroder und Tieck wandern zu verwunschenen Orten, lieben „verfallene Burgen und wilde Felsen" (Bruyn 2006, S. 125) Sie besichtigen Gefängnisse, Irrenhäuser, Bergwerke und haben einen Sinn für jedes Detail. Sie ringen um die Intensität des Augenblicks, um eine außergewöhnliche Erfahrung, die sie aus der Normalität entführt. Kartenspielen ist beileibe nicht außergewöhnlich. Kartenspielen beschmutzt und entehrt die schöne Seele.

Die schöne Seele wird in der Selbstwahrnehmung allerdings nicht beschmutzt von dem vor den Gläubigern Stets-auf-der-Flucht-sein. Das „Pumpgenie" Tieck (Güntzel 1995, S. 336) hat es nie als nötig erachtet, hinreichend Geld für seinen Lebensunterhalt zu erwirtschaften. Dafür waren andere zuständig: seine Gläubiger und seine Mäzene. Nicht nur in dieser Hinsicht ist der Romantiker ein Anti-Bürger – sei es willentlich oder unwillentlich.

Wackenroder setzt sich auf Drängen des Vaters die Maske des Bürgers auf. Er arbeitet ab 1794 als preußischer Staatsdiener. Diese Arbeit war ihm inniglich verhasst und er geht daran zugrunde. Vier Jahre später stirbt er, wie Tieck meint, „endlich am Nervenfieber". (zitiert nach Güntzel 1995, S. 363)

Kartenspielen ist zu banal und alltäglich, romantische Liebe muss rein und weltbefreit sein, auch die Welt der Arbeit steht bei Romantikern nicht hoch im Kurs. In Tiecks für die Frühromantik bahnbrechender „altdeutscher Geschichte" „Franz Sternbalds Wanderungen" (1798; 2004) darf dieser Franz unentwegt gegen

das Geschäft, die Manufaktur und die Nützlichkeit votieren und das müßiggän-
gerische Künstlerleben preisen. Auch Julius aus Schlegels „Lucinde" ist von Lucinde beeindruckt, weil sie malt, ohne an Gelderwerb zu denken (Schlegel 1985,
S. 90). Das Künstlerleben nach Tieck kreist um zwei Motive: Contemplation statt
Arbeit, nicht produzieren, sondern sich verlieren. „Aber alle Menschen sind so ab-
getrieben, so von Mühseligkeiten, Neid, Eigennutz, Planen, Sorgen verfolgt, dass
sie gar nicht das Herz haben, die Kunst und die Poesie, den Himmel und die Natur als etwas Göttliches anzusehen." (2004, S. 77) Tieck verachtet den „allerarm-
seligsten Mechanismus" (S. 76) des Menschen: „die kümmerliche Sorge für morgen" (ebd.). Was dagegen will Tieck, bzw. Franz Sternbald: „Ist es nicht genug",
sagte er zu sich selber, „dass wir von unsern lebenden Freunden scheiden müssen? Müssen auch noch jene befreundeten Lichter in unserer Seele Abschied von
uns nehmen? So gleicht unser Lebenslauf einem Spiele, in dem wir unaufhörlich
verlieren, wo wir halb verrückt stets etwas Neues einsetzen, das uns kostbar ist,
und niemals keinen Gewinn dafür austauschen." (S. 66f) Niemals keinen Gewinn
– die doppelte Verneinung bedeutet hier nur Verstärkung: Es darf niemals etwas
eingenommen werden, Geldvermehrung ist des Teufels, der hohe Einsatz, den man
verliert, und sich zu verlieren, das ist positiv besetzt.

Romantische Desintegration

Im Freudschen Strukturmodell der Psyche gibt es bekanntlich ein Über-Ich, die
Instanz des Gewissens, die moralische Widersprüche in der Psyche wahrnehmen
kann. Es gibt ein Ich, das, wenn es hinreichend stark ist, die relative Integration
und Konsistenz der Psyche bewahrt. Die Romantik kennt die Instanz des Über-Ichs
und diese Funktion des Ichs nicht. Genauer: Die Romantik will sie nicht kennen,
weil sie die Romantik stören. Das Über-Ich könnte verhindern, dass unmoralische
Impulse erlebt und realisiert werden. Das Ich ist für die Romantiker zu sehr mit
der eher gehassten Vernunft assoziiert. Der Romantiker will keine Kohärenz der
Psyche. Daher ist es eher absurd, was Hermann Hesse zu Ludwig Tieck schreibt:
„Und ich möchte eine Wette eingehen, dass Ludwig Tieck's Horoskop eines von
jenen schwankenden, zweifelhaften, unscharfen und sich selbst aufhebenden ist,
eines von jenen, in welchem jeder guten Konstellation eine üble entspricht, jede
scharfe Linie durch eine andre gekreuzt und korrigiert wird." (2003, S. 283) Hesse
wirft ihm vor, nicht in „einer stillen sanften Mitte" (S. 283) zwischen den Extremen zu leben, „sondern die Kurve ihres Schicksals schwankt bald auf diese, bald
auf jene Seite hinüber." (S. 283) Die stille sanft Mitte, das hassen die Romantiker
am allermeisten, und Schwanken ist ihr Programm. In Tiecks Märchen „Der Ru-

nenberg" (Tieck 2003) schwankt die männliche Hauptfigur zwischen zwei Frauen, der guten und der bösen. Letzterer verfällt er schließlich. Bei Achim von Arnin (1992) schwankt der Held zwischen einer Orientalin (eine böse Zauberin) und einer lieben Französin. Die Geschichte endet unheilvoll und tödlich.

In Tiecks Märchen „Der blonde Eckbert" (2003) wird folgende Geschichte erzählt: Eckbert und seine Bertha leben abgeschieden auf einer Burg. Eckbert hat nur einen guten Freund: Walther. Diesem gesteht eines Abends Bertha, wie sie sich unrechtmäßig bereichert und Tiere ermordet hat. Eckbert glaubt, dass aufgrund des Geständnisses Walther die beiden nicht mehr mag und schätzt. Eckbert tötet Walther im Wald. Als er nach Hause kommt, ist seine Frau tot. Tieck möchte uns klar machen: Der Mensch ist zuvörderst zerbrechlich und inkonsistent. Am Besten sollte er in Ruhe und Einsamkeit leben. Dazu ist er aber nicht in der Lage. Er verfällt dem Verbrechen. Aus einem netten Mädchen, Bertha, wird unvermittelt eine Diebin und Mörderin, aus einem guten Freund (Eckbert) ein Mörder seines besten Freundes. Traue niemals netten Mädchen und guten Freunden, möchte Tieck uns sagen. Der Mensch ist nichts anderes als ein lebender Kipppunkt in der Zeit. Und Tieck besteht darauf, dass sich der Mensch auf seine Wahrnehmung nicht angemessen verlassen kann. Die Wahrnehmung des Menschen ist stimmungsabhängig und potenziell paranoisch. Von Vernunft und Gewissen lässt sich der Mensch schon gar nicht leiten, sondern von seinen Fantasien, seinem Begehren und seiner Paranoia. Und das ist gut so: Der Mensch wäre bereits begraben, wenn er nur seiner Vernunft folgen würde, so das Credo Tiecks und der anderen Romantiker. Seiner Vernunft nicht zu folgen, ist jedoch gleich bedeutend mit der Verstrickung in Schuld. Das Leben des Menschen – es ist tragisch, weil keine Alternative funktioniert.

Die bei den Frühromantikern viel beschworene Einheit von Du und Ich (romantische Liebe), von Körper, Seele, Geist wären so erträumte Gegenbilder zum fragmentierten Selbst und zum brüchigen Dasein. Da es aber im Sinne Freuds niemals eine konfliktfreie quasi einheitliche Psyche gibt, führt der Traum von der Einheit zur maßlosen Enttäuschung über die streitenden *Parteien* in der Psyche. Mit einer Entweder-Oder-Logik kippt der nicht erfüllbare Traum von der Einheit in die Fragmentierung. Der mühselige Kampf des Ichs um relative Integration wird von der Romantik abgelehnt.

Desintegration als Prinzip der Frühromantik zeigt sich auch an anderer Stelle: In Friedrich von Hardenbergs, auch Novalis genannt, Erzählung „Heinrich von Ofterdingen" ist alles lieblich und nett. Auch die Liebe wird so beschrieben: „Wie angefesselt blieb er eine Weile stehn und blickte unverwandt sie an, gleichsam um sich zu überzeugen, dass ihre Erscheinung wirklich und keine Täuschung sei. Sie begrüßten sich mit einem zurückgehaltenen Ausdruck von Freude, als hätten sie sich schon lange gekannt und geliebt." (Novalis 2006, S. 196) Diese Lieblichkeit setzt sich dann endlos fort, bis man es kaum noch lesen kann. Z. B.: „Mit innigem Wohlgefallen ruhte sein Auge auf den Rosen seiner Tänzerin. Ihr unschuldiges Auge vermied ihn nicht. Sie schien der Geist ihres Vaters in der lieblichsten Verkleidung. Aus ihren großen ruhigen Augen sprach ewig Jugend. Auf einem licht-himmelblauen Grunde lag der milde Glanz der braunen Sterne. Stirn und Nase senkten sich zierlich um sie her. Eine nach der aufgehenden Sonne geneigte Lilie war ihr Gesicht …" (Novlis 2006, S. 263) Systematisch verdrängt werden alle Formen von aggressiven oder analen Impulsen. Und das Verdrängte zeigt sich bekanntlich. Bei Ofterdingen muss nur der Anfangsvokal getauscht werden, dann heißt er Afterdingen. Im Sinne Freuds verabscheuen die Romantiker eine Triebmischung. In die Darstellung der Liebe darf so kein Hauch von Aggressivität, von Misstrauen, von Verachtung, von Machtbewusstsein einfließen. Die Unmöglichkeit, eine reine liebliche Liebe zu leben, führt bei den Romantikern zum beschriebenen Kipppunkt: Die in den romantischen Texten beschriebenen männlichen Figuren leben sicher und zufrieden mit der guten und lieben Frau und dann verfallen sie von einem Tag zum anderen der bösen Verführerin. Eine andere Möglichkeit als diese Form des Kippens besteht darin zu sterben oder der Todessehnsucht Raum zu geben. Vielleicht ist der Tod eine gute Alternative zur allzu idyllischen Welt. Vielleicht ist ja die Idylle unerträglich und muss beschränkt werden Novalis lernt seine angebetete Sophie kennen, als sie zwölf Jahre alt und als sie bereits krank war. Ihr Ende ist abzusehen. Novalis lobpreist in seinen „Hymnen an die Nacht" den Tod und die Todessehnsucht: „Muss immer der Morgen wiederkommen? Endet nie des Irdischen Gewalt? unselige Geschäftigkeit verzehrt den himmlischen Anflug der Nacht… Zugemessen ward dem Lichte seine Zeit, aber zeitlos und raumlos ist der Nacht Herrschaft. – Ewig ist die Dauer des Schlafs." (2006, S. 110) Welch Glück ist Novalis beschieden: Er stirbt, ehe er das 30. Lebensjahr vollendet hat.

Heute ist der Tod nicht mehr so leicht zu haben wie zu Zeiten Novalis, da die meisten Infektionserkrankungen relativ gut zu behandeln sind. Heute muss man harte Drogen konsumieren, um dieser Welt schnell zu entkommen. Die Kippbewegung zwischen reiner romantischer Liebe und dem Anderen, dem Bösen und Hässlichen, ist das Dauerthema der Fernseh-Soaps und sie stellt sich dar im Gegensatz von zahllosen lieb-romantischen Bildern (dem Sonnenuntergang) und dem pornografischen Bild. Die Unmöglichkeit der reinen romantischen Liebe gebiert als uneheliches Kind die inflationär werdende Pornografie.

Romantik: ehrlich, aufrichtig, authentisch

Romantik ist kein willkürliches historisches Phänomen ist, sondern besitzt diverse historische Funktionen. Romantische Liebe ist so zum Beispiel die Antwort auf den Untergang der höfisch-aristokratischen Welt, die Liebe als Machtspiel und Stellungskrieg inszeniert hat.

Chloderlos de Laclos beschreibt diese Form der Liebe und ihren Untergang in dem Brief-Roman „Schlimme Liebschaften". Im einundachtzigsten, an den Vicomte von Valmont gerichteten, Brief zeigt sich die Marquise von Merteuil von seiner bisherigen Leistung sehr enttäuscht. Der Vicomte hatte die Aufgabe, die Präsidentin zu verführen und sie dann kalt fallen zu lassen. Doch dies gelingt ihm nicht. Stattdessen verliebt sich dieser Tor in sie:

> „Was haben Sie denn eigentlich getan, was ich nicht tausendfach übertroffen hätte? Sie haben viele Frauen verführt, sogar zugrunde gerichtet: aber welche Schwierigkeiten haben Sie zu brechen gehabt? Welche Hindernisse zu überwinden? Wo ist darin das Verdienst, das wirklich Ihnen gehört? Ein schönes Gesicht, reiner Zufall; gute Manieren, die Übung fast immer verleiht; Geist allerdings, den zur Not aber Geschwätz ersetzen würde; eine Unverschämtheit, die ziemlich lobenswert ist, die Sie vielleicht aber einzig und allein der Mühelosigkeit Ihrer ersten Erfolge verdanken – das sind, irre ich nicht, alle Ihre Hilfsmittel." (Laclos 1796, 1972, S. 219)

Der Vicomte, so die Meinung der Marquise, musste sich gar nicht richtig anstrengen, um zu verführen. Sie dagegen hat sich echten Herausforderungen gestellt und sie auch bestanden. Und wie gelang ihr das? Welche Waffen besitzt sie? Es sind im Wesentlichen zwei: die der Kontrolle ihrer eigenen Gefühle und die Fähigkeit, sich zu verstellen:

> „Diese nützliche Neugierde diente dazu, mich zu bilden, und lehrte mich zugleich, mich zu verstellen. Oftmals genötigt, die Gegenstände meiner Aufmerksamkeit vor den Augen meiner Umgebung zu verheimlichen, probierte ich es, meine eigenen nach meinem Gefallen zu lenken. Schon damals erreichte ich es, dass ich beliebig den zerstreuten Blick bekam, den Sie so oft gelobt haben. Durch diesen ersten Erfolg ermutigt, trachtete ich, mein Mienenspiel ebenso zu regeln. Empfand ich etwa Kummer, befleißigte ich mich, heiter auszusehen und sogar freudig. So habe ich über meine Physiognomie die Macht erlangt, über die ich Sie manchmal so in Erstaunen gesehen habe." (ebd. S. 222f)

Diese Kunst benutzt sie zur Aufrechterhaltung einer *guten* Ehe:

> „Diese Art von Studium fing mir bald zu gefallen an; doch meinen Grundsätzen treu und in dem vielleicht instinktiven Gefühl, dass niemand meinem Vertrauen ferner stehen müsse als mein Gatte, beschloss ich, gerade deswegen, weil ich viel empfand, mich vor seinen Augen unempfindlich zu zeigen. Diese anscheinende Kälte war in der Folge die unerschütterliche Grundlage seines blinden Vertrauens." (ebd. S. 225)

Die Marquise zeigt sich bei ihrem Gatten frigide, damit er nicht den Verdacht hegt, sie könne andere Männer begehrenswert finden. Und sie hat mit dieser Strategie Erfolg. Er vertraut ihr blind. Umgekehrt wird in „Schlimme Liebschaften" Liebe geheuchelt, um sich zu rächen, um den anderen zu zerstören, um über ihn zu triumphieren. Derjenige gewinnt, der das Schachspiel der Liebe mit einem Pokerface gewinnt. Lasse niemanden in Deine Karten schauen. Ein Narr, der aufrichtig liebt.

Diese Liebeskunst orientiert sich an barocker Lebenskunst (die Marquise agiert im Spätbarock), die am Besten von Balthasar Grazián formuliert worden ist. In seinem von Schopenhauer übersetzten Werk „Handorakel und Kunst der Weltklugheit" gibt er unter anderem folgende wertvolle *Tipps*:

> „*Über sein Vorhaben in Ungewissheit lassen*. Mit offenen Karten spielen ist weder nützlich noch angenehm. Indem man seine Absicht nicht gleich kundgibt, erregt man die Erwartung, zumal wenn man durch die Höhe seines Amts Gegenstand der allgemeinen Aufmerksamkeit ist. Bei allem lasse man etwas Geheimnisvolles durchblicken und errege, durch seine Verschlossenheit selbst, Ehrfurcht." (1647, 2005, S. 7)

> „*Abhängigkeit begründen*. Wer klug ist, sieht lieber die Leute seiner bedürftig als ihm dankbar verbunden; sie am Seil der Hoffnung zu führen, ist Hofmannsart, sich auf ihre Dankbarkeit verlassen Bauernart, denn letztere ist so vergesslich als erstere von gutem Gedächtnis." (ebd. S. 8)

> „*Nicht abwarten, dass man eine untergehende Sonne sei*. Es ist eine Regel der Klugen, die Dinge zu verlassen, ehe sie uns verlassen. Man wisse, selbst aus seinem Ende sich einen Triumph zu bereiten. Sogar die Sonne zieht sich oft, noch bei hellem Scheine, hinter eine Wolke zurück, damit man sie nicht versinken sehe und ungewiss bleibe, ob sie untergegangen sei oder nicht. (ebd. S. 64)

Grazián präsentiert eine Lebenskunst, die auf taktischen Verhalten beruht, mit dem Ziel, sein Überleben zu sichern und seine Ehre zu bewahren. Die Marquise aus „Schlimme Liebschaften" heuchelt Liebe auf der Grundlage der Ratschläge von Grazián. Allerdings verfolgt sie aus unserer Sicht destruktivere Ziele. Heute würden wir derartiges taktisches Verhalten als verlogen und als unmoralisch einordnen. Denn wir sind letztlich alle Romantiker. Unser romantisches Herz verbietet uns, danach zu fragen, ob wir nicht auch in der Tradition von Grazián stehen, ob wir nicht in Liebesangelegenheiten mehr oder weniger unbewusst in hohem Maße taktisch sind.

Graziáns Lebenskunst basiert darauf, dass das Leben eine Theateraufführung ist und kein romantisches Aufeinandertreffen aufrichtiger Herzen. Wenn das Leben als Schauspiel begriffen wird, dann können folgende Dinge passieren: Der englische König, Karl I, ein wenig erfolgreicher Politiker, wurde im Januar 1649 auf das Schafott geführt. Er selbst inszenierte seine Hinrichtung vor tausenden von schweigenden Zuschauern. Er hielt eine bewegende Abschiedsrede, er selbst gab den Befehl an den Henker zum Beilschlag. Und man befand: „Nichts im Leben

stand ihm so gut an wie das Verlassen des Lebens." (Bauer 1992, S. 119) Ein anderes Beispiel: Nach dem Tode Ludwig XIV lässt der Herzog von Saint Simon fast
kein gutes Haar an dem Toten. Seine schauspielerische Leistung rühmt er hingegen in den höchsten Tönen. Der Herzog beschreibt den König so: „Bei Truppen-
besichtigungen, Festen … war er unvergleichlich … Er blieb immer hoheitsvoll,
wenn er auch zuweilen sehr fröhlicher Laune war. Die geringste Gebärde, sein
Gang, seine Haltung, sein ganzes Äußeres, alles war maßvoll, ritterlich, vornehm,
hoch und erhaben, dabei immer natürlich." (Bauer 1992, S. 119) Ludwig XIV war
offenbar ein geborener Schauspieler. Er spielte gekonnt fünfeinhalb Jahrzehnte
lang den „allerchristlichen König". Was heißt hier schauspielern? Dass man immer und überall den „allerchristlichen König" darstellt, dass man keine Sekunde
seines Lebens aus der Rolle fällt, dass es auch nichts gibt jenseits der Schauspielerei. Das Leben dient einzig und allein der Repräsentation. Niemand fragte sich,
wer der König denn nun wirklich sei – eine Frage, die wir uns heute unablässig
stellen, ohne allzu schlüssige Antworten zu finden. Für die Romantiker wäre das
Leben Ludwig XIV ein einziger Albtraum, gefangen in der Etikette, gefangen in
einem Zwangssystem, vollkommen unfrei, vollkommen unfähig, sich zu verwirklichen, sich selbst Ausdruck zu verleihen.

Die bürgerliche Revolution fegt die Welt als Theater und die Liebe als aristo-
kratisches Intrigenspiel weg und fordert ehrliche Gefühle von authentischen Bür-
gern. Der aus spontaner Leidenschaft entstandene Seitensprung wird dann nicht
verschwiegen sondern der betrogenen Frau oder dem betrogenen Mann en detail
erzählt. Die höfische Intrige á la Laclos ist ersetzt worden durch die potenziell sa-
distische Gewalt der Aufrichtigkeit.

Das ehrliche und leidenschaftliche Liebesgefühl, das wir heute als romantisch
begreifen, begünstigt nicht nur ehrliche Sex-Geständnisse, die den anderen quälen
können, es steht auch für die irrationale Liebe, eben jenseits des Taktierens und
rationalen Einschätzens des Möglichen. Es ist dann möglich und legitim, sich in
jemanden zu verlieben, der garantiert die Liebe nicht erwidert. Wer in Liebesdingen nicht kühl und rational bleibt, macht sich potenziell unglücklich. Die leidenschaftliche und eventuell Unglück und Verzweiflung herauf beschwörende Liebe
ist historisch das Liebesmodell des Orients (Klotter 1999), für die Liebe sterben,
ihr Motto. Bereits Ovid (1991) hat diese Liebe vor 2000 als unvernünftig und töricht gescholten. Der Mann soll die Frau mit kühlem Kopf jagen. Er gibt Tipps,
wie dies am Besten zu bewerkstelligen ist. Die Romantik verweigert Ovid die Gefolgschaft, weil sie sich von dem raffinierten und höchst taktischen höfisch-aristokratischen Liebesleben absetzen musste. Die Romantik orientalisiert die Liebesvorstellungen. Seinen Kopf zu verlieren und für die Liebe zu sterben, wird wieder

schick. Wer heutzutage noch niemals unglücklich verliebt war und gelitten hat, gilt als Gefühlskrüppel. Gerade das Unrealistische und Irrationale ist das Attraktive. Die Romantik attackiert den Bürger, weil er nicht nur in Liebesdingen auf Vernunft und Sicherheit setzt. Im Zeichen des Fortschritts und der permanenten Erhöhung der Lebenserwartung, erwartet man sich den *Kick* vom Unerwarteten und Ungewissen. Die Romantik versucht dies zu garantieren.

Die Romantisierung der Liebe kann nicht nur zu unerfreulichen Sex-Geständnissen führen, nicht nur zu hoch dosierter Verzweiflung, weil der andere mich nicht so liebt, wie ich ihn, sie kann auch den Weg ebnen, das geliebte Objekt nicht los zu lassen, ein Gefühl zu haben, ein Recht darauf zu haben, den anderen zu bekommen, weil ich ihn so sehr liebe. Das Jagdmodell der Liebe (siehe Ovid) wird radikalisiert durch die permanente Verfolgung des Gejagten. Der Jäger akzeptiert nicht, dass das Opfer entkommen ist. Die höfischen Intrigen werden ersetzt durch das Darbieten des absoluten Gefühls, dem der andere Folge zu leisten hat. Romantische Liebe gibt Taktik nicht auf, sie setzt nur auf eine andere Taktik. Wenn ich den anderen verfolge, dann bin ich nur meinem großen Gefühl gefolgt, das mich zu Recht überwältigt. Das mich legitimierende große Gefühl ist die taktische Meisterleistung der romantischen Liebe. Der Jäger sagt: Ich will das Tier jagen. Der Romantiker sagt: Meine Liebe will den anderen einverleiben, nicht ich. Romantik ist potenziell totalitär. Sie musste 100 Jahre auf den Satz von Freud warten, dass der Mensch nicht Herr im eigenen Haus ist, um dann diesen Satz sofort gegen Freud zu wenden und zu verkünden: „Hier stehe ich und kann nicht anders, als meinen Gefühlen zu folgen. Sie reißen mich hinfort." Ich-Stärke im Sinne Freuds tötet Romantik. Freud hat die anmutigsten und zugleich unpersönlichsten und stereotypen romantischen Briefe an seine spätere Frau, Martha Bernays, geschrieben:

> „Ich bin glücklich, dass Du Deinem Widerstand gegen mein Kommen entsagt hast. Erinnerst Du Dich noch an das erste Kompliment, das ich Dir, der Ahnungslosen, vor mehr als dreieinhalb Jahren gemacht habe? Es war, dass Dir, wie der Prinzessin im Märchen Rosen und Perlen von den Lippen fallen und dass man nur zweifeln müsste, ob Güte oder Verstand bei Dir die Oberhand haben. Von jenem Wort her hast Du den Namen Prinzesschen erhalten." (1988, S. 125)

Freud bezeichnet Martha Bernays außerordentlich originell als seine Prinzessin und spricht ihr gar noch Güte und Verstand zu. Wenn dies kein individuelles Portrait ist! Er wendet sich an die Frau, in die er verliebt ist, bzw. bei der er so tun muss, als sei er unsterblich verliebt. Freud schreibt aus sicherer räumlicher Entfernung und macht vier Jahre lang nie Anstalten, sich wegen ihr zu verzehren. Diese Form der Triebkontrolle ist uns heute suspekt geworden. Wir sind aus Überzeugung Romantiker.

Romantische Liebe als Verfolgung, wir bezeichnen heute eine gewisse Variante hiervon als Stalking, basiert auf tief empfundenen Gefühlen, die ohne moralische Hemmung handlungsleitend werden. Eines der frühesten Beispiele hierfür sind die Briefe, die Julie de Lespinasse (1732-1776) an den Comte de Guibert geschrieben hat. Als sie posthum 1809 veröffentlicht werden, erregen sie Aufmerksamkeit, weil Lespinasse ihren Gefühlen freien Lauf lässt – für die damalige Zeit war dies außerordentlich ungewöhnlich. Zu stark wirkte die Marquise von Laclos in dieser Zeit noch nach. Auch Lespinasse argumentiert teilweise noch im Sinne der „Schlimme Liebschaften". Das aber, was sie von der Marquise unterscheidet, ist die Transformation einer intersubjektiven Inszenierung der Liebe in die Selbstillusion wahrer Liebesgefühle. Aus einem sozialen Raum wird ein persönliches Gefühl. Der zentrale Nebeneffekt, vielleicht ist es auch der Haupteffekt, besteht hierbei darin, dass Lespinasse den Comte mit ihren starken Gefühlen förmlich umzingelt. Das heftig geäußerte Liebesgefühl ist verbunden mit einer Rhetorik der Einkerkerung. Die beiden haben sich nur einige Male gesehen und sind noch kein Paar. Dies hindert Lespinasse nicht daran, ihn zu ergreifen.

> „Mir will es scheinen, als spräche ich nur noch mit Ihrem Schatten. Alles, was mir an Ihnen vertraut war, ist verschwunden. Kaum noch werden Sie in Ihrer Erinnerung die Spuren jener Zuneigung finden, die Sie während der letzten Tage, die Sie in Paris weilten, beseelten und erregten, und das ist auch besser so. Sie wissen nur zu gut, dass wir uns darin einig waren, Weichherzigkeit sei ein Merkmal der Mittelmäßigkeit, während Ihr Charakter Sie zur Größe bestimmt, Ihre Talente Sie zum Ruhm verurteilen. Überantworten Sie sich also Ihrem Schicksal, und gestehen Sie es sich ein, dass Sie nicht für dieses süße und nach innen gerichtete Leben geschaffen sind, das der Zärtlichkeit und des Gefühls bedarf." (Lespinasse 1997, S. 13)

Allein mit dieser Passage ist der Comte bereits festgenagelt. Sie beginnt mit einem Vorwurf, dass sie nur noch mit ihm als Schatten spreche, sie beklagt also seine Abwesenheit. Eigentlich müsste er bei ihr in Paris weilen. Dann operiert Lespinasse mit einer paradoxen Intervention. Sie rühmt ihn als bekannten Offizier, der er nur sein könne, wenn er auf tiefe Gefühle und Zärtlichkeit verzichte. Um nicht als Verräter in Sachen Zuneigung und Liebe da zu stehen, muss sich der Comte zwangsläufig in seinem nächsten Brief als zärtlicher Liebhaber darstellen. Er muss sich zu ihr und der Liebe bekennen, um nicht seine Ehre zu verlieren, die er auf dem Feld des Krieges so meisterlich zu verteidigen weiß. Die Aufrichtigkeit des Gefühls kann also, an Lespinasse ist dies gut abzulesen, perfekt mit einer rhetorischen Fesselung der geliebten Person verbunden werden. Die höfische Liebe und Intrige sieht dagegen blass aus. Gegen romantische Taktik ist kein Kraut gewachsen.

„Ich bin nämlich nichts anderes als ein treuherziges, recht dummes, sehr natürliches Geschöpf,
dem das Glück und das Vergnügen dessen, den er liebt, weitaus mehr am Herzen liegen als alles, was mich anbelangt oder mir bestimmt ist." (ebd. S. 15)

Kein Mensch glaubt ihr, dass sie treuherzig, dumm und natürlich ist, und dennoch
scheint dieses Imago unwiderstehlich zu sein. Es ist das Imago der Kindsfrau, das
möglicherweise in der damaligen Zeit geschaffen worden ist. Das Perfide dieser
Selbstbeschreibung besteht darin, dass sie stimmt und zugleich in keiner Weise
stimmt. Ihre vollkommene Hingabe ist selbstlos, wenn vergessen wird, dass das
Ziel ihrer Selbstlosigkeit darin besteht, ihn zu gewinnen – mit ihrer Selbstlosigkeit.

„Ja, ich kann es mir eingestehen und es Ihnen auch sagen, dass ich Sie zärtlich liebe. Ihre Abwesenheit ist mir so schmerzlich, aber ich vermag nicht mehr, gegen das Gefühl anzukämpfen, das
Sie in mir geweckt haben. Der Zustand meiner Seele steht mir klar vor Augen. Ach, das Ausmaß
meines Unglücks rechtfertigt alles weitere: Ich habe keine Schuld auf mich geladen, aber dennoch und bevor das geringste geschehen ist, werde ich das Opfer sein." (ebd. S. 16)

Spätestens jetzt steht der Comte de Guibert mit dem Rücken zur Wand, er, der diese Gefühle in ihr geweckt habe, er, der sie so tief ins Unglück gestürzt habe. Wie
steht er nun da, dieser Unhold, der eine unschuldige Frau ins Elend stürzt? Um
sie zu retten, muss er ihre Liebe mit Liebe beantworten. Und tatsächlich werden
sie alsbald ein Paar.

Julie de Lespinasses emotionale Erpressung funktioniert nur deshalb, weil der
Comte ein Bürger und ein Offizier war, ein Mensch mit einem Ehrbegriff und einem Bewusstsein davon, dass es wichtig ist, in der Öffentlichkeit hohes Ansehen
zu genießen. Ein Mann jedoch, der eine Frau ins Unglück stürzt, gerät ins Zwie-
licht und in Misskredit. Das gilt für den Bürger, aber weder für den Adligen noch
für den Romantiker. Der Adlige bekommt sein Ansehen im Prinzip mit der Geburt
verliehen, der Romantiker wie zum Beispiel Tieck pfeift auf Reputation. Reputation gehört für ihn zum bürgerlichen Schein. Der Comte de Guibert trägt zwar
noch einen Adelstitel, aber er lebt in einer Zeit, in der das bürgerliche Zeitalter näher rückt, dessen Werte Fortschritt, Sicherheit und Wohlbefinden für alle verbindlich sind. Nach außen übernimmt der Bürger Verantwortung in und für die Gesellschaft, aber ganz Mensch ist er nur Zuhause, bei seinen Liebsten, bei seiner Frau
und seinen Kindern. Da muss er in keine öffentliche Rolle mehr schlüpfen. Da ist
er so, wie er wirklich ist. Zumindest nimmt er dies an. War es in der höfischen Gesellschaft noch eine Selbstverständlichkeit, dass die Ehefrau ihre Liebhaber und
der Ehemann seine Geliebten hat und, war das Fremdgehen nur peinlich, wenn es
aufflog, war also Unaufrichtigkeit die zentrale Lebensmaxime, so setzt sich in der
bürgerlichen Epoche ein Ehemodell durch, das fordert, dass Ehe auf aufrichtiger
und individueller Liebe beruhen müsse. Keine Vernunftheirat, keine Heirat auf

Anraten der Eltern, sondern eine Ehe, die auf zwei ehrlichen, entzückten und verliebten Herzen beruht. Die Liebeshochzeit ist Teil des so genannten Individualisie-
rungsprozesses in der Moderne. Nicht Blut und Stand sollen mehr das Schicksal
eines Menschen bestimmen, sondern die freie Wahl. Jeder Mensch soll sich eigene Ziele setzen und diese auch umsetzen. Selbstverwirklichung ist das Zauberwort
der Individualisierung. Jeder Mensch hat es in der Hand, was aus ihm wird, so
die Ideologie der Moderne. Selbstverwirklichung gelingt nur, wenn ich weiß, was
ich will. Und ich weiß dies nur, wenn ich weiß, was ich fühle. Wenn nicht mehr
meine Eltern auswählen, wen ich heiraten soll, dann muss ich selbst die Entscheidung fällen. Das bürgerliche Zeitalter, das so sehr auf Rationalität setzt, verbietet
die Ehe, die auf einem Kalkül beruht. Alles muss rational bestimmt sein, nur das
private Leben nicht. Die kühl berechnende Eheschließung wäre ein Tabubruch in
der Moderne. Die Sphären des Öffentlichen und des Privaten dürfen nicht dem
gleichen Gestaltungsmodus folgen. Da der Verstand, dort das Herz. Der Verstand
sichert das Leben, das Herz die persönliche Identität, das Eigentliche unseres Daseins. Die imperiale Vernunft, die die vollkommene Naturbeherrschung zum Ziel
hat, produziert eine Gegenwelt, in der sie vermeintlich nichts zu suchen hat: die
individuelle Liebe, als schämte sich die imperiale Vernunft ihrer eigenen unerbittlichen Grausamkeit. Wäre der Bürger nur kalter Ingenieur, gnadenloser Beamter
und brutaler Krieger, so würde er sich nicht als guter Mensch fühlen. Um sich so
zu fühlen, braucht er die Liebe und die Romantik. Im zärtlichen Kuss vergisst der
Bürger des 19. Jahrhunderts, dass sein Imperialismus einige Teile der Erde zerstört hat. Ein Adliger musste moralisch nicht gut sein, ein Bürger muss dies, sonst
schwankt sein Selbstwertgefühl. Für die Adligen gab es Anstandsbücher, für den
Bürger das Werk Kants und dessen kategorischen Imperativ.

Der Bürger braucht das romantische Liebesmodell, wie es Schlegel umrissen
hat, um sich zu individualisieren und um sich moralisch gut zu fühlen. Er braucht
die Romantik, um eine Kompensation zur restlichen rational geprägten Welt zu
haben. Er bedarf der romantischen Liebe, um die höfischen Verhaltensstandards
mittels Gefühl und Spontaneität zu überwinden. Wenn in der romantischen Liebe
ganz unzweifelhaft ein anarchistisches Motiv mit schwingt: „Werft die Regeln der
Höflichkeit und überhaupt alle Regeln über Bord, weil sie die individuelle Liebe
nur einengen und stören", dann wird mit der Romantik der von Elias beschriebene Prozess der Zivilisation unterlaufen. Der romantische Mensch will sich nicht
mehr ängstlich an die Etikette halten, vielmehr will er sich so verhalten, wie er
sich fühlt. So viel Zivilisation und Affekt- und Selbstkontrolle vertrage ich einfach nicht, sagt der Romantiker, die Zivilisation hat mir meine Seele geraubt. So
tragen der Prozess der Individualisierung und damit auch die Romantik dazu bei,

dass die ausdifferenzierte Seele samt dem Unbewussten im 19. Jahrhundert sozusagen erfunden wurde.

Aber der Bürger will nicht die ganze Romantik, es reicht ihm eine gezähmte Romantik für die schönen Spaziergänge und das Picknick. Das Sicherheitsdenken des Bürgers verhindert, dass das radikale Liebesmodell der Romantik gänzlich Eingang findet in das bürgerliche Leben. Keine ausschließliche Konzentration auf den geliebten Tieck, wie Wackenroder dies getan hat, schließlich soll der *normale* Bürger auch überlebensfähig sein. Ein bisschen unglückliche Liebe ist echt schön, aber man darf nicht übertreiben. Das Leben geht weiter. Keine totale Liebe wie die von Lucinde zu Julius, schließlich soll Erhebliches von Julius und Lucinde für Freunde und den Staat übrig bleiben. Kein sich in den anderen Verbeißen, wie es Lespinasse prototypisch tut, schließlich hat man auch seinen Stolz. Und lange hat die Lespinasse nicht gelebt (1732-1776, die Briefe schrieb sie von 1773-1776). Klar, ein Seitensprung ist unmoralisch und gefährdet die Ehe, aber ein bisschen Spaß muss sein. Man lebt nur einmal. Der oder die Andere muss es ja nicht erfahren.

Die Romantik bildet so einen Möglichkeitsraum des Anderen, zum Verrückten, sie markiert eine Grenze zum Unvernünftigen, die der Bürger dringend braucht, um in dieser Welt der Planung und des Kalküls leben zu können, und dennoch wird der Möglichkeitsraum nicht voll ausgeschöpft, wird die Grenze nur zögerlich um paar Zentimeter überschritten, um alsbald zurückzukehren: in die sichere Welt des Büros, der Familie oder des Single-Daseins. Romantik verkümmert zu Urlaubsfotos, Balladen und Kerzenschein. Diejenigen, die bei Konzerten ganz romantisch mit Wunderkerzen wedeln, bemerken nicht einmal, wie sehr sie das ursprüngliche Programm der Romantik verwerfen. In gewisser Weise missbraucht der Bürger die Romantik: Er kann auf sie nicht verzichten und er will sie aber auch nicht ausschöpfen. Im Stall des Bürgers steht das wilde Pferd Romantik. Von ihm werden nur Fotos gemacht. Auslauf hat es fast nie.

Die romantische Bewegung muss den parasitären Zugriff der bürgerlichen Welt von Anfang an geahnt haben. Die sexuellen Provokationen in der „Lucinde" sollten den Bürger abschrecken. Aber die bürgerliche Mentalität lässt sich von nichts abschrecken. Oder sie ignoriert einfach. Jeder Mensch, der heute lebt, glaubt zu wissen, was Romantik ist, aber das Programm der Frühromantik ist kollektiv verdrängt. Schlegel fährt die Stacheln der sexuellen Provokation aus. Tieck baut in seinem Märchen „Der blonde Eckbert" (2003) auf das Düstere. Aber auch die Geschichten des sinistren Tiecks halten heute niemanden davon ab beim Anblick einer schneeverhangenen Tanne heiter auszurufen „Ach wie romantisch!"

Der Begriff der Romantik wurde vom Bürger transformiert und annektiert. Heute ist das Romantische etwas, das die Sinne anspricht (Sonnenuntergang und Spitzendessous), etwas, das schön ist (das Bild einer Blume) und besänftigend wirkt (eine streichelnde Hand), etwas Warmes (Kerzenlicht) und Außergewöhnliches (der Ausflug in die Natur). Schlegel wollte hingegen eine neue libertäre Liebesordnung, ein Abschied vom Gesetz, Tieck beschwor die Abgründe des Lebens. Auch die Radikalisierung der Frühromantik in eine todesversessene Schwarze Romantik (Klotter 2004) konnte nicht verhindern, dass Romantik heute einfach etwas Liebes ist. Romantische Liebe unserer Tage ist demnach im Wesentlichen lieb und zart. Das Dunkle und Radikale ist verbannt und kehrt dennoch in jede liebe Liebe zurück. Die Rückkehr des Verdrängten, weswegen die romantischen Lieben nicht funktionieren. Oder nur für ein paar Tage.

Ungeklärt ist bislang, warum die Romantik dunkel und radikal sein muss, warum dies kein historischer Zufall ist? Eine Antwort auf diese Frage lautet: Das strahlende Licht der Aufklärung, das qua Vernunft den Menschen Glück auf Erden geben will, produziert und provoziert ihr Gegenteil: das Dunkle und das Böse. Die Siegesgewissheit der Aufklärung wird durch die Romantik unterhöhlt. Aber ohne Aufklärung wäre Romantik gar nicht denkbar. Insofern gehören beide inniglich zusammen. Sie werden als Gegenspieler begriffen, ohne wahrzunehmen, dass sie ein Team bilden, dass das aufklärerische Primat der Vernunft quasi wartet auf die Ergänzung um das Gefühl, auch um gänzlich unvernünftige Gefühle wie eine Liebe ohne Erwiderung. Der Prozess der Individualisierung wäre stecken geblieben, wenn Gefühlserkundung und Gefühlsarbeit die Vernunft nicht begleitet hätten. Nur wenn ich meine Gefühle kenne, kann ich die Person finden, die ich liebe und die mich liebt. Ohne Kenntnisse meiner Gefühle falle ich bei der Partnerwahl immer wieder auf die Nase. Nur wenn ich meine Gefühle kenne, kann ich andere verstehen und mit ihnen kommunizieren. Nur wenn ich Zugang zu meinem Unbewussten habe, verstehe ich, warum ich mich so und nicht anders verhalten kann.

Eine Variante der eben gegebenen Antwort lässt sich so formulieren, dass das strahlende Licht der Aufklärung die affektiven und dunklen Seiten des Menschen ausblenden wollte. Kant konnte mit Gefühlen nichts anfangen. Angenommen, Freuds Menschenbild wäre angemessen, dass der Mensch sowohl gute als auch böse Anteile hat, dann hätte die Aufklärung die bösen Anteile übersehen, übersehen wollen. Für diese musste jemand zuständig werden: die Romantik.

Mit der Illusion der lieben Romantik, dass die Welt fast nur liebe und kuschelige Bewohner beherbergt, korrespondiert die vornehmlich das Unergründliche und das Böse beschwörende Romantik. Beide Positionen basieren auf Spal-

tung, auf der Ausklammerung ihres Gegenstückes und beiden haftet deshalb etwas Lächerliches an.

Romantik heute: ein Beispiel

Beim Thema pornografischer Literatur kommt eigentlich niemand um den Best-
seller „Feuchtgebiete" (2008) von Charlotte Roche herum. Aber „romantisch" ist
an diesem Buch eigentlich nur der endlos wiederholte Tabubruch, der mit der kleinen Wilhelmine von Schlegel (siehe weiter oben) begonnen hat. Die Verbindung
aber auch der radikale Bruch zwischen romantischer Lieblichkeit und romantische
Hässlichkeit lässt sich besser mit einem anderen Text veranschaulichen.

Im „Stern" vom 24.06.2004 wird ein „Skandal-Buch" („Mit geschlossenen
Augen", 2004) offeriert, und die interviewte Autorin, Melissa Panarello, darf als
Titelschlagzeile gestehen: „Ich war sexsüchtig". Die Sexsucht sei eine „Krankheit", die mit dem Internet zusammenhänge, und bei der sie keine „Lust" empfunden habe. Und natürlich versichert sie, dass sie fast alle sexuellen Eskapaden
wirklich erlebt habe. Wir wollen aus dem Buch zitieren.

„Danieles Ferienhaus ist sehr schön, mit einem großen grünen Garten und
tausenden von frischen bunten Blumen. In dem azurblauen Schwimmbecken spie-
gelte sich die Sonne…" (S. 14) Danieles Lippen schmecken nach Erdbeeren, seine Nase ist so schön wie die einer griechischen Statue. Alles hätte so schön werden können. Doch dann drängt er sie unvermittelt und unverblümt zum schnöden
Sex. Von der ersehnten Romantik: Von ihr bleibt anscheinend nichts übrig. Panarello tritt in aller erwünschten Deutlichkeit den Beweis an, dass bei der Romantik
als Gegengift zur technisch-industriellen Welt das Verfallsdatum abgelaufen ist,
und dennoch bleibt sie eine Romantikerin. In systematischer Vollstreckungssexu-
alität, die wenig an Opfer scheut, bleibt die sexuelle Tat das letzte, was einen erhält. Tun, um zu tun, um zu tun. Gerade in ihren Taten verbirgt sich der verdeck-
te und umso empörtere Aufschrei der Romantik: Wenn es keine Romantik gibt,
dann will ich auch nicht sein. Wie eine Anorektikerin macht sie darauf aufmerksam, in welcher schrecklichen gefühllosen und lieblosen Welt wir leben. Ihre Waffe ist nicht der Hungerstreik, nicht der Stein in der Hand, kein Teach-In (auf denen waren ihre Eltern), sondern die Reinheit der Affirmation – die einzige Form
des Protests, die einer wahren Frau würdig ist. Nicht nur ihr Protest gegen *diese*
Welt ist romantisch sondern auch ihre Schilderungen: Sinistre-romantische Auto-
fahrten führen zu den Orten des üblen Sexes. „Die düsteren braunen Äste der Bäume sahen aus wie kleine Risse im nebligen Himmel." (S. 44) Märcheneinsprengel
komplettieren die Romantik. Eine „Hexe" gar warnt sie vor einem weiteren Aben-

teuer. „Das alte Haustor quietschte in den Angeln." (S. 51) Sind nicht alle Türen
zu den Häusern, an denen das Unglaubliche passiert, märchenhaft? „Es windete
stark, und als Gianmaria ausstieg, um das riesige schmiedeeiserne Tor zu öffnen,
wirbelten Blätter ins Auto hinein und verfingen sich in meinen Haaren." (S. 70)
Es sind diese langen güldenen Haare, die sie sich jeden Abend endlos kämmt und
die doch so scheußlich aussehen: nach den Taten.

Warum müssen die Haare immer wieder so zerzaust und verklebt aussehen?
Weil Melissa Panarello auf einer Mission ist. Sie ist die Alice Schwarzer als Un-
dercover-Agentin mit dem vollen Einsatz ihres Körpers, eine weibliche Enthül-
lungsjournalistin à la Wallraff, eine Feldforscherin als Aktionsforscherin, eine Eth-
nologin im Land der Barbaren, die feststellen muss, dass die romantische Liebe
vorbei ist. Ihre erste große Liebe ist ein sadistischer Gefühlskrüppel, die linken
Agitatoren, die sie anschließend kennen lernt, sind Pornofans, unauffällige Studenten tragen gerne Dessous und prostituieren sich aus Lust, der beruflich erfolgreiche Familienvater erstickt in sadomasochistischen Szenarien, der liebe und char-
mante Nachhilfelehrer entpuppt sich als einer, der sie auf einer Gruppensexorgie
verhökern will. All das deckt Panarello auf. Alice Schwarzer hätte das nicht ge-
schafft. Hätte Panarello mit den Männern nur geredet, nichts hätte sie enthüllen
können. Hätte sie nein gesagt, nach dem ersten zärtlichen Kuss, ihr Männerbild
wäre grundlegend falsch geblieben. „Die Männer, mit denen ich es bisher zu tun
gehabt habe, hinterließen immer eine schleimige Speichelspur und drangen auf
total vulgäre Weise mit ihrer Zunge in meinen Mund ein." (S. 131)

Aber Panarello findet an dieser Welt auch anderes auszusetzen. Sie mag die
„kalte Welt der Banker" nicht (S. 130), findet Feste langweilig (S. 11), mag nicht
tanzen (S. 12), aber schlimmer als all dies ist der Umstand, dass die Welt schlicht
und ergreifend unglaublich langweilig und normal ist. „Dabei kommt mir in den
Sinn, wie mittelmäßig und schäbig die Welt dagegen doch ist." (S. 31) „Ich glaube, ich würde es spielend fertig bringen, mich in der Normalität einzurichten, sogar gut darin einzurichten: mit leuchtenden Augen herumlaufen, nur weil ich in
der Schule eine gute Note bekommen habe, schüchtern lächeln, wenn mir jemand
ein Kompliment macht; aber es gibt in der Normalität nichts, worüber ich stau-
nen könnte, alles ist hohl und leer, sinnlos, mickrig und fad." (S. 81) Wackenroder hätte sich auf der Stelle in Panarello verliebt, so sehr ist sie eine romantische
Gesinnungsgenossin.

Vergleicht man „Mit geschlossenen Augen" mit dem ebenfalls italienischen
Buch „Schweine mit Flügeln", in Italien 1976 erschienen, dann könnte man sa-
gen: Damals, das waren noch selige Zeiten. Warum? Weil die beiden Akteure,
Rocco und Antonia, zwischen romantischer Liebe, linkem politischen Anspruch

und dem Sex zu vermitteln versuchen. Der sexuelle Körper ist noch eingebunden in Romantik und Politik. Die pornografische Fantasie taucht auf, aber eher ist sie eine störende oder zerstörende. Bei Panarello, ca. dreißig Jahre später, ist sie alles.

Die Welt, sie ist für Melissa Panarello schlecht. So wie sie für die Gnostiker schlecht ist. Gnostiker denken: Die gute arme Seele hat sich in den gierigen, verführerischen und bösartigen Armen der finsteren Materie verfangen. Sophia, eine gnostische Gestalt, hat sich verführen lassen von der Materie, sie verließ den Himmel des fernen Gottes und fiel hinab in die Gosse des irdischen Daseins, musste nun alle sexuellen Schrecklichkeiten des materiellen Lebens durchlaufen, um, durch die höllischen Exzesse befreit, wieder aufsteigen zu können. Bedingung der Loslösung von der Materie, ist wohlgemerkt der Gang durch die böse Materie. Panarello macht das gleiche. Systematisch opfert sie ihre Unschuld, um am Schluss vollkommen rein zu sein. Gnostiker hassen die Welt. De Sades Werk ist ein einziger Aufschrei gegen diese Welt. Wenn man diese Welt hasst, dann kann man zweierlei tun: entweder sich möglichst gar nicht auf diese Welt einzulassen, also sich in strengster Askese üben (die beliebteste derzeitige Variante der Askese ist der Vegetarismus), oder libertinistisch werden, weil die Materie und damit auch der Körper ehe nicht zählen, gleichgültig sind. Dass man sich wie Sophia oder Melissa Panarello durch die Verruchtheiten reinigt, ist eine Variante des Libertinismus. In dieser Hinsicht ist Erlösung nur möglich mit dem Durchschreiten des Bösen. Der von der Seele abgelöste libertinistische Körper darf nun sexuell tun und lassen, was er will. Er braucht kein Verbrechen auslassen. Es gibt nur ein Tabu, das der gnostische Libertin einhalten muss. Er darf sich nicht fortpflanzen, weil er damit gewährleisten würde, dass sich dieses Leben in dieser Welt fortsetzt. Panarello hätte allen Grund zu befürchten, dass sie schwanger wird. Davon ist nicht einmal in diesem Buch die Rede. Fortpflanzung existiert für sie nicht. Wie es das ungeschriebene Gesetz der Pornografie ist, dass alles erlaubt ist, außer dass Sperma in die Vagina gelangt. Viele gnostische Quellen beschreiben eben dieses. Die pornografische Ordnung ist eine zentrale Variante gnostischen Glaubens unserer Zeit. Panarello ist eine Anhängerin dieses Glaubens. „Es ist kaum vorstellbar, daß die Gnosis alles in allem nicht in erster Linie von einer düsteren Liebe zur Finsternis zeugt, von einem monströsen Gefallen an den obszönen und gesetzlosen Archonten und an den solaren Eselskopf." (Bataille 1995) Gnostiker hassen das biblische Gesetz, situieren sich in der triumphatorischen Übertretung des Gesetzes, die sich verliert in der Ödnis der pornografischen Ordnung. Die Männer verkörpern mit ihrer Sexualität für Panarello auf das Beste die niedere Materie. Sie bedarf ihrer wiederum, um, romantisch inspiriert, das Gesetz zu verwerfen. Zu lernen ist über Panarello auf jeden Fall, dass Romantik gnostisch inspiriert sein kann.

Wie das im Zeitalter von Psychotherapie üblich ist, muss Erleben und Verhalten, auch pornografisches, begründet werden. Auch an Panarello führt dieser Weg nicht vorbei. Sie erzählt biografische Schnipsel, aus denen der psychotherapeutische Text zu knüpfen ist.

„Und keiner, wirklich keiner, hat sich mir in den Weg gestellt und gesagt: ‚Stopp, Kleine, keinen Schritt weiter.'" (S. 153) Niemand hat sie aufgehalten und begrenzt. Die Eltern beschreibt sie als Personen, die in keiner Weise in der Lage sind, ihr etwas entgegen setzen zu können. Mutter fragt zwar zuweilen nach, wenn ihr etwas an der Tochter auffällt, aber gibt sich dann mit Ausreden zufrieden. „Mein Vater schaufelte unterdessen weiter seine Spaghetti in sich rein und kniff nur die Augen zusammen, um die Tagesschau…" (S. 29) Besonders nachhakend und aufmerksam sind die Eltern nicht. „Das Problem ist, dass meine Eltern nur sehen, was sie sehen wollen. Wenn ich gut drauf bin, sind sie zufrieden und geben sich nett und verständnisvoll. Wenn ich traurig bin, halten sie sich abseits und meiden mich wie die Pest." (S. 20) Der Gesprächspsychotherapeut Rogers würde von fehlender unbedingter Wertschätzung sprechen. Die Eltern mögen oder ertragen sie nur, wenn es ihr gut geht. Der Psychoanalytiker Bion würde davon sprechen, dass die Eltern keinen Container für Melissa darstellen. Sie können die Tochter nicht halten, aufbewahren, beruhigen. Angesichts der fehlenden elterlichen holding function (Winnicott) übernimmt Melissa die pornografische Ordnung, um überhaupt eine Orientierung zu haben, zugleich, um damit stumm gegen die Eltern zu protestieren. Mit Daniele und den anderen männlichen Verbrechern wiederholt sie nur sexualisiert die Erfahrungen, die sie mit den Eltern gemacht hat. Sie spielt eine Rolle, um unauffällig angepasst zu sein, und alle sind damit zufrieden. „Als wir auf der Rückfahrt im chaotischen Nachtverkehr Catanias stecken blieben, schaute er mich an, lächelte und sagte: ‚Loly (Abkürzung von Nabokovs Lolita), ich hab dich lieb.' Er nahm meine Hand, führte sie an seine Lippen und küsste sie. Loly, nicht Melissa. Er hat Loly lieb, Melissa interessiert ihn nicht." (S. 126) Und Melissa, sie bleibt verschwunden – in einem Zwischenreich zwischen Realität und Traum, im Nirgendwo ihres Zimmers, wo sie vor dem Spiegel steht und überlegt, wer sie ist. Da die Eltern sie nicht gespiegelt haben, sie emotional nicht begleitet haben, irrt sie durch die Möglichkeiten verschiedener Arten des Seins und wählt die pornografische Maske: als stiller Aufschrei und als die beste Möglichkeit, sicher zu sein – sicher im Auftritt, eben perfekt, und sicher im Verschwundensein. Melissa würde das nicht ertragen, was sie sich wünscht: gemeint zu sein. Sie würde in Panik fliehen. „Mein Herz war in einer Zelle aus Eis gefangen; sie mit einem gezielten Schlag zu zertrümmern wäre gefährlich gewesen, denn das Herz hätte dadurch für immer Schaden nehmen können. Dann aber kam die Sonne, nicht unsere brennende sizilianische Sonne, die Feuer spuckt und Brände stiftet, nein eine sanfte, unaufdringliche, großherzige Sonne, die das Eis langsam wegschmolz und so verhindert hat, dass meine ausgetrocknete Seele auf einen Schlag überschwemmt wurde." (S. 153f) Bevor sie am Ende ihres Tagebuchs die milde Sonne der Liebe ertragen lernt, verbirgt sie sich als scheinbar brave Tochter den Eltern gegenüber und als scheinbare Pornodarstellerin den Männern gegenüber. Die pornografische Maske erlaubt ihr höchste Intimität und maximale Entfernung zugleich. Warum aber muss sie sich im inszenierten Porno so demütigen und missbrauchen lassen? Sie muss sich dafür bestrafen, dass sie überhaupt Wünsche hat. Für die Eltern ist sie eine wunschlose Tochter-Puppe. Und Melissa hat dennoch den Wunsch zu wünschen. Dafür hat sie Schläge verdient. Andere hingegen zu bedienen, das kann sie perfekt. Da kommen keine Bestrafungswünsche auf. „Ich möchte ihrem Körper ein rauschendes Fest bereiten." (S. 94) Melissa ist emotional so depriviert und unempfänglich, dass sie eines Panzers, der über sie hinwegfährt, bedarf, um etwas zu spüren. Die Gewaltaktionen der Männer sind diese Panzer. „Die Gewalt macht mich fertig, sie verdirbt und beschmutzt mich, und sie zehrt an mir, aber mit und dank ihr überlebe ich, sie ist meine Nahrung." (S. 124) Melissa hasst die Panzer, die sie braucht. Ein Mann, der kein Panzer wäre, würde sie mehr bedrohen als der Panzer-Mann. Denn den Nicht-Panzer-Mann würde sie lieben, und er würde sie lieben, und damit wäre sie nicht mehr existent. Ihre Ich-Grenzen sind derart porös, dass der sie liebende Mann sie auflösen würde – so ihre Fantasie. Der sie liebende Mann würde zudem unausweichlich auf ihre Schwächen stoßen, hinter ihrer perfekten Maske. Nichts würde sie mehr beschämen und vernichten, weil sie eben tadellos sein will. Und tadellos ist man nur, wenn einen niemand erkennt.

Die Mentalitätsgeschichtsschreibung hat uns darüber aufgeklärt, dass Schreiben, insbesondere das Schreiben eines Tagebuchs, eine der besonderen Möglichkeiten in der Moderne ist, sich zu subjektivieren, sich einen differenzierten psychischen Innenraum zu erarbeiten. Romantik ist nur ein anderer Name dieses Subjektivierens. Man reflektiert die Geschehnisse, überprüft sein Denken, spürt seinen Gefühlen nach, die sich im Schreiben dann völlig anders konstituieren als im bloßen Erleben. Sie bekommen das Gewicht des geschriebenen Wortes. Sie nähern sich dem Unumstößlichen. Aber worüber schreiben? Über das, was man erlebt hat. Es muss schon etwas Besonderes sein. Um das Helden-Ich zu konstituieren, und um dieses geht es Panarello, muss man Heldenhaftes erlebt haben, um dies hernach aufschreiben zu können. Der geschriebene Text bildet dann die Matrix der Identität. Panarello muss etwas Unerhörtes erleben, um das Tagebuch zu füllen und um sich zu konstituieren. Die Taten sind vom Schreiben nicht abzulösen. Sie geschehen im Hinblick auf den Text – wie schon bei Schlegel (siehe oben). Wann passiert etwas Unerhörtes? Wenn sich der Held bzw. die Heldin der Gefahr aussetzt. Das kennt man aus jedem Actionfilm. Der Held zeichnet sich darüber aus, dass er sich ins Getümmel wirft – ohne Rücksicht auf Verluste, und dennoch letztlich gewinnt. Panarello macht es nicht anders. Sie setzt sich den Gefahren der sexuellen Gewalt aus, taucht wie James Bond zum Schiff des Bösewichts, gibt sich als jemand anderes aus, wird erwischt und mit dem Tode bedroht, gewinnt am Schluss, weil der Bösewicht so leutselig und eitel ist. Ohne sich auszusetzen, ohne zu leiden, entsteht kein Text und entsteht keine Identität. Dieses Credo der Moderne hat Panarello einfach praktisch angewendet. Nichts anderes. So unwahrscheinlich und groß die Heldentaten von James Bond oder von Indiana Jones sind, so unmöglich ist das, was Panarello erlebt hat. Das Unmögliche zu erleben, ist das Programm der Romantik. Wie fade, wäre alle Liebe glücklich und gut. Nein: Man muss die ganze Bandbreite der Gefühle erleben, den tiefsten Schmerz, die grausamste Demütigung erlebt haben, um sich als echtes Subjekt bezeichnen zu können. Und dieses echte Subjekt ist in der Moderne eigentlich nur der Schriftsteller. Wir anderen: Wir versuchen den Schriftsteller nur zu kopieren. „Der Dichter macht sich *sehend* durch eine lange, gewaltige und überlegte *Entregelung aller Sinne*. Alle Formen von Liebe, Leiden, Wahnsinn; er sucht sich selbst, er erschöpft alle Giftwirkungen in sich, um nur den innersten Kern davon zu bewahren. Unsägliche Qual, wo er des vollen Vertrauens, der gesammelten übermenschlichen Kraft bedarf, wo er unter allen der große Kranke, der große Gesetzesbrecher, der große Verdammte wird, – und der höchste *Wissende!* – denn er kommt an beim *Unbekannten!*" Rimbaud hat das geschrieben, Panarello hat sich daran gehalten. Wortwörtlich. Sie hat sich daran gehalten, um etwas schreiben zu können und um sich zu konstituieren: als Subjekt.

Eigentlich dürfte es keine Romantik geben: die Ansätze von Michel Foucault

Was würde Foucault zu Melissa P. sagen? Dass sie den Sex benutzt, um sich kennen zu lernen, um zu wissen, wer sie ist. Ihre Geschichte ist konstruiert durch das Dreieck Sex – Wissen – Macht. Daran hat sich nichts geändert, obwohl Foucault schon so lange tot ist. Was hätte er noch gesagt? Dass es eine traurige Welt ist, die den Erfahrungshorizont auf den Sex beschränkt, auf die kleine Spielwiese der Sexualität. Gab es nicht ein Interview von ihm, das da hieß: „Nein zum König Sex!" (1978)

Aber hätte Foucault die Restbestände an Romantik klären können, die in ihrem Text auftaucht? Die Antwort lautet: Eigentlich nicht, sieht doch Foucault den

Menschen in der Moderne in den Fängen aller erdenklichen Formen von Macht, von Mächten, die ihn einschnüren, formen, dressieren und unterwerfen.

Die Moderne macht aus den Menschen Subjekte von der Kleiderstange, maßgefertigt und antiindividuell – so eine These von Foucault. Hierbei kann es sich per se nicht um ein romantisches Subjekt handeln, so die erste Vermutung. Foucault beschreibt das Gleichmachende als Effekt der Entstehung der Industriegesellschaft (ab dem 17. Jahrhundert), die begann, alle, die nicht willens oder in der Lage waren zu arbeiten, einzuschließen, zuerst auf Geheiß der Familie, dann des Arztes. Eingeschlossen wurden die Irren, Arbeitslosen, Kranken, Alten, Prostituierten. „Die kapitalistische Gesellschaft konnte die Existenz von Vagabunden nicht tolerieren." (1970, 2002, S. 164) Die Einschließung sollte als Drohung für all diejenigen, die noch nicht eingeschlossen waren, gelten, dass sie, sollten sie die Absicht hegen, nicht mehr normal zu arbeiten, auch eingeschlossen werden. Normales Arbeiten, eine normierte Existenz, die Moderne kreiert diese Zielvereinbarung. Die Norm ist nichts anderes als eine Übersetzung der Kategorie des Guten: „Wenn ein Urteil sich nicht mehr in den Begriffen von Gut und Böse ausdrücken lässt, greift man nach den Begriffen des Normalen und Anormalen. Und zur Rechtfertigung der Unterscheidung zwischen *normal* und *anormal* stützt man sich auf Überlegungen, die aufzeigen sollen, was gut oder schädlich für den Einzelnen sei." (1971, 2002, S. 284) Zwar zielt die Moderne auf Normierung, aber gerade daraus entsteht die Gegenbewegung: die Romantik. Romantiker zieht es hin zu Irrenanstalten und Gefängnissen (Wackenroder und Tieck, siehe weiter oben). Sie wollen alles sein, nur nicht normal oder normiert. Die Normierung produziert so die Romantik.

Für Foucault ist das Paradigma moderner Machtausübung das Benthamsche Panoptikum, ein Gefängnis, in dem ein Wärter alle Gefangene beobachten und überwachen kann. Es ist der Traum von einer durchsichtigen Gesellschaft. „Heute entwickelt sich die Welt auf ein Klinikmodell hin, und die Regierung übernimmt eine therapeutische Funktion. Die Funktion der Machthaber besteht darin, die Individuen im Rahmen einer wahrhaften gesellschaftlichen Orthopädie an den Entwicklungsprozess anzupassen." (1973, 2002, S. 539) Romantik ist ein Beleg dafür, dass die gesellschaftliche Orthopädie anteilig versagt.

Die moderne Macht richtet sich im Sinne Foucaults auf den Körper, auf die Disziplinierung der Körper: „...die Isolierung und Neugruppierung der Individuen; die Lokalisierung der Körper; die optimale Nutzung der Kräfte; die Kontrolle und Verbesserung des Nutzeffekts; kurzum, die Bereitstellung einer umfassenden *Disziplin* des Lebens, der Zeit, der Energien." (1973, 2002, S. 584) Die moderne Gesellschaft braucht disziplinierte Körper in der Industrie, in der Armee und natürlich auch im Straßenverkehr und sie produziert einen massiven Widerwillen, der sich gegen die Disziplinierung richtet: die Romantik, die von Geschäftigkeit, Pflicht, Arbeit, Disziplin nun schon gar nichts wissen will.

Foucault begreift die Französische Revolution unter anderem als ein Manöver, das Licht und die Sichtbarkeit zum Triumph zu verhelfen:

> „Eine Befürchtung hat die zweite Hälfte des 18. Jahrhunderts gepeinigt: und das ist der dunkle Raum, der Schirm der Düsternis, der die vollständige Sichtbarkeit der Dinge, der Leute und der Wahrheiten verhindert. Die Fragmente an Nacht aufzulösen, die sich dem Licht entgegenstellen, dafür zu sorgen, dass es in der Gesellschaft keinen düsteren Raum mehr gibt, und diese dunklen Kammern zu zerschlagen, in denen politische Willkür, Launen des Monarchen, religiöser Aberglauben, Verschwörungen der Tyrannen und der Priester, Illusionen der Unwissenheit und Epidemien gärten." (1977, 2003, S. 259)

Als reine Gegenbewegung zur strahlenden Sonne, die alles beleuchtet, ist die Romantik gestartet. Sie verehrt das Geheimnis, die Dunkelheit, die Nacht, das Unklare und Schillernde. Auch hier erweist sich Romantik als einfache Negation moderner Machttechnologien.

Das Modell der Disziplinarmacht, die im Wesentlichen am Körper ansetzt, ergänzt Foucault um die sogenannte Pastoralmacht, die sich der Seelen annimmt. „Die Verantwortung des Priester-Hirten für das Seelenheil seiner Schäfchen macht es erforderlich, dass er genau weiß, was im Innersten jedes einzelnen Gläubigers vorgeht." (1978, 2003, S. 665) Die Romantik, die die heiße und innigliche Freundschaft (sie muss nicht sexuell sein) mit erfindet (vergleiche Wackenroder und Tieck), überträgt das asymmetrische Priester-Schaf-Verhältnis auf eine symmetrische: das zwischen Freunden. Gradmesser der Intensität einer Freundschaft ist die Fähigkeit, genau zu wissen, was im Innern des anderen vorgeht. In diesem Sinne ist Romantik Pastoralmacht.

Die Machttechnologien, die Foucault beschrieben hat, erweisen sich so als Geburtshelfer für die Romantik. Romantik ist die Negation oder bei der Pastoralmacht die Übertragung und Erweiterung der Machttechnologien – eigentlich ein relativ primitives Manöver, das insofern mit der Machtkonzeption von Foucault einher geht, als Foucault postuliert, dass Machttechnologien stets Widerstand provozieren, der Widerstand aber die Macht nicht überschreitet. Für Foucault gibt es kein Jenseits der Macht. Romantik als Negation von modernen Machttechnologien wäre so keine Transgression sondern eine funktionale Entlastung des Subjekts, das von der Macht umstellt ist aber hofft mit einem spontanen nächtlichen Ausflug mit der Freundin oder dem Freund an die Nordsee der Macht zu entkommen. Romantik wäre so die subjektive Illusion der Flucht aus dem „stahlharten Gehäuse" der Moderne (Weber 1993) – vermutlich eine notwendige, weil das Überleben sichernde Illusion. Wir brauchen alle die Illusion des Entkommens, so auch Foucault selbst, der quasi naiv ein Revoltenkonzept entwirft, in gewisser Weise jenseits seiner Machtkonzeption, um damit zu belegen, dass es ein Entkommen gibt. Von Fluchtlinien, die aus der Macht herausführen, und von Freiheit ist bei Foucault selten die Rede, vielleicht weil ihm Freiheit als eine tröstliche Illusion der Menschen erscheint, vielleicht weil er von der Macht gleichsam fasziniert und hypnotisiert ist, und daher das Andere nicht mehr sehen kann. Zwei *kleine* Formen von Freiheiten lassen sich bei Foucault dennoch erspähen: a) die bereits erwähnte Möglichkeit, auf Machttechnologien zu reagieren, etwa Widerstand gegen sie zu entwickeln. Wenn die Bevölkerung zur restriktiven Nahrungsaufnahme gezwungen wird, dann rebelliert sie dagegen mit einem adioposogenen Essen. Das potenziell maßlose Essen wäre aber kein Jenseits der Macht, sondern bleibt im Netzwerk der Macht; b) am Ende seines Lebens hat sich Foucault der Antike und den damals entstehenden Selbsttechnologien zugewandt, den Formen also, wie sich Menschen selbst kreieren. Dieser Prozess hat gewisse Freiheitsgrade, wobei die jeweilige Kultur die Mittel vorgibt, mit denen die heautokratische Struktur des Selbst geschaffen wird.

Auf eine seltsame Weise kommt dann bei Foucault eine dritte und möglicherweise unausweichlich naive Form der Freiheit ins Spiel: die Möglichkeit und eigentlich auch Notwendigkeit zu dezentralen Revolten etwa im Gefängnis, in der Schule oder im Betrieb. Ein relativ schlichtes an Rousseau angelehntes, romantisch-anarchistisches Freiheitsmodell schleicht sich disparat und inkohärent in Foucaults Denken ein – ein Modell, aufgrund dessen die Göttin Ananke (Der kleine Pauli 1979, S. 331) ganz und gar verabscheut werden kann. Dieses Modell muss inkohärent sein, weil, wäre es logisch aus einem Denksystem deduziert, es nicht mehr romantisch-anarchistisch wäre. Es gibt keine abgeleitete, es gibt nur eine absolute Freiheit, so lässt sich Foucault verstehen: „Ich denke dabei an die viele Dinge, so zum Beispiel an die seltsame Wirkung, als es darum ging, das Funktionieren der psychiatrischen Institutionen zu behindern durch die lokalisierten Diskurse der Antipsychiatrie." (Foucault 1978, S. 57) Und: „Was also seit zehn oder fünfzehn Jahren auftaucht, ist – so würde ich sagen – die zunehmende Kritisierbarkeit der Dinge, der Institutionen, Praktiken, Diskurse; eine Art allgemeine Brüchigkeit der Böden…" (ebd. S. 58) Revolten entstehen nicht darüber, dass in einen Zirkel Marx gelesen wurde, Lenins Revolutionskonzept erprobt werden sollte, sondern sich aus dem alltäglichen Leben Ansatzpunkte der Kritik und Revolte ergeben, weil die Böden brüchig geworden seien – eine Begründung, die keine Begründung ist, eben unabgeleitet, kein großes Denksystem, keine Revolutionstheorie.

Eigentlich wäre die Romantik mit Max Weber viel besser zu verstehen als mit Michel Foucault

Den Prozess der Moderne hat Max Weber als einen Prozess der Ausdifferenzierung beschrieben (vgl. Klinger 1995, S. 10ff). Ausdifferenzierung meint, dass eine Gesellschaft nicht mehr einheitlich strukturiert ist, nicht mehr nach einem sie durchwaltenden Prinzip, sondern dass, wie dies Weber nennt, drei Wertsphären 1. kognitive Rationalität (Naturwissenschaften und Technik), 2. evaluative Rationalität (z. B.protestantische Ethik) und 3. die ästhetisch-expressive Rationalität auseinander treten und sich autonom voneinander entwickeln. Die dritte der genannten Wertsphären besteht für Weber aus Kunst und Erotik, einer Erotik allerdings, die jenseits des ehelichen Alltags stattfindet. „Das Gemeinsame von Kunst und Erotik liegt für Weber erstens darin, dass das moderne Subjekt hier seine Selbstverwirklichung, den Ausdruck seiner Innerlichkeit und Einmaligkeit sucht... dass Kunst und Erotik zugleich zweitens als Wertstiftungs- und Sinngebungsinstanzen fungieren, drittens bewahren beide einen Zugang zum Körperlichen, zum Kreatürlichen." (Klinger 1995, S. 11) Es fällt nicht schwer, die Romantik der dritten Wertsphäre zuzuordnen. Romantiker lieben allesamt die Kunst, soweit sie von Kommerz befreit ist, die Erotik (das trifft zumindest auf die Frühromantik zu), natürlich zielt sie auf *wahre* Selbstverwirklichung, auf Innerlichkeit und Einmaligkeit. Die oben genannten Beispiele bestätigen dies hinreichend. Selbstverständlich stellt die Romantik die Frage: Was ist wirklich wichtig am Leben? Dies soll eben nicht der alltägliche Betrieb, die alltägliche Geschäftigkeit sein, die Seinsvergessenheit, wie es vielleicht Heidegger formulieren würde, vielmehr die Erfindung des besonderen Augenblicks, der einmaligen Erfahrung, des unzerstörbaren Gefühls der Liebe.

Klinger weist auf folgendes Problem hin: Wenn eine Gesellschaft sich in verschiedene Wertsphären ausdifferenziert, wenn sie damit aufhört „die Fragen nach Einheit, Ganzheit und Sinn" (1995, S.11) allgemein verbindlich zu klären, diese Klärung dann der dritten Wertsphäre (Kunst und Erotik, also auch der Romantik) überlässt, dann ist diese mit dieser Aufgabe potentiell überfordert. Wenn eine Gesellschaft darauf verzichtet, individuelle Persönlichkeit nach einem allgemeinem Schema wie zum Beispiel der christlichen Lehre zu formen, dann wird die Identitätsbildung zu einer Privatsache. Erst diese Privatisierung führt zu einer massiven Subjektivierung der Persönlichkeit. Diese Subjektivierung ist nahezu definitionsgemäß entgrenzt (sie wie die der Neros in der Spätantike in Rom), sie neigt zur Devianz und zur narzisstischen Überhöhung und sie betrauert dennoch eine Identitätsbildung, die noch nicht der dritten Wertsphäre vorbehalten war. Georg Philipp Friedrich Freiherr von Hardenberg, der sich Novalis nannte, geboren 1772, gestorben 1801 an einem Lungenleiden, las im November 1799 in Jena seinen Ro-

mantikerfreunden seinen Text vor „Das Christentum oder Europa" (Günzel 1995).
Dieser Text beginnt mit dem Satz: „Es waren schöne glänzende Zeiten, wo Europa ein christliches Land war, wo Eine Christenheit diesen menschlich gestalteten
Weltteil bewohnte." (Novalis 1992, S. 124) Novalis beginnt also mit der Verherrlichung des Vergangenen. „Wie heiter konnte jedermann sein irdisches Tagewerk
vollbringen, da ihm durch diese heiligen Menschen eine sichere Zukunft bereitet,
und jeder Fehltritt durch sie vergeben, jede missfarbige Stelle des Lebens durch
sie ausgelöscht, und geklärt wurde." (Novalis 1992, S. 124) Ein Christentum, das
eine Identität für alle gibt, macht heiter und sicher. Romantische Identitätsbildung
ist dagegen nur ein verzweifelter Ersatz, eine individuelle Stilisierung, ein radikaler theatralischer und pathetischer Selbstentwurf, der mit seiner Entgrenzung gegen seine Mühen und seine Verzweiflung trotzt. Romantik ist nichts Freiwilliges.
Sie ist nur eine andere Variante der Versklavung.

Die dritte Wertsphäre im Sinne Webers wäre demgemäß nicht das absolut Andere in der Moderne, sondern sie entspringt dem Ausdifferenzierungsprozess der
Wertsphären selbst. Das Andere (Kunst, Liebe, Subjektivität, Romantik) könnte
die Entwicklungen der beiden ersten Wertsphären komplementieren oder kompensieren (Klinger 1995, S. 18). Wo die sich ausdifferenzierende Moderne Lücken
erzeugt, zum Beispiel bei einer allgemein verbindlichen Persönlichkeitsformung
etwa durch den christlichen Glauben, da springen Teile der dritten Wertsphäre ein
und produzieren private Identität. Diese private Identität lehnt dann häufig die Gesellschaft als kalt, antihuman, nicht ganzheitlich, zu rational etc. ab, genau deshalb, weil die beiden ersten Wertsphären nicht in der Lage sind, personale Identität zu generieren und zu garantieren.

Romantik gestern

Max Weber räumt quasi der Romantik einen zentralen Platz in der dritten Wertsphäre ein. Daher lässt sich mit ihm die Romantik relativ einfach verstehen. Für
Michel Foucault ist die Romantik in seinem theoretischen Werk nicht existent.
Deshalb ist sie bei ihm nur implizit und negativ vorhanden. Daher ist die Brücke
zwischen Foucault und der Romantik nicht unmittelbar zu spannen.

Die Brüchigkeit der Dinge, von denen Foucault spricht und die dazu Anlass
geben, das Bestehende zu kritisieren, diese Brüchigkeit liegt eventuell in den Menschen selbst, in der personalen Identitätsbildung, die im Sinne Webers an die dritte Wertsphäre verwiesen ist und alleine deshalb schon brüchig ist, und die, ob berechtigt oder unberechtigt auf eine Vergangenheit zurück blickt (wie bei Novalis),
in der die Identitätsbildung (angeblich) zu einer sicheren und heiteren Psyche ge-

führt hat. Der in diesem Kapitel eingangs erwähnte Casanova war jedenfalls zeit seines Lebens heiter, von kurzen Phasen der Trauer abgesehen. Casanova wollte nicht einmalig und außergewöhnlich sein, er wollte nicht anders als die anderen sein, er wollte nur besonders attraktiv und liebevoll, besonders gefällig, besonders redegewandt sein – im Rahmen, wie wir heute sagen würden, des Normativen. In Ermangelung der Identitätsbildung in der ersten und zweiten Wertsphäre im Sinne Webers muss der moderne Mensch idealtypisch seine Einmaligkeit aus dem Boden stampfen, er muss von der Norm, dem Maß, der Gefälligkeit abweichen, koste es, was es wolle. „Nur durch dogmatische Entscheidung entsteht Form." (Wiesing 2008, S. 74) Dieser Satz aus einer Geschichte der formalen Ästhetik lässt sich auf die Formung von Individualität übertragen. An ihrem Beginn steht die willkürliche Dezision (ein Lieblingsbegriff von Carl Schmitt), keine Moral und kein gesellschaftliches Ganzes. Selbststilisierung ist deshalb an sich dogmatisch und gegebenenfalls radikal und (entsetzlich) pathetisch, so lange die Prinzipien der Romantik noch gültig waren (heute sind sie verblichen). Das Pathos sollte die brüchige Identität verhüllen. Dazu einige Beispiele.

Im Editorial von „Filme" (1982), einer Filmzeitschrift renommierter deutscher Filmkritiker, die damals auch für die „ZEIT" geschrieben haben, ist zu lesen:

> „WIE wir schreiben, das ist für uns auch ein Kampf fürs Kino. Andere kämpfen anders. Wir akzeptieren jeden, der fürs Kino kämpft, INDEM er es in die Luft sprengt. Wie wir die NICHT akzeptieren, die das Kino zerstören, indem sie meinen, Kino zu machen.
>
> Einer kämpft für das Kino. Er geht ins Kino, aber er will keinen Film sehen.
>
> Eine Frau fragt ihn: ‚Was machst Du heute?'
>
> Und er antwortet: ‚Wir werfen … Granaten in das größte Kino von Rom, um die italienischen Zuschauer zu bestrafen. Sie wollen keine Filme in Originalfassung. Seit der Erfindung des SPRECHfilms haben sie noch keinen GESPROCHENEN Film gesehen. Unglaublich ist das, schrecklich! Wie man einen Sklaventon einem freien Ton vorziehen kann!'
>
> Andere zerstören das Kino. Sie drehen Filme, die nichts vorzeigen – nur ihre Lust, 'mal einen Film zu drehen.
>
> Granaten zu werfen, das kann ein starkes Mittel sein, um für das Kino zu kämpfen." (S. 2)

Die Redaktion der Zeitschrift „Filme" bestand, so weit wir wissen, nicht aus Mitgliedern der Roten Armee Fraktion. Aber die Radikalität, das Pathos und der Wunsch, die Massen zu belehren und/oder zu bestrafen, sind typische Merkmale revolutionärer Romantik – die heute eher ausgestorben ist. Es ist keine Frage, dass die linksradikale Szene von heute von diesem Pathos noch berührt ist, aber die revolutionäre Romantik ist kein (relatives) Massenphänomen mehr. Luxusautos werden in Berlin „abgefackelt" und dies wird diskursiv legitimiert, aber dies ist in einer kleinen Subkultur verkapselt. Pathetische Romantik hat letztlich ausgedient, wie eben die gesamte Romantik.

„Stirbt man für die Interessen des Volkes, so ist der Tod gewichtiger als der Tai-Berg; steht man im Sold der Faschisten und stirbt für die Ausbeuter und Unterdrücker des Volkes, so hat der Tod weniger Gewicht als Schwanenflaum." Geschrieben ist dies in einem Pamphlet der Roten Armee Fraktion, das bedauerlicherweise auf ein Impressum verzichtet hat. Es gibt zwei Kategorien: Faschisten / Kapitalisten und das unterdrückte Volk, das nun endlich aufbegehren soll. Dieser Dichotomie folgt eine Dichotomie des Sterbens: bedeutungslos und gewichtig. Die erste Generation der RAF ist dieser Dichotomie gefolgt und hat sich für den gewichtigen Tod entschieden. Dieses pathetisch-polare Denken ist heute eher undenkbar, das Freund-Feind-Schema ist durchlöchert, weil wir wissen, dass auch die so genannten Unterdrückten am Kapitalismus profitieren, dass sie mit ihm identifiziert sind, so wie umgekehrt der archaische Prototyp des Kapitalisten kaum aufzufinden ist. Vor Allem haben sich die Alternativen zum Kapitalismus, der real existierende Sozialismus und der Nationalsozialismus, in Orgien von Gewalt verabschiedet.

In diesem Pamphlet ist in Gedichtsform zu lesen (ein kleines revolutionäres Poesiealbum ohne Bilder): „12.000 Menschen begehen jedes Jahr Selbstmord, weil sie nicht im Dienste des Kapitals hinsterben wollen, machen sie lieber selber mit allem Schluss." Eine simple Verursachungstheorie, wonach das „System" für alle Selbstmorde verantwortlich sein soll, erscheint uns heute als vollkommen abstrus. Damals waren derartige vollmundigen pauschalen Aussagen möglich. Gut, dass die erste Generation der RAF nicht mehr lebt. Sie hätte uns erklären müssen, warum sich die Anzahl der Selbstmorde seit damals halbiert hat (Elzer 2011). Ist der Kapitalismus um 50% heute weniger schlimm als damals? „Petra, Georg und Thomas starben im Kampf gegen das Sterben im Dienst der Ausbeuter. Sie wurden ermordet ..." Wir vermuten stark, dass mit Georg, Georg von Rauch gemeint ist. Dieser Held der undogmatischen Linken, der 1971 in West-Berlin bei einem Schusswechsel von der Polizei erschossen worden und der gerne mit Dieter Kunzelmann über die „Scheiß-Juden" hergezogen ist (Kraushaar 2005), schreibt in einem Brief an seine Frau: „Ich krieg meine Identität nur, wenn alles identisch ist ... ‚politisch' arbeiten mit identischen Leuten, mit Leuten, mit denen ich identisch bin. Wo Aktion drin ist, Abenteuer, Leben, Lieben, Laufen (nur nicht gehen), Schlendern, Sommer, gesellschaftliche Mächtigkeit und alles total." (zitiert nach Kraushaar 2005, S. 136f) Von Rauch beschwört wie Wackenroder ein absolutes, außergewöhnliches Leben, das niemals alltäglich, zögerlich oder bescheiden sein darf. Das Leben soll eigentlich wie ein Film sein, immer groß und großartig.

Die neue Sachlichkeit

Junge Menschen von heute wollen vermutlich überwiegend nicht das große Leben, wie es sich Georg von Rauch erträumt hat, sie wollen sich auch keine Schusswechsel mit der Polizei liefern, sie sehen keine Django-Filme und stehen nicht auf Clint Eastwood. Sie sind froh, wenn sie einen Job haben, wenn dieser unbefristet ist, dann sind sie glücklich. Die Romantik ist für die schönen Stunden zu zweit reserviert, mehr auch nicht. Die großen Versprechen, sie werden mit Misstrauen beäugt.

So können auf der letzten Seite der Mai-Ausgabe von Glamour im Jahr 2010 siebzehn Dinge aufgelistet werden, „die besser klingen, als sie sind":

> „1. ‚DSDS' gewinnen. 3. Bio-Limonade. 4. Aus einer Laune heraus zum Chef gehen und mit einem ‚Ich kündige' wieder aus seinem Büro rauschen. 5. ‚Happy Hour: zwei Cocktails zum Preis von einem.' Wir wissen, wo das endet. 6. Prenzlauer Berg. 9. Mit dem Nachtzug nach Paris fahren. Es sei denn, die Romantik ist stärker als die Rückenschmerzen. 16. Sonnenuntergang am ‚Café del Mar' auf Ibiza. Es sei denn, es sind mal keine betrunkenen Engländer da, die klatschen, wenn die Sonne im Meer versinkt."

Wie auch immer die Hoffnungen und Versprechen aussehen, sie halten nicht das, was sie vorgeben – so lässt sich die Liste dieser siebzehn Dinge zusammenfassen. An die Stelle der Träume ist neue Nüchternheit gerückt, ein sachliches Kalkulieren, eine Güterabwägung: Romantik versus Rückenschmerzen, Café del Mar minus Engländer.

Was von der Romantik heute übrig bleibt: eine Vorschau auf die weiteren Kapitel

Der kleinen Revolte der Frühromantik in Berlin war keine lange Dauer beschieden:

> „Tiecks Krise in den ersten Jahren des neuen Jahrhunderts (das 19., A. d. A) war auch eine der gesamten Frühromantik. Das ‚Athenaeum , (das *Zentralorgan* der Frühromantiker, A. d. A.) war eingegangen, Wackenroder war 1798, Novalis 1801 gestorben, Friedrich Schlegel hatte Berlin verlassen, sein Freund Schleiermacher (Hermeneut und Platon-Übersetzer, A. d. A) hatte 1802 eine Predigerstelle im hinterpommerschen Stolp angenommen und auch Tieck hatte Berlin den Rücken gekehrt." (Bruyn 2006, S. 288)

Der kurze Sommer der Frühromantik ging fast unbemerkt zu Ende. Das, was von der Frühromantik bleibt, ist *einerseits* eine gewisse Form von Morbidität und Todessehnsucht. Als Beispiel hierzu kann das Leben der Karoline von Günderrode (1780-1806) dienen, das Gersdorf (2006) unter dem bezeichnenden Titel „Die Erde ist mir Heimat nicht geworden" erzählt hat. Caroline von Günderrode ist eine permanent Leidende, eine ins Unglück Gestoßene, die das Leben nur aushält, wenn sie weiß, dass der Dolch bereit liegt, mit dem sie sich jederzeit umbringen kann. Sie ist von zahlreichen Krankheiten heimgesucht und ist körperlich nie richtig gesund. Die einzige Freude ist die Poesie, sie verschlingt die Bücher der Frühromantik und dichtet selbst. Wenn sie sich verliebt, das kommt selten vor, dann geht es garantiert schief. In ihrem kurzen Leben hat sie eigentlich nur gewartet. Und irgendwann war sie des Wartens leid.

Am Ende des 19. Jahrhunderts findet sich der Typus der Günderrode wieder im Kultus um die TBC, die Lungentuberkulose, die als ausgemachte Erkrankung von Künstlern gilt. Wehe dem Künstler, der von ihr nicht eingeholt wird. Er kann gar kein Künstler sein. Todessehnsucht und Romantik sind so fast Synonyme geworden.

Das, was *andererseits* von der Frühromantik bleibt, und was in die liebe romantische Liebe des Bürgers nicht einging, fand anderweitig Unterschlupf. Die radikale Romantik überwinterte in der Lebensreformbewegung (Frecot et al. 1972), um dann in Deutschland in die revolutionären, seien sie linke oder rechte, Bewegungen einzufließen, allerdings in einer transformierten Version. Aus dem Wort soll Tat werden. Aus der Unentschiedenheit der Romantik, tändelnd zwischen Realität und Fiktion, soll Entschiedenheit und Unerbittlichkeit werden. Carl Schmitt (1985) formuliert dies auf seine Weise:

> „Den deutschen Romantikern ist eine originale Vorstellung eigentümlich: das ewige Gespräch; Novalis und Adam Müller bewegen sich darin als der eigentlichen Realisierung ihres Geistes. Die katholischen Staatsphilosophen, die man in Deutschland Romantiker nennt, weil sie konservativ und reaktionär waren und mittelalterliche Zustände idealisierten, de Maistre, Bonald und Donoso Cortes hätten ein ewiges Gespräch wohl eher für ein Phantasieprodukt von grausiger Komik gehalten. Denn was ihre gegenrevolutionäre Staatsphilosophie auszeichnet, ist das Bewusstsein, dass die Zeit eine Entscheidung verlangt … Alle formulieren ein großes Entweder-Oder, dessen Rigorosität eher nach Diktatur klingt als nach einem ewigen Gespräch." (S. 66)

Der zentrale Begriff ist der der Entscheidung, der Dezision: lieber etwas Falsches tun, als nichts tun. Damit ist die Romantik überwunden und zugleich aufgehoben. Diesen Begriff der Dezision hat die radikale Linke in der 68er Bewegung von dem Rechten, Schmitt, übernommen und umgesetzt. Jünger bringt den Bruch mit der Romantik auf den Punkt. Der Romantik wirft er vor, sie habe nur Gegenspieler zum Bestehenden sein wollen, er hingegen wolle ein „Vabanquespieler" sein (1982, S. 47). Weiter führt er aus:

> „Dem Schritt vom romantischen Protest zur Aktion, deren Kennzeichen nun nicht mehr die Flucht, sondern der Angriff ist, entspricht die Verwandlung des romantischen in den elementaren Raum. Dieser Vorgang vollzieht sich, indem das Gefährliche, das an die äußersten Grenzen verbannt war, mit großer Geschwindigkeit in die Zentren zurückzuströmen scheint… Nunmehr aber flammen die gesicherten Bezirke der Ordnung selbst wie Schießpulver auf, das lange tro-

cken gelegen hat, und das Unbekannte, das Außergewöhnliche, das Gefährliche wird nicht nur das Gewöhnliche – es wird auch das Bleibende." (Jünger 1982, S. 57)

Jünger beschreibt hier das Programm der nationalrevolutionären Bewegung, die Hitler politisch spielerisch rechts überholte. Natürlich sind das romantische Inhalte: das Suchen des Unbekannten, des Außergewöhnlichen und des Gefährlichen. Träumte der traditionelle Romantiker nur von diesem, so will Jünger dies in der Wirklichkeit einholen. Dieses deutsche Großprojekt ist mit dem Nationalsozialismus grundlegend gescheitert. Zurück bleibt ein fundamentaler Schrecken und eine heimliche Identifikation mit den großen, auch wenn bösen, Taten des großen Deutschlands. Davon zeugen nicht nur die unverbesserlichen Neonazis sondern auch das Interesse an den Personen Schmitt und Jünger. Zu diesen sind die Menschen gerade zu gepilgert. Der deutsche Ex-Bundeskanzler Kohl und der Franzose Mitterand haben Jünger besucht, vermutlich wissend, dass Jünger in der Zeit der Weimarer Republik im Dunstkreis rechtsradikaler Terroristen gelebt hat. Schmitt steht nach wie vor im Zentrum intellektueller Debatten. Von vielen wird er verehrt.

Die liebe Romantik ist nicht nur staatstragend geworden ('Wir sind alle liebe und gute Menschen'), sie ist auch ein wichtiger Motor wirtschaftlichen Reichtums. Große Teile der Unterhaltungsindustrie kreisen um das Thema unschuldiger und trauriger Liebe. Die Musikindustrie führte ein marginalisiertes Dasein ohne den Liebessong. Auch die Filmindustrie hätte mächtig zu knabbern, gäbe es keine Liebeskomödien und dergleichen mehr. Ohne die gezähmte romantische Liebe würden Adoleszente – und sind wir nicht alle ein bisschen adoleszent geblieben? – überhaupt nicht mehr wissen, was sie tun sollen. Am Ende gar müssten sie zu einem Buch greifen und sich bilden. Das ist nicht auszudenken.

Roland Barthes (1915-1980) stellt in seinem Werk „Fragmente einer Sprache der Liebe" (1984), das drei Jahre vor seinem Tod in Frankreich erschienen ist, zu Recht fest, dass es im 20. Jahrhundert keinen Diskurs über die Liebe mehr gibt, sieht man einmal von der lieben Romantik ab, zu der es aber keinen Diskurs, sondern nur eine endlose Redundanz gibt. Er konstatiert dies nicht nur, vielmehr füllt er die Lücke. Ohne jeden Anflug von Ironie beginnt er seine Ausführungen mit dem Satz: „Es ist also ein Liebender, der hier spricht und sagt" (1984, S. 23). Er hätte ergänzen müssen: „Es ist ein romantisch Liebender, der …" Noch genauer: „Ein Liebender, der sich der Frühromantik verpflichtet fühlt." Barthes ist aber nicht nur ein schlichter Nachfolger. Vielmehr unterzieht er die Frühromantik einer Psychoanalyse, mit der Barthes in seinen Veröffentlichungen eigentlich nie viel zu tun hatte. Zugleich zerlegt er die Totalität der romantischen Liebe à la „Lucinde" in Fragmente, in Figuren, in Tableaus. In der Sprache der Psychologie könnte

man von Verhaltensanalysen sprechen. Für Barthes gibt es nicht das totale Liebesgefühl, sondern situationsbezogene Erfahrungen, die aus uns Liebende machen.

> „Die Mechanik der Lehnspflicht des Liebenden setzt eine bodenlose Belanglosigkeit voraus. Denn
> damit die Abhängigkeit ganz rein in Erscheinung treten kann, muss sie sich unter den lächerlichs-
> ten Begleitumständen äußern und aufgrund allzu großen Kleinmuts uneingestehbar werden: ei-
> nen Telefonanruf erwarten ist eine gewissermaßen zu grobe Abhängigkeit; ich muss sie über alle
> Grenzen hinaus verfeinern: also werde ich mich über das Geschwätz der Klatschbasen aufregen,
> das mich in der Apotheke aufhält und meine Rückkehr an den Apparat verzögert." (1984, S. 25)

Barthes müsste sich heute etwas anderes aushecken, um Abhängigkeit und damit
Liebe zu erfinden und zu gestalten. Heute hätte Barthes in der Apotheke ein Handy dabei. Aber es würde ihm bestimmt etwas einfallen: die Sorge, dass der Akku
gleich leer ist, die schlechte Verbindung, das geringe Guthaben auf der prepaid-
Karte. Entscheidend ist, dass Barthes sagen will: Wir inszenieren die Abhängigkeit
in Liebesangelegenheiten, um Liebende zu sein. Und wir wollen Liebende sein,
um ich sagen zu können. Der Geliebte oder die Geliebte ist laut Barthes a priori
der oder die Abwesende: „Das immer gegenwärtige *ich* konstituiert sich nur angesichts eines unaufhörlich abwesenden *du*." (1984, S. 27) Die notwendige Abwesenheit des Anderen ist nicht nur subjektkonstituierend, sie stellt einen direkten Draht zum Göttlichen her:

> „Hier beginnt ein ewiger Hunger, der niemals gesättigt wird: Er besteht in einem innerlichen Gie-
> ren und Trachten der liebenden Kraft und des irdischen Geistes nach einem überirdischen Gute.
> Und diese Begierde des Geistes nach einem Genuss, zu dem der Geist von Gott eingeladen und
> angeeifert wird, die will sich mit aller Macht erfüllen." (1984, S. 31)

Keine Frage, der Hunger wird nie gestillt, aber der Liebende ist erfüllt von diesem Hunger und zum Himmel hin erhoben. Vielleicht ist dies die Erhabenheit, von
der Wackenroder geschrieben hat. Auf jeden Fall wird mit Barthes umissverständ-
lich klar, dass die irrationale Liebe, die, die unerwidert bleibt, die, die unglücklich
macht, das moderne Subjekt erst schafft. Ovid würde heute die Sachlage falsch
einschätzen, wenn er für unsere Tage die irrationale Liebe ablehnen würde. Ma-
sochismus und Frustration sind heute keine Fallstricke sondern Kletter-Seile und
Karabiner-Haken, um den schwierigen Berg der Individualisierung zu meistern.
Die Aufgabe der gezähmten Liebe würde deshalb darin bestehen, in der unendlichen Wiederholung der gleichen lieblichen Bilder vom tragischen Kern der Liebe
heute abzulenken. Die zentralen Gedanken der Frühromantik sind gewiss kollektiv abgewehrt, aber an „Lucinde-light" führt kein Weg vorbei.

Kapitel 3
Das romantische Phänomen

Innerlichkeit als moralische Topographie

Es gehört nach Th. W. Adorno zu den Erkenntnissen einer traurigen Wissenschaft, dass die Lehre vom richtigen Leben, für undenkliche Zeiten das Zentrum der Philosophie, durch deren Verwandlung in eine Methode der intellektuellen Nichtachtung und der sententiellen Willkür in Vergessenheit verfallen sei (Adorno 1964, S. 7). Spätestens seit Schillers Unterscheidung zwischen naiver und sentimentalischer Dichtung muss der Zeitgenosse damit leben, dass jene glückliche Epoche, wo Erleben, Fühlen und Sprache noch eine Einheit bildeten, unwiederbringlich als verloren anzusehen ist. In die Lücke, die hier entstanden ist (wir befinden uns zeitlich in den 80er Jahren des 18. Jahrhunderts), stößt die romantische Bewegung. Ob ihre Vordenker diese Lücke füllen oder eher eine andere, viel nachhaltiger wirkende Lücke aufreißen, werden wir im Folgenden untersuchen.

Die Romantik entwickelte sich als Gegenbewegung gegen eine zu groß, zu pathetisch empfundene Klassik und ebenso gegen einen überzogen pädagogischen und philiströsen Zug in der deutschen Aufklärung. Gegen die Überbetonung des Verstandes und das festredner-artige Pathos betonen die Vertreter der Romantik den Vorrang des Gefühls. Der Terminus ‚Gefühl' bezieht sich nicht auf psychische Phänomene und Prozesse im Allgemeinen; es geht dabei um die Kultur einer ausgeprägten Innerlichkeit. Wir gehen dieser Vorstellung von Innerlichkeit nach unter den beiden Aspekten des Inhalts und der Verortung. Unter dem Aspekt des *Was* diskutieren wir die Frage der Empfindsamkeit; das *Wo* bzw. *Woher* der Empfindsamkeit führt auf die Frage nach Qualität und Dauer der romantischen Beziehung, sei es in der Liebe oder in anderen Formen des zwischenmenschlichen Zusammenlebens.

Dazu einige definitorische Vorbemerkungen.

Innerlichkeit ist die Beziehung des Ich auf sich Selbst. Die Kultur des reflexiven Ich ist die Fähigkeit zur Empfindsamkeit. Empfindsamkeit, Einfühlungsvermögen und Mitgefühl für andere gehören zu den grundlegenden Eigenschaften des Selbst in der europäischen Zivilisation. Die politische Manifestation dieser zivilisatorischen Errungenschaft ist die Erklärung der Menschenrechte in den Verfassungen der demokratischen Staaten.

Im Zusammenhang einer Untersuchung über die Entstehung des Selbst in der ‚okzidentalen' Kultur arbeitet Charles Taylor mit der Hypothese, dass sich die neuzeitliche Identität in dem hier definierten Sinn in geschichtlichen Etappen entwickelt hat (Taylor 1994, S. 207 ff.). Die Lehren der antiken Philosophie und die Grundsätze der christlichen Ethik haben nach Taylor in der westlichen Mentalität Langzeit-Spuren hinterlassen. Taylor bezeichnet diese als einen Raum des Geistigen, als ‚moralische Topographie' (ebd.).

Hier lässt sich die eingangs skizzierte Frage aus den ‚Minima Moralia' wieder aufnehmen. Wenn es sich nämlich so verhalten sollte, dass sich eine früher einmal bestehende Idee vom guten Leben in alle Winde zerstreut hätte: worin bestand dann diese Idee im einzelnen und durch welche Umstände verlor sie ihre Wirksamkeit? Wir markieren hier nur einige Etappen dieser Erzählung vom glücklichen Menschsein, ihrer Zäsuren, ihrer Wendepunkte und ihres Zerfalls. Wir stoßen dabei auf den Sachverhalt, dass die romantische Bewegung eine wichtige Kehre darstellt, weg von der religiösen und hin zu einer säkularen Vorstellung vom guten Leben.

Die initiale Frage lautet: worin bestand der Weg zum irdischen Heil? Der Weg des Menschen vom Zustand der Unentwickeltheit zum Höheren wird in der Geschichte der religiösen Idee, von Augustinus bis zu dem Augustinermönch Martin Luther, beschrieben als eine Wendung nach innen. *„Geh nicht nach außen; kehr in dich selbst zurück; im inneren Menschen wohnt die Wahrheit."* (Taylor, S.238) Als Inbegriff des Höchsten gilt bei Augustinus das Bild Gottes. Hier liegt eine gemeinsame Wurzel von theologischer und natur-rechtlicher Herleitung des Guten. Die äußere Natur wird vorgestellt als ein von Gott geschaffenes Erden-Sein und zum anderen als in sich abgestuftes Da-Sein, unbelebt und belebt; nach der Erschaffung des Menschen als ungeistig (so die Heiden) oder geistig, schließlich zur Vernunft fähig. Im Guten lässt sich das Wirken Gottes erkennen, d.h. seine Eigenschaft, Gutes planvoll wollen und herstellen zu können. Gott, indem er das Dasein als Gebilde schafft, erschafft die Erde wie ein Kunstwerk, ein Gemälde oder ein literarisches Werk. Es ist diese Vorstellung vom Zusammenfallen der vollendeten Schöpfung mit einer höheren Vernunft, durch die sowohl der deutsche Idealismus als auch die romantische Bewegung in Jena, Göttingen und Heidelberg beeinflusst werden.

Die Vorstellung vom guten Gemeinwesen und die Idee der Nächstenliebe im Evangelium lassen sich wie oben ausgeführt für den heutigen Sprachgebrauch als eine Art Topographie der Innerlichkeit vorstellen. Das menschliche Empfinden ist demnach eingelagert in einen Raum von Eigenschaften, die als Zweck und Ziel in sich selber wertvoll sind und die wechselseitig aufeinander wirken. Als tragende Pfeiler gelten die folgenden menschlichen Tugenden, auch als Kardinaltugenden bezeichnet. Dazu gehören die Nächstenliebe (*caritas*), die abwägende Klugheit (*prudentia*), die Gerechtigkeit (*iustitia*) und die Mäßigung (*temperantia*; Taylor 1994, S.207 ff.)[10]. Das abendländische Tugendmodell repräsentiert eine Art Urgefühl einer dem zivilisierten Menschen innewohnenden und daher mit der Natur übereinstimmenden Subjektivität. Als Quelle dieser Ur-Subjektivität wurde bis zum späten Mittelalter das Wirken Gottes angesehen.

Im christlichen Glauben ist die Vorstellung vom Schöpfungsakt untrennbar verknüpft mit der Vorstellung einer ewigen und unverrückbaren Bedeutung von gut und böse. Dabei markieren die Reflexionen des Kirchenvaters Augustinus einen Ausgangspunkt. Der christliche Lehrer Augustinus hat den Gleichklang zwischen Subjektivität, Gefühl und religiöser Innerlichkeit herausgearbeitet (Augustinus 1900). In verführerischer Einfachheit instruiert uns Augustinus in der ,*civitas dei*' in dem Abschnitt über die Schöpfung über Genese und Bedeutung von gut und böse. Gleichzeitig eröffnet Augustinus einen Diskurs über den geistigen Anteil an der Menschwerdung und, als Ort und Trägerinstanz der Eigenschaften gut und böse, über die Seele. Augustinus duale Lehre berührt sich mit bestimmten Aspekten der Gnosis. In der gnostischen Lehre gilt die Materie als fluchbehaftet. Materie als Nicht-Geist, im Sinne des ,Abgefallenen', in der doppelten Bedeutung von Verleugnung (Luzifer) und unverwertbarer Restmenge, wird dabei gleichgesetzt mit dem Sündenakt. Auch die pejorative Nebenbedeutung des Fleisches als ,Inkarnation' des irdischen Trieblebens (*carne* bedeutet Fleisch) verweist auf diese Dualisierung der Weltauffassung.[11]

Kain und Abel

Kontrastiv zur Topographie des Guten gilt bei Augustinus der Umkehrschluss. Wenn alles gut ist, weil von Gott geschaffen, so ist böse das Nicht-Gute , das aus der Schöpfung Gefallene oder von der Schöpfung Abgefallene; das Erzböse ist der abgefallene Engel Luzifer, der Teufel. Wenn zum Guten eigentlich kein eige-

---

10   S. dazu A. Ebenbauer: ,Gewissen' und ,Sünde'. Aspekte des mittelalterlichen Christentums und die Kulturgeschichte des Affektverhaltens in: B. Thum (Hg.): Gegenwart als kulturelles Erbe. Ein Beitrag der Germanistik zur Kulturwissenschaft deutschsprachiger Länder. München 1885, S. 11 f.. Eine anschauliche bildhafte Darstellung zur Beziehung der ,guten Regierung' zu den vier Kardinaltugenden findet sich in dem Siener Fresko von Ambrogio Lorenzetti aus dem Jahre 1340; s. dazu A. Fragoni: Piero und Ambrogio Lorenzetti. Siena 1988, S.64 ff.

11   S. dazu die Ausführungen über Vegetarismus und Gnosis im Kapitel über die Lebensreformbewegung im vorliegenden Band.

ner Wille gehört (alles ist Derivat von Gottes Schöpfungswille), so erscheint umgekehrt das andere, das ‚abgefallene' Nicht-Gute als böser Wille.

Bei Augustinus wird ein Gedanke aus der Gnosis aufgenommen in dem Gleichnis von Kain und Abel. Kain, der Landbebauer, gilt als Vertreter der *civitas mundi,* des Menschenstaates. Abel als Viehzüchter, auf der Erde herumwandelnd, steht dem Pilgerstand nahe. Der Pilgerstand steht für den Gottesstaat (Augustinus 1960, S. 110). Der Pilger, *homo viator,* gilt im gesamten Mittelalter als Repräsentant der Vorstellung vom transitorischen Charakter des Erdendaseins (Le Goff 1989, S. 14). In der romantischen Heiligung aller geistigen Tätigkeiten, seien diese klerikal, philosophisch oder künstlerisch ausgerichtet, wird die gnostisch-frühchristliche Idee der beiden Reiche weitergereicht. Umgekehrt gilt für die deutsche Romantik der Materialismus in der französische Aufklärung, wenn nicht als fluchwürdig, so doch, wie alle körperliche Arbeit, als etwas Niederes, als tierähnlich und der Befassung eines freien Menschen nicht würdig. Diese Vorstellung einer Kainsgestalt des aktiven menschlichen Tuns teilen die Romantiker mit dem deutschen Idealismus.

Der Wille zum Bösen gehört bei Augustinus, in der Reformationszeit von Luther wieder aufgenommen, zum anderen, dem Fremden. Hier liegt eine Quelle von religiös motivierter Xenophobie, die in der Verbindung von christlich unterlegtem Idealismus auch im romantischen Denken Einfluss gewinnt. Wir stoßen hier auf eine inner-religiöse Quelle für Nationalismus und Antisemitismus, die mit dem säkularen Denken der Aufklärung und insbesondere zu der Idee der universalen Geltung der Menschenrechte in scharfem Kontrast steht. Der letztlich naive Gedanke, dass für den Erwählten der Besitz des Guten den direkten Weg zu den Heilsgütern eröffnet und *vice versa* der andere, Fremde, natürlicherweise vom Zugang zu diesen höheren Gütern ausgeschlossen sei, erweist sich als Bestandteil einer defensiv ausgerichteten Innerlichkeit, die sich nach der Niederlage des Bürgertums nach 1815 und nochmals nach 1848 in den Köpfen deutscher Schulmeister und Literaten festzusetzen beginnt und die am Vorabend des 1. Weltkriegs in den ‚Ideen von 1914' ihren fragwürdigen Ausdruck erhält.

*

Wir halten als Ergebnis fest: Mit dem Übergang vom katholischen Denken zur Romantik zeigt sich ein wichtiger Einschnitt in der Säkularisierungsgeschichte der Glücksidee. Die religiöse Botschaft wird Schritt für Schritt überführt in ein rein innerweltliches Erleben. Anders gesagt: Nicht mehr die lebenslange Gottsuche des

Pilgers, nicht mehr durch das Streben nach dem Gnadenstand und die tief empfundene (oder angesonnene) Frömmigkeit auf Seiten des Christenmenschen, sondern durch eine spezielle Tiefe des Empfindens und ein entsprechendes Handeln soll nach Auffassung der Romantiker das Höchste, die Nähe zu Gott, erreicht werden. Die Konsequenzen dieser eigentümlichen Stellung der Romantiker zwischen Himmel und Erde werden wir in den folgenden Kapiteln analysieren.

Das romantische Erleben

„Eine Schar junger Männer und Frauen stürmt erobernd über die breite, träge Masse Deutschlands. Sie kommen wie vor Jahrhunderten die blonden germanischen Stämme der Wanderung: abenteuerlich, siegesgewiss, heilig erfüllt von ihrer Sitte und ihrem Leben, mit übermütiger Verachtung die alte, morsche Kultur über den Haufen werfend." (Huch 1951, S. 9) Die hymnische Beschreibung verrät die Romantikerin. Ricarda Huch charakterisiert hier den Habitus der Avantgarde. Sie nennt als die beiden Vorreiter der deutschen Romantik die Gebrüder Schlegel. Friedrich und August Wilhelm Schlegel legen mit ihren Vorlesungen und ihren Arbeiten zu Literatur und Kunst der Antike und des Mittelalters den Grundstein für die romantische Bewegung. Mit dem Kult der Innerlichkeit, in den Worten des Dichters Friedrich von Hardenberg (Novalis): „In das Innere führt der geheimnisvolle Weg", nehmen die Romantiker die ideengeschichtliche Linie auf, die auf die frühchristliche Tradition verweist und die in dem naturwissenschaftlich orientierten Denken der Aufklärung teilweise verdeckt worden war.

Mit der Hypertrophie der hochfliegenden Gefühle und der geistigen Überhöhung des Daseins sind, ähnlich wie beim Grenzerleben zwischen Rausch, Delirium und halluzinatorischen Trugbildern, schmerzhafte Scharten und tiefe Abstürze des Gefühls in der Situation des ‚Danach' verbunden. In der Begründung dieses Gegenpols kommt zunächst wieder das antike und das christliche Erbe in den Blick. Dabei steht die sexuelle Begierde im Zentrum. Allerdings erfährt die Sexualität eine entscheidende Bedeutungsveränderung. Die moralische Wertung wird zurückgenommen; Sexualität und Eros erscheinen jetzt, konträr zur höfischen Sitte, als treibendes Motiv des menschlichen Verhaltens.

Zunächst noch wie eine Erinnerung an die katholische Sündenlehre erscheint Ludwig Tiecks Hinweis auf die Sexualität in seinem Roman ‚William Lovell': „Freilich ist die Wollust das große Geheimnis unseres Wesens, freilich will auch die reinste, inbrünstigste Liebe sich in diesem Brunnen kühlen, sie soll eben sterben, damit wir fühlen, daß wir Menschen sind …" Dann, wie ein Vorläufer der Freudschen Modellierung des Es sowie, damit verbunden der Dynamik von Kränkung, Verlust und Selbstdestruktion, mutet die tiefenpsychologische Abrundung dieses Arguments an, wenn Tieck fortfährt „ … dass wir von täuschenden Phantomen erlöst werden, die uns als Engelsgestalten besuchen und doch Furien werden, wenn sie das glänzende Gewand fallen lassen. Denn schläft nicht die wildeste Verzweiflung, die grässlichste Angst, der blutigste Hass, Selbstmord und alle Gräuel im Innern dieses Gefühls?" (zit. n. Huch, S. 120) Die Ambivalenz des Gefühlserlebens, die Oszillation zwischen sublimen und zerstörerischen Wirkungen aller mit der Sexualität verbundenen Gefühle und die Entregelung moralischer Grenzen ist der zweite Aspekt einer Romantisierung der Welt, der hier zur Diskussion gestellt wird[12].

Eng mit der Avantgardevorstellung und der Entregelung moralischer Grenzen verbunden erweist sich ein dritter Aspekt im romantischen Denken. Es handelt sich um die Behandlung des Freiheitsmotivs. Blicken wir wieder zurück auf Augustinus und dessen geistigen Urenkel Martin Luther, so erweist sich die Freiheit für den Christenmenschen als eng begrenzt. Sein freier Wille gilt zwar als entscheidend dafür, ob er dem irdischen Sündenbabel verhaftet bleibt oder den Weg zu den lichten Höhen zu Gott findet. Aber sein Platz ist durch die göttliche Vorsehung ein für alle Mal vorgezeichnet. Erasmus, der im Anschluss an die Kultur der Renaissance das menschliche Denken zumindest in den Grenzen des Möglichen aus der Vormundschaft der Kirche herauszuführen versuchte, handelte sich dafür den erbitterten Widerstand und den Hass des Augustinermönchs Martin Luther ein[13].

Der Freiheitsbegriff der Romantiker entspricht ihrer intimen Beschäftigung mit der Welt der Imagination. Einmal wird, in Absetzung von der schulmäßig kanonisierten Belehrung der Aufklärungspädagogik, der innere Raum des Erlebens und der Phantasie weit geöffnet. Dies bezieht sich auf den ganzen Reichtum der Volkskultur, vom Lied über das Märchen und die Sagen bis zur gestaltenden Kunst. Die manchmal bis zur Pedanterie reichende Konzentration der Aufklärer auf die zähl- und messbaren Phänomene ist dem Romantiker fremd, der westliche Positivismus ruft seine Verachtung hervor. Gleichzeitig wird im romantischen Denken mit der Verklärung der Geschichte aus der Perspektive des phantastischen Erlebens ein speziell für die moderne Gesellschaft zentraler Aspekt von Freiheit, nämlich die Befreiung von historisch überholten Zwängen, ausgeklammert. Es erscheint so, dass hier der zweite (Freiheit *wozu*?) vor dem ersten notwendigen Schritt (Freiheit *wovon?*) getan und damit das Freiheitsproblem in seiner emphatischen Bedeutung von Selbstbestimmung und Selbstverantwortung für die öffentlichen Angelegen-

---

12   Zum Aspekt der moralischen Entregelung s. die Ausführungen im Kapitel über Quellen der Romantik im vorliegenden Band.

13   R. Stupperich: Erasmus von Rotterdam und seine Welt. Berlin 1977, S. 154; s.a. S. Zweig: Triumph und Tragik des Erasmus von Rotterdam, Frankfurt/ M. 1981, S. 150 ff. (Erstausg. 1938).

heiten eingeengt wird. Nicht die Emanzipation des Menschen von Aberglaube und Tyrannei, sondern das Wagnis des radikalen Denkens in dem imaginären Reich Phantasien machen das Freiheitsverständnis der Romantiker aus.

Lassen wir hier nochmals einen Mitstreiter aus der Jenenser Frühromantik, Adam Müller, zu Wort kommen. Ähnlich wie Friedrich Schlegel konvertiert er zum Katholizismus und arbeitet später für das System Metternich. In seinen Diskursen über Beredsamkeit (1817) führt er aus, die Deutschen hätten so lange in sich ‚hineingelebt‘, dass darum ihr Denken und Fühlen weiter reiche als ihre Sprache (zit. n. Huch, S. 578). Von diesem Gedanken einer von der äußeren Welt abgewandten deutschen Innerlichkeit führt eine gerade Linie zu Thomas Manns ‚Betrachtungen eines Unpolitischen‘ ziemlich genau ein Jahrhundert später. Die ‚Kunst des Unendlichen‘ (R. Huch) und nicht die Emanzipation des Menschen aus eingelebten oder selbst produzierten Zwängen treibt das romantische Denken an.

Blicken wir im Lichte der definitorisch gewonnenen Ausgangsposition nochmals auf die eingangs zitierte Sentenz von Adorno zurück, so wird deutlich, dass der für die christliche Tugendlehre einzig gangbare Weg, der Weg nach Innen, auch für die Romantiker als Königsweg der geistigen Erhöhung und Erleuchtung gilt. Aber dabei ergeben sich eine Reihe von Gabelungen. Eine solche Wegscheide ist verbunden mit dem Namen Jean Jacques Rousseau und seiner deutschen Adaption im Sturm und Drang.

Jean Jacques Rousseau: ein romantischer Aufklärer?

Auf den ersten Blick erscheint Rousseau als hoffnungslos romantisch. Sein Leitspruch: „Die Menschen sind schlecht – doch der Mensch ist von Natur aus gut“ (Ungleichheitsdiskurs, S. 111), viel zitiert, immer wieder ironisiert, er macht den Zugang zu den philosophischen und pädagogischen Grundlagen seines Denkens nicht gerade einfach. Was versteht Rousseau genau unter ‚Natur‘? Meint er die von Menschen entleerte Landschaft? Stellt er sich die ideale Natur vor als die berühmte Südsee-Hütte mit schönen jungen Frauen, so wie sie gut ein Jahrhundert später in den Gemälden von Gaugin so geheimnisvoll und verführerisch verewigt wurden? Rousseaus Verächter, angefangen bei Voltaire, waren dieser Meinung. Aber sie irrten.

Rousseau ist kein idealistischer Denker. Er folgt Descartes in dem systematischen Zweifel an den Erscheinungen der Welt und des menschlichen Innenlebens. Jean-Jacques Rousseau wendet die cartesianische Methode des Zweifels konsequenter an als alle anderen Philosophen im 18. Jahrhundert. Rousseaus Zweifel, kritisch gewendet, richtet sich auf die bestehenden gesellschaftlichen Zustände.

Gleichzeitig insistiert er auf dem Postulat der Freiheit; wiederum bezieht er sich auf die reale Welt. Rousseau kann unter diesem Aspekt neben Diderot als einer der Begründer der modernen Sozialwissenschaft gelten. Ein leidenschaftliches Freiheitsstreben und die Wendung des Zweifels zur Gesellschaftskritik machen die Sprengkraft von Rousseaus Denken aus.

Das revolutionäre Moment im gesellschaftlichern Denken Rousseaus besteht vor allem darin, das er die bestehenden Verhältnisse, ganz anders als die Romantiker, nicht mit dem Zauberstab berührt sondern umgekehrt diesen Verhältnissen gegenüber eine Art von Entschleierung betreibt[14]. Nicht zuletzt in dem versuchten Aufweis eines falschen Scheins, der den Dingen und den gesellschaftlichen Verhältnissen anhaftet, erweist sich Rousseau als Vordenker der Gesellschaftskritik und Theodor W. Adorno (von diesem allerdings nicht eingestanden) als sein Schüler.

Nicht mehr das Lob der Grandiosität Gottes, sondern der Diskurs über die Zerrissenheit seiner Zeit und der überfällige Wandel des Feudalismus zieht sich als roter Faden durch Rousseaus politische Schriften. In Beantwortung einer Preisfrage der Akademie von Dijon, ob die Ungleichheit unter den Menschen naturbedingt sei, eröffnet Rousseau seinen Diskurs mit einem Leitsatz aus der ‚Politeia‘ von Aristoteles: ‚Nicht in Verderbtem, sondern in dem, was sich nach der Natur richtet, ist zu betrachten, was natürlich ist‘ (Rousseau in 1955, S. 61).

Der unvoreingenommene Leser erkennt: Nicht der eingangs als Karikatur skizzierte Zustand einer unschuldigen Wildnis, sondern eine erst noch zu errichtende Idealgestalt des Gemeinwesens, ein *a priori* der Geschichte, so hat es Immanuel Kant genannt, liegt beim gesellschaftlichen Denken von Rousseau als Ursprungsmotiv zugrunde.

Rousseau ist ein Sozialrebell. Die soziale Ordnung seiner Zeit, gegen die Rousseau anschreibt, sind (in der Reihenfolge der Kritikwürdigkeit) das repressive Regime des Katholizismus, die einengende Etikette am bourbonischen Hof und, mit einem Blick nach vorn, auch das Besitzbürgertum, vor dessen wohl bestellten Häusern das Elend der Bauern, der Handwerker und der deklassierten Schichten aus den *faubourgs* sich ausbreitet. Rousseau teilt nicht den Fortschrittsoptimismus der meisten Aufklärer; in diesem Punkt steht er Voltaire nahe.

Rousseau liebt die provokative Pose. Der eingangs zitierte Leitsatz ‚die Natur ist gut, der zivilisierte Mensch ist schlecht‘ wird verständlich, wenn man Rousseaus Konzeption der Freiheit dabei mit berücksichtigt. In dieser Grundlegung seines Menschen- und Gesellschaftsbildes kann Rousseau, ein Jahrhundert vor Marx, als Begründer einer kritischen Gesellschaftstheorie gelten. Sein Aufschrei

---

14 S. zu diesem Aspekt J. Starobinski: Rousseau. Eine Welt von Widerständen. München und Wien 1988 (frz. Original 1971), S. 101 ff.

aus dem Ungleichheitsdiskurs „Der Mensch ist frei geboren und überall liegt er in Ketten" enthält die Urformel der liberalen und auch der sozialistischen Bewegungen. Die Präambel der französischen Erklärung der Menschenrechte von 1789 *Les hommes naissent et demeurent libres et egaux en droit* (Alle Menschen werden in ihren Rechten gleich geboren und sie bleiben gleich) geht zurück auf Rousseau.

Wir halten einen Augenblick inne, um nochmals die Gedankenführung auf die Ausgangslage zurückzuwenden und dabei die Beziehung zwischen Rousseau und den Romantikern kenntlich zu machen. Wie die Romantiker steht für Rousseau der Mensch im Zentrum seines Denkens. Dort wird dieser wohl auch als reales Individuum gefasst, gleichzeitig und gewissermaßen mit einem Bein, steht der Mensch der Romantik in der Welt der Fabelwesen. Rousseau dagegen versteht die menschliche Natur als den Stoff, aus dem beide: Kultur und Gesellschaft gewebt sind. Rousseaus Denken ist kritisch, das Denken der Romantiker tendiert zur Deregulierung[15].

Rousseaus Naturbegriff öffnet den diskursiven Raum für die Analyse und Kritik der öffentlichen Angelegenheiten. Sein eigentliches Ziel, nur selten explizit benannt aber immer als Denkhintergrund mitgegeben, ist das Feudalregime und die absolute Macht des katholischen Klerus im Ancien Régime. Rousseau bezeichnet die Feudalherrschaft im *Contrat Social* als das absurdeste Herrschaftssystem, das es jemals gegeben hat (Rousseau in 1977, S. 68).

Zu den illegitimen Escheinungsformen der Macht, die er mit der Feder bekämpft, gehört auch die Macht der Väter über ihre Kinder. „Wie man die Vernunft eines jeden Menschen nicht zum einzigen Schiedsrichter seiner Pflichten macht, so darf man umso weniger die Erziehung den Einsichten und Vorurteilen der Väter überlassen, da sie für den Staat noch wichtiger ist als für die Väter." (Rousseau in 1977, S. 35) Rousseau eröffnet hier eine Dimension von Subjektivität, die auf das Terrain der Sozialisation führt. Im letzten Jahrzehnt seines Lebens, als sein pädagogisches Manifest und gleichzeitig als Botschaft für eine bessere und gerechtere Gesellschaft, wie häufig in seinen Schriften durchsetzt mit autobiographischen Erfahrungen, hat Rousseau den Erziehungsroman ‚Emile' verfasst (In Rousseau 1971).

Es ist zweifelhaft, ob Rousseau die Augustinischen Texte zur christlichen Grundlegung des Menschenbildes gelesen hat. Aber auch ‚Emile' enthält als Kerngedanken einer Theorie der Adoleszenz das *interiore homine*. Im vierten Buch seines Erziehungsromans entwickelt Rousseau einen Aspekt von Identität und Identitätskrise in der Adoleszenz, den Erik H. Erikson zwei Jahrhunderte später als

---

15 Zu diesem Aspekt s. die Ausführungen im Kapitel über Quellen der Romantik im vorliegenden Band.

‚jugendliches Moratorium' bezeichnen wird[16]. Rousseau rückt dabei in einem entscheidenden Punkt ab von der frühchristlichen Ethik und seine Version unterscheidet sich ebenso von der Verknüpfung von Sexualität und Todessehnsucht, wie sie
in den Schriften der Frühromantiker, wenn auch ohne moralischen Unterton wieder auftritt. Es sind bei Rousseau die verinnerlichten Regeln der höfischen Gesellschaft, die dem von ihm konstatierten Naturrecht auf Subjektivität zuwiderlaufen.
Wir geben einen kurzen Auszug.

Zwei Grundeigenschaften sind es, die den jungen Mann Emil im Jugendalter
bestimmen: Selbstliebe und Empfindsamkeit. Emil ist weit entfernt von der anbie-
dernden Haltung der jungen Höflinge seiner Zeit. Emils Sensibilität bedeutet nicht
wie bei Goethes Werther weltflüchtige Verzweiflung und Rückzug auf eine letztlich selbst-zerstörerische Haltung. Emil bleibt aber ebenso wenig in der Rolle des
teilnahmslosen Beobachters wie Simplex Simplizissimus in dem gleichnamigen
Roman von Grimmelshausen. Dessen Roman, ein frühes Zeugnis zur Beschreibung der ‚deutschen Verhältnisse', geschrieben unter dem Eindruck des 30-jähri-
gen Krieges erschien etwa 1668, also nur wenige Jahre nach Rousseaus ‚Emile',
dennoch von Rousseaus Denken sternen-weit entfernt. Emils Selbstliebe lässt sich
verstehen, in die Diktion von Erikson übersetzt, als eine psychodynamische Eigenschaft, deren frühe Form das Urvertrauen darstellt, ein aus der frühen Mutter-
Kind-Beziehung resultierendes Gefühl der Bejahung des eigenen Selbst. Selbstliebe bedeutet in diesem Sinne einen ‚gesunden' Narzissmus, d.h. auch die Fähigkeit,
den Krisen des Selbst während der Adoleszenz offen und ‚lernend' zu begegnen.

Der deutsche Dichter Reinhold Michael Lenz, ein Zeitgenosse Rousseaus
und einer der Exponenten des deutschen Sturm und Drang, spricht in einem anderen Zusammenhang (es geht um eine Neubewertung der Dichtung Shakespeares)
davon, dass sich in der Situation des freien Dichters ein neuer Zugang auf den
Binnenraum des menschlichen Erlebens eröffnet, wo an Stelle des antiken Fatum
oder der christlichen Heilsbotschaft die menschliche Seele in neuer Perspektive
zugänglich werde[17]. Lenzens kritischer Ausruf gegen die höfische Dichtung seiner
Zeit – „Wo bleibt das Individuelle!" wird in Rousseaus ‚Emile bereits programmatisch vorgedacht. Emils Empfindsamkeit impliziert ein Potential an autonomer
Ich-Entwicklung. Seine soziale Sensibilität wird so zu einer verbindenden Kraft,
z. B. als Mitleid, sie erweist sich gleichzeitig als ein generatives Medium von Erkennen und von sozialer Kritik.

---

16   E. H. Erikson: Jugend und Krise. Psychodynamik im Wandel. Stuttgart 1970. Wir werden diesen
     Aspekt im folgenden Kapitel ausführlich darstellen.
17   R. Zymner: Lenz und Shakespeare. Beseelte Götter und ‚stumme' Menschen in A. Meier (Hg.):
     J.M. R. Lenz. Vom Sturm und Drang zur Moderne. Heidelberg 2001.

Emils Empfindsamkeit funktioniert wie eine mentale Membran, als eine psychosoziale Instanz zwischen innen und außen, durchlässig für die Zeichen materieller Not, für die Empfindung sozialer Zwänge und zivilisatorischer Deformation. In der Konsequenz liegt hier eine generative Quelle von sozialem und politischem Bewusstsein. Wir erkennen den Unterschied zur moralischen Topographie eines Augustinus oder eines Martin Luther. Während dort die soziale Welt, tendenziell ,schwarz' eingefärbt, als unveränderbarer Kosmos, als ein inkurables Sündenbabel hingenommen wird, richtet sich die intellektuelle und moralische Energie des Aufklärers Rousseau auf die Erkennung und Entschleierung eben dieser weltlichen Zustände. Der heranwachsende Emil erweist sich damit eher als ein Erbe der Aristotelischen Gerechtigkeitslehre und weniger als Abkömmling der Augustinischen Zweiweltenlehre. Emil steht den humanistischen Philosophen wie Dante und Petrarca näher als den mittelalterlichen Klosterschülern von der Art Luthers. In der Kritik der gesellschaftlichen Zustände besteht damit eine geheime Verbindung von Rousseaus Diskursen sowie seinem jugendlichen Zögling Emil zu jenen rebellischen ,Proletariern' aus den städtischen *faubourgs* in Paris, die knapp zwei Jahrzehnte nach Rousseaus Tod antraten zum Sturm auf die Bastille.

,Emile' ist nicht nur ein Erziehungsroman. Rousseau hat noch eine autobiographische Vignette mit eingearbeitet (ebd., S.275 ff.). In einer Rahmenerzählung schildert Rousseau den Weg eines jungen Calvinisten, mittellos, er ist Flüchtling, Insasse eines Hospizes, wo er von den Patern malträtiert wird. Auch sexueller Missbrauch ist zu ahnen. Ein durchreisender Priester, ein Vikar aus Savoyen, ebenfalls wegen eines früheren Vergehens gegenüber seinen Zöglingen gemaßregelt, verhilft dem jungen Flüchtling (er trägt deutliche Züge von Jean Jacques Rousseau) erneut zur Flucht. Auf seinem anschließenden Leidens- und Irrweg besinnt sich der junge Mann auf seinen Wohltäter. Er begibt sich nun freiwillig in die Obhut des savoyanischen Vikars und wird von diesem mit Respekt aufgenommen und in einem längeren anschließenden Prozess unterwiesen und gelehrt.

Vieles spricht dafür, dass Rousseau in dem ,Glaubensbekenntniss des savoyischen Vikars' durch eine biographisch angelegte Erzählung leidvolle eigene Erfahrungen zu verweben versteht mit der Analyse des kindlichen und jugendlichen Reifungsprozesses im Allgemeinen. Rousseau berichtet hier, gut ein Jahrhundert vor der Entwicklung der psychologischen Therapie, von einem therapeutischen Selbstversuch. Gleichzeitig beschreibt Rousseau verschiedene Wege von der religiösen Idee der Innerlichkeit zur modernen Welt des aktiven Vorstellens und Handelns. Dazu gehören etwa die ur-romantische Vorstellung von einer nicht-entfremdeten Natur mit den ,eingeborenen' Eigenschaften von Selbstliebe, Mitleid und Gerechtigkeitssinn, sodann die Konzeption des rebellischen Einzelnen, der kraft seiner autonomen Persönlichkeit antritt gegen die Mächtigen und die Welt der *vanitas* und schließlich die auf Wechselseitigkeit, Hilfe und Barmherzigkeit angewiesene Kreatur, als die sich das Lebewesen Mensch immer auch darbietet.

Das Individuum der Zukunft ist in Rousseaus Entwürfen noch ein Abstraktum. Aber dennoch hat Rousseau den Menschen der Moderne in seinen Grundzügen bereits visionär gefasst: nackt, fehlerbehaftet und bedürftig, unter günstigen Umständen strebend nach besseren Zuständen, im anderen Fall und häufig, ohne es zu wissen, unterwegs in Richtung Abgrund.

Kapitel 4
Jugend und Zeitlichkeit

Das Jugendalter umfasst den Lebensabschnitt zwischen der abhängigen, familial behüteten Situation des Kindes sowie dem Erwachsenenalter mit der gesellschaftlichen Inanspruchnahme durch verschiedenartige Rollen. Mehr als die anderen Lebensalter ist daher die Situation des Jugendlichen als ein Übergangsalter gekennzeichnet mit der Öffnung und Erschließung neuer Räume für das eigene Erleben. In der historischen Herausbildung einer eigenständigen Jugendphase waren es die intellektuellen und die künstlerischen Eliten, die das Stadium der Jugend in besonderer Weise nutzten, um mit neuen, kulturell bahnbrechenden Vorstellungen anzutreten gegen die bestehende Welt. Dieser demonstrative Schritt markiert den Beginn der Jugendbewegungen.

Das jugendbewegte Denken im Sturm und Drang, in der Romantik und in den Avantgarde-Bewegungen des 20. Jahrhunderts steht nicht zeitlos im Raum. Die aus dem mittelalterlichen Christentum stammende zyklische Vorstellung eines in der Heilsgeschichte ruhenden, immer auf ein ursprünglich bereits gesetztes Ende zurückweisenden Erdendaseins (Augustinus) wird dabei unter dem Einfluss des Fortschrittsbegriffs zunehmend in Richtung auf Machbarkeit und aktive Daseinsgestaltung weitergedacht. Andererseits verfestigt sich mit der allmählichen Eroberung der Bastionen des Heiligkeitsglaubens durch die gesellschaftliche Säkularisierung und deren wichtigste Objektivierung, die gesellschaftliche Modernisierung, wiederum das gnostische Motiv einer radikal weltabgewandten Askese. Je mehr die Modernisierung voranschreitet, um so mehr setzt sich bei Teilen der intellektuellen Eliten eine Vision von Verhängnis und Untergang fest. Dabei entsteht eine umgedrehte Fortschrittsoptik. Im rückwärts gewandten Blick erscheint die Vergangenheit ausgestattet mit all jenen Größenattributen, die in Gegenwart und Zukunft als verstellt oder ausgelöscht erlebt werden. In dieser schwarz eingefärbten Rückwärtswendung liegt, wie wir zeigen werden, ein konstitutives Moment der Romantik, teilweise wiederkehrend in der Avantgardementalität im 20. Jahrhundert[18].

Auch die Jugendbewegungen seit dem 18. Jahrhundert stehen in einer eigentümlichen, teilweise paradox anmutenden Spannungsbeziehung. Einerseits artikuliert sich das Jugenddenken als progressive Kraft, als eine gewaltige Energie des Aufbruchs, als Sammlungsbewegung und Speerspitze der neuzeitlichen Fortschrittsidee. Auf der anderen Seite sind es gerade die Jugendavantgarden, die, anfällig für Weltschmerz und Endzeit-Stimmung und unter dem lähmenden Eindruck dieser dunklen Gefühle, sich vereinigen unter der apokalyptischen Fahne von Verhängnis und Untergang. Häufig liefern dabei Sprecher aus der älteren Generation die Parolen, die Nachgeborenen, *nomen est omen,* sind die Jünger der Bewegung. Wir fragen, wieweit dabei abgesehen von zeitspezifischen Einflüssen und nationalen Traditionen, ein jugend-spezifischer Mechanismus wirksam sein könnte; anschließend an Erik H. Erikson sprechen wir vom psychosozialen Moratorium (Erikson 1970).

Der Zeitaspekt von Jugend und Jugendbewegung wird im folgenden Kapitel unter drei Gesichtspunkten diskutiert: einmal epochal als das Denken einer neuen Zeit und einer neuen Form der zwischenmenschlichen Beziehungen, zweitens als generationales Phänomen und drittens unter Entwicklungsaspekten als psychosoziales Moratorium.

Wir beginnen mit einem historischen Beispiel.

Der Göttinger Hainbund

Sechs Göttinger Studenten, die sich berufen fühlten zur Schriftstellerei, schlossen sich im September 1772 zum Hainbund zusammen. Die Jünglinge schworen sich ewige Freundschaft und unbedingte Treue. Die Universitätsstadt Göttingen bot für literarische Vereinigungen einen günstigen Boden. Mit dem seit dem Jahre 1760 von Heinrich Christian Boie herausgegebenen Musenalmanach verfügte Göttingen über ein intellektuelles Forum, die Luft war in den Universitätsstädten freier zum Atmen als etwa in den Residenzen bzw. an den Bischofssitzen, wo die Zensur argwöhnisch jeden Schritt der Jugend überwachte und beim kleinsten Anlass strafend eingriff.

Bei der Findung des Namens ließen sich die Mitglieder des Hainbunds inspirieren durch ein Gedicht mit dem Titel ‚Hügel und Hain‘, im Jahre 1767 verfasst von dem von dem von ihnen hoch verehrten Dichter Friedrich Gottfried Klopstock.

---

18   S. dazu Ch. Klotter: Avantgardementalität in : N. Beckenbach (Hg.): AvantGarde und Gewalt. Gratwanderungen zwischen Moderne und Antimoderne im 20. Jahrhundert. Hamburg 2007, S. 25-62.

Klopstock, der Verfasser einer Reihe von Oden auf die Natur, die Religion und die Liebe, ließ in seinen Gedichten auch die Sehnsucht nach der Wiedergeburt eines geeinten Deutschland anklingen. Klopstocks Gedicht liest sich in der Mischung dieser Motive als eine Art Gründungsmanifest des Hainbundes.

Es handelt sich um eine Wechselrede zwischen Poet, Dichter und Barde. Wir zitieren auszugsweise.

> Der Poet: „Was horchest du unter dem weit verbreiteten Flügel der Nacht
> Dem fernen sterbenden Wiederhalle des Bardengesangs?
> Höre mich! Mich hörten die Welteroberer einst!
> Und viel Olympiaden hörten, ihr Celten mich schon!"

> Der Dichter: „Laß mich weinen, Schatten!
> Laß die goldene Leyer schweigen!
> Auch meinem Vaterland sangen Barden,
> Und ach! Ihr Gesang ist nicht mehr! Laß mich weinen!"

> ...

> Der Poet.: „Laß fliegen, O Schatten, deien Zaubergesang
> Den mächtigsten Flug,
> Und rufe mir einen der Barden
> Meines Vaterlands herauf."

> (Es erscheint aus der Tiefe ein Barde mit Namen Wurdi)

> Der Barde, beim fernen Klang der Leier, zu sich selbst. „Ach Wurdi, dein Dolch!
> ... Sie (die Leier, d.A.) ruft, sie ruft
> Mich in die Tiefe zurück, hinunter, wo unbeweinbar
> Auch die Edlen schweben, die für das Vaterland
> Auf des Schildes blutige Blumen sanken."[19]

Klopstock führt den Leser in jene Welt eines kriegerischen und gleichzeitig naturfühligen Germanentums, die im 19. Jahrhundert zum nationalen Mythos erhoben wurde. Der Eichenwald, riesenhaft, wie für alle Zeit verharrend im Zustand einer unbezwingbaren Urwüchsigkeit, umschließt in dieser Vorstellung geheimnisvolle Wesen wie Wurdi, Sänger mit der Leier und Kämpfer mit Schwert und Schild, rätselhaft und ebenso wie die Eiche für jeden Außenstehenden, unnahbar und unüberwindbar. Knapp ein Jahrhundert später wird Richard Wagner diesen rätselhaften Wilden aus den germanischen Urwäldern seine berühmt gewordenen Opern widmen und dadurch das Bildungsbürgertum in seinen Bann ziehen.

In dieser Einstimmung auf das Tragische, voller Sehnen nach einer heldenhaften Vergangenheit, im Einklang mit einer idealisierten Natur, gleichzeitig ‚in

---

19   Zit. n. Hamburger Klopstock-Ausgabe, hg. v. H. Gronemeyer u.a., Berlin und New York: de Gruyter, 2010, S. 300-304.

Harnisch' gegen den fremden Eindringling – die Varusschlacht figuriert dabei als
erschauernd nachempfundene deutsche Urerzählung – liefert Klopstocks Gedicht
‚Der Hügel und der Hain'; ein elegisches Leitmotiv für die Suche nach einem verlorenen Deutschland. Es ist ein Urgesang, der weit hinausreicht über den Göttinger
Hainbund und dessen Einfluss sich noch bis hinein in die Bewegungen des Wandervogel und der Lebensreform zu Beginn des 20. Jahrhunderts auffinden lässt.

Allerdings wäre es eine verkürzende Sichtweise, wollte man den Göttinger
Hainbund und die darauf folgenden Bewegungen des Sturm und Drang und der
Romantik lediglich als Adepten einer archaischen Germanophilie verstehen. Das
bukolische Motiv des einfachen, selbstgenügsamen Landlebens, die Begeisterung
für die Schönheit der Natur und die literarische Ausschmückung der kleinen über-
schaubaren Gemeinschaften des Dorfes und der mehr-generationalen Familie, er-
zählerisch angelehnt an die wunderträchtige Welt der deutschen Volksmärchen:
solche Idyllen einer noch unverbrauchten Natur waren in den Schriften des Göttinger Musenalmanachs und ebenso in den Klopstockschen Oden gern gewähl-
te und vom Göttinger Publikum viel gelesene Themen. Das Bildungsbürgertum
in den Salons in Universitätsstädten wie Göttingen und Heidelberg, Leipzig, Jena
oder Straßburg oder z. B. in der Handelsstadt Frankfurt am Main war in der vergleichsweise noch sorglosen Zeit nach 1770 mehr an unpolitischer Gefühlsroman-
tik interessiert als an gesellschaftlichen Streitthemen und politischen Diskursen.

Der Hain, in der germanischen Heldensage der geheiligte Wald, steht als Gegenbild zum griechischen Parnassos, dem Aufenthaltsort der hellenistischen Götter und der geheiligten Helden. Mit dem Musenalmanach verfügte Göttingen bereits in den 70er Jahren des 18. Jahrhunderts über ein intellektuelles Forum, wo
sich eine junge Dichtergeneration artikulierte. Man verstand sich noch in der Tradition der Klassik, aber gleichzeitig experimentierten die jungen Dichter mit neu-
en Ausdrucksformen. Eine nationale Sprache wurde gesucht. Der Rationalismus
des Aufklärungsdenkens und ebenso eine prowestliche, kosmopolitische Haltung
waren verpönt. Bei gegebenem Anlaß wurden bei Treffen des Hainbunds, als Höhepunkt von kultischen Sceancen Schriften des Weimarer Dichters und Prinzener-
ziehers Christoph Martin Wieland verbrannt oder man zertrat sie und stampfte als
eine Art von Vernichtungsritual auf ihnen herum. Wieland war ein Aufklärer. Er
war ein Bewunderer Frankreichs, er verehrte Bayle, Fontenelle, d'Alembert (einer
der Herausgeber der Enzyklopädie) und Voltaire. Dies trug ihm den erklärten Hass
der Hainbündler ein. Das Streben nach einem Deutschtum, welches seine Identität
findet in der aversiven Abgrenzung gegen den Humanismus der westlichen Demokratien, zieht sich seit der Zeit des Hainbundes wie ein dunkler Schatten durch
die Jugendbewegung und die Romantik; dieses Motiv liefert in der Jugendbewe-

gung zu Anfang des 20. Jahrhunderts einen mentalen Bodensatz , an dem die nationalsozialistische Demagogie erfolgreich andocken konnte.

Der Hainbund repräsentiert, knapp ein viertel Jahrhundert nach den französischen Enzyklopädisten die erste Regung einer jugend-bewegten Strömung auf deutschem Boden, weniger inspiriert durch Rousseau und den Sturm und Drang, eher ein Vorläufer der romantischen Bewegung, wenngleich deren Gründerfiguren nicht personalidentisch waren mit den Hainbündlern. Mit den Göttinger Jünglingen setzt eine epochale Wende ein von der Welt der ,Alten' in Richtung auf eine mehr-generational differenzierte Moderne und deren gesellschaftliches Abbild, eine plurale Öffentlichkeit. Der Hainbund existierte allerdings nur wenige Jahre.

Wenn auch nicht aus der Mitte des Hainbundes heraus entstanden, kündigt sich in dem Gedicht ,Der Bauer an seinen durchlauchtigen Tyrannen' von Gottfried August Bürger, einem mit den Hainbündlern befreundeten Dichter, mit einem aufrührerisch donnernden *Ha!* bereits der deutsche Sturm und Drang an. Wir zitieren auszugsweise.[20]

> „Wer bist Du, Fürst, daß ohne Scheu
> Zerrollen mich dein Wagenrad,
> Zerschlagen darf Dein Roß?
> …
> Die Saat, so deine Jagd zertritt,
> Was Roß, und Hund, und du verschlingt, Das Brot, du Fürst, ist mein.
> …
> Du Fürst hast nicht bei Egg und Pflug, Hast nicht den Erntegang durchgeschwitzt.
> Mein ist Fleiß und Brot! –
> Ha! Du wärst Obrigkeit von Gott?
> Du nicht, du raubst!
> Du nicht von Gott, Tyrann!" (1773)

Bürger vertritt in der Göttinger Literaturszene der 70er und 80er Jahre des 18. Jahrhunderts eine Minderheitenposition. Der sehnsüchtige Blick auf eine harmonischere Gemeinschaft und eine glücklichere Zeit wird von den Hainbündlern und den mit ihnen verwandten Dichtern und Denkern abgetrennt von der Betrachtung der gegebenen Verhältnisse in dem durch Religion und feudale Eigentumsverhältnisse zersplitterten Deutschland. Auch die Tatsache, daß die Mehrzahl der Schriftsteller gegen Ende des 19. Jahrhunderts aus Pfarrhäusern stammte, könnte dabei eine Rolle spielen.

---

20 Zit. n. H. Nicolai (Hg.): Sturm und Drang, a.a.O., Bd. 2, S. 1596.

Alte und Moderne

Das Mittelalter und das Barockzeitalter sind die Welt der ‚Alten'. In Staat und Kirche, im Handwerk und im Handel dominiert das Prinzip der Anciennität – Erfahrung und Autorität, Gelehrtheit und ausgewiesene Meisterschaft, Macht und Grund-
herrschaft, liegen ohne Ausnahme in der Hand von Männern in fortgeschrittenem
Alter, die in aller Regel dem Adel oder der Geistlichkeit angehörten. Lediglich in
den Handels- und Universitätsstädten konnten auch Individuen mit bürgerlicher
Herkunft zu Macht und Ansehen kommen. Zwar existiert bereits die Durchgangs-
rolle des Heranwachsenden, als Geselle oder als Studierender bzw. als fahrender
Schüler an den berühmten Lehranstalten wie z.B. in Prag und Göttingen, in Leipzig oder in Jena. Aber im öffentlichen Leben dominieren die Stände, allen voran
die römische Kurie und die repräsentative Öffentlichkeit von Hof und Garnison
als deren militärisches Abbild. Durch die Vorbildfunktion der Antike und die Ver-
einnahmung des antiken Erbes durch die katholische Kirche wird die Herrschaft
der Alten kulturell abgestützt.

Die beiden Ausnahmen von diesem strikt hierarchischen Modell der Stände-
ordnung waren im Deutschland des Barockzeitalters die Kunst und die Wissenschaft. Aber durch die enge Anbindung an den Hof und das Mäzenatentum, durch
die Zensur und die absolutistische Justiz werden beide Gruppen, Künstler wie Gelehrte, an der kurzen Leine von Hierarchie und Gehorsam gehalten. Es sind im
Europa des 16. und 17. Jahrhunderts zunächst einzelne Gelehrte wie Erasmus von
Rotterdam und René Descartes, Pierre Bayle, Baruch Spinoza oder danach Immanuel Kant, die eine andere Form von Öffentlichkeit und eine andere, eine dis-
kursive Grundlage des Denkens einführen, stets gefährdet durch die Wächter des
überlieferten Weltbildes.

Der Fortschrittbegriff der französischen Philosophen enthält einen linearen
Zeitbegriff, so wie er in den Naturwissenschaften verwandt wird. Allerdings ist der
Fortschrittsbegriff schon älter. Bereits in der *querelle des anciens et des modernes*
in den 80er Jahren des 17. Jahrhunderts arbeiten die Vertreter der Fortschrittspar-
tei wie Perrault, später Fontenelle und Diderot mit der These, dass die Gegenwart
höher einzuschätzen sei als das Zeitalter der Antike. Dabei gelingt den Lobrednern
des ‚Sonnenkönigtums' ein Geniezug. Der antike Zeitbegriff wird unter Ludwig
XIV aus seiner Rückwärts-Lastigkeit herausgelöst und vom gnostischen Schick-
salsmythos emanzipiert und gleichzeitig heroisiert als eine epochale Anschluss-
zeit zu den imperialen Großreichen des Altertums[21]. Dabei figuriert Versailles als
‚drittes Rom' (das zweite war Byzanz), Ludwig XIV als Verkörperung der apolli-

---

21   Zur ‚Querelle' s. P. Hazard: La crise de la conscience européenne. Paris 1961, S. 26 ff.

nischen Gottheit und die höfische Kultur Frankreichs als ein säkularisierter Olymp. Louis le Grand liebte es, sich bei den höfischen Festen als griechischer Gott Apoll feiern zu lassen. Mehr als ein Beichtvater wird von dem ‚Sonnenkönig' verschlissen.[22] Es gehört zum intellektuellen Triumph dieses Sonnenkönigtums, daß der römische Katholizismus zu dieser glamourösen Inszenierung zähneknirschend seine Zustimmung geben musste, sollte Frankreich nicht ebenso wie England dem Einfluss der römischen Kurie verloren gehen.

Unter den Aufklärern wird der Zeitbegriff seit der Mitte des 18. Jahrhunderts mehr und mehr auf die weltlichen Angelegenheiten konzentriert. Mit der Gleichsetzung von Absolutismus und Fortschritt wurde dabei ein Mechanismus in Gang gesetzt, der im Verlauf von nicht einmal einem halben Jahrhundert über das Königtum und die Offenbarungsreligion hinweggehen sollte. Diesmal muss die französische Krone erleben, dass ihr das Interpretationsmonopol auf das wahre Wissen entwunden wird. Der königliche Zensor Malherbes, in der Klemme zwischen merkantilen Interessen (der Hof von Versailles, immer in notorischer Finanznot, verdiente gut an der Veröffentlichung der Enzyklopädie) und dem absolutistischen Wahrheitsmonopol, entscheidet sich für das erstere. Der Untergang der Bourbonenherrschaft ist danach nur noch eine Frage der Zeit. Mit den französischen Enzyklopädisten, zu ihnen gehört auch Rousseau, tritt zum ersten Mal in der europäischen Geschichte eine Gruppe auf, die das Prinzip des diskursiven Wissens sowie der Wahrheitssuche ohne Beeinflussung eines Dritten an die Stelle des traditionellen Obrigkeits- und Offenbarungsglaubens setzt.

Ein halbes Jahrhundert später, in den 20er Jahren des 19. Jahrhunderts, verändert sich der Zeitbegriff in Richtung auf einen linearen (kausalen) Realismus. Goethe stellt in seinem autobiographischen Werk ‚Dichtung und Wahrheit' die Forderung auf, „ …den Menschen in seinen Zeitverhältnissen darzustellen" und zu zeigen, „inwiefern ihm das Ganze widerstrebt, inwiefern es ihn begünstigt" und „wie sich eine Menschenansicht daraus gebildet."[23] Am Leitfaden der eigenen Lebensgeschichte läßt der Chronist Goethe die Ereignisse eines Zeitalters an sich vorüberziehen. Die inneren Bilder, die seine Dichtung inspiriert haben, werden nun der Reflexion unterzogen. Goethe zeigt sich hier als Aufklärer, allerdings begrenzt auf die Welt von Weimar.

Goethe sieht in seiner Epoche keinen Raum für einen Fortschritt in der Frage einer nationalen Identität der Deutschen. Er lässt in seinen Erinnerungen immer wieder die bittere Wahrheit anklingen, dass der deutsche Mensch seiner Zeit eher

---

22   S. dazu J. Lecanuet: Les Jesuites, 2 Bde., Paris 1991. Bd. 1, S. 366 ff.
23   J. W. von Goethe : Dichtung und Wahrheit in Ders., hg. v. Th. Friedrich: Sämtliche Werke. Vierter Band. Leipzig o. J., S. 10/11.

zum Gehorchen als zur Selbstbestimmung tauge. Der Olympier Goethe war in seiner Haltung gegenüber den deutschen Verhältnissen gleich weit entfernt von der
Deutschtümelei der Romantiker und der Kritik an den Feudalherren von der Art
eines Gottfried Bürger. Goethe war seinen Landsleuten gegenüber nicht weniger
kritisch als der preußische *Fredericus Rex,* knapp ein halbes Jahrhundert vorher.
Goethe ist in politischer Hinsicht durch und durch Skeptiker. „Der Deutsche, seit
beinah zwei Jahrhunderten in einem unglücklichen, tumultartigen Zustand verwil-
dert, begab sich bei den Franzosen in die Schule, um lebensartig zu werden, und
bei den Römern, um sich würdig auszudrücken." (Dichtung und Wahrheit, S. 44).
Goethe spielt hier an auf die lange Zeit des kulturellen Niedergangs und die innere Zerrissenheit der Deutschen seit der Reformation.

*

Wenn sich im Frankreich des späten 18. Jahrhunderts davon sprechen läßt, daß die
‚Modernen' über die ‚Alten' den Sieg davongetragen hatten, so gilt für Deutschland das Umgekehrte. Nach der kurzen Phase des ‚Sturm und Drang' konnte der
politische Konservatismus in den beiden wichtigsten deutschsprachigen Staaten,
in Österreich und in Preußen, nochmals ein Jahrhundert lang triumphieren. Der
Konservatismus des Wiener Kongresses lähmte in den 20er und 30er Jahren den
demokratischen Elan in Deutschland. Nach der kurzen Epoche des bürgerlichen
Protests im deutschen Vormärz herrschte nach 1848 wieder der Geist der Reaktion. Mit der Reichseinigung unter der Führung Preußens schließlich setzte sich
wiederum, historisch letztmalig, die Hegemonie der ‚Alten' durch, unter Führung
von Adel und Militär. Die Sprecher des ‚Wandervogels' und der Lebensreform zu
Beginn des 20. Jahrhunderts schöpfen erstmalig aus genuin jugend-bewegten Strömungen. Aber das innere Sehnen, die von düsterer Tragik umwehte konservative
Utopie eines germanischen Deutschtums mit Schwert und Leier, ruht immer noch
auf denselben Grundlagen, welche bereits die Jünglinge des Göttinger Hainbunds
so stimmungsvoll beschworen hatten.

Der positivistische und der romantische Jugendbegriff bei Mannheim

Karl Mannheim kommt das Verdienst zu, erstmalig die Jugend und das Jugenderleben aus soziologischer Sicht analysiert zu haben (Zit. n. v. Friedeburg, Hg.,
1965). Gegen Ende der Weimarer Republik, die zitierte Arbeit entstand im Jah-

re 1928, erfasst Mannheim die Jugend als Alterskohorte und zugleich als ein Generationen-Phänomen. Damit wird der Zeitbegriff soziologisch aufgeschlüsselt. War es bei Rousseau das singuläre Jugend-Sein, dem er einen Eigenwert zusprach, so erweitert Mannheim diesen Gedanken auf die Jugend als potentielle Wir-Gruppe. Gleichzeitig markiert Mannheim, zurückblickend auf ein ‚langes‘ Jahrhundert, mit der Unterscheidung zwischen positivistischer und romantischer Lesart von Jugend und Jugenderleben eine Art von intellektueller Wasserscheide diesseits und jenseits des Rheins, die mit der eingangs angestoßenen Differenz zwischen europäischem Universalismus und deutschem Partikularismus, man könnte auch sagen: mit einem erfüllten sowie einem schwebenden und suchenden Muster von nationaler Identität in engem Zusammenhang steht. Jugend, so lautet Mannheims These, steht als Generation gleichzeitig als ein für die Moderne wichtiger Faktor in der Sozialstruktur, eigenständig und eigen-logisch neben den Klassen und Schichten, eigenständig auch neben den Machtbeziehungen und Herrschaftsverhältnissen.

Jugend wirkt im sozialen Gefüge durch eine innere Bezogenheit nach, durch ein gemeinsames Erleben; ihre Mitglieder setzen sich in diesem Erleben ab von dem der anderen Generationen. In der Einheit beider Faktoren, Generation als morphologische Größe und als bewusste Einheit, wird Jugend zum gesellschaftlichen Akteur. Mannheim stellt, rückblickend auf das 19. Jahrhundert, am soziologischen Objekt ‚Jugend als Generation‘ das westlich-positivistische und das deutsch-romantisierende Denken gegenüber. Beiden Denkarten gewinnt er wichtige Einsichten ab, beide Denkweisen kann er historisch-verstehend einordnen. Beiden entspricht ein jeweils unterschiedliches Verständnis von Zeit und Entwicklung. Sein Aufsatz hat dadurch, abgesehen von der Rolle als wichtiges Zeitdokument, auch eine kultur-deutende Funktion.

Der Terminus ‚Positivismus‘ steht im sozialwissenschaftlichen Denken seit den 60er Jahren des vergangenen Jahrhunderts in dem fragwürdigen Geruch von Datenhuberei oder, in der polemisch geschliffenen Formulierung Adornos, von blanker Fliegenbeinzählerei. Karl Mannheim blickt allerdings zurück auf eine andere Etappe und einen anderen Erkenntnishintergrund. Der positivistische Jugendbegriff des 19. Jahrhunderts, angestoßen durch Aufklärer wie Rousseau und Condorcet, erhält seine Bedeutung durch die Kategorie des Fortschritts. Condorcet entwickelt in seiner berühmten Schrift aus dem Jahre 1794 ein skizzenhaftes Tableau zum historischen Fortschritt des Menschengeschlechts. Condorcets Fortschrittsmanifest enthält die Vision einer durch positives Wissen und verallgemeinerte Bildung befreiten Menschheit (Alff in Adorno und Dirks, Hg., 1955). Hier schließen die Begründer der Soziologie wie Henri de Saint Simon und Auguste

Comte an. Comte, von ihm hatte das Fach Soziologie seinen Namen, sieht die Entwicklung der Gesellschaft als Stadienmodell; die frühen Gesellschaftsordnungen werden gelenkt durch Religion und *Metaphysik*; die Gesellschaften des Barock sind *militärische* Gesellschaften, die kommende Industriegesellschaft wird nach seiner Vorstellung reguliert durch positives Wissen. Comte stellt in seinen Schriften zur Begründung der Soziologie das Strukturmerkmal ‚Jugend‘ in den Zusammenhang der Fortschrittsidee. Jugend, so Comte, wirkt durch ihre Neigung zum Erneuern und zum sozialen Wandel als Fortschrittsbeschleuniger. Seine These lautet: je kürzer der Jugendzyklus, d.h. je schneller eine Jugendgeneration im Denken oder in den Lebensgewohnheiten die andere ablöst, um so schneller entwickelt sich der Fortschritt; umgekehrt, je länger die Jugend im Gewohnheitszyklus der ‚Alten‘ verhaftet bleibt und assimiliert wird, umso mehr stagniert der Fortschritt (Mannheim in v. Friedeburg 1965, S. 24).

In Anlehnung an den französischen Soziologen Francois Mentré führt Karl Mannheim eine weitere Differenzierung ein. Nach seiner morphologischen These setzt sich die Gesellschaft zusammen aus Institutionen und seriell variierenden Phänomenen oder Gruppen, Mentré spricht von *libre series*. Phänomene der seriellen Vergesellschaftung, z. B. in der Form von Salons oder literarischen Gruppierungen, repräsentieren das ‚flüssige‘ Element der Vergesellschaftung. Sie sind wegen ihres fließenden und dynamischen Charakters in einer primär institutionenbezogenen Analyse häufig kaum wahrnehmbar. Mannheim spricht in einem ähnlichen Zusammenhang von frei schwebender Intelligenz.

Das Fortschrittsmotiv, verlängert in das Jahrhundert der Moderne, erhält hier bereits eine qualitative Nebenbedeutung. Das serielle bzw. das frei schwebende Element des Jugend-Daseins kann sich etwa in den Avantgardebewegungen in der Tat als ein Element der Beschleunigung bemerkbar machen. Jugendbewegungen, so betrachtet, ereignen sich wie ein Unwetter; sie sind plötzlich da und sie verschwinden ebenso rasch wieder vom Boden, sobald ihre Zeit erfüllt oder ihre innere Dynamik aufgebraucht ist. Auch die Avantgarde, als Teil einer Bewegung oder als diese Bewegung selber, ist im Sinne von Mentrés These ein serielles Phänomen. Die Avantgarde geht voran, sie erregt die Gemüter als ein vorgeschobener Außenposten, sie eilt dem gemächlichen Strom der Zeit voraus, setzt neue Akzente und treibt neue Visionen in die Gesellschaft hinein. Die Avantgarde ist das dynamische Element in der öffentlichen Sphäre. Dabei stellt sich allerdings die Frage nach Art und Qualität der Beschleunigung – agiert die Avantgarde als Brandbeschleuniger oder, im Sinne des positivistischen Aufklärers Comte, als ein visionärer Künder im Prozeß des Fortschritts?

Mannheim nimmt auch Bezug auf die Differenz zwischen deutscher Kultur und dem westlichen Nachbarn Frankreich. Für Karl Mannheim fällt die Differenz zwischen dem positivistischen und dem romantischen Begriff von Jugend und Generation zusammen mit der Unterscheidung zwischen Fortschritt und Traditionsverhaftung. Mannheim sieht in der deutschen Entwicklung das Kontrastmodell zur französischen Entwicklung. Das deutsch-romantische Denken ist ein Denken in traditionalen und konservativen Bahnen. Nur in den Naturwissenschaften konnte sich, so Mannheim, in Deutschland das positivistische Denken durchsetzen. Die Geisteswissenschaften, und so auch die Anfänge des politisch-sozialen Denkens, seien hierzulande fest in der Hand der konservativ-romantischen Eliten. Womit Deutschland zu Beginn des 20. Jahrhunderts in der zivilisierten Welt in der Tat einzig dastand war der krasse Hiatus zwischen wirtschaftlich-technischer Spezialisierung auf der einen Seite und einem weitgehend welt- und realitätsabgewandten Denken in der Kultur und in den geisteswissenschaftlichen Disziplinen auf der anderen. Die Protagonisten der Moderne arbeiteten an der Verbesserung der Technik und der urbanen Zivilisation, sie saßen in den Vorständen oder in den Aufsichtsräten der großen Industrieunternehmungen und sie waren organisiert in der nationalliberalen Partei; sie waren aber, in den Worten von Robert Musil, ‚Männer ohne Eigenschaften‘. Ihre Ausstrahlungskraft in die Sphären von Kultur und Politik war gering, schlimmer noch: sie wurden verachtet, geschmäht und gehasst[24]. Die junge Garde des Bildungsbürgertums, Gymnasiasten, Studierende und Jungakademiker, machte im Zeichen der modernen Rationalisierung Front gegen den Fortschrittsbegriff; die Mitglieder der Jugendbewegung wandten sich in ihrem überwiegenden Teil ab von der wirtschaftlich-technischen Welt und strebten hinaus aus der Stadt. Deutschland trudelte seit Anfang des 20. Jahrhunderts unaufhaltsam hinein in eine mentale und politische Spaltung. Die Ursachen dieser Spaltung lagen teilweise mehr als ein Jahrhundert zurück.

Mannheim steht im Jahre 1928 am Ende eines langen ‚deutschen Jahrhunderts‘. Dieses hatte begonnen mit den Göttinger Hainbündlern, den Stürmern und Drängern wie Lenz, Klinger und dem jungen Goethe in den 70er Jahren des 18. Jahrhunderts. Mannheim steht in der Epoche nach dem Ende des ersten Weltkriegs für eine Generation von Intellektuellen, die sich nun behaupten muss gegen einen aggressiv nationalistischen und schrill antisemitischen Zeitgeist. In einem mit Mannheim verwandten Denken, es handelt sich um eine Arbeit nach dem Ende des ersten Weltkriegs (1918), blickt der Religionsphilosoph Ernst Troeltsch auf die Jugendbewegung seiner Zeit. Troeltsch konstatiert dabei nicht ohne Sympa-

---

24   S. dazu die Ausführungen zu Ernst Jünger und Gottfried Benn im Surrealismuskapitel.

thie den „allergrößten Abstand der Söhne gegen die Väter[25]". Es ist die zum ersten Mal in dieser Deutlichkeit hervortretende Generationenspannung, durch welche aufmerksame Zeitbeobachter wie Mannheim und Troeltsch angeregt wurden
zur Beschäftigung mit dem Jugendphänomen.

Aber die deutsche Wirklichkeit läuft wieder einmal den Vermessern des Zeitgeistes davon. Der Zeitbeobachter Mannheim balanciert gegen Ende der 20er Jahre am schwindelnden Abgrund der späten Weimarer Zeit, er agiert innerhalb einer Dynamik, die längst über die sozialen Teilbereiche hinweggegangen ist. Die
demokratischen Institutionen und damit ein entscheidendes Merkmal der modernen Identität standen auf dem Spiel. Karl Mannheim und mit ihm andere Zeitbeobachter sahen sehr wohl, daß einige Spieler auf der politischen Bühne ihre Zeit
gekommen sahen und *va banque* spielten. Diese setzten an zum Frontalangriff auf
die ihnen verhaßten Institutionen der Demokratie, auf die Juden und auf die Intellektuellen. Mannheim bezeichnete die rhetorischen Instrumente der Angreifer
auf den beiden Polen des politischen Spektrums als ‚totalen' Ideologiebegriff, total wegen der Grundsätzlichkeit des Feinddenkens, ideologisch wegen der Verhüllung der eigenen Absichten durch eine nebulöse und irreführende Rhetorik.

Es war intellektuell und kulturell gesehen das Ende der langen Durststrecke
der Deutschen, gebrochen im Aufklärungsdenken, innerlich unterwegs im Sehnen
nach Harmonie und Volksgemeinschaft, brüchig in der nationalen Einheit durch
den gewaltsamen Zusammenschluß unter preußischer Hegemonie; bis zum Ende
des 1. Weltkriegs ohne nennenswerte Freiheiten für das Bürgertum und die arbeitende Klasse. Am Horizont der Weimarer Republik bahnt sich bereits eine Revolution von archaischen Ausmaßen den Weg, die auch den jüdischen Soziologen
und Intellektuellen Karl Mannheim in das Exil treiben wird. Mannheim hat sehr
wohl den schwankenden Untergrund geahnt, auf dem er sich damals befand. Aber
er war als Repräsentant einer intellektuellen Minderheit, darüber hinaus gefährdet
durch seine jüdische Religionszugehörigkeit, nicht in der Lage, die von ihm dia-
gnostizierte Entwicklung aufzuhalten. Nur ein halbes Jahrzehnt, nachdem er den
Generationenansatz formuliert hatte, war er gezwungen, vor der Gewalt der Nationalsozialisten sein Leben zu retten. Mannheim emigrierte nach England.

Autorität und Familie

Mit der psychoanalytischen Erforschung des Jugendalters erschließt sich eine weitere Stufe eines qualitativ verstehenden Ansatzes zur Romantik und zur Jugend-

---

25   E. Troeltsch: Deutsche Bildung in Ders.: Deutscher Geist und Westeuropa. Gesammelte kultur-
      philosophischen Aufsätze und Reden, hg. v. H. Baron. Tübingen 1925, S. 174.

bewegung. Die biographische Passage des Jugendalters wird dabei in ihren sozialisatorischen Mustern zum Thema, bezogen auf Vermittlung und Erwerb von
psychischen und sozialen Kompetenzen, ebenso aber auch in den dadurch hervor-
gerufenen Konflikten, seien diese bewusster oder unbewusster Natur, sowie den
unterschiedlichen Strategien und Folgen dieser Konfliktbewältigung. Entscheidende Anstöße zu einer Verbindung von soziologischer und psychoanalytischer
Erforschung des Jugendalters und seiner Einbettung in die moderne Familie gingen dabei aus von Vertretern der kritischen Theorie wie Max Horkheimer, Erich
Fromm sowie Erik H. Erikson[26]. Wir bringen eine kurze Darstellung ihrer Thesen.

In den Entwürfen über ‚Autorität und Familie‘ haben Max Horkheimer und
Erich Fromm einen theoretischen Bezugsrahmen entwickelt mit dem Ziel, die so-
zialisatorische Funktion der Familie in der kapitalistischen Gesellschaft zu bestimmen (Horkheimer, Hg.,1936). Als Mitarbeiter des Instituts für Sozialforschung waren Horkheimer und Fromm nach der NS-Machtergreifung nach New
York emigriert. Sie stellten sich die Frage, wie, d. h. unter welchen Bedingungen
sich in der Form des Faschismus eine monströse Abweichung von der modernen
Welt entwickeln konnte; welche Familienstrukturen dabei ein Rolle spielten und
welcher Typ von Eltern-Kindbeziehungen dabei typisch gewesen sein könnte. Es
sei nur nebenbei erwähnt, daß die Klärung dieser Fragen bis heute als nicht abgeschlossen angesehen werden kann.

In der Perspektive der kritischen Theorie gilt die gesellschaftliche Entwicklung
als ein ambivalenter Prozess. Was dabei als Fortschritt, was als Rückschritt auszu-
machen ist, muß erst die konkrete Analyse ergeben. Es handelt sich um „...zusam-
menhaltende, bzw. auflösende Faktoren der gesellschaftlichen Dynamik, (die) je
nachdem der Mörtel eines werdenden Baus, der auseinanderstrebende Teile künst-
lich zusammenhält, oder einen Teil des Sprengstoffs bilden, der das Ganze beim
ersten Funken zerreißt...“(S. 10). Obwohl nicht explizit auf Jugend bezogen, liefern die Untersuchungen zu ‚Autorität und Familie‘ doch einen Hypothesenrah-
men, um die Entwicklung des Heranwachsenden als komplexes Wechselspiel von
Bindungen und Lösungen, von werdenden Freiheitsräumen und von der Verstel-
lung und Blockierung solcher Potenziale durch regressive Mechanismen auf Seiten der parentalen Instanzen erfassen zu können.

Eine besondere Bedeutung wird von den Autoren der väterlichen Autorität
zugesprochen. Horkheimer hebt dabei ab auf die Erzeugung und Stabilisierung
von Mustern des Unterwerfungsverhaltens in der bürgerlichen Kleinfamilie, die
er wiederum in der Nachfolge der barocken Herrschaftsordnung sieht; sozialöko-
nomisch funktional wegen der Erzeugung von systemnotwendiger Loyalität und

---

26 S. dazu auch die Ausführungen über Freud im Surrealismuskapitel.

gleichzeitig moralisch überfordernd wegen der begrenzten psychischen und sozialen Kompetenzen der Vaterfigur (S. 52 ff.). Hier liegt eine Verbindung nahe
zwischen sozialisatorischen und ‚seriellen‘ Variablen derart, daß das schier unstillbare Bedürfnis nach Bindung durch eine Idee oder einen Führer z.b. beim
Meissnertreffen von 1913 zusammenhängen könnte mit dem sozialisatorisch be-
dingten Defizit nach selbsttragenden mentalen Strukturen wie Ich-Stärke, perso-
nelle Autonomie und interaktive Kompetenz. Wir werden diesem Aspekt unten
noch weiter nachgehen.

Horkheimer arbeitet mit einer Erklärungsfigur, wo weniger auf nationale
Sonderwege und eher auf ein gesellschaftstheoretisches Muster von Ich-Autono-
mie bzw. von Verfügung und Unterwerfung Bezug genommen wird. Um es mit
einem anderen Begriff von Horkheimer zu sagen – die Instrumentalisierung der
Vernunft durch die Verfügungs- und Verwertungszwänge des modernen Kapitalismus unterhöhlen tendenziell alle gesellschaftlichen Institutionen und so auch die
bürgerliche Kleinfamilie (Horkheimer 1985). Die Familie erscheint bei dieser zu-
gegebener weise etwas flächigen Argumentation als eine historisch überlebte So-
zialisationsinstanz. Sie ist jener umfassenden Erziehungsfunktion verlustig gegangen, die das ‚ganze Haus‘ mit der Mehrgenerationenfamilie und der Einheit von
Erwerbs- und Erziehungssphäre einmal gehabt habe und die unter den Bedingungen des modernen Kapitalismus gleichsam zu einem Bestandteil der repressiven
Apparate mutiert sei. Es bleibt allerdings nach dem vorher Gesagten anzumerken,
dass die Annahme einer psychosozial ausbalancierten Ich-Werdung wohl eher für
die westlichen Demokratien berechtigt sein dürfte. Der Zusammenhang von Gesellschaftskritik und Kulturpessimismus in der frühen kritischen Theorie wird hier
evident, ebenso aber auch die Fruchtbarkeit einer integrierenden Sichtweise von
Soziologie, Psychologie bzw. Psychoanalyse und Zeitgeschichte. Selbst wenn man
die tendenziell etwas einseitig akzentuierte Kritik der bürgerlichen Kleinfamilie so
nicht in allen Einzelheiten teilt, spricht doch Einiges dafür, den langen Zeitraum
zwischen den 30er Jahren und der Mitte der 60er im vergangenen Jahrhundert als
eine Epoche anzusehen, wo in der Tat eine regressiv kurz-geschaltete Beziehung
zwischen väterlich-patriarchalischer Autorität und kindlicher bzw. jugendlicher
Fügsamkeit (ein häufig gebrauchter Terminus in der Studie über ‚Autorität und
Familie‘) an der Tagesordnung gewesen sein dürfte. Diese Überlastung der Heranwachsenden mit Loyalität und Gehorsam könnte mit herangezogen werden als
Hintergrundfaktor für den nachfolgenden *shift* von der autoritären Generation zu
der antiautoritären Kultur seit Mitte der 60er Jahre.

Das psychosoziale Moratorium

Auch der Psychoanalytiker Erik H. Erikson arbeitet mit einem Ambivalenzmodell bei der Untersuchung kindlicher und jugendlicher Entwicklung. Erikson, im Blick auf die empirische Jugendforschung eine ähnliche Pioniergestalt wie Karl Mannheim, stellt die Adoleszenz in den Zusammenhang eines sozialpsychologischen Entwicklungsmodells. Demnach unterscheiden sich drei zeitlich aufeinander aufbauende Stadien-Aufbau von Urvertrauen, Ausbildung eines Gefühls von Scham und Schuld und schließlich die Fähigkeit zu Initiative und jugendlicher Autonomie; diese können, wenn die entsprechenden Bedingungen nicht gegeben sind, scheitern. Die Adoleszenz, als Abschluss der kindlichen Entwicklung, stellt eine Plattform für die Identitätsbildung des Jugendlichen dar, geeignet für die erfolgreiche Austragung der Konflikte im Zusammenhang mit der Ablösung von der Herkunftsfamilie. In dem Maße einer Störung dieser identitätsbildenden Fundamente erweist sich das Jugendalter aber ebenso als besonders störanfällig (Conzen in 2010, S.399 f.). Die Adoleszenzkrisen bestehen in der Störung von einer oder mehrerer Phasen des kindlichen Entwicklungs- oder Reifungsprozesses. Verinnerlichte Affekte, etwa als Ur-Misstrauen oder auch permanent erlebte ‚Werther'-Gefühle der Vereinsamung und des Verlassenseins können dabei, je nach dem empirischen Verlauf des Sozialisationsprozesses, die Erreichung einer Position der Autonomie behindern oder auch im Ganzen blockieren. Erikson erwähnt in diesem Zusammenhang die Ich-Konzeption von Sigmund Freud: „Für ihn stand das Ich wie ein vorsichtiger, manchmal auch verschlagener Patrizier mitten zwischen der Anarchie der Urtriebe und der Furie des archaischen Gewissens, aber auch zwischen dem Druck der bürgerlichen Konventionen und der Anarchie des Massengeistes." (Erikson 1999, S. 277).

Als regulierende Instanz für die multiplen Konflikte in der Phase der Adoleszenz, sei es hinsichtlich der verinnerlichten Objekte im Sozialisationsverlauf oder hinsichtlich von Innen- und Außenwelt interveniert lt. Erikson das psychosoziale Moratorium. Erikson versteht darunter eine biographische Passage, eine Art von relativer ‚Auszeit' während der der Jugendliche sich in einer lebensgeschichtlichen Nischen-Situation befindet. Je nach dem Ausmaß einer möglichen Autonomie, je nach der Qualität der kulturellen Anstöße, je nach Verfassung des Zeitgeistes können dabei eigene Projekte generiert und artikuliert werden. Und gleichzeitig bleibt der Heranwachsende in der Phase des Moratoriums den Latenzen der Zeit verhaftet. Erikson kombiniert hier ein entwicklungs-psychologisches Argument mit einer soziokulturellen Annahme. Es geht um die Chance des Probehandelns, um die Projektion von möglichen Zukünften; entweder individuell in der ‚Werther'-Haltung oder als Teil der Gruppe der *peers*, den modernen Nachfolgern der Göttinger ‚Jünglinge' von 1772, sei es im links-alternativen Seminar, im Gründungs-Akt einer avantgardistischen Bewegung in einem verräucherten Jazzkeller, in einem künstlerischen Salon oder in dem revolutionär-proletarischen Ambiente einer Betriebs-Basisgruppe. Die kulturellen Objektivtionen des Moratoriums bewegen sich dabei immer in den gesteckten Grenzen der generationalen Zeit und des jeweiligen Sozialmilieus[27].

Allerdings kann die Situation des Moratoriums auch entgleisen. Erikson zeigt an dem historisch rekonstruierten Beispiel des jungen Martin Luther eine andere Konstellation auf. Hier kann sich ein heranwachsender Mensch, Luther, gegen die zwingenden Ansprüche des väterlichen Überich nicht behaupten. Zeitlebens wird Luther in der Rolle des von Schuld und Scham überwältigten Büßers verharren, eingesperrt in einem Zwangsgehäuse von peinigender Moral, deren Ansprüchen er niemals genügt und die er wiederum auf all jene Zeitgenossen projiziert, die er im Besitz einer höheren Urteilssicherheit wähnt als er sie selber aufweist . Luther ist in der Selbstwahrnehmung umstellt von lauter Feinden, immer im Zustand einer unüberbietbaren Bösartigkeit, häufig in Teufelsgestalt: der römische Papst, der zögerliche Erasmus, der in Luthers Wahrnehmung auf trügerischen Ausgleich bedachte Zwingli, etc. etc. (1958, 246 ff.).

Ähnlich wie der junge Luther befinden sich auch die Heranwachsenden in den modernen Gegenwartsgesellschaften, bezogen auf die Passage der Adoleszenz, umgeben von Situationen der Versuchung und der Versagung. Insbesondere dann, wenn (wie immer wieder geschehend), der innere Druck eines nicht gelösten prä-adoleszenten Konflikts sich überkreuzt mit Konflikten des gesellschaftlichen Umfelds, wo die Väter als schamwürdig, versagend und hilflos oder gar als moralisch verwerflich (‚gefallen') und in Schuld verstrickt erlebt werden, rückt das psychosoziale Moratorium für den, der darin verfangen ist, in das nebulöse Reich einer trügerischen Herausforderung: *Apocalypse now* ! Wir werden solche Konstellationen am Beispiel der jugendlichen Nachkriegs-Avantgarden im Situationismus/ Lettrismus, in der Popkultur und in der Extremform des deutschen Terrorismus diskutieren.

---

27   S. dazu am Beispiel der 60er-Jahre-Jugend in Deutschland N. Beckenbach: Fremde Brüder. Der schwierige Weg zur deutschen Einheit. Berlin 2008, S. 149 ff.

Teil 2

Die Romantisierung der Welt

Kapitel 1
Romantik und Gnosis: Die Lebensreformbewegung

Wie die Lebensreformbewegung die Romantik unentwegt zitiert – das Beispiel Monte Verità

Das geistige Zentrum der Lebensreformbewegung zu Beginn des 20. Jahrhunderts ist der Monte Verità (Schweiz, Tessin, Ascona). Viele von denen, die damals quasi Rang und Namen hatten, schauten einmal vorbei oder verbrachten einige Zeit dort: die Anarchisten Michail Bakunin, Raphael Friedeberg, Max Nettlau, Erich Mühsam, Politiker wie Gustav Stresemann, die Literaten Hermann Hesse, Stefan George, Hugo Ball, Rainer Maria Rilke, James Joyce, Tänzerinnen und Tänzer wie Mary Wigman, Rudolf von Laban. Der Monte Verità hatte zwei Gesichter. Zum einen war er eine Art von landwirtschaftlicher Kommune, zum anderen ein Sanatorium für Menschen, die dem Großstadtleben für einige Zeit entkommen und die mit naturgemäßer Lebensführung und vegetarischer Kost ihre Gesundheit wieder herstellen wollten.

Robert Landmann (2009, zuerst erscheinen 1930) erzählt die Geschichte des Monte Verità, auch als eine Liebesgeschichte zwischen Ida Hoffmann und Henri Oedenkoven, dem Gründerpaar des Monte Verità. Ida Hoffmann „bekennt, dass sie dieses Leben hasst, weil es sich auf Luxus, Schein, Heimlichkeit, Lüge und Heuchelei aufbaut." (S. 14) Es wimmelt in diesem Satz von romantischen Motiven: Hass auf *dieses* Lebens, Ablehnung von Luxus, Bekenntnis zu einem offenen und ehrlichen Leben. Oedenkoven entstamme einer „verwöhnten und gelangweilten Gesellschaftsklasse" (S. 14). „Gedankenlos genießt er alle Vergnügungen, das Wohlleben ohne Verantwortung und Ziel." (S. 14) Klar, das kann nicht gut gehen. Er wird krank, alleine eine naturgemäße Lebensweise rettet ihn. Selbstverständlich sind Ida und Henri „verwandte Seelen" (S. 14). In ihren Memoiren liefert Ida Hoffmann ein bisschen Theorie zu ihrer spezifischen Lebensweise:

> „Innerhalb der bestehenden gesellschaftlichen Organisationen, die jede individuelle Regung im Menschen ersticken und seine Kraft und natürliche Anlagen in den Dienst der Machtbeziehungen zwingen, ist eine freie Entwicklung nach Befreiung strebender Menschen undenkbar." (zitiert nach Landmann 2009, S. 15)

Individuelle Regungen ersticken, Macht, Zwänge, Befreiung – diese Schlagworte, auch wenn sie nicht konkretisiert werden, klingen nach dem Programm der Romantik. Klar wird der unversöhnbare Gegensatz zwischen dem Individuum, das sich entfalten will, und einer Gesellschaft, die dies nicht duldet. Es ist die nackte Wilhelmine Schlegels, die von der Gesellschaft nicht toleriert wird, es ist die Homosexualität von Wackenroder und Tieck, die von der Gesellschaft nicht akzeptiert wird; bei den Lebensreformern auf Monte Verità sind es die Kleidung, die nackten Waden, die langen Haare, die Lichtbäder, die nackt genossen werden, die die allgemeine Empörung auslösen. Unklar ist hierbei: Handelt es sich etwa bei den langen Haaren um individuelle Persönlichkeitsentfaltung, oder geht es um gezielte Provokation, um einen Tabubruch, der die Empörung der Mehrheit nicht nur in Kauf nimmt sondern genau auf fehlende Akzeptanz zielt. Die langen Haare wären nichts, wenn sie nicht provozieren würden. Eine liberale Gesellschaft macht Romantik und Lebensreform inexistent. Vor nichts müssen sich Romantiker und Lebensreformer mehr fürchten als vor einer laisser faire Haltung.

Die Freiheit, von der Ida Hoffmann schreibt, hat ihre Grenzen. Zwar leben Ida und Henri in freier Ehe, sprich: Sie sind weder standesamtlich noch kirchlich getraut, dennoch führen sie keine offene Partnerschaft. Das Leben auf dem Monte Verità unterliegt einem strengen Regime: vegetarisches Essen, kein Alkohol, kein Kaffee. Freiheit bedeutet also am ehesten frei zu werden von den normativen Anforderungen der Mehrheit der Gesellschaft. Freiheit bedeutet in keiner Weise Regel- oder Zügellosigkeit. Befreiung bedeutet auch, sich frei zu machen von einer so wahrgenommenen Überzivilisierung, die mit der Großstadt in Verbindung gebracht wird, mit einem Verlust an Zugang zur Natur, mit einem bloß dem Vergnügen gewidmeten Leben, mit einem zu starren Korsett an Manieren und Etikette, mit einem allzu gewöhnlichen Leben („der Ekel vor dem gleichmäßig stumpfen täglichen Dasein" (ebd. S. 19). Freiheit bedeutet auch, Besitz und Geld kritisch zu hinterfragen. Freiheit beinhaltet also ein Versuch, dem „stahlharten Gehäuse" (Max Weber 1993) der Moderne mit seinen zahllosen Pflichten und Zwängen zu entkommen, und den Prozess der Zivilisation (Norbert Elias) zurück zu schrauben.

Folgende Handlungsfelder wurden mit der Lebensreform auf dem Monte Verità in Verbindung gebracht:

> „Ernährungstheorie, naturgemäße Lebensweise, Körperkultur, Frauenemanzipation, Eherecht, allgemeine Gesellschaftsreform, Kleidungsreform, Jugendbewegung, Friedensbewegung, Kriegsdienstverweigerung, unpolitischen begrenzten Kommunismus, Siedlungswesen, Internationalismus und sonstige Kulturbestrebungen." (ebd. S. 32f)

Diese Handlungsfelder hat die 68er Bewegung weitgehend übernommen. Das Siedlungswesen als Gegenentwurf zur Großstadt kam bei den 68er nur insofern ins

Spiel, als sie partiell auf ländliche Kommunen setzten. Ein weiteres Handlungsfeld der Lebensreformbewegung war noch die Frage, wie mit Technik und Fortschritt umzugehen ist. Oedenkoven wollte sie nutzen und hat sie auch genutzt, sein Mitstreiter Gräser lehnte dies vehement ab.

Gräser, der geistige Lehrer Herrmann Hesses, führte die Tiecksche Interpretation von Romantik fort: „Er hielt Eigentum für so unwichtig, dass er unbedenklich fremdes Gut mitgenoss." (ebd. S. 38) Also war er ein Schmarotzer. Wie die Romantiker sind auch viele Lebensreformer von regelmäßiger Arbeit nicht begeistert. Viele Bewohner des Monte Verità gehen davon aus, dass Mutter Natur sie zu versorgen habe, wie das Baby, ohne dafür etwas zu tun, von der Mutter in Liebe gestillt wird.

Szeemann (1980) gibt die übliche Definition, wie Lebensreform zu begreifen ist: „Lebensreform hieß die Möglichkeit eines dritten Weges zwischen Kapitalismus und Kommunismus und implizierte die freie Entfaltung des Individuums zwischen den Blöcken." (S. 5). Sie stehe im Zeichen des „Zurück zur Natur" (ebd.) als Gegenbewegung zur Großstadt. „Neben Capri und Taormina in Italien ist Ascona zu einer Stätte geworden für die wiederentdeckten Kulte des Jünglings, der Frau und Großen Mutter, des weisen alten Mannes." (ebd.) Lebensreform steht so nicht im Zeichen des Vaters, seines Gesetzes, seiner Vernunft, seiner Pflichtauffassung und seines Leistungswillens. Stattdessen wird Mutter Erde angebetet oder, wie dies Szeemann ausdrückt, „die vielbrüstige Göttin" (ebd.) „Die erste Brust heißt Herrschaftslosigkeit als Gesellschaftsmodell, also Anarchie." (ebd.) „Die zweite Mammella nährt ein komplexes Feld von Erneuerungsbewegungen, die von Einzelnen initiiert, den Anspruch erheben, über das bessere Individuum eine bessere Menschheit heranzuziehen." (ebd.) In der dritten wohnen nach Szeemann zwei widersprüchliche Seelen: zum einen die sexuelle Revolution, mit der der Weg zum Matriarchat und zum Kommunismus geebnet werden soll, vertreten auf dem Monte Verità durch den Psychoanalytiker Otto Gross, zum anderen die Diagnosestellung von C. G. Jung, dass Otto Gross geisteskrank sei, und damit seiner Freiheitsberaubung und Entmündigung Vorschub leistet. C. G. Jung wiederum war Hauptreferent der Eranos-Tagungen, die ganz in der Nähe zum Monte Verità seit 1933 abgehalten worden sind. Die dritte Brust ist also eine psychoanalytische, die einmal auf sexuelle Entgrenzung, das andere Mal auf Restriktion und Gesetz setzt. Die vierte Brust bilde die Kunst, Literatur und Theater (ebd. S. 6).

Der aus dem Nähkästchen plaudernde Landmann (2009) macht anders als Szeemann, der vor Allem das geistig Große vor Augen hat, auf ein Phänomen aufmerksam, das möglicherweise zu den menschlichen Schwächen zu rechnen ist, nämlich die, wie wir heute vielleicht sagen würden, Mediengeilheit der Bewohner des Monte Verità. Aufmerksamst verfolgen sie die Presse, was über sie geschrieben wird. Das hat vermutlich zu tun mit Eitelkeit. Das hat selbstverständlich auch eine ökonomische Dimension. Nur wenn viel über die Nackten vom Monte Verità berichtet wird, nur dann kommen die Besucher in Scharen, denen auch Eintrittsgeld abverlangt wird. Lebensreform ist so auch ein provozierendes Spektakel. Ähnliches schon hatte Schlegel mit seiner Lucinde im Sinn. Romantik und Lebensreform suchen die Öffentlichkeit, sehnen sich nach dem Scheinwerferlicht. Romantik ist also nur anteilig etwas Privates oder Abgeschiedenes. Die Idylle vom einsamen Leben in unberührter Natur ist auch ein Marketingprodukt. Ohne den großen medialen Spiegel, ohne die Blicke oder die Kameraaugen, die auf die Nackten gerichtet sind, ist Romantik und Lebensreform tot. Bekannt und berühmt zu sein, auch wenn dies auf keinen herausragenden Leistungen beruht, sondern nur deshalb, weil die Haare lang und die Körper entblößt sind, das ist das große Ziel. Naturgemäß leben, bedeutet, mit seinen natürlichen Anlagen zu wuchern.

Soziale Ursachen der Lebensreformbewegung

Szeemanns Sicht auf die Lebensreformbewegung auf dem Monte Verità ist einer kulturhistorischen Perspektive geschuldet. Andere wie Krabbe (1974) begreifen die Lebensreformbewegung auch als Antwort auf soziale Veränderungen.

> „Wir haben es hierbei mit einer Bewegung zu tun, die auf ihre Weise mit den sozialen Problemen ihrer Zeit fertig zu werden versuchte. Sie entwickelte dazu Programmentwürfe, mit denen ein evolutionärer Wandel der Gesellschaft erreicht werden sollte, der sich durch die Summierung individueller Selbst-Erziehung realisieren würde." (Krabbe 1974, S. 5)

Die sozialen Probleme, die Krabbe anspricht, liegen in Deutschland in einer Veränderung der Bevölkerungsstruktur in der zweiten Hälfte des 19. Jahrhunderts. Aus einer Bevölkerung, die überwiegend auf dem Land lebt, wird eine überwiegende Großstadtbevölkerung, häufig in Verbindung mit einer extremen Wohnraumnot. So gab es in Berlin ca. 28.000 Wohnungen mit einem beheizbaren Zimmer, in dem mindestens sechs Personen wohnten (ebd. S. 21) Oder: „Fast ein Zehntel der Berliner und der Hamburger lebte 1880 in Kellerwohnungen." (ebd. S. 21). Oder: „… in manchen Häusern mussten zehn, ja sogar 15 Familien einen Abort benutzen." (ebd. S. 23) Der Hass der Lebensreformern auf die Großstadt erscheint demnach nicht einfach nur ideologisch begründet zu sein. Das Leben in der Großstadt muss für die Mehrzahl der Bevölkerung einfach schrecklich gewesen sein. Lebensreform als „Selbst-Erziehung" (Krabbe) impliziert, dass das soziale Problem Wohnungsnot nicht nur mit dem Bau von mehr und größeren Wohnungen zu bewältigen ist, sondern sich auch das individuelle Verhalten ändern muss. So entkommen die Wandervögel dem Moloch Großstadt, indem sie in die Natur fahren, und nicht die Zeit ihrer Jugend damit verbringen, auf die besseren Wohnungen zu warten. Lebensreform wäre so ein Selbstbildungsprozess, der dazu befähigen soll, soziale Problemlagen zu meistern. Das rigide Alkoholverbot auf dem Monte Verità wird so verständlicher als Reaktion auf den grassierenden Alkoholismus in schlechten sozialen Lebenslagen (Krabbe 1974).

Lebensreform heute

Was könnten wir heute unter einem „Zurück zur Natur" verstehen? In der August-Ausgabe von InStyle (2010) versucht Coco Pelger eine Antwort zu geben. Sie besucht ein Open-Air-Festival. „Rucksack oder Louis-Vuitton-Koffer? Isomatte oder Pelzdecke? Wie übersteht man stil- und würdevoll ein Open-Air-Festival?" Und: „Ich hole Annette ab und bin schockiert: ‚Du willst nicht wirklich den Louis-Vuitton-Trolley mitnehmen, der hier an der Tür steht!', stottere ich im ersten Schreckmoment. ‚Nein, das ist nur mein Ibiza-Koffer von letzter Woche', sagt Annette und stopft ihren Missoni-Bikini in den Festival-Rucksack." Und: „Nächster Morgen: verschmierte Mascara. Schaler Geschmack im Mund. Meine Stimme versagt. Waschen? Duschen? Hä? Mir reicht's" Welche Konsequenzen zieht Coco Pelger aus dem kurzen Abenteuer? „Öffne nie die Tür eines Dixi-Klos, an der keine Menschenschlange steht! Jungs, die immer zu zweit rumstehen, nur Cola trinken und dir nie zuzwinkern, meiden – es ist die Polizei! Handy aufladen nicht vergessen. Die Steckdose bei ‚Burger King' ist dauerbesetzt. Wenn es nachts am Zelt plätschert, ist es nicht immer Regen…" Spätestens jetzt wissen wir, dass Mutter Natur nicht nur gütig ist.

Auf der Rückseite der derselben Ausgabe von InStyle wird das Parfüm „Lola" von Marc Jacobs mit einem Gesicht einer jungen Frau beworben. Könnte eine Lolita noch verführerisch lächeln, schaut diese Lola drohend und finster drein. In ihrer rechten Hand hält sie das Parfüm wie eine Handgranate, jederzeit bereit, sie in Richtung der Betrachterin zu werfen. Wir gehen davon aus, dass Lola steckbrieflich gesucht wird. Sie ist ein führendes Mitglied der „Junge Armee Fraktion".

Vegetarismus heute und gestern

„Als Lebensreform im spezifischen Sinne muss der Vegetarismus gesehen werden, der ‚Vegetarismus, der die höchste und konsequenteste Stufe und Form der Lebensreform darstellt'. Die Begriffe ‚Vegetarismus' und ‚Lebensreform' sind weitgehend deckungsgleich." (Krabbe 1974, S. 48)

Krabbe zu folgen, bedeutet demnach, sich mit dem Vegetarismus etwas ausführlicher zu befassen. Wie bei vielen historischen Bewegungen ist beim Vegetarismus
seine Vielschichtigkeit das entscheidende Merkmal. Er stammt aus vielfältigen
historischen Quellen, erhält im 19. Jahrhundert das dominierende Gesicht der Lebensreform, um heute ein bisschen säkularisiert als alternative Kostform ein spezifisches Identitätsangebot darzustellen. Im nächsten Abschnitt wird dann zu zeigen sein, dass Vegetarismus zentral gnostisch inspiriert ist.

Der Vegetarismus von heute ist eine Alternative Ernährungsform. Diese werden als Abweichungen von der in einer Kultur üblichen Art zu essen definiert (Leitzmann, Keller und Hahn 1999, S. 11). Der Vegetarismus selbst ist ein Sammelbe-
griff für unterschiedliche Ernährungsweisen. Einige Vegetarier verzichten nur auf
Fleisch und Fisch (Lakto-Ovo-Vegetarier), einige meiden zusätzlich zu Fleisch
und Fisch auch Eier (Lakto-Vegetarier) oder zusätzlich zu Fleisch und Fisch Milch
(Ovo-Vegetarier). Zu den Vegetariern zählen aber auch die Veganer, die *alle* Nahrungsmittel, die vom Tier stammen, ablehnen. Die Rohköstler ernähren sich ähnlich wie die Veganer. Sie meiden *fast* all das, was vom Tier stammt, sowie das Er-
hitzen der Nahrung. Vom ernährungswissenschaftlichen Standpunkt werden die
Spielarten des Vegetarismus naheliegenderweise unterschiedlich beurteilt. Werden
die Lakto-Ovo-Vegetarier positiv bewertet, so gilt die veganische Ernährungsweise als problematisch (vgl. Leitzmann, Keller und Hahn 1999).

Am Beginn der Menschheitsgeschichte steht der Vegetarismus nicht als „Sekte" sondern als übliche Kostform (Hirschfelder 2001, S. 23). Unsere Vorfahren
waren nicht deshalb überwiegend Vegetarier, weil sie hiervon überzeugt gewesen
wären. Es trieb sie die schlichte Not, da sie noch nicht in der Lage waren, große
Tiere zu jagen und zu töten. Vielmehr waren sie die Gejagten. Lebten die ersten
Menschen ca. zwei Millionen Jahre vor unserer Zeit, so lässt sich für Europa der
erste fleischessende Mensch auf die Zeit zwischen 500.000 und 600.000 Jahre v.
Chr. datieren (S. 25f). In der mittleren Altsteinzeit (150.000 bis 30.000) wurde
dank besserer Jagdmethoden das Fleisch ein integraler Bestandteil der Nahrungsaufnahme (S. 26f). Ab ca. 5.500 v. Chr. wurden die Menschen in Europa sesshaft
und begannen mit dem Anbau von Nutzpflanzen; der Fleischkonsum trat wieder
in den Hintergrund (S. 31). Das antike Griechenland war – das ist eine These –
deshalb überwiegend vegetarisch orientiert, weil der Mittelmeerraum so karg und

wenig fruchtbar ist, dass es nur möglich war, mit einer vegetabilen Ernährungsweise zu überleben (Braudel 1987, S. 21ff) Aus heutiger mitteleuropäischer Sicht erscheint der Mittelmeerraum wie ein Paradies, das eigens für uns Touristen erschaffen worden ist. Für die damals dort Lebenden (und für die heutigen dort noch tätigen Bauern) war er ein Ort, dem alles mühsamst abgerungen werden musste. Auch in der Römischen Antike blieb für die überwiegende Mehrheit der Bevölkerung das Fleisch ein Luxusartikel, der nicht regelmäßig konsumiert werden konnte (Gerlach 2001, S. 14). Diese auch heute wieder als mediterrane Kost bezeichnete Ernährungsweise, die „auf Mehlbrei und Brot, auf Wein, Oliven und Gemüse basierte" (Montanari 1993, S. 17), bekam eine Widersacherin durch die Kostform der ins Römische Reich einfallenden „Barbaren". Die „Barbaren", zu denen die Römer auch die Germanen rechneten, präferierten nicht den Anbau sondern die Jagd und damit das Fleisch. Diese grundlegend unterschiedlich Ernährungsweisen schlugen sich auch in den Mythologien oder in den theoretischen Ansichten nieder: Träumten die Germanen in ihren Mythen vom Großen Schwein, so waren die Paradiesesvorstellungen der Griechen und Römer vegetarisch geprägt (S. 20).

Wie auch immer der (Wirk-)Zusammenhang zwischen Ideengeschichte und Praxis aussehen mag – sei es, dass die Ideen die Lebenspraktiken widerspiegeln, sei es, dass die Ideen praxisleitend sein können, sei es, dass eine Wechselwirkung zwischen Ideen und Praxis bestände – auffällig ist, dass laut Montanari (1993, S. 20) zahlreiche griechische und römische Autoren das Hohelied auf die mediterrane Kost sangen. So ist es auch nicht verwunderlich, dass in der griechischen Antike der Vegetarismus mit religiösen Motiven verknüpft wurde. Die religiöse Sekte der Orphiker (6. Jahrhundert v. Chr.) predigte das Meiden von Fleisch und die Askese. Es ging ihnen hierbei um das Streben nach Reinheit und um die Befreiung der Seelen (Leitzmann, Keller und Hahn 1999, S. 27). Pythagoras (570-500), der mit den asiatischen Religionen in Berührung gekommen war, glaubte an deren Idee der Seelenwanderung, die es nahelegt, beseeltes Fleisch nicht zu verzehren (S. 28). „Dabei flößte er (Pythagoras; A. D. A.) den Menschen Furcht ein vor Verbrechen und Vatermord, da sie ahnungslos an die Seele des Vaters geraten und diese durch Schwert oder Biss verletzen könnten." (Mellinger 2000, S. 77) Mellinger zitiert in diesem Zusammenhang auch Platon, der von bestimmten Kreisen spreche, die „nicht einmal von Ochsen zu kosten wagten und wo die Opfergaben für die Götter nicht in Tieren bestanden, sondern in Kuchen und in honiggetränkten Früchten und anderen derartigen reine Opfergaben, während man sich des Fleischs enthielt, weil es nicht fromm sei, davon zu essen oder die Altäre mit Blut zu besudeln; sondern bei unsern damaligen Artgenossen herrschte eine sogenannte orphische Lebensweise, die sich ausschließlich an Unbeseeltes hielt, des Beseelten dagegen sich völlig enthielt." (2000, S. 76).

Der politische Niedergang des Römischen Reiches bedeutete auch, dass das Brot seinen zentralen Stellenwert in der Nahrungsaufnahme an das Fleisch verlor. Es ist nicht auszuschließen, dass die mediterrane Esskultur noch stärker an Einfluss verloren hätte, wenn sie nicht durch eine neue „Bewegung" gerettet worden wäre: durch das Christentum, das sich im 4. Jahrhundert im Römischen Reich als offizielle Religion durchsetzte (Montanari 1993, S. 27). Das Christentum wahrte die mediterrane Kostform, indem sie diese in religiöse Symbole transferierte. Brot, Wein und Öl gewannen wieder an Ansehen. Das Christentum warnte darüber hinaus vor einem übermäßigen Fleischkonsum, da dieser imstande wäre, die sexuelle Begierde zu steigern.

In diesem Zusammenhang darf allerdings nicht übersehen werden, dass sich die mediterrane Esskultur eindeutig besser mit der ökonomischen Situation der überwältigenden Mehrheit der Bevölkerung im Mittelalter vertrug als die „barbarische". Zwar kam im Hoch- und Spätmittelalter wesentlich mehr Fleisch auf die Tische als in den darauf folgenden (erst im 20. Jahrhundert änderte sich diese Entwicklung wieder hin zu einem erhöhten Fleischkonsum), dennoch darf nicht außer Acht gelassen werden, dass im gesamten Mittelalter das Fleisch den Luxus repräsentierte – dies vor allem deshalb, weil ab dem 8./9. Jahrhundert den Bauern der Zugang zu den natürlichen Ressourcen wie Weideland oder die Möglichkeit zur Jagd zunehmend verwehrt wurde. Montanari beschreibt die Konsequenzen, die hieraus resultieren:

> „Die Ernährung der unteren Bevölkerungsschichten gründete von da an überwiegend auf Lebensmitteln vegetarischen Ursprungs (Getreide und Gemüse), während der Fleischkonsum (in erster Linie frisches Wildbret) ein Privileg zu werden begann und immer deutlicher als *Statussymbol* empfunden wurde. (1993, S. 59)

Galt das Fleisch über weite Strecken der Menschheitsgeschichte als Symbol von Macht und wurde es als Mittel der sozialen Distinktion eingesetzt, so änderte sich dies ab dem 18. Jahrhundert ein wenig. Die Mächtigen prahlten nicht mehr durchgängig mit ihrem Reichtum, damit auch mit ihrem übermäßigen Fleischkonsum, vielmehr wurde das Essen der Armen ideologisch aufgewertet. So schreibt Adam Smith 1776:

> „Man kann bezweifeln, dass Fleisch überall ein für das Leben notwendiger Bestandteil ist. Die Erfahrung lehrt, dass das Getreide und andere Pflanzen (…) ohne Fleisch die reichhaltigste, gesundeste, nahrhafteste und stärkendste Kost bilden können. Nirgendwo verlangt es die Schicklichkeit, dass ein Mensch Fleisch essen müsse." (zit. nach Montanari 1993, S. 180)

Mit dieser Strategie wurde versucht, den Armen ihr kärgliches Essen schmackhaft zu machen, was bis Mitte des 19. Jahrhunderts in weiten Teilen Europas überwiegend noch immer aus Breinahrung bestand. Auch in Abgrenzung zum „gefräßigen" und prassenden Feudalismus predigte die bürgerliche Aufklärung (allen voran Rousseau) den Vegetarismus – als Speisen des Friedens und der Gewaltlosigkeit, des einfachen Lebens, die so leicht sind, dass sie die Vernunft beflügeln (S. 180).

Menell (1988) weist darauf hin, dass sich seit der Renaissance in Europa ein anderes Verhältnis zu Tieren durchsetzt (S. 386ff). Ergötzte man sich im Mittelalter noch mit dem Quälen der Tiere, so setzte sich allmählich ein „freundlicheres" Verhalten gegenüber den Tieren durch, was auch mit dem von Elias (1978) beschriebenen Prozess der Zivilisierung zu tun haben könnte. Seit dem späten 18. Jahrhundert gibt es in England eine vegetarische Bewegung, deren Sprecher u. a. der Dichter Shelley war. 1847 wurde in Manchester die erste vegetarische Gesellschaft gegründet (Menell 1988, S. 389).

Barlösius (1997) weist darauf hin, dass ein Vegetarier der damaligen Lebensreformbewegung nicht notwendig ein Nichtfleischesser sein musste; es ging ihm nicht zentral um die Ernährung.

> „Dort zeigte sich, dass die ‚vegetarische Lebensweise' und ihre ‚prophetische Verkündigung' es ihnen ermöglichte, ihren diskontinuierlichen und von sozialer Desintegration oftmals gefährdeten Lebenslauf nachträglich als sinn- und zusammenhangsvollen erscheinen zu lassen." (S. 8)

Dieses Zitat lässt die Schlussfolgerung zu, dass auch heute Vegetarismus identitätsstiftend wirken kann, dass hinter dem label Vegetarismus noch etwas anderes stecken kann als nur eine bestimmte Ernährungsweise. Barlösius meint etwa, dass Vegetarismus für seine Anhängerinnen und Anhänger auch eine „überlegene Lebensweise" (S. 12) bedeuten kann. Barlösius begreift den Vegetarismus weniger als antimodern, wie er gemeinhin begriffen wird, da er mit Natur und der Kritik an der Industrialisierung in Zusammenhang gebracht wird, vielmehr bringt sie ihn in Verbindung mit dem Versuch einer bestimmten bürgerlichen Schicht (die von sozialem Abstieg und der Marginalisierung bedroht ist), eine unvergleichliche Persönlichkeit und eine einzigartige Lebensführung zu entwickeln (S. 278ff). Die Vegetarier als Teil der Lebensreformbewegung sind bestrebt gewesen, sich zum Beispiel über den Vegetarismus als eine spezifische bürgerliche Schicht zu etablieren, einer Schicht, die zudem danach strebte, die Eigengesetzlichkeiten der kapitalistischen Wirtschaft zu bremsen. Ihr Persönlichkeitsbegriff richtete sich gegen die Entpersönlichung und Anonymisierung durch Industrialisierung und Bürokratisierung. Insofern ließen sie sich vielleicht nicht als antimodern aber als moderne-kritisch einordnen. Interessanterweise stellen Vegetarier nicht erst in der Moderne eine eher randständige, subkulturelle Gruppierung dar. Mellinger (2000, S.

77) weist darauf hin, dass bereits der antike Vegetarismus von Gruppen getragen war, die am Rande der Polis standen – Ausgegrenzte, die über den Vegetarismus eine Gegenkultur gründeten.

Die Bedeutungen, die mit dem Fleischkonsum verknüpft werden, sind nicht willkürlich oder beliebig. Soziobiologische Ansätze betonen, dass der Fleischverzehr „einen wichtigen Anteil an der Entwicklung des *homo sapiens* ausmachte." (Mellinger 2000, S. 23) In heute noch lebenden Jäger- und Sammlergesellschaften gibt es für Fleisch einen eigenen Begriff. So werden gesammelte Nahrungsmittel als „Dinge wie nichts" gekennzeichnet, Fleisch hingegen wird als „Nahrung" bezeichnet (S. 23).

Fleischkonsum war nicht nur für die Menschheitsentwicklung notwendig, in ihm dokumentiert sich auch die Macht des Menschen über die Tiere und vielleicht auch die Lust am Töten. Der Fleischverzehr kann zudem mit einer magischen Vorstellung verwoben sein, „sich über das Einverleiben des Fleisches die Kräfte des übermächtigen Gegners anzueignen." (S. 29) Wenn Fleischkonsum ein Symbol der Macht ist, dann wird auch klar, warum sich bis vor kurzem die oberen Schichten der Gesellschaft darüber auszeichneten, dass sie große Mengen an Fleisch zu sich nahmen. Seitdem es nun seit einigen Jahrzehnten in der Bundesrepublik Deutschland für fast alle Menschen erschwinglich geworden ist, Fleisch zu verzehren, ist es nicht mehr hinreichend möglich, über das Essen von großen Mengen an Fleisch die eigene Schichtzugehörigkeit zu dokumentieren. Heute definiert sich die Schichtzugehörigkeit über maßvolles Essen, damit auch über Normalgewicht (während noch vor 40 Jahren ein gestandener deutscher Mann Übergewicht haben sollte), über die Auswahl ungewöhnlicher Nahrungsmittel und über exquisite Kenntnisse über dieselben (vgl. Klotter 1990). Dennoch ist nicht von der Hand zu weisen, dass auch heute noch Fleischkonsum mit Macht verknüpft ist.

> „Wer hätte in unserer Gegend eine Chance, Staatsoberhaupt zu werden und dadurch ‚an die Spitze' des Landes zu treten, der öffentlich, also beispielhaft erklärte, Vegetarier zu sein. Der Chef muss Fleischesser sein." (Derrida, zitiert nach Mellinger 2000, S. 7)

Ist er es nicht, dann könnte der in einem Ausnahmezustand auch nicht auf einen Militäreinsatz zurückgreifen (sicherlich gibt es auch Ausnahmen wie Hitler). Im Akt des Fleischessens dokumentiert sich die Bereitschaft zur Gewalt. Der Vegetarier hingegen zeigt über seinen Verzicht auf fleischliche Nahrung, dass er Gewalt und Blutvergießen ablehnt. Wie er überhaupt dem Materiellen ferner steht als der Fleischesser. Der Vegetarier erweist sich damit auch dem Göttlichen näher. Seine Seele ist durch den Fleischverzehr nicht beschmutzt.

Lebensreform / Vegetarismus und Gnosis

Krabbe (1974) bemerkt, dass Lebensreformbewegung und damit auch der Vegetarismus fast immer mit einer Geschichtstheorie verknüpft ist: „Paradies – Sündenfall – Erlösung" (S. 167) oder „als Drama von Fall und Erlösung" (ebd.). In Anlehnung ab Topitsch begreift Krabbe dieses Geschichtsmodell als gnostisch-eschatologisch. Zur Veranschaulichung zitiert er den Lebensreformer Schlickeysen:

> „Wie ein unheilbringendes Wetter zog ein grausamer Irrtum durch die Geschichte der Menschheit: die Verleugnung seiner eigenen Natur. An die Stelle des göttlichen Gesetzes stellte er seinen schwachen und kindischen Willen. Schwer hatte er im Laufe der Jahrhunderte zu büßen." (ebd. S. 167)

Nun „erstrahlt der armen gequälten Menschheit ein sonniger Strahl der Erlösung, in dem Lichte frugivorer Erkenntnis." (ebd. S. 167) Aus dem gnostischen Geschichtsmodell ergibt sich nach Krabbe ein gnostisches Bewusstsein, nämlich im Besitz des selig machenden Wissens zu sein, mit dem die Mitmenschen zu der einzig richtigen Lebensweise veranlasst werden müssen. Lebensreformer sind per se Missionare der einzig wahren Botschaft. Nur mit ihr kann die Welt gerettet werden. Aufgrund dieser Überzeugung können Lebensreformer nicht tolerant sein.

Aber nicht nur hinsichtlich des Geschichtsmodells ist die Lebensreform gnostisch inspiriert. Beim Vegetarismus ist die Ablehnung des Fleischverzehrs gleich zu setzen mit der Ablehnung der Materie, die wiederum ein Basiselement der Gnosis ist. Vegetarismus ist zudem das Kostregime fast aller gnostischen Sekten gewesen (Brumlik 1992)

Um den Zusammenhang zwischen Lebensreform / Vegetarismus und Gnosis breiter zu entfalten, soll im Folgenden kurz umrissen werden, was Gnosis ist:

- Ablehnung der Idee, dass die Schöpfung gut ist
- Dualismus von fernem guten Gott (deus absconditus, das Pleroma) und dem unwissenden bis bösen Schöpfergott (Demiurg, oft identifiziert mit dem Gott des hebr. Testaments)
- Antikosmische Tendenz: Wenn die Schöpfung nicht gut ist, dann ist die Welt als solche schlecht und verdorben, dann fühlt man sich in der Welt zutiefst in der Fremde (altes Katharer-Lied: Wir sind nicht von dieser Welt, und die Welt ist nicht von uns)
- Antisomatische Tendenz: Die Materie, insbesondere der Körper sind das Gefängnis der Seele; alle diesseitigen Begierden lenken ab vom Aufstieg der Seele. Zwei Lösungen: Askese oder Libertinage (es ist gleichgültig, was mit

dem Körper geschieht, oder: der Körper muss durch jede erdenkliche Sünde durch gegangen sein, damit sich die Seele dem Körper entbinden kann)

- Gnosis = Erkenntnis: Nur mittels Erkenntnis kann man zum fernen guten Gott zurückfinden. Das Wissen ist Erlösungswissen; Glaube alleine ist Gift

- Erkennen ist nur möglich, da in jeder Psyche ein Funken (scintilla) des fernen guten Gottes verhüllt ist

- Die Seele ist so vergottet

- Der gute Gott braucht wiederum den Menschen, um sich selbst aus den Fängen der Materie zu lösen; der Gott der Gnosis ist so diminuiert

- Eine *neue* Gnosis könnte all diese Stichworte ablehnen: Umwertung aller Werte als zentrales „Meta"-Merkmal der Gnosis: Die Eva der Bibel ist eigentlich die Gute, Kain ist der Gute

- das Denken in Paradoxa oder die Lust am Paradox

Bolz (1989) hat in seinem Buch „Auszug aus der entzauberten Welt – Philosophischer Extremismus zwischen den Weltkriegen" die Werke von Adorno, Benjamin, Bloch, Heidegger, Jünger, Lukács und Schmitt analysiert und trotz fundamentaler Unterschiede unter den genannten Theoretikern ein zentrales verbindendes Band identifiziert: die mehr oder weniger radikale gnostische Welterfahrung. So verdammt Adorno den totalen Siegeszug des Tauschwertes, Carl Schmitt erlebt diese Welt als bloße Maschinerie. Auch Max Weber gehört diesbezüglich in diesen Kreis, wenn er vom unentrinnbaren stahlharten Gehäuse schreibt. Einige Jahrzehnte später wird dann Foucault von den unentrinnbaren Fängen der Macht schreiben. Allen Autoren gemeinsam ist das gnostische Wahrnehmungsmuster, dass die Welt eine Gefahr darstellt, dass man wachsam sein muss, um nicht der Materie zu verfallen, um nicht einzuschlafen. Bekanntermaßen ist Philosophie keine Leidenschaft der breiten Bevölkerung. Die gnostische Philosophie des 20. Jahrhunderts konnte so die so genannte Masse nicht erreichen. Dazu war eher in der Lage die Lebensreformbewegung. Sie ist die Transmissionsriemen und die zentrale Marketingstrategie der Gnosis im 19. und 20. Jahrhundert.

Aber warum ist das 19. Jahrhundert die Geburtsstunde der Lebensreformbewegung, warum blühte die Gnosis im 19. und 20. Jahrhundert so immens auf?

Die Schwächung des christlichen Glaubens erlaubte der Gnosis, nach oben zu kommen, nicht ganz an das Tageslicht, sondern sich in bestimmten Formen zu präsentieren wie Pornografie und eben auch Vegetarismus. Sie äußerte sich auch in der Ablehnung des Materiellen, des Ungeistigen, nicht Seelenvollen. Geringerer Einfluss des christlichen Glaubens und technisch-industrieller Fortschritt gingen Hand in Hand. Noch nie in der Menschheitsgeschichte war Naturbeherrschung besser gelungen als im 19. und 20. Jahrhundert. Der durch die Schwächung des christlichen Glaubens erstarkte gnostische Blick konnte im Triumph des Fortschritts, des Materialismus, nur die Vollendung des Werkes des Demiurgen sehen. Das Versprechen der Moderne, Wohlstand und Glück für alle und das partielle Einlösen dieses Versprechens (ausreichend Essen für alle, geringere Krankheitsanfälligkeit, höhere Lebenserwartung) musste für die Gnostiker eine immense Gefahr darstellen. Der ferne Gott war nahezu vollkommen entrückt, der Mensch eingeschlafen, seiner Botschaft und seiner Seele verlustig gegangen. Dem eisernen Gehäuse der Moderne war nur noch mit Sprengstoff beizukommen. Ein Aufstieg zum fernen Gott, erschien entweder nicht mehr möglich oder die moderne Ungeduld, die auch den Gnostiker ergriffen hatte, duldete keinen langsamen allmählichen Aufstieg. Gegen die kalte materielle Welt war jedes Mittel recht, hatte sie doch die Menschenseele fast endgültig mit Beton und Stahl zugegossen und die Oberfläche des Betons mit Diamanten und Gold überzogen oder mit einer Legion an Fernsehern. Solange die Naturbeherrschung des Menschen unzureichend war, Hungersnöte immer wieder herrschten, Krankheit und Tod mitten im Leben waren, solange waren die gnostischen *Urängste* besänftigt. Das Dasein war voller Lücken, aus der jedermann dem Diesseits geschwind entschlüpfen konnte. Solange der Sensemann bereits dem 20jährigen freundlich und aufmunternd zulächelte, hatte dieser keine Angst, den Annehmlichkeiten des Diesseits schläfrig zu verfallen. Dazu hatte das Diesseits zu wenige Annehmlichkeiten anzubieten. Das Diesseits war wie ein alter rostiger Kühlschrank, in dem halb faules Fleisch lag. Heute dagegen sind fast alle Kühlschränke gut gefüllt, samt der Tiefkühltruhe, randvoll mit Produkten der verhassten Lebensmittelindustrie.

In Deutschland musste die Bedrohung durch den Sieg des Materialismus als besonders eindringlich wahrgenommen worden sein, rekurrierte es doch gerade in der Abhebung zu dem im 18. Jahrhundert in Europa dominierenden Frankreich weniger auf kühle Rationalität denn auf die unergründlich tiefe deutsche Seele (Hamann, Herder). Der Sieg des Materialismus bedeutete so den Tod der Seele, der deutschen Seele und damit des Deutschen an sich.

Nun wird verständlich, dass die Lebensreform in aller Regel streng asketisch ist, die Großstadt als Sündenbabel geißelt, Vergnügung und Ausschweifung als krankmachende Faktoren identifiziert, der vielfältigen und reichen Produktpalette der Lebensmittelindustrie als Gift aus dem Weg geht. Innerhalb der Lebensreformbewegung gibt es allerdings auch eine kleine Fraktion, die davon ausgeht, dass der Fall, der vor der Erlösung erfolgen muss, beinhaltet, durch alle erdenklichen Sünden durchgehen zu müssen. Die Orgien des Otto Gross auf dem Monte Verità wären hierfür ein Beispiel.

Zusammenfassend kann ein Zitat von Frecot (1980) vorgestellt werden, der eine Verbindungslinie zwischen Gnosis, Romantik und Lebensreform zieht:

> „… wird als älteste Protestbewegung Europas eine von den Gnostikern der nachchristlichen Jahrhunderte über die Mystiker des Mittelalters, aber auch über Heilkünstler, Alchemisten und Astrologen bis zu den Denkern und Künstlern der deutschen Romantik, den Theosophen des 19. und Anthroposophen des 20. Jahrhundert sich fortspinnende antirationalistische Linie sichtbar, die heute aktueller denn je zu sein scheint." (S. 56)

Wir wissen nicht genau, was Frecot mit aktueller denn je meint, aber klar ist, dass sich der Nationalsozialismus antirationalistisch gebärdet hat.

Lebensreform marschiert nach rechts

Vom Gesundheitsideal für das einzelne Individuum bis zur Obsession eines gesunden und reinen Volkskörper, der durch Drill, Askese und Eugenik hergestellt werden soll, scheint der Weg nicht weit zu sein. Krabbe (1974) nennt zahlreiche Lebensreformer, die von der Idee des gesunden Volkskörpers hingerissen waren. Lebensreform wurde deshalb, wie manche meinen, nicht nur geschickt von den Nazis vereinnahmt, die Lebensreform führt direkt in den Nationalsozialismus.

Prototypisch ist hierfür die Lebensgeschichte des Lebensreformers und Künstlers Hugo Höppener, später genannt Fidus. (Wir folgen zur Beschreibung seiner Biographie der Arbeit von Frecot, Geist, Kerbs (1972)). Fidus stammt aus wohlhabenden und gebildeten Mittelstand und wird zu einem bekannten Jugendstilkünstler. Er schließt sich der Lebensreformbewegung an, geht aus romantischen Gründen aufs Land, lebt in sozialer Isolation und unterstützt mit seiner Kunst völkisch-rassistische Splittergruppen der deutschen Jugendbewegung. 1932 tritt er in die NSDAP ein, 1943 wird Fidus von Adolf Hitler zum Professor h. c. ernannt. In den Schriften zur Lebensreformbewegung, zum Beispiel zum Monte Verità, bleibt die völkische Gesinnung ausgespart. Dort bleibt er der Künstler und Lebensreformer. Was verbindet Lebensreform mit dem Nationalsozialismus? Frecot et al. (1972) geben darauf eine ideengeschichtliche Antwort:

> „Während die Stadtfeindlichkeit im Kampf gegen Modernität, Zivilisation, Liberalität und Rationalität die gesamte Entwicklung des philosophischen Irrationalismus begleitet, die Beschwörungen des formlosen, fließenden unbestimmten und organischen Charakters von Welt, Mensch und Leben, so entwickelt sie, beeinflusst von deutsch-romantischen Autoren wie Fichte, Schelling und Arndt, immer mehr nationalistische Inhalte in der Ausbildung der konservativen Kulturkritik." (S. 16)

Frecot et al. (1972) zitieren in diesem Zusammenhang Massing (1959), der zu den „unversöhnlichsten Judenhasser" (S. 17) die „Roggenbrot-Enthusiasten" (S. 17) zählt. Der ideengeschichtlichen Erklärung der Kompatibilität von Lebensreform und Nationalsozialismus muss sich eine soziologische anschließen. Von welchen sozialen Gruppen war die Lebensreform getragen? Ähnlich wie für Barlösius (siehe oben; wobei die umgekehrte Reihenfolge wohl richtiger wäre) lief für Frecot et al. (1972) das Bürgertum Gefahr, zu denen nach unten (dem Proletariat) abzurutschen, zu denen sie nie kommen wollte. Zugleich konnte sich dieses Bürgertum im Prinzip nicht zutrauen, Teil des Großbürgertums zu werden, weswegen sie sich ihre besondere Identität über eine Moral gaben, die der der Großbürger überlegen sein sollte: die Moral der Lebensreformbewegung, asketisch und lustfeindlich, da ihnen Luxus und Überfluss nicht gegönnt war.

Wer es sich nicht leisten kann, den teuren Pelz zu kaufen, den eleganten maßgeschneiderten Anzug, der propagiert die Freikörperkultur, so Fidus und sein Lehrer Diefenbach, Pioniere der Freikörperkultur: Schön ist der nackte und gesunde Mensch, als kleine Natur in der großen Natur, verschmolzen mit der großen Natur, dieser Göttin, die den jüdisch-christlichen Gott ablösen soll (Frecot et al., S. 48): „Sehnsuchtsvoll trat dann die weite rosige Heide vor das Auge mit ihren stolzen schlanken Birken, mit den wehenden, lichtgrünen Zweigen. – Birken, den schlanken, sonnengebräunten Körpern unserer Mädels vergleichbar." (Hoffmann, zitiert nach Frecot et al. 1972, S. 48) Schön kann nur der nordisch-arische Mensch sein: „Goldenes Haar, blaue Augen, rothe Lippen, weiße Zähne und ein sammet-rothbrauner Leib – das ist die Farbenskala des Körpers der zukünftigen Menschen in Europa." (Pudor, zitiert ebd., S. 49) Der schöne Mensch, das ist der rassisch reine Mensch. Es ist möglich zu denken, dass Freikörperkultur zu einer liberaleren Sexualität führt. Das Gegenteil ist aber der Fall: Erotik und Sexualität werden als „großstädtische Entartungen des Zeugungstriebes" (ebd. S. 50) verdammt.

Für Vertreter einer eher linken Kulturkritik wie Frecot et al. liegen wichtige Gründe für den Weg von Fidus ins Dritte Reich in einem doppelten Scheitern. Die 1848er Revolution ist blutig niedergeschlagen worden, das Bürgertum hat sich nicht mittels einer Revolution die Macht in Deutschland erworben. Auch die sexuelle Befreiung bleibt aus. Grotthuß, ein Kritiker der Lebensreformbewegung meint dazu, dass die Vertreter der Lebensreform erst eine Religion gründen müssten, damit sie das Recht hätten, einen nackten Menschen anschauen zu dürfen (ebd. S. 50). Wer scheitert, der entwickelt möglicherweise Unterlegensheitsgefühle, die einen Antisemitismus speisen können, so auch bei Fidus: „Aber gemerkt habe ich immer wieder an Juden einen altrassischen Geisteshochmut, in welchem sie zwar allgemeine Menschlichkeit, ja nach Ausbruch des Krieges auch Deutschsein betonen, aber doch bei jeder Gelegenheit deutsche und germanische Einfältigkeit zu sehen glauben und verächteln, und vor allem stets nach Führung trachten." (ebd. S. 187)

Fidus Begeisterung für das nahende 1.000-jährige Reich, sein Eintritt in die NSDAP bringen nicht die gewünschte Anerkennung. Die von den Lebensreformern antizipierte Tatmensch wird mit dem Dritten Reich zwar Wirklichkeit, aber: „Als Tatmensch erweist sich plötzlich nicht mehr der Mensch der Ideen, die vergeistigte Führergestalt, sondern der Handelnde, der zuschlägt, umlegt, auslöscht und damit keinen altvölkischen Überbau mehr braucht." (ebd. S. 200) Fidus ist überflüssig geworden, weil sein Wirken mit dem nationalsozialistischen Geist nur teilweise übereinstimmt. Sierakowski (zitiert nach Frecot et al. 1972, S. 205f) begründet dies näher: „Wir begannen nach dem grausigen Erlebnis des Krieges und dem damaligen Zusammenbruch, die Dinge nüchterner und wirklichkeitsnäher zu sehen." Sprich: Fidus scheint dies nicht zu tun. Fidus wird als abgehobener wirklichkeitsabgewandter Schwärmer begriffen, der sich in Mystik und Theosophie verliert. Sie, „die Jugend von 1914", dagegen habe „durch harten Kampf und wirklichkeitsnahes Denken" etwas erreicht. „Wir stehen fest auf dieser Erde." Die Jugend von 1914 definiert sich über die Tat in der Wirklichkeit, nicht über den Rückzug in die Wälder. Fidus Antisemitismus unterscheidet sich von dem der Jugend um 1914, dass aus einer Haltung die Tat erwächst: der millionenfache Mord. Die Jugend von 1914 schwärmt weniger von Gedanken als von ihren Taten. Jede Idee, die nur Idee ist, ist sinnlos. Das ist die neue Haltung. Ob die Idee, die zur Tat schreit, legitim ist, ist eigentlich nebensächlich. Hauptsache ist, sie wird umgesetzt. Je irrwitziger die Idee ist, umso mehr Spaß macht es, sie zu realisieren.

Vollkornbrot

Merta (2008) begreift den, bereits im Zusammenhang mit der gnostischen Geschichtsphilosophie erwähnten, Schlickeysen (1843-1893) als den ersten „konsequenten" Vertreter (S. 67) einer Vollwertkost. 1875 schreibt er das Buch „Obst und Brot" (ebd.). Natürlich muss es Vollkornbrot sein. Für ihn gibt es vier Ursachen von Krankheiten: Diätfehler bei der Ernährung, beim Trinken, Unreinheit und Ausschweifungen (ebd.). Seine eigenen Empfehlungen haben ihm nicht so viel genutzt. Er starb „unbeachtet und verarmt" in New York (ebd. S. 68).

Das dunkle Vollkornbrot ist neben dem Brei über Jahrhunderte hinweg in Europa eigentlich das typische Lebensmittel der schlechten sozialen Lebenslagen. Wer wohlhabend ist, wer seinen sozialen Status über seine Mahlzeiten ausweisen will, isst dagegen Weißbrot aus Weizenmehl (Montanari 1993). Die Lebensreformbewegung kehrt diese historische Zuordnung um. Das einfache Essen, das vermeintlich naturnähere Lebensmittel wird aufgewertet. Dies kann als Aufstand und Angriff gegen die angeblich degenerierten und dekadenten Klassen der Aristokratie und des Bürgertums im Wohlstand verstanden werden. Das große Vorbild der Romantik, Goethe, hat in seinem „Werther" Lotte das schlichte Brot für die Kinder schneiden lassen, ein Bild, das Werther den Kopf verdreht (Goethe 2005). Die Romantik übernimmt das Faible für die schlichte Kost. Die Lebensreform setzt diese Tradition fort.

Schlickeysen, Graham, Simons, Steinmetz und Klopfer sind in der zweiten Hälfte des 19. Jahrhunderts die Kämpfer für das Vollkornbrot (ebd. S. 69). Graham predigte strengste Alkohol- und Fleischabstinenz und sexuelle Askese (ebd. S. 70) Klopfer plädiert für Roggenbrot und Roggenanbau (anstelle von Weizen), um die Autarkie Deutschlands zu stärken.

Im Dritten Reich erhebt Wirz die Brotfrage zu einem Politikum ersten Ranges (Melzer 2003, S. 185). „Das tägliche Brot soll das gute, reine, deutsche Vollkornbrot sein." (ebd.) Auch in der Brotfrage mündet die Lebensreform ohne Anstrengung in den Nationalsozialismus. In Journalen der Lebensreformbewegung wird das Plädoyer für das Vollkornbrot so begründet: „Die moderne Brotnahrung verdirbt auf Dauer die Rasse." (ebd.) Individuelles Wohlbefinden sei niemals ein Kriterium für die Lebensmittelauswahl:

> „Im nationalsozialistischen Staat handelt es sich niemals darum, dass es diesem oder jenem Menschen an sich, nach seinem eigenen Gesichtspunkt bemessen, gut geht, sondern es handelt sich darum, ob es dem ganzen Volk gut geht." (Wirz, zitiert nach Melzer 2003, S. 186)

Nur ein autarker Staat sei in der Lage, seine Bevölkerung hinreichend gut zu ernähren und auf dies Weise, den anstehenden Krieg zu gewinnen. Unabhängigkeit vom „internationalen jüdischen Getreidehandel" (ebd. S. 186) sei das Ziel. Im Sommer 1939 wird ein „Vollkornausschuss" ins Leben gerufen (ebd. S. 189), der ab November 1939 in „Reichsvollkornausschuss" (RVBA) umbenannt wird (ebd. S. 190). Kollaths „vollwertige Ernährung", die quasi eine Erweiterung des Vollwertbrotes darstellt, und, wie sollte es anders sein, von einem überzeugten Nazi und Rassehygieniker kreiert worden ist (Melzer 2003), wird dann Bestandteil der Satzung der DGE. „Diese begriffliche Kontinuität verwundert nicht, angesichts der personellen Kontinuität." (ebd. S. 291) Sprich: Die Führungselite der deutschen Ernährungsforschung im Dritten Reich ist auch in etwa die der DGE in den 50er Jahren des letzten Jahrhunderts. Angesichts dieser Kontinuität wäre es nicht falsch, bei Begriffen wie vollwertige Ernährung oder Vollkornbrot misstrauisch und nachdenklich zu werden.

Kapitel 2
Die Romantisierung von Volk und Nation: Die Wandervögel

Das romantische Motiv

Die beiden Grundelemente des Jugenderlebens, die in den vergangenen Abschnitten herausgearbeitet wurden, die Sehnsucht nach innerer Freiheit und das bündische Ideal (Vereinigung einer auserwählten Elite), sind im Deutschland des 18. und 19. Jahrhunderts immer wieder aufgetreten. Man könnte wichtige Aspekte der Romantik so verstehen, dass in deren Schöpfungen – Erzählungen und Novellen, Dramen und Romanen, nicht zuletzt auch im Liedgut und in der Musik der Romantik – stets diese beiden magischen Komplexe umkreist werden. Die Welt, so Novalis, soll verzaubert werden. Nur als verzauberte Welt ist sie erträglich:

> „Die Welt muss romantisiert werden. So findet man den ursprünglichen Sinn wieder…Indem ich dem Gemeinen einen hohen Sinn, dem Gewöhnlichen ein geheimnisvolles Ansehn, dem Bekannten die Würde des Unbekannten, dem Endlichen einen unendlichen Sinn gebe, romantisiere ich es." (Zit. n. W. Mogge, Hg., in 2009, S. 9). [28]

Joseph von Eichendorff hat dieser Welt des Sehnens und der ewigen Jugend in seiner Erzählung ‚Aus dem Leben eines Taugenichts' (erschienen 1826) ein eindrucksvolles Denkmal gesetzt. Der Ich-Erzähler, nach einer der wenigen nützlichen Tätigkeiten in seinem Leben (er ist kurzzeitig Zolleinnehmer in einem Schloss) ‚Einnehmer' genannt, fliegt zu Hause raus wegen notorischer Faulheit, er tut das, was er schon immer wollte: er wandert, einer unbestimmten Sehnsucht folgend, in die Welt, im Gepäck nicht mehr als seine Geige, mit der er durch sein Spiel die Menschen verzaubert. Über verschiedene Stationen, lauter Grafenschlösser, auf Wegen und Umwegen über Österreich und Italien, immer im Kontakt mit Künstlern, er selber ist auch einer, wenn auch dilettierend, immerhin; reist er teilweise in Begleitung von so berühmten Malern wie Leonardo da Vinci, er hilft diesem ohne es zu wissen in einer verzwickten Liebesangelegenheit; er trifft bei seinen Wanderungen auf seine Angebetete und wird am Ende, nach vielen Verwirrspielen, mit ihr Hochzeit halten. Ihr Dienstherr schenkt ihnen ein kleines Schloss.

---

28 S. dazu auch das Kapitel Quellen der Romantik im vorliegenden Band.

Eichendorffs Novelle erscheint dem Leser wie ein Märchen oder wie eine hintereinander gereihte Anzahl von Träumen, voller Wünsche, mit lauter Umwegen und mit der für das Märchen typischen Weg-Fabulierung aller Widrigkeiten und Widerstände bis zum glücklichen Ende; in sich stimmig im Reich der Phantasie, aber als dieses Reich der (phantasierten) Freiheit gleichzeitig weltenweit entfernt von der Realität. Klopstock und Lavater, Klinger und Lenz, Kaufmann und selbst Pfarrer Oberlin hatten ihr Reich nicht in dieser, der realen Welt. Sie erdachten als Dichter oder als Geistliche einen idealen Ort, einen Ort oberhalb der gegebenen Gesellschaft und sie boten dieser Welt durch ihre idealen Schöpfungen einen Zauber, einen höheren Sinn. Eichendorffs Novelle, sie ist von allen seinen Schöpfungen am nachhaltigsten, vielleicht ähnlich bedeutsam wie die Märchen der Gebrüder Grimm in die schriftliche Überlieferung der Romantik eingegangen, enthält neben anderen archetypischen Figuren sowie einer Idyllisierung des Landlebens und der Adelsherrschaft noch eine andere Idee, die Hochschätzung des Wanderns. Es handelt sich um eine bürgerliche Adaption des mittelalterlichen Brauchs, dass Handwerksgesellen übers Land wanderten, wie in der Zunftordnung vorgesehen. In dem profanen Motiv des Wanderns findet sich ein Grundelement der knapp 100 Jahre später gegründeten Wandervogelbewegung. Nachdem die Lokomotive und mit ihr die industrielle Revolution seit den 30er Jahren des 19. Jahrhunderts ihren Siegeszug antraten und nach der Entstehung der ‚Großen Industrie‘ als Leitprinzip der industriellen Revolution entwickelte sich innerhalb des Bürgertums, vor allem innerhalb der gebildeten Schichten, im ausgehenden 19. Jahrhundert eine Abwehr gegen die wirtschaftliche Rationalisierung und damit gegen eine wichtige Säule der modernen Gesellschaft. Es war, wenn man Winfried Mogge folgt, ein unbedeutender Lesetext in einem Deutschbuch der gymnasialen Oberstufe, der in dem kleinen Ort Steglitz am Rande von Berlin aus der ‚Reise zu Fuß‘ eine im Jahr 1911 bereits mehr als 17.000 Mitglieder zählende Jugendbewegung, die Wandervogelbewegung, entstehen ließ (Mogge 2009, S. 14).

Der Wandervogel

Hermann Hoffmann, ein reformorientierter Lehrer in Steglitz (damals ein kleiner Ort vor den Toren von Berlin), der seinen Schülern auf freiwilliger Basis Stenographieunterricht verabreichte, habe (so lautet seine Erzählung in eigener Sache) in seiner Gymnasialzeit in Magdeburg beim Unterrichtsthema ‚Reise zu Fuß‘ erlebt, wie sein Lehrer urplötzlich mit der Faust aufs Katheder geschlagen hätte und die Schüler in seiner Klasse im Brustton des reformerischen Pathos als Schlafmützen beschimpfte. Zu seiner Schulzeit sei in Ferienzeiten das Wandern losgegangen (zit. n. Ille und Köhler 1987, S. 54).

Die deutsche Wandervogelbewegung, eine von oben angestoßene Bewegung, eher wohlmeinend ausgelöst als revolutionär, wurde in den Köpfen der Älteren geboren und dann von der Jugend adaptiert. Es ist mehr der romantische Geist von Eichendorff und weniger das aufklärerische Gleichheitsdenken von Rousseau, der bei der Gründung der deutschen Jugendbewegung von 1906 Pate gestanden hat.

In der deutschen Wandervogelbewegung vom Anfang des 20. Jahrhunderts verbinden sich Elemente des ‚Moratoriums' – als abgeschwächte Symptomatik, mehr Abenteuerlust als Krise des Jugendalters – und der ‚Verzauberung' der Welt durch das romantische Empfinden. Wie bei Rousseau gilt auch hier die Natur als Ort einer Freiheit, die noch nicht den Konventionen der Zivilisation unterworfen und dadurch in der Vorstellung ihrer Anhänger deformiert ist.

Der Wandervogel ist zwischen 17 und 25 Jahre alt, meistens mit bürgerlichem Hintergrund, häufig Abstinenzler, er liebt die Gesänge am Lagerfeuer, er ist bekleidet mit Pelerine und rot-grüner Mütze wie die Gymnasiasten der Wilhelminischen Epoche, manchmal kommt er daher mit Umhang und langem Bart wie der späte Tolstoi; er wird angeleitet von Gymnasiallehrern, die voller guter Grundsätze sind, die gerne wandern und die ihren Schülern von Nikotin und Alkohol sowie von sexuellen Ausschweifungen abraten. Der Wandervogel verhält sich distanziert gegenüber der städtischen Kultur, seine Kritik am Kapitalismus ist romantisch, nicht sozialistisch oder künstlerisch-subversiv.

Der Publizist Harry Pross hat die Motivlage der Mitglieder des frühen Wandervogels in der folgenden prägnanten Formulierung zusammengefasst:

> „Wandervogel – das ist modernes Lebensgefühl ohne die Beschränkung der Organisation. Wandervogel – das ist Kokettieren mit der Heimatlosigkeit im Schoß der bürgerlichen Familie, Erinnerung an die rauhe Zeit des Handwerkerdaseins, aus dem diese Familien dank der industriellen Revolution aufgestiegen sind… und Vertreiben der gegenwärtigen Zeit durch die Rückkehr in historisches Gewesenes" (zit. n. Mooge, a.a. O., S. 27).

Wir notieren bei Wege lang die Nebenbedeutung des Wortes ‚Zeitvertreib' als eine sprachlich verschliffene und dadurch unbewusst gewordene Abwehrhaltung.

Die Individuen und Gruppen, die sich auf gymnasialer oder akademischer Ebene zusammenfanden und anlässlich der großen Initiationszeremonie auf dem Hohen Meissner 1913 als Teil einer freideutschen Jugend konstituierten, waren die legitimen Nachkommen der Romantiker, vor allem was die Naturverbundenheit in der ästhetischen Anschauung, in der Lebensweise oder hinsichtlich der Traditionsbildung angeht. Zwischen der Vätergeneration der ‚Sieger von Sedan' (gemeint ist der militärische Konflikt mit Frankreich von 1871) und den jugendlichen

Trägern der Wandervogelidee bestand, möglicherweise schärfer als jemals zuvor
in der deutschen Geschichte, ein Generationenkonflikt.

Unter Parolen wie ‚Mit und zieht die neue Zeit' oder ‚Jugend führt Jugend'
zog eine neue Generation heraus aus der Stadt, bewehrt mit Rucksack und Liederbuch (‚Der Zupfgeigenhansl'); die Pioniere der Bewegung waren bekleidet mit
Pelerine, Tornister und Schülermütze. Zum ersten Mal war es unter generationen-
spezifischem Vorzeichen, dass sich junge Menschen im Zeichen einer Organisati-
onsidee versammelten. So heißt es in dem Gründungsaufruf zum Meissnertreffen:
„Die deutsche Jugend steht an einem geschichtlichen Wendepunkt. Die Jugend,
bisher aus dem öffentlichen Leben der Nation ausgeschaltet und angewiesen auf
eine passive Rolle des Lernens, auf eine der spielerischen Geselligkeit und nur ein
Anhängsel der älteren Generation, beginnt sich auf sich selbst zu besinnen". (zit.
n. Mogge und Reulecke, Hg., 1988, S. 68).

Protestantische Idealwelten

Man könnte die Ideale und die Werte, in deren Zeichen die Wandervogelbewegung antritt, als eine Empörung gegen die bestehenden Verhältnisse, allerdings
ohne ein konkretes Ziel und ohne einen konkreten Gegner bezeichnen. Die Ziele
der Wandervogelbewegung richten sich nicht gegen die sozialen Missstände der
Wilhelminischen Klassengesellschaft, auch nicht gegen den politischen Skandal
des Dreiklassenwahlrechts. Die Wandervogelbewegung bringt in ihrem geistigen
Kern eher ein Unbehagen der nachwachsenden Generation gegenüber der selbst-
gefälligen Enge der Vätergeneration zum Ausdruck. Da die Jugendbewegung von
1913 nicht, wie im ‚Sturm und Drang', wie bei der jungdeutschen Bewegung in
den 30er Jahren des 19. Jahrhundert oder wie später im Fall der 1968er-Bewe-
gung, ihren Stoß gegen die etablierte Ordnung richtet, weist sie zunächst ein hohes
Ausmaß an Diffusität auf. Hier liegt eine Chance für wechselseitige Lernprozes-
se, ebenso aber auch die Gefahr einer hohen Beliebigkeit und eventuell auch das
Risiko, für unterschwellige Strömungen instrumentalisiert zu werden.

Die Wandervogelbewegung war ein Produkt der norddeutschen Romantik.
Hans Blüher, ein Mitstreiter aus der frühen Wandervogelbewegung, bringt diesen
Aspekt auf den Punkt.

> „Das Ideal des Protestantismus, wie es in ganz Norddeutschland heimisch ist, hatte in Steglitz
> seine besondere und stark betonte Kultstätte. Um mächtig zu sein, hatte es sich mit den Idealen
> des Staates verbunden, so dass ein strenger und geharnischter Patriotismus seine Kehrseite ward.
> Dazu kam die kulturelle Überlieferung des Klassischen aus Rom, Griechenland und Weimar und
> ergab das Bekenntnis der Steglitzer Bildung." (Blüher 1912, Bd. 1, S. 7).

Allerdings gibt es auch eine positive Anknüpfung an die von Rousseau propagierte Freiheitsidee. In der Meissnerformel „Die freideutsche Jugend will aus eigener Bestimmung, vor eigener Verantwortung, mit innerer Wahrhaftigkeit ihr Leben gestalten" (zit. n. Ille und Köhler, a.a.O., S. 139) wird, gegen den Strom der Zeit, der individuellen Autonomie eine programmatische Basis gegeben. Selbstbestimmung, Eigenverantwortung und Wahrhaftigkeit gehören zu einer protestantischen Ethik des Gewissens. Sie wirken wie ein innerer Kompass und gleichzeitig, in der Kontinuität der deutschen Stürmer und Dränger, als Maßstab für eine kritische Haltung gegenüber dem Wilhelminischen Obrigkeitsstaat. Damit eine solche Autonomie gesellschaftlich wirksam werden konnte, bedurfte es weiterer gesellschaftlicher Bedingungen. Dazu gehören der politische Pluralismus mit parlamentarischer Kontrolle, mit unabhängigen Gerichten und einer freien Presse. Letztere waren im deutschen Kaiserreich nur eingeschränkt, die erstere gar nicht gegeben. Ein anderer Aspekt erscheint im vorliegenden Zusammenhang noch entscheidender. Er liegt auf dem Feld der Mentalität.

Die idealisierten Kulturwerte wie Einheit, Reinheit oder Vitalität des Volkes waren von romantischen Dichtern und politischen Denkern als normative Begriffe in die Diskussion eingeführt worden. In der Übertragung dieser Idealisierung auf die realen gesellschaftlichen Verhältnisse ergab sich allerdings eine folgenreiche Diskrepanz. Wenn nämlich in solchen Vorstellungen speziell das deutsche Volk dazu ausersehen war, gegen den ‚Materialismus' der westlichen Gesellschaften die erhabenen Werte der Kultur Wirklichkeit werden zu lassen, so musste dies zu einer verhängnisvollen Spaltung zwischen Idealwelt und Alltagswelt und gleichzeitig zwischen Deutschland und seinen westlichen Nachbarn führen. Das Meissnertreffen kann insofern als Gründungsakt einer eigenständigen deutschen Jugendbewegung angesehen werden. Die Vertreter des deutschen Wandervogel waren die zahlenmäßig stärkste Gruppe auf einem Treffen auf dem Hohen Meissner, wenige Kilometer östlich von Kassel gelegen, im Oktober 1913. 14 Verbände unterzeichneten den Aufruf zur Meissnerkonferenz, hinzu kamen eine noch größere Anzahl von Unterstützern aus den Bereichen von Lebens- und Erziehungsreform, Philosophen, Pädagogen und Verleger der verschiedensten Couleur. Ihre Beiträge ermöglichen dem heutigen Beobachter ein differenziertes Bild über die Erwartungen, die Ängste sowie die Ratschläge an die Jugend von 1913.

Äußerer Anlass des Meissnertreffens von 1913 ist die 100-jährige Wiederkehr der Befreiungsschlacht gegen die französische Invasionsarmee im Leipziger Raum. Die ‚Ideen von 1813' werden in zahlreichen Reden und Grußadressen angesprochen . Was im Jahre 1813 noch Teil eines europäischen Universalismus war mit dem Gedanken von nationaler Selbstbestimmung, darin eingeschlossen die For-

derungen von Meinungs- und Pressefreiheit sowie von demokratischer, d.h. von
parlamentarisch regierter Volkssouveränität, ist unter den Machtverhältnissen im
Wilhelminischen Deutschland in eigentümlicher Weise verrutscht, verschoben in
die Perspektive einer nationalen Sonderentwicklung.

Der Einladungstext zum Meissnertreffen von 1913 ist noch weitgehend frei
von nationalistischen Abirrungen. Der Wertekanon eines selbstverantwortlichen
Individualismus, wie er bei den ‚Ideen von 1789' zugrunde lag und ebenso, prä-
ambulär, in alle westlichen Verfassungen in der Form der Menschen- und Bürger-
rechte einging, wechselt allerdings zunehmend die Farbe. Er wird beim Meissnertreffen präsentiert als eine Art von nationalem Sondervotum, nun gerichtet *gegen*
den westlichen Individualismus und im Namen einer gefühlsbetonten und, national wie gruppenspezifisch, nach Innen gerichteten Kultur. Die östlichen Kulturen
erscheinen diesem Denken als unterwertig, der westliche Individualismus als un-
ernst und oberflächlich. Die eigene Nation wird dagegen versehen mit einer Aura
des tiefen Ernstes, häufig mit tragischem Unterton. Dieser ambivalente Gestus
durchzieht bereits Fichtes ‚Reden an die Deutsche Nation' im Jahre 1808, als die
deutschen Fürstentümer besetzt waren von der französischen Invasionsarmee unter Napoleon. Kein Redner auf dem Meissnertreffen, der in diesem Punkt nicht
bemüht wäre, aufzuschließen zu der Kultfigur von 1813, Johann Gottlieb Fichte.

Es erscheint von daher gesehen folgerichtig, dass sich nur ein Jahr nach dem
Treffen auf dem ‚Hohen Meissner' und im Zeichen des bevorstehenden Krieges
eine große Mehrheit von Geistesschaffenden bereit findet zu einem öffentlichen
Aufruf, wo mit rhetorischen Fanfarenklängen die Idee einer deutschen ‚Kulturnation' (‚Ideen von 1914') gegen die Ideen von 1789 gestellt werden[29]. In dem os-
zillierenden Volksbegriff, teilweise vitalistisch gefasst, angesetzt gegen die, wie
es den Anhängern erscheint, krank machende Moderne, teils bereits offen rassis-
tisch, deuten sich diese Linien der Spaltung bereits beim Treffen der ‚Freideutschen Jugend' auf dem Hohen Meissner an.

Die Aktivisten der deutschen Jugendbewegung wiesen in ihrer geistigen Haltung eine doppelte Frontbildung auf. Einmal standen die Gruppen der ‚freideutschen Jugend' gegen den Pomp der Macht in der Wilhelminischen Gesellschaft und
gegen die Träger dieser Gesellschaft wie etwa die schlagenden Verbindungen, gegen die starre Disziplin im Elternhaus, in der Schule oder, in geradliniger Fortset-
zung, in den nationalistischen Verbänden von Adel und Militär. Zum anderen, und
hier beginnt eine Zone der Latenz mit vagen Grautönen und nicht erklärten Über-

---

29   S. dazu Werner Greiwe (Hg.): Der Geist von 1914. Zerstörung des universalen Humanismus?
     Loccum 1990; s. dazu auch E. Troeltsch: Deutscher Geist in Westeuropa. Tübingen 1925, S.
     31-58.

gängen, standen die Wandervögel in ihrer Haltung gegen die moderne Welt, den Kapitalismus, die urbane Kultur und die moderne Technik und ebenso gegen die künstlerischen Avantgarden des beginnenden 20. Jahrhunderts. Ein Ressentiment gegen alles Fremde ist wahrscheinlich ein deutsches Langzeiterbe des 30-jährigen Krieges. Beim Meissnertreffen rückte beides bis zur Unkenntlichkeit ineinander: der Auszug aus der hektischen Großstadt und die Lagerfeuerromantik auf der einen Seite sowie eine ethnische Absonderung mit schriller Begleitmusik gegen die als dekadent empfundene Kultur der westlichen Nachbarländer auf der anderen.

In dem wechselvollen Jahrzehnt zwischen 1805 und 1813 steigerte sich das antiwestliche Denken in Deutschland, es war namentlich gegen den ,Erbfeind' Frankreich gerichtet. Die Ideen der Freiheitskämpfer von 1813 waren antinapoleonisch ausgerichtet aber sie waren nicht in jedem Falle aufgeladen gegen die Ideen von 1789. Beim Meissnertreffen ein Jahrhundert später ist der deutsch-französische Gegensatz zum Kulturkampf geworden. Das antiwestliche Ressentiment hat bei manchen Gruppen auf dem Meissnertreffen, so etwa bei der ,Deutschen akademischen Freischar', beim ,Bund Deutscher Volkserzieher', besonders ausgeprägt beim österreichischen Wandervogel, bereits einen völkischen Unterton. Der Topos der ,Kulturnation', den deutsche Schriftsteller und Philologen national zu okkupieren bemüht waren, mutierte zunehmend zum Kampfbegriff, er trug in sich das Potential einer mentalen Spaltung.

Die Ideen von 1913

Von der protestantischen Biederkeit im Wilhelminischen Deutschland ist bei dem Treffen auf dem Hohen Meissner nichts zu spüren. Die Bilddokumente zeigen eine Vielfalt von Kleidungen und von Aufmachungen, die an die Hippiebewegung ein halbes Jahrhundert später erinnert. Aber bereits bei der Vorstellung der eingeladenen Jugendbünde, alle warten auf mit kurzen programmatischen Vorstellungen ihrer Ziele, kommt ein völkisch verengter Unterton zum Vorschein. Für diese Tendenz exemplarisch, profiliert sich ein Bund ,Germania-Abstinentenbund an deutschen Schulen' mit dem Bekenntnis, zunächst habe man nur an Gesundheit gedacht, gegen Nikotin und Alkohol. „Dann erkannten Germanen einen Trieb als Grundlage: restlos der Entwicklung seiner Art zu dienen, d.i. dem ihm völkisch am Nächsten stehenden, seiner Rasse. Der Glaube an ihren ewigen Bestand liegt uns im Blute." (Zit. n. Mogge und Reulicke, a.a.O., S. 98).

Eindeutig diesseits dieser mentalen Spaltung bewegten sich beim Meissnertreffen eine Reihe von Gruppen und deren Exponenten, die ganz im Geist der Naturromantik aufgingen und ihr Leben auf freie Selbstentfaltung gründeten. Hierzu zählte etwa der Verleger Eugen Diederichs und der von ihm gegründete Sing- und Tanzkreis Sera. Diederichs verlegte Autoren wie Novalis, Tolstoi oder die englischen Industriereformer William Morris und John Ruskin. Diederichs Denken war natur-romantisch und liberal. Diederichs vertrat den Gedanken einer individuellen Selbstverwirklichung durch Lebensreform. Er sammelte um sich einen Kreis von Enthusiasten, die das Sonnenwendfest zelebrierten und sich zu Singen und Tanzen trafen. Beim Meissnertreffen plädiert Diederichs für den Wert der Selbstverantwortung und er bremst den hochfliegenden Idealismus durch den Verweis auf die zwar besonderen aber gleichzeitig auch begrenzten Möglichkeiten des Jugendalters.

Wer sich eng an den Buchstaben der entsprechenden Verlautbarungen hält, könnte vor sich das Bild des bündischen Lebensreformers oder auch des eifernden Studienrats erblicken: eifernd ‚in bester Absicht', immer noch getragen durch ein umfassendes Verständnis und beachtliche Kenntnisse der ‚Alten', von Luther und Erasmus über Kant und die Weimarer Klassiker bis zu den deutschen Romantikern. Je mehr allerdings der Universalismus der Aufklärungsidee in den Hintergrund rückte, je mehr die Absicht einer deutsch-völkischen Mobilisierung ins Zentrum gestellt wurde; je mehr die Askesevorstellung aufgeladen wurde mit dem Gegenbild der minderwertigen Gruppe, welcher Herkunft und in welchem Begründungszusammenhang auch immer, ob als Aspekt einer elitären Kritik am Industrialismus oder in einem ethnischen oder rassistischen Kontext: überall dort war der zivilisatorische Dammbruch vorbereitet oder ansatzweise bereits vollzogen. Solche Risse im Gebäude einer jugendbewegten Euphorie zeigen sich in zahlreichen Reden und Verlautbarungen auf dem Meissnertreffen von 1913.

Der nationale Sonderweg

Exemplarisch lässt sich die kulturelle Grenzaufweichung herausarbeiten anhand von zwei Gruppierungen samt ihren Exponenten, die im Ansatz eher volks-erzieherisch wirkten, die aber gleichzeitig in starkem Maße auf die deutsche Jugend ausgerichtet waren und deren Sprecher auf dem Hohen Meissner ein gewichtiges Wort mitredeten: der Vortrupp-Bund und der Dürerbund. Ersterer wurde geleitet von Hermann Popert, einem Richter in Hamburg, der dem Guttemplerorden angehörte, sowie von Hans Paasche, einem Offizier, der in Afrika eingesetzt wurde und sich durch seine Erfahrungen zum Antimilitaristen entwickelte.

Der Dürerbund zählte in Deutschland zu den einflussreichsten Organisationen auf dem Gebiet der Kultur. Er wurde im ersten Drittel des 20. Jahrhunderts propagiert als Ort der Sammlung für das ‚Deutschtum der Werdenden'. Der Dürerbund wurde gegründet und geleitet von Friedrich Avenarius. Avenarius war Vertreter des

Werkbunds und Gegner der Bauhaus-Moderne. Gemeinsam mit Knud Ahlborn, einem prominenten Teilnehmer am Meissnertreffen, rief Avenarius einen Verein zur Bewahrung der Insellandschaft von Sylt ins Leben. Außerdem war er Mitglied der Deutschen Gartenstadt-Gesellschaft. Avenarius war ein glühender Verehrer von Karl May, dem er eine positive erzieherische Wirkung auf die deutsche Jugend zuschrieb. Der Dürerbund zählte in der Weimarer Republik etwa 50.000 Mitglieder. Seine Broschüren erreichten häufig Auflagen von einer halben Million. Die Sprecher des Dürerbundes propagierten die Auffassung, dass ein deutsches Volkstum sich gegen das westliche und mehr noch gegen das östliche Ausland abzusetzen habe. ‚Ausländerei' ist seit Fichtes ‚Reden an die deutsche Nation' (1808) ein Kampfbegriff. Im Dürerbund wurde eine nationalistische Kampfsprache gepflegt unter dem Vorzeichen einer Kulturnation Deutschland.

Hermann Popert hatte mit ‚Helmut Harringa. Eine Geschichte aus unserer Zeit' zu Anfang des 20. Jahrhundert einen Erfolgsroman verfasst, der bis zum Ende der Weimarer Republik nicht weniger als 300.000 mal verkauft wurde. Er wurde vertrieben vom Vortrupp-Bund, geleitet von Paasche und Popert und später vom Dürerbund. Popert war als Mitglied des Guttemplerordens strikt gegen Nikotin- und Alkoholgenuss. Beides gilt ihm als Zeichen der Dekadenz, deren Quelle er wiederum in dem ‚Berliner System' orten will. Die moderne Fabrikwelt, die technisch-wirtschaftliche Rationalität, die ausufernde Werbung und eine ausschweifende Sexualität gelten ihm als eine ‚artfremde' Erscheinungen in einer Welt, gegen die der Romanheld Hermann Harringa antritt. Herrmann, jung, blond, Ostfriese, tritt im Namen eines nordischen Germanentums an gegen die ‚Entartungen' der industriellen Moderne, gleichzeitig gegen die ‚Rassenvermischung' in der Großstadt, namentlich wird Berlin genannt. Das abgelehnte Fremde in Poperts Erfolgsroman wird personifiziert durch Slawen, Südländer oder Asiaten. Der Roman ‚Helmut Harringa' bietet ein Sammelsurium von antimodernen Ängsten und rassistischen Projektionen, unterlegt mit einem Germanentum im schlichten Postkartenformat; es ist ein Appell an primitive Gefühle, eine Mixtur aus Antimoderne und Ressentiment gegen fremde Ethnien, ein Rassismus noch mit angezogener Handbremse. Das heilige Land am Horizont, so heißt es im Vorwort von ‚Helmut Harringa' ist das Land, in dem das gesunde und starke, das freudige und freie Volk herrschen soll.

Die Wege von Popert und Paasche trennen sich nach dem Ende des 1. Weltkriegs. Popert, der sich zunächst sonnt im Verkaufserfolg seines Romans ‚Hermann Harringa', vertritt nach dem Ende des 1. Weltkriegs eine gemäßigt pazifistische Position. Geschwächt durch die Inflation zu Anfang der 20er Jahre geht er wieder in den Justizdienst zurück. Popert stirbt, man kann es symbolisch verstehen, 1932, im letzten Jahr der Weimarer Republik. Hans Paasche, Mitgründer des

‚Vortrupps' nahm dagegen einen anderen Weg. Durch seine militärischen Erfahrungen in Afrika zum Pazifisten geworden, sprach sich Paasche beim Meissnertreffen strikt für den Pazifismus aus. Paasche trat in den Revolutionswirren nach 1918
der USPD bei. Paasche wurde 1920 von Soldaten der schwarzen Reichswehr, einer
Freischärlertruppe, auf seinem Landgut ermordet. Die Ermittlungen wurden von
der Staatsanwaltschaft niedergeschlagen. Prominentester Redner bei seiner Beer-
digung war Kurt Tucholsky. Tucholsky starb im Jahre 1935 im schwedischen Exil.

Den schrillen Höhepunkt des Anti-Denkens beim Meissnertreffen bietet die
Rede von Helmut Klages. Klages gehört zu Anfang des 20. Jahrhunderts neben
Oswald Spengler zu den Protagonisten des Kulturpessimismus. Was die Beson-
derheit seines Beitrags ausmacht ist ein unversöhnlicher, hasserfüllter Ton gegenüber Allem, was die wirtschaftliche und technische Moderne ausmacht. Ein ver-
stecktes ‚Innenleben' sieht Klages im nationalen Erleben seit dem 19. Jahrhundert,
dem nun, seiner Empfindung nach, die ‚Freideutsche Jugend' Ausdruck geben soll.
Klages zitiert als gewichtigen Zeitzeugen wiederum Joseph von Eichendorff, den
Autor der romantischen Erzählung ‚Der Taugenichts'.

Klages nimmt hier Bezug auf eine Textstelle aus Eichendorffs Zeitroman ‚Ahnung und Gegenwart', erschienen im Jahre 1815.

> „Mir scheint unsere Zeit dieser weiten, ungewissen Dämmerung zu gleichen! Licht und Schatten
> ringen noch ungeschieden in wunderbaren Massen gewaltig miteinander, dunkle Wolken ziehen
> verhängnisschwer dazwischen, ungewiss ob sie Tod oder Segen führen, die Welt liegt unten in
> dumpfstiller Erwartung. Kometen und wunderbare Himmelszeichen zeigen sich wieder, Gespens-
> ter wandeln wieder durch unsere Nächte, fabelhafte Sirenen tauchen wie vor nahen Gewittern
> vor neuem über dem Meeresspiegel und singen, alles weist wie mit blutigem Finger warnend auf
> ein großes, unvermeidliches Unglück hin. Unsere Jugend erfreut kein sorgloses leichtes Spiel,
> keine fröhliche Ruhe wie unsere Väter, uns hat frühe der Ernst des Lebens gefasst. Im Kampfe
> sind wir geboren und im Kampfe werden wir überwunden oder triumphierend untergehen." (zit.
> n. Mogge und Reulecke, S. 106)

Dies ist die unheilwabernde Stimmung, in welcher der Redner nochmals drauf-
legt. Klages gibt dem Kampf für die deutsche Kultur einen Namen. Er greift die
Moderne und die Quellen der Moderne, das Christentum, die Aufklärung und
den Fortschrittsglauben in fundamentaler Weise an. Klages beschwört ein welt-
weites Szenario von Entseelung und Zerstörung, Nichts und Niemand ist ausge-
nommen. Dem heutigen Leser, überfüttert mit Spektakeln und Sensationen, vermittelt sich der Eindruck von glamourösem Kitsch. Aber aufgeblähtes Pathos und
pompöse Theatralik gehörten zur Sprachkultur des Wilhelminismus. Die Position von Klages repräsentiert auf dem Meissnertreffen einen Extrempol, aber der
Redner steht mit seiner Untergangsoptik keinesfalls allein. Klages Bild ist apo-
kalyptisch. Die globale Entwicklung, so lautet der Tenor in seinem Beitrag, mün-

de unvermeidlich und unaufhaltbar in ein Desaster: in die ‚Selbstzersetzung des Menschentums'(ebd., S. 180).

Aber es geht in Wirklichkeit um eine andere Zersetzung. Es ist eine Mixtur von Determinismus und Hassrhetorik, wodurch sich Klages profiliert als Zerstörer an der deutschsprachigen Kultur. Die Tatsache, dass er im vorliegenden Zusammenhang auf den Zug einer mehrheitlich immer noch anders gestimmten Jugendbewegung aufsteigt, macht nochmals deutlich, wie sehr bereits im Wilhelminischen Deutschland Personen und Strömungen wirksam waren, die auf eine Zerstörung des kulturellen Pluralismus zielten. Nach dem verlorenen Krieg suchten sich die Protagonisten der Antimoderne ein anderes Objekt. Es war der politische Pluralismus und nunmehr auch die bürgerliche Kultur selber, die von Autoren aus dem Umkreis von Spengler, Klages oder von Ernst Jünger als hasswürdig und überlebt denunziert wurde. Ein Jahrzehnt lag die Republik am Boden. Die Nationalsozialisten griffen zu.

Vom Kulturdiskurs zum Mythos. Das Beispiel Gustav Wyneken

„Die Deutschen können das Glück und die Größe nicht recht vertragen. Ihre Idealität ruht auf Sehnsucht" (zit. n. Mogge und Reulecke, S. 146). Dieses scharfsichtige Urteil von Arthur Feiler (ein Wirtschaftsjournalist, der später in die USA emigrierte), beruht auf einer Analyse des Wilhelminischen Zeitalters. Feiler erkennt in dem wirtschaftlich-industriellen Aufschwung Deutschlands eine Tendenz zur Übertreibung, wodurch entweder ein unpolitisches Fachmenschentum, eine Masse von Mitläufern oder im schlimmsten Falle ein Typus von Ellenbogenmentalität entstehe, dem sich die Meissnerjugend durch ein kritisches Bewusstsein entgegenstellen müsse (ebd.). Feiler optiert, ohne diesen Begriff *expressis* verbis zu erwähnen, für ein jugendliches Moratorium, welches an den Werten der Freiheitskämpfer von 1813 ausgerichtet werden solle.

Feiler erinnert in seiner Rede auf dem Meissnertreffen auch an die Niederlage der bürgerlichen Bewegung von 1848. Nicht das ‚Erwachen' einer völkischen Bewegung sondern die Neubesinnung zu Selbstbestimmung und jugendlicher ‚Idealität' in einer demokratischen Gesellschaft machen für ihn den Sinn und die Perspektive der ‚Freideutschen Jugend' aus. Feiler trifft sich in diesem Punkt mit den Bildungsreformern wie Wyneken, Bernfeld oder Flitner bzw. wie Paul Geheeb oder Hermann Lietz als Vertretern der Landschulbewegung[30]. Nur Wyneken ar-

---

30 S. dazu das vorige Kapitel im vorliegenden Band.

tikuliert sich allerdings auf dem Hohen Meissner. Seine Konzeption von Jugend-
bildung sei hier kurz erläutert.

Gutav Wyneken gehört zu den beherrschenden Figuren des Meissnertreffens
von 1913. Die Meissnerformel ist wesentlich von ihm verfasst worden. Wyneken
versteht den Autonomie-Anspruch der ‚Freideutschen Jugend‘ als Plädoyer für
eine Jugendkultur, deren Bildungsfundamente im Wesentlichen erst noch gelegt
werden müssten. Als Initiator und Leiter der ‚Freien Schulgemeinde Wickersdorf‘
arbeitet Wyneken, ähnlich wie andere Reformpädagogen seiner Zeit wie Flitner
und Bernfeld auf dem Gebiet der wissenschaftlichen Forschung bzw. wie Paul Geheeb und Hermann Lietz auf dem Gebiet der Landschulheime nach englischem
Vorbild an einer bildungsreformerischen Alternative zum hierarchischen Schul-
system im Wilhelminischen Deutschland. Auch Walter Benjamin war zeitweise
Schüler von Gustav Wyneken.

Wyneken versteht das Meissnertreffen als ersten Schritt einer Bildungsreform, die sich ebenso auf die inhaltlichen Aspekte des Unterrichtsstoffs wie auf
die Schülermitverwaltung richtet. Wyneken wurde von der konservativen Mehrheit
der Bildungsträger schroff abgelehnt. Im preußischen Kultusministerium wurden
dagegen in den 20er Jahren unter sozialdemokratischer Leitung einige seiner Ide-
en aufgegriffen. Wynekens Vorstellungen von Partnerschaft und Kameradschaft
zwischen Lehrenden und Lernenden in den Reformschulen führten ihn allerdings
auch in menschliche Verstrickungen. Er wurde innerhalb eines Jahrzehnts zweimal
angeklagt wegen sexuellen Missbrauchs von Schülern[31]. Wyneken musste darauf
hin die Reformschule Wickersdorf verlassen. Auch eine andere Figur der frühen
Jugendbewegung, Hans Blüher, muß sich dem Vorwurf des sexuellen Missbrauchs
von Jugendlichen stellen.

Die Kulturfragen der Vorkriegszeit sind die Weltanschauungsfragen der zwan-
ziger Jahre. Nach der Machtergreifung der Nationalsozialisten wird diskursives
Denken schnell und nachhaltig verdrängt durch den Appell an den Willen zur Tat,
zur Verdrängung des Fremden und schließlich durch die offene Aufforderung zur
Zerstörung. Der Mythos bleibt übrig bei denen, die sich zwischen 1933 und 1945
noch schreibend äußern. Gustav Wyneken läßt sich hineinreißen sich in diese Spi-
rale vom argumentierenden Denken zum Rassemythos. Arbeitete er zunächst nach
dem Ende des 1. Weltkriegs zusammen mit Siegfried Bernfeld an der Konzeption einer zum Sozialismus hin geöffneten Zeitschrift, (sie trug den Namen ‚Aufbruch‘), so überwog in den 20er Jahren seine Sendungsmission. Dazu gehört auch
die Vorstellung einer Lehrerkaste mit nahezu klerikaler Weihe. Auch an die Grün-

---

31 S. dazu aus der Sicht eines Zeitzeugen E. Ebermeyer: Gustav Wyneken. Chronik einer großen
    Freundschaft. Frankfurt/ M. 1969.

dung einer Jugendburg als Ort für die Schulung von Erziehern war gedacht worden. Dieses Projekt scheiterte aus finanziellen Gründen.

In der immer nur nach innen gerichteten, deduktiven und normativen Konzeption seines bildungsphilosophischen Ansatzes unterschied sich Wyneken von empirischen Bildungsforschern wie Flitner und Bernfeld und ebenso von pragmatischen Vertretern des Landschulansatzes wie Hermann Lietz oder Paul Geheeb. In der zweiten Hälfte der 20er Jahre gibt Wyneken, angelehnt an die geisteswissenschaftliche Methodik von Wilhelm Dilthey und Hans Freyer, seinen Vorstellungen von Bildung und Jugendkultur eine weltanschauliche Ausrichtung.[32] Diese Arbeiten entstanden in der zweiten Hälfte der 20er Jahre, sie wurden fertiggestellt nach der Machtergreifung der Nationalsozialisten.

Hatte sich Wyneken bis Anfang der 20er Jahre relativ differenziert und geradezu mit Vorsicht dazu geäußert, wieweit ein bürgerlicher Individualismus, eine an proletarischen Interessen anknüpfende ‚Arbeitsschule‘ oder, was immer Wynekens primäres Anliegen war, eine auf dem Gefolgschaftsverhältnis von Lehrer und Schüler beruhende Lerngemeinschaft den Vorrang erhalten sollte, so schwenkt Wyneken nach 1933 ein auf das Rassenvokabular. Eine primitive Vorstellung von völkischen Auslese- und Verdrängungskämpfen, vom Staat als Kampfmaschine, ein Mythos vom weißen Übermenschen beherrscht nun sein Denken. Dieser Rassemythos gipfelt in dem Postulat, die weiße Rasse hätte eine Vormundfunktion für die gesamte Menschheit. Von hier zur Vernichtungspolitik der Nationalsozialisten ist es nur noch ein kleiner Schritt.

Vom Altern der Ideale

Sturm und Drang und Romantik sind typische Jugendbewegungen. Der rebellische Einzelne, das rauschhafte Durchleben (oder Durchleiden) leidenschaftlicher Gefühle oder die Tragik des frühen Todes gehören zu den Extremzuständen des Jugendalters. Und zu diesen Extremzuständen gehörte eine Zeit, wo diese Regungen des Außerordentlichen und Außeralltäglichen erwartet, ja geradezu gefordert werden: alte Regimes, überlebte Herrschaftsgefüge oder Brauch und Tradition werden in solchen Zeiten empfunden als eine Last, die überwindbar erscheint. In dieser Stimmung eines Zeitumschwungs entstehen die Schöpfungen der Rebellion gegen Ende des 18. Jahrhunderts. Sie entstehen alle im Jugendalter. Friedrich Schlegel schreibt seinen Briefroman ‚Lucinde‘ im Alter von 27, Goethes ‚Werther‘ entsteht mit 25, ebenso wie das Drama ‚Sturm und Drang‘ von Klinger; Schiller

---

32 G. Wyneken: Weltanschauung. München 1940.

schreibt die ‚Räuber' im Alter von 22, Lenz seinen ‚Hofmeister' ebenfalls mit 22. Das jugendliche Moratorium, eine Zeit des Umbruchs und ein Publikum, nach vorwärts ausgerichtet in der Erwartung einer neuen Zeit gehören zu dieser Kultur der Jugend. Jugendzeitalter entstehen immer wieder neu, so auch im Zeitalter des ‚Wandervogels' zu Beginn des 20. Jahrhunderts oder nochmals gut ein halbes Jahrhundert später mit den Jugendbewegungen der 60er und 80er Jahre. Ihr geistiges Erkennungszeichen ist das Ideal eines neuen Menschen oder eines neuen Zeitalters, entstanden auf den Ruinen der alten Gesellschaft.

In der zweiten Hälfte des 19. Jahrhundert, nach dem Scheitern der 1848er-Revolution in Deutschland und in anderen europäischen Ländern, mit der Zerfaserung der progressiven Kräfte und der um sich greifenden resignativen Stimmung beim Bildungsbürgertum, verwittern und zerrinnen die Ideale der Aufbruchszeit oder sie werden transformiert, durchsetzt von Bitterkeit, Häme und Hass. An die Stelle des empfindsamen Jünglings oder der künstlerisch tätigen jungen Frau rücken die Dogmatiker und die Eiferer des Katheders nach. Weiterhin, ähnlich wie im klassischen Zeitalter, stammen die Autoren häufig aus Familien mit einem Hintergrund als Theologe oder Lehrer. Aber anders als zuvor sind jetzt nicht mehr die europäische Aufklärung, die Vielfalt der Länder und Kulturen – vorzugsweise bekanntlich Italien – der Bezugspunkt des literarischen Schaffens. Die deutsche Klassik ist Schulstoff geworden; die Werke der Romantik oder des Sturm und Drang verstauben in den Regalen der Buchhandlungen oder der Verlage. Mit der Verbreiterung des Lesepublikums einher geht in der zweiten Hälfte des 19. Jahrhunderts eine Popularisierung und Trivialisierung des romantischen Empfindens. In den 90er Jahren, im Zeichen von Kyffhäuserbund und martialischen Germania-Denkmälern, von Kriegervereinen und Jägerromantik im Bismarck-Deutschland, erfindet der Schriftsteller Karl May seine idealisierten Abenteuerfiguren wie Winnetou oder Kara Ben Nemsi alias ‚Old Shatterhand'.

Die Karl May-Romane transportieren eine kitschige Blut- und Boden-Romantik in nahezu jeden deutschen Haushalt; ein Lesekult, der weit bis in die 50er Jahre des 20. Jahrhunderts reicht, eine für die Jugendliteratur einmalige Erfolgsgeschichte. Das weibliche Gegenstück, nur wenige Jahrzehnte später, bilden die Erzählungen von Hedwig Courths-Maler; es sind Rührgeschichten, die ebenfalls in millionenfacher Auflage vertrieben werden, ähnlich wie die Karl May Romane später durch Film und Fernsehen adaptiert, immer und immer wieder für den medialen Konsum ausstaffiert und mit Erfolg in Umlauf gebracht.

Unterhalb des Bildungsbürgertums, nach wie vor wichtigster Träger der Hochkultur und des intellektuellen Diskurses, entsteht ein Massenpublikum, dessen Meinungs- und Geschmacksstandards wiederum einflussreich werden für die

Autorenschaft, in Deutschland und ebenso in den anderen Länder der kommenden Moderne. Auch die Autoren sind mitgealtert. Karl May hat bereits die 50er-Grenze überschritten, als seine Erfolgsstory beginnt. Einer seiner letzten Vorträge, gehalten in Wien, trägt den Titel: ‚Empor zum Edelmenschentum!'

Die Stilisierung des Heroischen und Guten sowie, auf dem moralisch-ethischen Gegenpol, das Ablehnung, Abscheu oder auch Gruseln hervorrufende Treiben der ‚ewigen' Schurkengestalten im Trivialgenre des späten 19. Jahrhunderts und danach geht einher mit einer Alterung der Ideale. Diese Ideen, herausgelöst aus der religiösen Welt des Heils und entleert von der kulturellen Wertigkeit des Aufregend-Einmaligen erreichen immer breitere Bevölkerungsschichten. Aber sie werden gleichzeitig vom Bildungsgut zur Konsumware. Der entscheidende Punkt liegt allerdings nicht im Bereich des Strukturwandels der Öffentlichkeit oder auf dem Feld von Stilfragen. Aus der allgemeinen Tendenz einer ‚Ent-Jugendlichung' in der zweiten Hälfte des 19. Jahrhunderts und insbesondere mit der Verstärkung eines kleinbürgerlich-aggressiven Deutschtums nach dem militärischen Sieg über Frankreich und der nachfolgenden Ausrufung des Kaiserreichs nach 1871 verstärkt sich eine nationalistische Stimmung. Kriegervereine und Bismarcktürme, begleitet von Antisemitismus und nationalistischer Volkstumsprosa gehen einher mit wirtschaftlicher und technischer Modernisierung im großen Ausmaß. In diesem Nebeneinander von realer Moderne und mentaler Antimoderne beginnt ein neuer Diskurs über die deutsche Identität, der nun nicht mehr von den Eckpfeilern von Klassik und Aufklärung her geführt wird.

Als wichtige Flügelmänner dieses Diskurses stehen Paul de Lagarde und Julius Langbehn. Beide Autoren beschwören eine Welt der Spruchweisheiten, der ewigen Gewissheiten im Schwarz-Weiß-Format, gespalten und weder zur Differenzierung noch zur geistigen Entwicklung fähig. Zwischentöne und Ambivalenzen, das gleichzeitige Auftreten widersprüchlicher und zukunfts-offener Strukturen, Prozesse oder Charaktere sind in dieser starr-verengten Welt nicht vorgesehen. In der radikalen Ablehnung der modernen Welt und in ihrem Appell an jene Instinkte, die im Trivialgenre von den Schurken und Bösewichtern besetzt werden, lassen sich Autoren wie Lagarde und Langbehn bereits als aggressiv-nationalistisch bezeichnen. Beide treffen mit dieser Haltung auf eine massenhafte Stimmung. Lagarde gibt dem antimodernen und antidemokratischen Nationalismus die akademische Weihe – er ist geachteter Orientalist und wirkt seit den 70er Jahren des 19. Jahrhunderts an der Universität Göttingen.

Noch ein weiterer Punkt ist zu erwähnen. Zu dem nationalistischen Unterton kommt ein ruheloses Wandern, eine innere Heimatlosigkeit. Aus dem folgenden

Gedicht von Paul de Lagarde sprechen Sehnsucht und Unruhe; eine individuelle
Umgetriebenheit, verbunden mit dem Gefühl, nirgendwo ankommen zu können.

> „Gebüchert hab ich – ach! – so viel
> nun ist mir anderes Leben not.
> Die goldene Jugend ist nicht tot
> Mit ihrem Wandern ohne Ziel
> Die mir noch nie so wohl gefiel
> Als grad in diesen Tagen.
> Ich denk ich darf es wagen."
> (de Lagarde 1919, Bd. 1, S. 202)

Julius Langbehn, der Rembrandtdeutsche

Auf dem Meissnertreffen der ‚Freideutschen Jugend' wird Lagarde neben Fichte
als Idol angerufen und gefeiert. Dagegen beeinflusst Julius Langbehn, auf Lagar-
des Spuren wandelnd, wiederum durch einen Erfolgsroman das Denken deutscher
Klein- und Bildungsbürger. Dieser Roman soll hier kurz vorgestellt werden. Langbehn stammt wie Lagarde aus einer Familie mit theologisch-schulmeisterlichem
Hintergrund. Ebenso wie dieser erteilt Langbehn den Idealen der Vätergeneration eine Absage. Die Ideen der Klassik oder der Romantik seien nicht mehr zeit-
gemäß. Nicht das südländische Idealbild der erhaben-harmonischen Landschaft,
nicht die Malerei eines Leonardo oder eines Rafael sei länger der Bewunderung
wert. Im Jahre 1890 bringt Langbehn seinen Roman ‚Rembrandt als Erzieher' an
die Öffentlichkeit (Langbehn 1890). Das Buch wird von namhaften Kunsthistori-
kern wie Paul Bode und Woldemar von Seidlitz empfohlen.

Langbehns Ziel ist es, nach der Epoche einer kulturellen und politischen Öffnung und des Liberalismus nun eine dem Deutschtum seiner Zeit adäquate Wer-
tegrundlage anzupassen. In einer später erschienenen, erst nach Langbehns Tod
herausgegebenen Arbeit über ‚Dürer als Führer' (1929), ebenso wie die Remb-
randtschrift auf Wertevermittlung ausgerichtet (als Autor gibt sich Langbehn das
Alias ‚Vom Rembrandtdeutschen') heißt es lakonisch: „Die von Paris ausgegan-
gene impressionistische Malbewegung, in ihrem schiefgewickelten Idealismus,
ähnelt merkwürdig dem Völkerfrühling von 1848, sie endet in Deutschland vor-
aussichtlich wie dieser" (Langbehn 1928, S. 28).

Langbehn operiert mit einem festen Nationenschema. Auch hierin folgt er
seinem Vorbild Lagarde. Die Engländer, Repräsentanten des Industriezeitalters,
gelten als materialistisch, die Franzosen als oberflächlich-modeorientiert und zu
jeder Frivolität bereit. Der slawische Mensch, weitaus negativer apostrophiert,

gilt als minderwertig. Das Judentum wird eine Stück weit bewundert wegen der Festigkeit seiner religiösen Tradition. Der deutsche Jude wird abgelehnt. Das Judentum möge, so lautete die Forderung, in einem eigenen Gemeinwesen siedeln, möglichst weit weg von Deutschland. Diese von Lagarde, Langbehn und anderen notorischen Antisemiten aufgerichtete ideologische Grenzlinie gilt bis etwa 1928. Danach, Schritt für Schritt, beginnt im inneren Kreis der NS-Bewegung mit Hitler, Himmler und Heydrich an der Spitze, der Akt der Vernichtung des Judentums.

Zurück zum Wertewandel nach 1871. Langbehn hat, wie seine Propagierung von Rembrandt als Vertreter einer ‚nordischen' oder einer ‚deutschen', Kultur zeigt, an Martin Luthers anti-römische Haltung angeschlossen. Gleichzeitig wird mit Vorbildern wie Shakespeare und Rembrandt einem Modell oder wohl treffender ausgedrückt einer ‚Idee' des Künstlers der Boden bereitet, wobei eine veränderte Form von Innerlichkeit in den Vordergrund rückt. Nicht mehr wie im Aufklärungszeitalter Klarheit und Wahrheit, sondern das Versenken in die Tiefe (‚tiefenproblematisch', in 1890, S. 47) und eine mehr im Affekt als im Verstand ruhende Gefühlslage wird als inneres Wesen dieser nordisch-deutschen Kulturideals emporgehoben. Ein Krieger-Künstler, bestimmt durch Barbarei und Frömmigkeit, soll nach Langbehns Vorstellung den Menschen der Vergangenheit ablösen. Eine Mischung aus Militärstratege (der preußische Generalstabschef von Moltke wird positiv erwähnt), religiösem Eiferertum mit volkstümlichem Anstrich (wie Luther) und eine wenn nötig hervorbrechende Ur-Gewalt mit prophetisch-charismatischer Überzeugungskraft soll nach Langbehn den idealen Führer der Deutschen ausmachen. Als eine ‚tödliche Erkrankung' hatte Langbehns Vorbild Paul Lagarde die Teilung des politischen Willens in Parteien bezeichnet. Der ideale Führer bedarf keiner Zwischenträger, keiner gesonderten Instanzen zwischen seinem Willen und dem Willen des Volkes. Die totalitären Systeme des 20. Jahrhunderts sind hier bereits vorgedacht.

Romantik bedeutet die Flucht des Künstlers vor der Last des Realitätsprinzips. Ein Jahrhundert später, im Zeichen von Reichsgründung und deutschem Expansionismus betritt in Gestalt des ‚Rembrandtdeutschen' Julius Langbehn wiederum der Künstler die Bühne. Langbehn der ‚Rembrandtdeutsche' votiert ebenso wie Lagarde gegen Beides – gegen den Idealismus der Romantiker und den Kosmopolitismus der Klassiker. Nicht weniger verhasst sind ihm Fachmenschentum und rationales Interessendenken als Signaturen der urbanen Industriegesellschaft (ebd., S. 35).

In dem damals äußerst populären Bild des Willensmenschen mit Geniezügen wird im Deutschland des *Fin de Siècle* das fatale Bild vom Künstler-Genie auf dem politischem Terrain aus der Taufe gehoben. An die Stelle des Universalismus nach dem Vorbild des Gelehrten oder der abwägenden Diplomatie tritt eine Vision von Politik mit gewalthaften Zügen. In diesen Zusammenhang fügt sich auch die folgende Definition des ‚Rembrandtdeutschen' vom deutschen Volkscharakter. „Mut und Ehrlichkeit, Barbarei und Frömmigkeit, Kindersinn und Selbständigkeit sind hervorragende Züge des deutschen Volkscharakters" (ebd., S. 26). Damit erhält ein Politikbild Konturen, wo tendenziell die irrationale und voluntaristische Seite das Übergewicht erhält gegenüber jenem universalistischen Politikverständnis, welches sich in den zivilisierten Gesellschaften des 18. und 19. Jahrhunderts herausgebildet hatte.

Das deutsche Wir-Ideal von 1890 besteht aus einer Verbindung von künstlerisch-intuitiven und militärischen Tugenden. Der Führer, an seiner Seite die nationalen Vorbilder, soll sich vor allem auf die Bauernschaft stützen. Die Schichten und Klassen der wirtschaftlichen Moderne werden ebenso abgelehnt wie die Bildungsträger der Klassik. Sie alle gelten suspekt, infiziert entweder vom europäischen Universalismus (der Terminus ‚Kosmopolitismus' wird nach 1871 zum Schimpfwort) oder durchdrungen vom modernen Interessendenken. Mit der Verengung der Perspektive einher geht die Verabsolutierung des eigenen Standpunktes. Der Topos ‚Weltanschauung' wird bei den Konservativen zum Sinnträger in dem Maße, wie der Umfang dieser Welt verengt wird auf ein enges starres Zwangsdenken. Die deutsche Weltherrschaft als letztendliches Ziel erscheint unter diesen Voraussetzungen als möglich (ebd., S.222). Man erkennt an solchen Aussagen, wieweit die konservative Elite im Bismarckreich bereits vom westlichen Europa weggerückt ist. Das romantische Bild vom Künstler, der neue Wege weist, ist noch in Anklängen präsent. Aber es ist eine brutalisierte Romantik.

Langbehns Idealprojektion eines deutschen Führerstaates ist, nur eine Generation später, in bedrängender Weise Wirklichkeit geworden; ganz so, als ob ein Nachgeborener absichtsvoll zugegriffen und Langbehns Projektionen in die Wirklichkeit umgesetzt hätte. Marlis Steinert beschreibt, wie der damals noch unbekannte Adolf Hitler, erfüllt von der Vision, als Politiker anzutreten gegen eine Welt der Feinde, in seinen frühen Vorstellungen zu Beginn der 20er Jahre ebenfalls die Kunst, namentlich die Malerei und das Theater, als Vorbild und Impulsgeber für seine kommende Laufbahn genommen habe (Steinert 1994, S. 31 ff.). Hitler war durchdrungen von dem Gefühl, dass er ein berufener Künstler sei. Nach dem Besuch der Wagneroper ‚Rienzi' – angelehnt an den historischen Fall des Plebiszits eines Tyrannen, gegen Ende des Mittelalters, im Kampf gegen die dekadente römische Oberschicht – sei der junge Hitler gegenüber seinem Freund Kubicek regelrecht in einen Trancezustand verfallen. Der ewige Wanderer, so schien es, hatte endlich sein Ziel vor Augen. Er ging ans Werk. Rückschauend habe Hitler Kubicek gegenüber geäußert: ,In jener Stunde begann es' (ebd.). Niemand anders als Adolf Hitler ist die Verkörperung von Langbehns Ideal vom Rembrandtdeutschen im 20., dem ,deutschen Jahrhundert'. Nur ein Schritt bleibt noch zu tun von den Modernitätsverächtern wie Lagarde und Langbehn zum Vernichtungsregime der Nationalsozialismus. Es war der Kulturbruch und seine Vollstreckung im Massenmord.

*

Lassen wir abschließend noch einen französischen Beobachter zu Wort kommen. Pierre Viénot, ein französischer Diplomat, reiste in den 20er Jahren verschiedene Male in Deutschland, um sich ein Bild von der verworrenen Lage zu machen (Viénot 1999). Viénot beobachtet in dieser Zeit eine moralische Krise, deren Kern nach seiner Aussage in der Auflösung eben jener Vorstellungen von geistiger Bildung und persönlicher Autonomie bestand, die für das deutsche Bildungsbürgertum im 19. Jahrhundert so typisch gewesen seien. Eine moralische Indifferenz, ein fundamentaler Werterelativismus sei an die Stelle dieses Bildungsethos getreten. Auch die Jugend, so Viénot, sei Teil der deutschen Verwirrung. Wie ein Abgesang auf anderthalb Jahrzehnte Jugendkultur liest sich seine folgende Aussage.

„Die um 1905 entstandene Jugendbewegung hatte ihren Höhepunkt unmittelbar nach dem Kriege; in den letzten Jahren hat sie ihre unterscheidenden Züge verloren, um mit der allgemeinen Entwicklung in Deutschland zu verschmelzen. Ursprünglich eine Revolte gegen das bürgerliche Leben, gegen das Ersticken im Materialismus, gegen die Kaufmannsmoral, gegen pedantische Eltern- und Schulmeisterautorität, auch gegen den Kastengeist, unerschöpflicher Quell des Mutes, der Aufopferung und menschlichen Führertums während des Krieges sah sich die Jugend in der Periode der Zersetzung, die auf die Niederlage folgte, vor die Notwendigkeit gestellt, zu erfinden und aufzubauen. Kein Wunder aber, dass diese Kinder und jungen Leute angesichts des Chaos, das sie selbst unbewusst gewollt hatten, sich eingestehen mussten, dass sie selbst weder die nötige Bildung noch Autorität besaßen, um ihrerseits neue Institutionen zu begründen. " (ebd. S. 111/12)

Kapitel 3
Bahnungen zum Nationalsozialismus –
rechte Avantgarde im 20. Jahrhundert

Die im Folgenden erwähnten und zitierten Autoren sind von ihrem Lebensalter keine Jugendliche mehr. Aber sie wähnen sich jugendlich, in der jugendlichen Revolte gegen den Vater, das Gesetz und die Moral. Diese Revolte vereint die rechte Avantgarde mit den Nationalsozialisten.

Jünger und Benn essen zusammen

Im Dezember 1949 sendet Gottfried Benn Ernst Jünger folgendes Gedicht. In ihm thematisiert Benn das Verhältnis zwischen sich und Jünger:

> „Wir sind von Aussen oft verbunden,
> Wir sind von Innen meist getrennt,
> Doch teilen wir den Strom, die Stunden,
> Den Ecce-Zug, den Wahn, die Wunden
> Des', das sich das Jahrhundert nennt."

(Benn/Jünger 2005, S. 91)

Wenn Benn von „das Jahrhundert" schreibt, dann scheint für ihn dieses Jahrhundert bereits abgeschlossen zu sein, im Jahre 1949. Wäre es kein Gedicht gewesen, so hätte er auch DAS Jahrhundert schreiben können, diese unbegreiflichen 50 Jahre, in denen die vermutlich schlimmsten Verbrechen der Menschheitsgeschichte stattgefunden haben.

Während sich Jünger in der Weimarer Republik im Dunstkreis der Freikorps bewegte und ideologisch Hitler spielerisch rechts überholte, war Benn tendenziell antidemokratisch, wenngleich ohne besonderes politisches Engagement. Beide hatten als führende Vertreter der rechten künstlerischen Avantgarde von einer anderen Welt geträumt, die sie nicht realisieren konnten. In der Mitte des 20. Jahrhunderts sitzen sie beide auf den Trümmern ihrer Träume.

Das, was sie in der Sicht Benns verbindet, ist die Begeisterung für Nietzsche
(„Ecce homo"), der Wahn und die Wunden. Mit seiner chirurgisch präzisen Intro-
spektionsfähigkeit schreibt Benn dem Wahn einen guten Teil Verantwortung für
ihre rechte politische Begeisterung zu. Allerdings hat der Wahn keine negative
Bedeutung. Für Benn ist es gut, seinen Wahn zu leben. Diesen Wahn als ein kulturelles Phänomen und nicht als individuelle Pathologie, der keineswegs nur im
rechten Lager zu verorten ist, gilt es nun näher anzuschauen.

Benn und Jünger trafen sich nur einmal, als Jünger Benn in der Nachkriegszeit in Berlin besuchte und sie und Benns Frau zusammen aßen. Jünger hat diesen
Besuch literarisch verarbeitet. Gleich im Anschluss an die Beschreibung des gemeinsamen Essens taucht folgender Abschnitt auf:

> „Kleine Kabine in der ‚Titanic'; in den Gängen ist Unruhe. Wasser schwappt hin und her, führt
> Zeitungen, Stroh, Undefinierbares mit, auch Leichname schon. Die Ratten pfeifen vor der Tür.
> Der Service funktioniert nicht mehr, aber es ist noch Vorrat im Schrank – Importen, Hennes-
> sy. Das gehört zum Stil des Jahrhunderts; ich bin daran seit dem Ersten Weltkrieg gewöhnt."
> (Benn/Jünger 2005, S. 67)

Jünger beschreibt eine Erfahrung bevorstehender Vernichtung. Der Untergang
steht vor der Tür, ohne dass etwas verhindert werden könnte. Jünger erlebt sich
nicht als Akteur sondern als Abwechslung und Zerstreuung suchender Passagier
und vergisst möglicherweise die wegbestimmende und vorwärtstreibende Kraft
seines eigenen literarischen Schaffens.

Die Radikalisierung der Avantgarde in der Moderne

Der verblassende christliche Glaube wurde in den letzten zweihundert Jahren transformiert und substituiert durch die bürgerliche Aufklärung, die dessen transzen-
dentales Heilversprechen in ein innerweltliches umwandelte. Glück und Wohlbefinden soll das Leben in *dieser* Welt erbringen.

Verantwortlich für das Einlösen des innerweltlichen Heilversprechens soll das
souveräne bürgerliche Subjekt sein, das qua Vernunft Wohlstand und Glück für
alle produzieren soll. Somit wird ein in gewisser Weise räumliches Heilversprechen – der Himmel über uns – verzeitlicht. In der Zukunft liegt das Glück. Diesem Versprechen nachzujagen, ist eine Grundfigur in der Moderne. Das Nachja-
gen ist verbunden mit dem, was man heute als *stressig* begreift:

> „Die neue ‚Psychologie des Fortschritts', wie man sie nennen könnte, ist vor allem charakteri-
> siert durch eine eigentümliche habituelle *Ungeduld*. Wer unter die *Fuchtel* dieser Ungeduld ge-

rät, fühlt sich getrieben oder eigentümlich gezogen von einer Lokomotive, die er selbst gewissermaßen gar nicht zu Gesicht bekommt." (Kaempfer 1997, S. 131)

Das bedeutet auch, dass Glück *jetzt* noch nicht da sein kann, wie im christlichen Glauben das Jenseits eben noch nicht da ist.

Wenn das Heil in der Moderne in der Zukunft liegt, dann ist es die Avantgarde (die Vorhut, der Stoßtrupp, die Späher, vgl. Beyme 2005), die die Koordinaten zukünftigen Lebens konstruiert und zugleich vermisst.

In der Moderne lassen sich zwei Typen von Avantgarde unterscheiden: die gemäßigte und die radikale.

Die gemäßigte ist identisch mit dem technologischen und administrativen Fortschritt. Dieser sorgt dafür, dass wir länger leben, bessere Autos haben und unsere PCs immer schneller werden.

Die radikale Avantgarde in Kunst und Politik verachtet derartige Fortschrittsvorstellung und etikettiert sie als langweilig, zu brav, zu instrumentell und zu wenig schnell.

Die radikale Avantgarde überholt die gemäßigte Avantgarde mit einer Vielfalt an Utopien, die möglichst schnell eingelöst werden müssen. Die radikale Avantgarde kennt keine Frustrationstoleranz.

Weiß die gemäßigte Avantgarde nie so recht, wohin der Zug des Fortschritts rollt (außer dass alles irgendwie besser werden soll), betreibt die gemäßigte Avantgarde den Fortschritt um des Fortschritts willen, so weiß die radikale Avantgarde dezidiert, wohin der Zug ungeachtet aller Verluste rasen soll. Die radikale Avantgarde ist nicht der Gegen-Spieler zum Bestehenden vielmehr ein „Vabanquespieler" (Jünger 1982, S. 47) Er setzt alles und sich unbedingt ein, koste es, was es wolle. Für die radikale Avantgarde ist es weniger schlimm, die Schlacht zu verlieren, als den Kampf nicht gewagt zu haben.

Auch wenn sich gemäßigte und radikale Avantgarde grundlegend unterscheiden, so eint sie der Umstand, dass beide Manöver sind, um dem offenkundig beengenden Hier und Jetzt zu entkommen. Die Avantgarden sind Fluchtlinien aus der klaustrophobisch machenden Gegenwart.

So wie das Jenseitsversprechen im christlichen Glauben tröstet und das Diesseits relativ erträglich macht, so schmälern der Fortschrittsgedanke und die Utopie die Angst, in der Gegenwart gefangen zu sein und nie mehr weg zu kommen.

Die Sekunde der wahren Empfindung

Dr. Heinz Gräfe, SS-Obersturmbandführer und Oberregierungsrat, Leiter der Gruppe Sowjetunion des Reichssicherheitshauptamtes schreibt ganz im romantischen Stil:

> „Frisch, jugendlich, belebend weht der Hauch zu uns herüber ... In diesem Augenblick fühlten wir uns Ewigkeit gewinnen, wie eintretend in die Figuren eines Bildes und wieder zurücktretend aus ihnen, dessen farben- und umrisslose Vorgestalt in unserem und der Welt Seinsgrund eingelegt ruht. Wie ein Sonnenfleck schwamm die Seligkeit dieser Bildwerdung weiter, uns zurücklassend im Dämonisch-Trüben." (zitiert nach Wildt 2002, S. 122)

Gräfe beschreibt den wunderbaren Augenblick, der in die Ewigkeit führt, indem er in archetypische Figuren eintritt, die ihn aber nicht halten. Er fällt zurück ins „Dämonisch-Trübe" – eine gute Beschreibung dessen, was er getan hat. Gräfe macht deutlich, dass Romantik und Barbarei in keinem Widerspruch stehen, dass grausame Realität und romantische Verklärung zueinander gehören. Gräfe folgt der Idee der Identitätsbildung in der Moderne dergestalt, dass wahre Identität nur für den Augenblick zu gewinnen ist – ein Identitätsmodell, das Bohrer am Beispiel von Bretons „Nadja" herausgearbeitet hat (siehe weiter unten).

Das moderne Subjekt sucht nach absoluten Augenblicken, die ihn vollkommen erfüllen. Es geht hierbei um die unauslöschliche Sekunde der Glückseligkeit oder des Schreckens: der Augenblick, in der das geliebte, später geehelichte Wesen zum ersten Mal gesehen wird; die Sekunde des Unfalls, der Knall des Airbags. Es ist nicht nötig, reich oder gebildet zu sein, um derartige Momente erleben zu können. Einem jeden steht dieser Reichtum offen. Es ist gleichsam ein Geschenk des Himmels oder die Großzügigkeit der Natur, die dies gestattet. Die Stunde der wahren Empfindung ist eine höchst egalitäre Idee. Es bedarf nur der Fähigkeit zum Innehalten, zum tiefen Empfinden. Die Romantik hat diese spezifische Gefühlserfahrung zu Beginn des 19. Jahrhunderts in Jena gleichsam erfunden. Heute ist sie zur konstituierenden *und* sequentiellen Initiation menschlicher Subjektivität geworden. Die lineare Zeit zerfällt für das empfindende Subjekt. Heraus gebrochen aus ihr ist der Augenblick, der sich in seiner Totalität über die lineare Zeit erhebt, sich über sie lächerlich macht. Dem vorbei düsenden Zug der Zeit wird ein Hohnlachen hinter her geschickt. Der Zug wird es nur schwach vernehmen. Er ist nur leicht irritiert und beeilt sich, seine Fahrt fortzusetzen. Die Stunde der wahren Empfindung dient der Eichung des wahren Subjekts. Seine Authentizität verbürgt sich über die tiefe Empfindung eines unbeschreiblichen Augenblicks. In diesem ist der Mensch zu sich zurückgekehrt, ganz bei sich. Das, was er fühlt, gehört nur ihm allein. Und niemand wird es ihm nehmen können, nicht die geliebte Person, die die Liebe nicht erwidert, nicht der Priester, der einem das Geständnis entringen will, nicht der Psychotherapeut, der dazu anhält, alles zu sagen, was einem einfällt. Auch wenn jemand versuchen würde, die tiefe Empfindung wieder zu geben, er würde scheitern an seiner Unfähigkeit, die Empfindungen in Worte zu fassen. Nur den großen Dichterfürsten ist es vorbehalten, den Empfindungen ein angemessenes Gewand der Worte zu geben.

Wenn die Logik vor Allem der radikalen Avantgarde darin besteht, unerreichbar zu sein, ein Ziel zu verordnen, was nicht realisierbar ist, so schleicht sich diese Logik auch in die Stunde der wahren Empfindung ein. Sie ist ein Ideal, dem wir ständig hinter her hinken, so wie dem Glück. Die Stunde der wahren Empfindung lässt sich nicht herbeiführen, nicht erzwingen. Sie ereignet sich – nicht allzu häufig.

Dennoch konstituieren wir unseren Anspruch auf Subjektivität über sie. Sie ist so wertvoll und unerreichbar, dass moralische Maßstäbe über sie nicht mehr gebieten dürfen. Es wird nicht geteilt in gute und schlechte Stunden der wahren Empfindung. Sie werden nur geschieden nach dem Ausmaß an Intensität. Und sie sind umso stärker intensiv, je mehr sie die Moral außer Kraft setzen und überschreiten. So darf de Sade die Moderne einleiten mit der Parole, dass Grausamkeit und der Mord intensive Erfahrungen sein können. Mit der Stunde der wahren Empfindung werden Grenzverletzung und Deregulierung zu zentralen Bestimmungsgrößen menschlichen Daseins. Die Palette von Empfindungen sollte von jedem Menschen erfahren werden, von größter Lust zu größtem Schmerzen, von der Reinheit der Askese bis zum Gang durch das Verbrechen. Die Person, die nicht die ganze Bandbreite an Erfahrungen durchschritten hat, gilt als halbe Person. Da die Stunden der wahren Empfindung sich so selten einstellen, und wir nicht allzu oft den Mut aufbringen, sie zu durchschreiten, sehen wir uns als insuffizient. Wie die radikale Avantgarde labilisiert die Stunde der wahren Empfindung unser Selbstwertgefühl – zumal diese dem Anspruch nach zwar authentisch, faktisch aber wie der Anzug von der Stange ist, also kulturell vorgegeben ist. Der Sonnenuntergang, der Spaziergang am Strand oder im Frühling, das candle-light-dinner, das Picknick, der erste Kuss – all das sind gesellschaftlich zur Verfügung gestellte Stunden der wahren Empfindung, die mit dem Zwang verbunden sind, intensiv zu erleben. Ein Kuss muss erlebt werden wie ein Kuss. Das Authentische bricht sich am Normativen.

Die Überwindung des Über-Ichs

Das romantische Verwischen der Grenzen zwischen Realität und Traum / Fiktion, der unter anderem durch die Romantik ausgelöste Prozess der Entregelung, die Stunde der wahren Empfindung – all das sind Manöver, die, psychoanalytisch interpretiert, intrapsychisch die Instanz des Über-Ichs, des Gewissens, aushöhlen

und auslöschen sollen. Nietzsche intendierte dies. In „Also sprach Zarathustra"
werden die „Schaffenden" als Zerstörer der Moral charakterisiert:

> „Siehe die Guten und Gerechten! Wen hassen sie am meisthen? Den, der zerbricht ihre Tafeln der
> Werthe, den Brecher, den Verbrecher: – das ist aber der Schaffende." (1999b, S. 26)

Und:

> „Gefährten sucht der Schaffende, und solche, die ihre Sicheln zu wetzen wissen. Vernichter wird
> man sie heissen und Verächter des Guten und Bösen. Aber die Erntenden sind es und die Fei-
> ernden." (1999b, S. 26)

Nietzsche versucht die Kategorien von gut und böse zu überwinden. *Gut geht* es
dem Menschen, wenn er realisiert, dass er gut und böse ist und das Gute und das
Böse lebt. Ein Gleichgewicht zwischen dem Appolinischen und dem Dionysi-
schen wieder herzustellen, sieht Nietzsche als seine Aufgabe. Das Dionysische
ist jenseits der Moral:

> „Für eine dionysische Aufgabe gehört die Härte des Hammers, die Lust selbst am Vernichten in
> entscheidender Weise zu den Vorbedingungen. Der Imperativ ‚werdet hart!', die unterste Ge-
> wissheit darüber, dass alle Schaffenden hart sind, ist das eigentliche Abzeichen einer dionysi-
> schen Natur." (1999, S. 349)

Wo Freud die Destruktivität des Menschen als Teil seiner Natur wahrnahm, die aber,
so hoffte Freud, durch den Eros in Schach gehalten wird, da will Nietzsche nichts
hemmen oder zügeln. Der Mensch soll für Nietzsche seine Natur leben. Nietzsche
suspendiert zumindest partiell die Moral und damit die Funktion des Über-Ichs,
während Freud es als elementaren Bestandteil der Psyche ansieht. Freud hält an
der Unterscheidung von gut und böse fest. Freud hofft, dass der Mensch seine archaischen Impulse nach Mord, Kannibalismus und Inzest erfolgreich verdrängen
kann. Nietzsche verlangt nach Authentizität. So ist in dieser Sicht nur der Mensch
kräftig und gesund, der seinen Impulsen freien Lauf lässt.

Ernst Jünger überwindet die Funktion des Über-Ichs auf eine vergleichbare
Weise. In seiner *Bibel* „Der Arbeiter" (1932 / 1982) schreibt er:

> „Eins der Mittel zur Vorbereitung eines neuen und kühneren Lebens besteht in der Vernichtung
> der Wertungen des losgelösten und selbstherrlich gewordenen Geistes, in der Zerstörung der Er-
> ziehungsarbeit, die das bürgerliche Zeitalter am Menschen geleistet hat … Es kommt nun auf die
> Erziehung eines Menschenschlages an, der die verzweifelte Gewissheit besitzt, dass die Ansprü-
> che der abstrakten Gerechtigkeit, der freien Forschung, des künstlerischen Gewissens sich aus-
> zuweisen haben vor einer höheren Instanz … Die beste Antwort auf den Hochverrat des Geistes
> gegen das Leben ist der Hochverrat des Geistes gegen den ‚Geist'; und es gehört zu den hohen
> und grausamen Genüssen unserer Zeit, an dieser Sprengarbeit beteiligt zu sein." (1982, S. 42f)

Jünger hat sich diese Genüsse nicht entgehen lassen. Hätte er die Instanz des Über-Ichs akzeptiert oder über diese verfügt, so wären ihm diese Genüsse entgangen. Das Über-Ich muss für Jünger vor einer höheren Instanz bestehen, die mehr zählt als es selbst. Nun informiert Jünger nicht präzise darüber, um welche höhere Instanz es sich handeln könnte. Vielleicht ist es etwas so vages wie das Leben. Es ist eine unbestimmbare Größe, ähnlich wie das Konzept des Über-Menschen bei Nietzsche. Gerade die Unbestimmbarkeit verleiht Attraktivität und romantischen Zauber. Die Unbestimmbarkeit ist ein Angriff auf das Argument und den Rationalismus.

Für Jünger ist der erste Feind der Bürger, der nach Sicherheit strebt. Ökonomisches Denken und Vernunft schützen diese Sicherheit. Alle Gefahren des Lebens sollen eliminiert werden. Das Elementare des Lebens soll ausgegrenzt werden: das Religiöse, das Künstlerische, das Verbrecherische und das Kriegerische. Diese vier Figuren können nur gelebt werden, wenn Vernunft und Gewissen in die Schranken gewiesen und überwunden werden (Jünger 1982, S. 48ff).

Friedrich Hielscher, ein Nationalrevolutionär in der Weimarer Republik, ein Weggefährte Ernst Jüngers, bekannt mit Elisabeth Förster-Nietzsche, Oswald Spengler und Theodor Heuss, Gründer einer heidnischen Kirche, begeht einen ähnlichen Weg. In einem Brief an Jünger im Jahre 1929 schreibt er:

> „Weil alles in Gott geschieht, ist keine unbedingte Sittlichkeit möglich, da diese ein Aussergöttliches voraussetzt. Folglich ist jede Sittlichkeit bedingt, das heisst, immer nur die Wiedergabe eines bestimmten einem Kraftstrom innerhalb Gottes innewohnenden Richtungsdranges, durch den alle Glieder dieses Stromes gebunden und verpflichtet sind. Wer sich aus einer solchen Bindung löst, löst sich damit aus einem Kraftstrom, dem sie innewohnt und tritt in eine andere Kraft über. Wer aus der Deutschheit austritt, tritt damit aus der grösstmöglichen Fülle eines Gottesstromes aus." (2005, S. 98)

Die Sache ist ganz einfach: Gott selbst ist nicht die reine Sittlichkeit, in Gott befinden sich die unterschiedlichsten Ströme. Dem Menschen ist es aufgetragen, in und mit diesen Strömen zu leben. Hielscher hat das Glück, im mächtigsten Strom der Menschheit, in der Deutschheit, zu leben. Diese Ströme haben mit gut und böse nichts zu tun. Wer im Strom lebt, kann sich nicht schuldig machen. Schließlich handelt es sich um einen göttlichen Strom.

Jung, der *arische* Schüler Freuds, dachte ähnlich wie Nietzsche, Jünger und Hielscher. In „Über die Energetik der Seele" (1928, 1991) schreibt er:

> „Beim Kulturmenschen erweist sich der sonst nützliche Rationalismus des Bewusstseins als schwerstes Hindernis für reibungslose Energieumsetzungen, indem die Ratio sich immer zur Vermeidung ihrer unerträglichen Antinomie auf die eine oder andere Seite exklusive stellt und ihre einmal gewählten Werte krampfhaft festzuhalten sucht, und zwar wiederum so lange, als die Tatsache der menschlichen Vernunft als ‚unveränderliche Substanz' gilt und damit ihre symbolische Auffassung ausgeschlossen ist. Die Ratio ist aber nur relativ und hebt sich in ihren An-

tinomien selbst auf. Sie ist auch nur ein Mittel zum Zweck, ein symbolischer Ausdruck für den Durchgangspunkt eines Entwicklungsweges." (1991, S. 35)

Wie die anderen Anti-Rationalisten ist auch Jung schwer zu verstehen. Seine Begrifflichkeit ist widersprüchlich und unscharf, aber eben so gewollt. Es soll nun dennoch der Versuch unternommen werden, Jung zu verstehen: Beim Kulturmenschen, also bei uns, richtet die Ratio schweren Schaden an, weil sie hemmt das Ausleben vitaler Impulse. Jung orientiert sich bei dieser Überlegung möglicherweise an Nietzsche, der Ähnliches gedacht hat. Jünger ist in einem vergleichbaren Fahrwasser, Hielscher mit seinen Gottesströmen, denen man sich anheim stellen soll, auch. Die Ratio hält widersprüchliche Werte, hält Gegensatzpaare nicht aus und will sich stets entscheiden und an fixe Werte binden und vernachlässigt alternative Werte, was sich auf die Psyche negativ auswirkt. Die Ratio begreift sich als letztinstanzlich, ist aber nur Teil eines psychischen Gefüges und eines psychischen Entwicklungsprozesses. Nietzsches Zarathustra formuliert dies so:

> „Der Leib ist eine grosse Vernunft, eine Vielheit mit Einem Sinne, ein Krieg und ein Frieden, eine Herde und ein Hirt. Werkzeug deines Leibes ist auch deine kleine Vernunft, mein Bruder, die du ,Geist' nennst, ein kleines Werk- und Spielzeug deiner grossen Vernunft." (1999b, S. 39)

Der Leib ist Vielheit und Einheit, ist etwas grundlegendes anderes als die Vernunft, der Logos. Der Leib funktioniert nicht nach einem Entweder – Oder. De Leib ist strukturiert durch Gegensatzpaare (Freund – Feind) und dennoch mysteriöserweise eine Einheit, wenn nicht die Einheit schlechthin. Die kleine Vernunft, im Sinne Freuds das Ich, ist fast nur ein Appendix des Leibes. Die große Vernunft, das ist der Leib, der für Nietzsche synonym ist mit dem Selbst:

> „Hinter deinen Gedanken und Gefühlen, mein Bruder, steht ein mächtiger Gebieter, ein unbekannter Weiser – das heisst Selbst. In deinem Leib wohnt er, dein Leib ist er." (1999b, S. 40)

Nietzsche und Jung haben das Über-Ich suspendiert – bei Nietzsche dadurch, dass dem Gesetz der Kampf angesagt wird, in Jungs Modell der Psyche taucht die Funktion des Über-Ichs gar nicht mehr auf. Die moralische Instanz, sie hat sich von Nietzsche zu Jung erledigt.

Heyer, ein Schüler Jungs, der meistgelesene Psychoanalytiker in der Nachkriegszeit in Deutschland (nach dem Zweiten Weltkrieg) gibt ebenfalls das Über-Ich auf: Den Weg zum Sinn fände der Mensch nur, wenn er sich nicht nur von der Vernunft leiten lasse sondern auch „die andere Seite" (1937, S. 11) lebe:

> „Ja sagen geht nicht ohne Nein, Liebe und Hingabe ergeben unausweichlich Hass und Ablehnung. Wer vermeint, das vermeiden zu können, verneint das Leben ebenso wie der, der glaubt, auf dieser Erde ein kampf- und fehlerloses Paradies herstellen zu können." (1937, S. 27)

Freud strukturierte die Triebe bekanntermaßen mit einem Dualismus: Lebens- und Todestrieb. Die dunkle Seite des Menschen war ihm wohl bekannt. Aber Freud gab das Primat der Vernunft und der Moral nicht auf. Die Avantgarde des 20. Jahrhunderts sagt hingegen: Lebe Deine Impulse aus, lass es raus! Damit ist die strukturgebende Instanz des Über-Ichs suspendiert. Aber auch das Ich wird systematisch geschwächt.

Dieser Kampf gegen Über-Ich und Ich hat seinen Preis: Die Psyche des Menschen wird dezentriert und fragmentiert. Die prinzipiell mühsam herzustellende und passager zu erringende psychische Kohärenz ist so strukturell nicht mehr möglich. Regressiven Fantasien wird damit der Weg geebnet: dass Über-Ich und Ich vermeintlich die Störenfriede im Menschen sind, die eine natürliche Harmonie nicht zulassen. So kann Werner Sombart, dieser wie so viele in seiner Zeit von rechts nach links und von links nach rechts sich Bewegende, am Ende seines Lebens schreiben:

> „Er (der Geist, A. d. A.) ist es, der den Menschen auf seine Spur lockt dadurch, dass er in ihm die übermäßige Wissbegierde entzündet; denn sie ist es im letzten Grunde, die den Menschen in die Sünde führt: sein Wahn, dass er wissen müsse, was gut und böse ist. In dem Akt, in dem der Mensch die Welt erfasst, mischte sich ein zu starker Strahl des Lichtes, der ihn blendete und unsicher machte. So wurde der Mensch das gebrochene und unausgeglichene Wese, als das wir es kennen; ein Wesen voller Missklang inmitten einer Schöpfung, die auf vollendeten Zusammenklang aufgebaut zu scheint." (1938, S. 51)

Sombarts Überlegungen sind zu ergänzen: Der Mensch, diese Missgeburt, muss weg, weil er nicht vollkommen ist, kein „vollendeter Zusammenklang". Sombart hält es nicht aus, dass der Mensch anfällig, konflikthaft und endlich ist. Genügt der Mensch seiner narzisstischen Fantasie nicht, so muss er weg (siehe unten).

Wie nun lässt sich diese historische Tendenz, das Gewissen des Menschen auszuradieren, interpretieren? Ist diese Tendenz eine Kompensation des unerbittlichen protestantischen Über-Ichs, das Max Weber als Ergebnis eines historischen Prozesses beschrieben hat: der Herausbildung der protestantischen Ethik? Oder ist im tendenziell lutherischen Deutschland die Herausbildung der protestantischen Ethik weniger gelungen? Fehlte den Deutschen quasi Calvin?

Falls die erste Variante eher zuträfe: die Zerstörung des Über-Ichs als Kompensation der protestantischen Ethik, dann ließe sich dieser Prozess auch im Lichte der Theorie von Elias (1978) zum Prozess der Zivilisation besehen: Im Verlauf dieses Prozesses ist das Über-Ich so übermächtig geworden, ist der Mensch so radikal affektkontrolliert geworden, dass die radikale Avantgarde und ihre Vorläufer diese Affektkontrolle suspendieren will. Elias macht diese Selbstkontrolle für die moderne Erfahrung verantwortlich, ein homo clausus zu sein. Ein Hiatus trennt den einen Menschen von anderen. Die radikale Avantgarde versucht diesen Hiatus zu sprengen.

Nietzsche

Benn hat, wie eingangs erwähnt, ein Element, das ihn und Jünger verbindet, als „Ecce-Zug" umrissen. Es ist zu vermuten, dass er damit auf einen späten Text von Nietzsche Bezug nimmt, nämlich „Ecce homo", das Nietzsche als philosophische Autobiografie geschrieben hat. Mit „Zug" ist möglicherweise eine Beschleunigung gemeint, die mit diesem Text verbunden ist. Er lässt einen nicht locker und zieht und zieht – ein typisches Kennzeichen der Avantgarde.

Dieser „Ecce-Zug" lässt sich am Besten erfahren, wenn Nietzsche wörtlich zitiert wird, und zwar bezogen auf drei eng miteinander verwobenen Aspekte: Avantgarde, Moral und Narzissmus. Eine zentrale Verbindungslinie dieser drei Aspekte lässt sich so umreißen: Avantgardistisch handeln kann nur eine Person, die sich großartig findet, von der eigenen Botschaft vollkommen überzeugt ist und sich von moralischen Zwängen befreit hat.

Nur eine sich großartig fühlende Person ist in der Lage, sich im Krieg zu exponieren und sich zu exhibitionieren. Zu seiner „Kriegs-Praxis" schreibt dann Nietzsche: „Zweitens: ich greife nur Sachen an, wo ich keine Bundesgenossen finden würde, wo ich allein stehe, – wo ich mich allein compromitiere … Ich habe nie einen Schritt öffentlich gethan, der nicht compromitierte: das ist mein Kriterium des rechten Handelns." (1999, S. 274) Andreas Bader et alii sind Nietzsche blind gefolgt.

Gleich der erste Satz des Vorwortes soll Sturm aufwirbeln: „In Voraussicht, dass ich über Kurzem mit der schwersten Forderung an die Menschheit herantreten muss, die je an sie gestellt wurde." (Nietzsche 1999, S. 257) Es ist der Satz jeder *wahren* Avantgarde, die die Menschheit von Grund auf verändern will. Nicht sonderlich bescheiden will er gleich die gesamte Menschheit konfrontieren und natürlich mit der schwersten Forderung. Das große Werk, das ihm vorschwebt, lässt sich nicht zögerlich und tugendhaft realisieren. Dieser alte Plunder stört und gehört über Bord. Frisch ans Werk geht nur die Person, die sich von den alten Werten befreit hat (vergleich Lucinde). „… scheint mir ein Gewissensbiss nichts Achtbares … Ich möchte nicht eine Handlung hintendrein in Stich lassen, ich würde vorziehn, den schlimmen Ausgang, die Folgen grundsätzlich aus der Werthfrage wegzulassen." (1999, S. 278) Die Avantgarden im 20. Jahrhundert haben diesen Ratschlag Nietzsches beherzigt. Sie haben ohne zu zögern gehandelt. Wenn dann das Blut geflossen ist – na ja, was soll's? Für Nietzsche gehört der Blut eigentlich dazu: „... sondern um, über Schrecken und Mitleiden hinaus, die ewige Lust des Werdens selbst zu sein, jene Lust, die auch noch die Lust am Vernichten in sich schließt." (1999, 312)

Wenn Nietzsche gerne von den Höhen spricht, in denen er sich bewegt, so meint er damit sicherlich auch die Höhen unermesslicher Eitelkeit, die er aber bar jeder Ironie beschreibt: „Innerhalb meiner Schriften steht für sich mein Zarathustra. Ich habe mit ihm der Menschheit das grösste Geschenk gemacht, das ihr bisher gemacht worden ist." (1999, S. 259) Der Schenkende ist so groß, dass er sich seine Eltern selbst aussuchen kann: „... aber Julius Cäsar könnte mein Vater sein – oder Alexander, dieser leibhafte Dionysos." (S. 269)

Nietzsche als Vorläufer des Nationalsozialismus anzusehen, ist unseres Erachtens unangemessen. Er war alles andere als deutschtümelnd, er war kein Antisemit. Aber er schuf einen theoretischen Möglichkeitsraum, der sich für alle radikalen Avantgarden des 20. Jahrhunderts vortrefflich nutzen ließ. Zu diesem gehörte ein radikaler Bruch mit der Geschichte. Nietzsche machte vor, wie man Jahrtausende alte Traditionen einfach über Bord werfen kann, zumindest wie man sich brüsten kann, dies zu tun: So verwarf Nietzsche mit einem Handstreich Platon, den entscheidenden Philosophen des Abendlandes, oder er verwarf das Christentum. Der Bruch mit der Tradition ermöglicht, sich selbst neu zu setzten, sich ein eigenes System zu erfinden. Die radikalen Avantgarden des 20. Jahrhunderts waren frei, jeweils eigene neue Kirchen zu gründen. So grandios diese Projekte zu sein schienen, so eröffneten sie zugleich den Weg in eine abgrundtiefe Verlorenheit. Wer mit der Vergangenheit bricht, hat keine Geschichte mehr. Man kommt aus dem Nichts. Die Anmaßung, mit der Geschichte zu brechen, hat einen hohen Preis.

Zu dieser Nietzscheanischen Haltung gegenüber der Welt, die von den radikalen Avantgarden des 20. Jahrhundert übernommen worden ist, gehört neben dem „Schluss machen mit ..." das Entrücktsein, das über der Welt sein, die grenzenlose Einsamkeit, die schweren Prüfungen, die unbedingte Härte, die Prüfungen zu bestehen, die Gewissheit, an keine Ordnung mehr gebunden zu sein, außer der eigenen, die im Übrigen höchst flexibel ist. Es ist dies die Haltung eines europäischen Samurais, ohne Präzisierung des Inhalts, ohne Definition dessen, woraus die Prüfung besteht. Es ist ein Krieg, bei dem der Gegner erst noch gefunden werden muss, bevor er radikal vernichtet wird. Es ist ein Heroismus ohne Grund, eine Selbsternennung zum Helden in Ermangelung einer Berufung, eine Selbstgeburt und Selbstgenealogie, die in gewisser Weise auf dem unausweichlichen Selbstentwurf des bürgerlichen Subjekts beruht, um dann das bürgerliche Subjekt als subalternes Gewürm zu denunzieren. Nietzsche arbeitet mit den Möglichkeiten der Moderne (sich ein eigenes Gesicht zu geben, einen Ausgang aus der selbst

verschuldeten Unmündigkeit zu finden, sich selbst zu verwirklichen) an der Destruktion der Moderne. Der Bürger ist ihm zu klein, zu spießig zu angepasst. In
den Augen Nietzsches schöpft der Mensch in der Moderne seine Potenziale nicht
aus. Dem Bürger fehlt ihm im Gegensatz zu Nietzsche die gelebte Größenfantasie. Der Bürger träumt vom ganz Großen (Nobelpreis, Millionär werden, Olympia-
Sieg), in der Regel bleibt es beim Träumen. Nietzsche dagegen will die Tat und den
Mut, sich zu seiner Größenfantasie zu bekennen. Exhibition seiner Größenfantasie und Exhibition seines Selbst ist Nietzsches größter Wunsch: eine geoffenbar-
te Authentizität, die vor nichts zurück schreckt. Nietzsche thematisiert gerne die
Tätigkeit seiner Eingeweide. Die Scham des Bürgers findet er verachtenswert. Wo
der (männliche) Bürger die Emanzipation der Frau sehr begrüßt und seine Ängste diesbezüglich unerwähnt lässt, röhrt Nietzsche voller Ressentiment gegen die
Frauen an – als ob es ihm nicht peinlich wäre, als ob er keine Scham kennen würde.

Nietzsche macht, kurz bevor dies Freud zu einem psychotherapeutischen Verfahren entwickelt, das Unbewusste bewusst. Theweleit (1977) hat bezüglich der
Freikorps-Soldaten zwischen den Weltkriegen festgestellt, dass diese über keine
üblichen Abwehrmechanismen verfügten. Ähnlich könnte es bei Nietzsche sein:
Entweder fehlen ihm Abwehrmechanismen, oder er lehnt sie ab und versucht sie
abzubauen. Im Sinne Nietzsche ist der Über-Mensch einer, der sein Unbewusstes lebt. Es reicht nicht mehr, davon zu träumen, jemanden umzubringen. Tue es,
wenn Dein Instinkt dies verlangt, fordert Nietzsche, auch wenn Du deshalb viel
erleiden wirst, auch wenn Du deshalb sterben solltest, aber Du stirbst als Über-
Mensch und nicht als bürgerlicher Hosenscheißer. Nietzsche – das ist der Kultus
der bedingungslosen Authentizität. Diese hat keine fixe Inhalte, kein klares Programm, weil das Unbewusste auch kein Programm hat. Es ist nur der Wunsch zu
wünschen. Irgendwas. Kommt darauf an. Je nach dem. Aber: Es soll gelebt werden. Im Hier und Jetzt. Koste es, was es wolle. Das ist das Konzept des vitalisti-
schen Über-Menschen. Es ist zugleich die unbestimmbare flexible Radikalität der
politischen Avantgarde und des Expressionismus, Dadaismus und Surrealismus.

Avantgarde und Narzissmus

Von der Stärkung des Ichs und der Vernunft und von der Notwendigkeit des Gesetzes für die menschliche Gesellschaft wollten die Romantiker, Nietzsche und die
radikalen Avantgarden nichts wissen. Sie vertrauten sich eher der Macht des Unbewussten an, setzten auf Entregelung und Rausch.

Die konservativen Revolutionäre der radikalen Avantgarde lehnten auch das
Freudsche Primat der Sexualität ab. Sie erlebten dies als Vertierung und Herab-

setzung des Menschen an sich. Es kränkte sie. Weiter oben wurde bereits deutlich, wie Schmitt unter der bloßen Sexualität leidet, wie er sie als etwas Entwertendes erlebt. Sie ist und bleibt eine narzisstische Wunde, die es zu kompensieren gilt, gerade weil sie, wie die zahlreichen diesbezüglichen Eintragungen in seinem Tagebuch demonstrieren, allgegenwärtig ist. Erschwerend kommt hinzu, dass Schmitt sein Herz nicht an eine Dame aus guten Hause verliert sondern an eine eher zwielichtige Tänzerin. Möglicherweise hadert er mit seiner Sexualität, weil er ihr ausgeliefert ist. Er kann seine sexuellen Impulse nicht hinreichend kontrollieren. Er ist in besonders dramatischer Weise nicht, wie Freud dies ausgedrückt hat, Herr in seinem eigenen Hause. Er ist weit davon entfernt, ein souveränes, vernünftiges, affektkontrolliertes, bürgerliches Subjekt zu sein. Dieses bürgerliche Subjekt, von Kant propagiert und vorgelebt, kann als Versprechen und Maßstab der Moderne gelten: souverän über die äußere und innere Natur zu regieren und damit intakt und integriert zu sein. Schmitt erfüllt diesen Maßstab nicht. Er ist und erlebt sich als zerrissen und fragmentiert, durchlebt zahlreiche schwere psychische Krisen. Er träumt vom bürgerlichen Subjekt, das für ihn die psychische Unverwundbarkeit – eine narzisstische Tarnkappe – symbolisiert.

Es braucht nicht besonders darauf hingewiesen werden zu müssen, dass das eben zu Schmitt Mitgeteilte sich als eine gnostische Welterfahrung (siehe auch das Kapitel zur Lebensreform) umreißen lässt: der Abscheu über die Materie in Form des eigenen Leibes, der Hass auf den Schöpfergott und die Welt, den Vernichtungswunsch gegenüber der Welt. So nimmt es nicht wunder, dass sich Schmitt direkt auf die Gnosis bezieht: „Döllinger über gnostische Sekten gelesen, meinen Dualismus mit großem Interesse wiedergefunden." (2005, S. 103) Ein bemerkenswerter Satz, nicht nur wegen des Bezugs zur Gnosis: Er spricht von *seinem* Dualismus, als habe er ihn erfunden, und nicht die Gnostiker vor 2.000 Jahren. Auch hier bricht der Narzissmus unmittelbar durch, wie die narzisstische Anfälligkeit sein gesamtes Tagebuch durchzieht.

Wenn Schmitt an der Idee, ein bürgerliches Subjekt sein zu können, scheitert, wenn vielleicht auch schon Nietzsche ähnlich sich scheitern fühlte, dann könnte eine Reaktion darauf bestehen, die Idee des bürgerlichen Subjekts zu zerfetzen. Nietzsche singt dann das Hohelied auf den Leib und verwirft Gesetz und Vernunft, diese hinterhältigen und heimtückischen Funktionen, die radikal etwas einfordern, was nicht zu leisten ist. Was tun, wenn die Latte immer wieder reißt? Den Hochsprung abschaffen. Wenn Nietzsche unentwegt von den Höhen schreibt, in denen er sich bewegt, so ist dieser Gedanke deshalb so anmutig, weil er nicht mehr springen muss: vom Boden über die Messlatte. Nietzsche fürchtet den Sprung, der ihm nicht gelingt. Er exiliert in die tröstlichen, einsamen und kalten Höhen durch einen infantilen Kunstgriff: sich in die Höhen zu träumen. Das Scheitern an der Mess-latte, sie eben nicht *überwinden* zu können, bleibt dennoch eine massive narziss-tische Kränkung. Es ist daher das Mindeste, sich an dieser zu rächen und sie zu vernichten. Schon der Versuch zählt. Die Idee des Über-Menschen basiert auf der als extrem erlebten Insuffizienz des derzeitigen Menschen. Erst der Über-Mensch wird perfekt und unverwundbar sein.

> „Was ist der Affe für den Menschen? Ein Gelächter oder eine schmerzliche Scham. Und ebendas soll der Mensch für den Übermenschen sein: ein Gelächter und oder eine schmerzliche Scham." (Nietzsche 1999b, S. 14)

Der narzisstische Persönlichkeitstypus hat vor nichts mehr Angst, als ausgelacht zu werden. Haben die gerade über mich gelacht, denkt er, wenn er einer Horde la-chender Menschen begegnet? Und sollte niemand lachen, so schämt er sich unab-lässig wegen seiner Schwächen.

Auf die Erfahrungen des Zerrissenseins und der narzisstischen Lücken und Wunden kann es unterschiedliche psychische Antworten geben. Es ist möglich, depressiv zu werden. Es ist aber auch möglich, mit kompensatorischen Größen-fantasien zu reagieren und sich an dem Schöpfer und der Welt rächen zu wollen, die einen so fragmentiert geschaffen haben. Das grandiose Selbst, bzw. die Selbst-überhöhung bilden eine Reaktion auf das Gefühl der eigenen Insuffizienz. Die Er-fahrung von massiver Inferiorität und Grandiosität sind sozusagen Geschwister.

Mit narzisstischer Störung ist nun weniger eine bestimmte Patientengruppe gemeint, als vielmehr eine allgemeine Tendenz in der Moderne. Wenn das Verspre-chen, ein souveränes bürgerliches Subjekt zu sein, nicht eingehalten werden kann, dann ist der Weg zur narzisstischen Persönlichkeit geebnet. Die Moderne begüns-tigt die narzisstische Persönlichkeitsstörung, weil die Messlatte sehr hoch gelegt worden ist. Möglicherweise ist die Konzeption des Subjekts nach Kant nicht für alle Menschen lebbar. Für Kant sind die bestimmenden Kräfte im Menschen die Vernunft und das Gewissen. Von allem anderen wollte er nichts wissen. Menschen, die es nicht schaffen, nur den Parametern Vernunft und Gewissen zu folgen, werden sich möglicherweise als insuffizient erleben. Sie können hierauf mit einer narziss-tischen Persönlichkeitsstörung reagieren. Begabte Autoren wie Nietzsche, Schmitt und Jünger haben sie literarisch ausformuliert und gelebt. Deutsche Offiziere ha-ben ihren Zarathustra im Krieg mit Begeisterung gelesen. Und ebenfalls gelebt.

Volkan (1994) umreißt die narzisstische Persönlichkeitsorganisation, „bei der das grandiose Selbst dominiert und vom nicht dominierenden, entwerteten (‚hung-rigen') Selbst abgespalten ist" (S. 49) mit drei Merkmalen:

- „Äußerungen des grandiosen Selbst (z. B.: ‚Ich bin die Nummer Eins auf der ganzen Welt.‘);

- die Abwehrmechanismen des Ich, die von Patienten ständig verwendet werden, sein großartiges Ich aufrechtzuerhalten (z. B.: ‚Ich pflege nur Umgang mit unter mir stehenden Leuten, so dass ich im Vergleich zu ihnen immer glänze.‘)

- Anzeichen für das Vorhandensein der ‚Kehrseite der Medaille‘, des hungrigen Selbst, das der Patient zu verstecken versucht (z. B.: ‚Jetzt bin ich jung und schön, aber ich habe im Kühlschrank einen großen Vorrat einer besonders guten Gesichtscreme. Sollte ich eines Morgens aufwachen und ein Fältchen im Gesicht entdecken, kann ich gleich etwas dagegen tun.‘).“ (1994, S. 49)

Diese von Volkan genannten Merkmale lassen sich am Beispiel Hielscher veranschaulichen. Am 28.04.1927 schreibt er an Jünger:

> „Wir, die deutsche Seele, sind nicht allein Gott, und außer uns ist nichts. Sondern wir sind einer von Gottes Kämpfern, in ihm lebend, liebend, hassend, stürmend, vernichtend, siegend, bis der Weg vollendet ist, zu dem wir herausgetreten sind aus dem Vater. Dieser Weg ist nur unser Weg. Sein ganzes Leben, sein ganzes Glück, seine ganze Sehnsucht sind unser Stolz, den tragen wir allein. Also lehre ich die bedingungslose Fremdheit alles dessen, was nicht zu diesem Weg gehört. Es gibt nichts, was uns zu Hilfe kommen, nahe werden, lieb werden könnte als allein unser eigenes Leben, die Herzen und Hirne, die Geister und Leiber unserer Menschen, unsere eigenen Erlebnisse, Kämpfe, Leiden und Freundschaften, wie Deutschland in uns sind unser einziger Genoß. Das ist unser größtes, diese bedingungslose Einsamkeit.“ (Jünger/Hielscher 2005, S. 39f)

Wenige Zeilen später ergänzt Hielscher: „Ich sehe das Fremde, und weiß nicht, wer siegen wird, aber ich weiß, dass wir kämpfen werden, und dass das Fremde fremd ist und nichts anderes.“ (S. 40)

Hielscher versteht sich als ein Gotteskrieger. Er handelt im Auftrag Gottes. Er muss nicht prüfen, was richtig und falsch ist. Er muss nur handeln. Gott (es ist bei Hielscher ein heidnischer Gott) hat ihm einen herausragenden Auftrag gegeben: das Deutsche zu realisieren und den Feind (alles nicht Deutsche) zu vernichten, zumindest zu versuchen, dies zu vernichten. Ohne Zweifel bietet Hielscher ein grandioses Selbst dar. Die Abwehrmechanismen bestehen darin, die potenzielle Angriffe auf das grandiose Selbst auf einen äußeren Feind zu projizieren, den es zu vernichten gilt, und darin sich gegen alles Fremde, Feindliche hermetisch abzuschotten. Gerade in dieser immensen Angst vor dem Fremden zeigt sich das anfällige hungrige Selbst. Hielscher betont, dass jetzt keine Hilfe mehr angefordert wird, eine Hilfe, der er eigentlich bedarf.

Zur narzisstischen Persönlichkeitsorganisation gehört auch, was Volkan (1994) als Glaskugelfantasie umreißt: „Der Patient hat dabei die Fantasie, einsam, aber glorreich an einem Ort zu leben, der von etwas Undurchlässigem – wie zum Beispiel Glas – umgeben ist." (S. 54) Hielscher hat hierfür eben ein gutes Beispiel gegeben. Deutschland macht ihn einsam, er ist in Deutschland eingeschlossen. Bei Nietzsche taucht das einsam Eingeschlossensein immer wieder auf, als Teil seines Weges, den er zurück leben muss. Zuweilen schildert er, wie sehr er unfähig ist, zu einem anderen Menschen vorzudringen. Das in sich Abgekapselt zu sein, ist mit großem Leiden verbunden. Benn beschreibt es eindringlich: „Wenn ich dies alles überwinde, wird irgendein neuer Mensch aus mir, ich fühle es, ich weiß noch nicht welcher Art. Aber wohl ein kalter, armer Mensch mit einer Vakuumschicht um sich herum." (Benn 2006, S. 597) Oder: „Es ist mir alles sehr fern gerückt, ich lebe wie ein Trappist, schweigend u. wüstenumdröhnt." (S. 608) An seinem Lebensende schreibt er: „Meine Frau ist reizend wie immer, viel zu gut für mich alten Brummbär, der nie aus seinem Zwinger geht." (S. 613) Die Glaskugelfantasie ist somit durch einen doppelten Charakter gekennzeichnet: Sie schützt vor Übergriffen und Grenzverletzungen und sie ist das Gefängnis, aus dem es kein Entkommen gibt. Die weiter oben diskutierte gnostische Welterfahrung, in diese Welt potenziell ausweglos eingeschlossen zu sein, fußt möglicherweise auf der Glaskugelfantasie. In sich psychisch eingekapselt zu sein, wird verwechselt mit einer Welt, die ein Gefängnis darstellt. Aus diesem tragischen Missverständnis rührt der Wunsch der Weltvernichtung.

Benn wie den anderen konservativen Revolutionären ist es nicht gelungen, ihrer narzisstischen Abkapselung zu entkommen. Zumindest Benn hat aber davon geträumt, in seinen Gedichten. Eines heißt „Gefilde der Unseligen":

> „Satt bin ich meiner Inselsucht,
> des toten Grüns, der stummen Herden;
> ich will ein Ufer, eine Bucht,
> ein Hafen schöner Schiffe werden.
>
> Mein Strand will sich von Lebenden
> mit warmem Fuß begangen fühlen;
> die Quelle murrt in gebendem
> Gelüste und will Kehlen kühlen.
>
> Und alles will in fremdes Blut
> aufsteigen und ertrunken treiben
> in eines andern Lebensglut,
> und nichts will in sich selber bleiben."
>
> (Benn 1910, 2006, S. 19)

Teil 3

Der Rebell und sein Double

Kapitel 1
Von der Romantik zum Surrealismus –
der Einbruch des Unbewussten

Der Surrealismus ist nicht denkbar ohne das bis dahin noch nie geschaffene und gesehene Blutbad des Ersten Weltkrieges, mit dem sich Europa selbst ruiniert hat. Die Erfahrung dieses Krieges machte unumstößlich klar, dass die menschliche Vernunft eine derartige Katastrophe nicht verhindern konnte, ja, sie sogar eventuell mit geschaffen hat. Der Surrealismus ist daher die *bewusste* und gezielte Abkehr von der Rationalität (Spieler 2009, S. 12). Den Anstoß für die Entstehung des Surrealismus hat die Dada-Bewegung gegeben (ebd.). Der Surrealismus ist mit einem politischen revolutionären Anspruch verbunden; in seinem Selbstverständnis ist Kunst ohne politische Ambition bedeutungslos. Wie allerdings die revolutionäre Praxis aussehen soll, darüber haben sich die Surrealisten so zerstritten, dass die Pariser Gruppe auseinander fiel. Die Bandbreite politischer Ambitionen reichte von moskautreuen Kommunisten bis zu Sympathisanten der Nazis (ebd. S. 12ff). Für Spieler (2009) hat zwar die surrealistische Bewegung zu einem bestimmten Zeitpunkt aufgehört zu existieren (Ende des Zweiten Weltkrieg), nicht jedoch eine spezifische surrealistische Lebensweise: „Vielmehr ist Surrealismus eine Form des Denkens, mehr noch eine Lebenshaltung …, die sich vehement gegen die Erklärbarkeit der Welt wehrt, die nicht der Planung, sondern dem Zufall das Zepter überlässt, die trotz aller Intellektualität und Spiritualität sich zutiefst der sinnlichen und körperlichen Erfahrung verschreibt, die Ängsten und Schattenseiten Raum gibt, die Brüche und Paradoxien als Grundkonstante akzeptiert und die vor allem die unbedingte Freiheit des Denkens und der Imagination als wichtigste Eigenschaft der menschlichen Wesensart begreift." (S. 15)

Surrealistische Poesie

Wie jede avantgardistische Bewegung braucht auch der Surrealismus Feinde, auch Feinde in der Dichtung. Im ersten Manifest des Surrealismus schließt sich Breton Paul Valéry an, der versicherte, niemals den folgenden Satz schreiben zu wollen:

„Die Marquise ging um fünf Uhr aus." (zitiert nach Breton 2004; 1924, S. 13).
Was stört Breton bzw. Valery an diesem Satz?

> „Wenn der Stil der bloßen Information, für den der soeben zitierte Satz ein Beispiel ist, fast nur
> in Romanen gebraucht wird, dann deshalb, weil der Ehrgeiz der Autoren offensichtlich nicht
> sehr hochgespannt ist. Der vom Zufall bedingte, unnötig detaillierte Charakter jeder ihrer Fest-
> stellungen bringt mich auf den Verdacht, dass sie sich auf meine Kosten amüsieren. Kein Zö-
> gern des Helden wird mir erspart: ist er blond, wie heißt er, treffen wir ihn im Sommer? Lauter
> Fragen, die aufs Geratewohl – und ein für allemal – beantwortet werden; die einzige Entschei-
> dungsfreiheit, die mir noch bleibt, ist die, das Buch zu schließen, was ich, bei der ersten Seite
> etwa, zu tun denn auch nicht verfehle. Und die Beschreibungen erst! Nichts kann nichtssagender
> sein als sie; übereinandergeschichtete Katalogbilder sind das, der Verfasser macht es sich immer
> leichter, er ergreift die Gelegenheit, mir seine Ansichtskarten zuzuschieben, versucht mein Ein-
> verständnis zu gewinnen mit seinen Gemeinplätzen." (Breton 2004, S. 13)

Breton stört es, dass die Tatsachenbeschreibungen, die im Grunde die Fotografie
oder den Ermittlungsbericht eines Polizisten zum Vorbild haben bzw. sie simulie-
ren wollen, die Tätigkeit der Fantasie des Lesers völlig zum Erliegen bringen. Der
Leser darf sich nicht mehr ausmalen, ob der Held blond ist und wie seine bezau-
bernde Geliebte aussieht. Fantasie und das Unbewusste des Lesers werden zube-
toniert mit einer Unzahl an Details. Eine Kommunikation des Unbewussten des
Lesers mit dem Unbewussten des Autors ist nicht mehr möglich.

Bevor zu klären ist, was eine unbewusste Kommunikation ist, muss definiert
werden, was unbewusst mein, bzw. was das Unbewusste ist:

Unbewusst ist zunächst deskriptiv zu definieren als all die Bewusstseinsinhalte,
die derzeit nicht bewusst sind. Das Unbewusste besteht aus verdrängten Inhalten,
denen der Zugang zum Bewusstsein versperrt wird, da sie nicht zum Selbstverständnis von Ich und Über-Ich passen, z. B. mörderische Impulse oder sexuelle Impulse, die sehr peinlich und unakzeptabel sind (Laplanche und Pontalis 1982, S. 562).

Unbewusste Kommunikation meint, dass Sie, wenn Sie jemanden fragen, wie
es ihm geht, und dieser jemand meint, es gehe ihm gut, Sie dennoch ahnen, dass
diese Aussage nicht stimmt oder nur teilweise stimmt. Das Bewusstsein der anderen Person will sich darstellen, als sei alles in Ordnung, aber das Unbewusste
drängt auf eine Mitteilung, dass eben vieles nicht in Ordnung ist. Ihr Unbewusstes
empfängt diese Botschaft, obwohl Sie auf der bewussten Ebene die Botschaft ak-
zeptieren, dass es der anderen Person gut gehe, und Sie froh sind, nicht weiter von
der anderen Person belästigt zu werden. Denn Sie wollen gar nicht wissen, dass es
der anderen Person schlecht geht. Dennoch fühlen Sie sich in einer solchen Situation auf einmal ganz traurig oder verwirrt, das ist das, was das Unbewusste des anderen aussendet. Die unbewusste Botschaft des anderen ist bei Ihrem Unbewussten angekommen. Das Chaos der Kommunikation ist demnach keine Ausnahme,

sondern die Regel, weil wir auf unterschiedlichen Ebenen (bewusst, unbewusst, Körpersprache) mit dem anderen widersprüchlich kommunizieren. Ein weiteres Beispiel von Literatur, die Breton nicht mag, weil sie die Fantasie und das Unbewusste ausschaltet:

> „Das kleine Zimmer, das der junge Mann betrat, mit gelben Tapeten, Geranientöpfen und Musselingardinen an den Fenstern war in diesem Augenblick von der untergehenden Sonne grell erleuchtet ... das Zimmer enthielt nichts Besonderes. Die Birkenmöbel, alle sehr alt, das Sofa mit einer riesigen gebogenen Lehne, ein runder Tisch davor, ein Spiegeltisch zwischen den Fenstern, einig Stühle an den Wänden und zwei oder drei billige Bilder in gelben Rahmen, die deutsche Mädchen mit Vögeln auf dem Schoß darstellten, – das war alles." (Dostojevskij, Schuld und Sühne, zitiert nach Breton 2004, S. 13f)

Breton könnte auch bei diesem Beispiel sagen, mit dieser Detail- und Faktenfülle wird das Unbewusste des Lesers zutapeziert. Und die Helden dieser von Breton verhassten Romane sind letztlich immer kalkulierbar. Es sind Buchhalterhelden, die mit der Offenheit und Unabsehbarkeit des Lebens nichts zu tun haben:

> „Der Autor nimmt sich eine Gestalt vor und lässt sie, nachdem ihr Charakter festgelegt ist, durch die Welt wandern. Was auch geschehen mag, dieser Held, dessen Aktionen und Reaktionen so fabelhaft präkonzipiert sind, ist verpflichtet, die Berechnungen, deren Gegenstand er ist, in nichts zu vereiteln – wobei er jedoch den Eindruck zu wahren hat, als täte er gerade das. Die Wogen des Lebens mögen ihn scheinbar mitreißen, umwerfen, hinabziehen, er wird sich immer als Typus des *geformten* Menschen erweisen. Eine bloße Schachpartie ..." (S. 14)

Geformt könnte hier meinen: unterjocht, kalkulierbar, unfrei, niemals zum Unabsehbaren vordringend, überraschungsfrei, im bürgerlich sicheren Fahrwasser. Dass alles erwartbar ist, ist so langweilig. Sei es der Held aus einem bürgerlichen Roman, sei es das bürgerliche Subjekt selbst – sein Wunsch nach Sicherheit und Planbarkeit tötet quasi seine wilde unbewusste Seele, die zum Sprung ins Unbekannte ansetzt. „Die unausrottbare Manie, das Unbekannte aufs Bekannte, aufs Klassifizierbare zurückzuführen, schläfert das Gehirn ein." (Breton 2004, S. 14f) Das Unbekannte ist ein Synonym für das Unbewusste. Das Unbewusste soll die Feder führen, die die Worte auf weißes Papier bringt und das Leben zum Tanzen bringt. Hierzu einige Beispiele:

> „Kaum hatte ich den Marmor-Admiral angerufen so drehte dieser sich auf den Absätzen wie ein Pferd das sich vor dem Polarstern bäumt und bezeichnete mir mit seinem Zweispitz auf dem Plan ein Gebiet wo ich mein Leben verbringen sollte." (Vitrac)

> „Eine wohlbekannte Geschichte erzähle ich, ein berühmtes Gedicht lese ich wieder: ich lehne an einer Mauer, mit grünenden Ohren und verdorrten Lippen" (Éluard)

> „Leider! Ich glaube an die Macht der Vögel. Und es genügt eine Feder, damit ich mich totlache." (Delteil)

„Das Spiel wurde unterbrochen, und während sich die Spieler um eine Feuerzangenbohle vereinten, fragte ich den Baum, ob er noch immer sein rotes Band trage." (Aragon)

(alle Beispiele nach Breton 2004, S. 28f)

Die surrealistische Poesie hat nichts zu tun mit Sätzen wie: Die Marquise ging um fünf Uhr aus. Die surrealistischen Sätze gehen aus dem Unbewussten quasi direkt hervor. Sie sollen zudem subversiv sein – die Welt der Vernunft auf den Kopf stellen und der rein nützlichen Welt ein Ende bereiten. Dem Unbewussten wird es zugetraut, in Form von Poesie die Welt aus den Angeln hebeln zu können. So kann Bataille etwa in der gleichen Zeit, in der Breton die Manifeste schreibt – Bataille und Breton kennen sich im Übrigen gut –, schreiben:

„Der Begriff der Poesie, der die am wenigsten verdorbenen, am wenigsten intellektualisierten Ausdrucksformen eines Verlorenseins bezeichnet, kann als Synonym von Verschwendung angesehen werden; Poesie heißt nämlich nichts anderes als Schöpfung durch Verlust ... Leichter ist es, darauf zu verweisen, dass für die wenigen Menschen, die über dieses Element verfügen (die Poesie, A. d. A.), die poetische Verschwendung in ihren Folgen aufhört, symbolisch zu sein: die Aufgabe der Darstellung bedeutet für den, der sie übernimmt, sozusagen den Einsatz seines Lebens. Sie verurteilt ihn zu den trügerischsten Aktivitäten, zu Elend, Verzweiflung, zur Jagd nach flüchtigen Schatten, die nur Taumel oder Wut hervorrufen können. Oft verfügt man über Worte nur zu seinem eigenen Verderben, und man ist gezwungen, zwischen einem Los zu wählen, das einen zum Ausgestoßenen macht, ... und einem Verzicht um den Preis einer mittelmäßigen Tätigkeit, die vulgären und oberflächlichen Bedürfnissen gehorcht." (Bataille 1975, S. 15f)

Verlust und Verlorensein sind für Bataille prinzipiell nichts Negatives, da er davon ausgeht, dass unsere Gesellschaft die Produktivität verherrlicht, das endlose Wachstum, und darüber vergisst, dass Verlust und Verausgabung ebenso wie die Produktivität zum menschlichen Leben dazu gehören und dass, wenn wie in unserer Gesellschaft Verausgabung negativ sanktioniert wird, der Verlust dennoch stattfindet, und zwar in katastrophischer Form, zum Beispiel in Form von Kriegen. So haben die verlustreichsten und totalsten Kriege (Erster und Zweiter Weltkrieg) im Zeitalter des Kapitalismus stattgefunden. Der an sich puritanisch sparsame Kapitalismus muss sich unausweichlich katastrophisch verausgaben.

Entscheidend ist, dass Bataille darauf hinweist, dass die richtige Poesie aufhört, symbolisch zu sein. Sie verliert ihren Staus der eindeutigen Zuordnung (Kreuz = Christentum) und wird zu einer Existenzform, die, kurz zusammengefasst, erbärmlich ist, die aber dennoch viel mehr ist als die Entscheidung für die mittelmäßige Normalität. Die Unterwerfung unter die Normalität bricht einem die Flügel, das will Bataille sagen.

Einige Jahrzehnte später werden die Nachfolger der Surrealisten, die Situationistische Internationale, sagen: „Poesie ist die Äußerungsform der radikalen Bedürfnisse, der Begierden." (zitiert nach Baumeister und Negator 2007, S. 134)

Und: „Es geht nicht darum, die Poesie in den Dienst der Revolution zu stellen, sondern umgekehrt die Revolution in den Dienst der Poesie zu stellen." (ebd. S. 135)

Anders als Spieler (2009) versteht Bischof (1997) die Dada-Bewegung nicht als zentrale Inspirationsquelle für den Surrealismus (S. 204). Vielmehr verweist sie auf die Lyrik. Surrealismus sei zuallererst nicht visuell, sondern ein spezifischer sprachlicher Ausdruck, ein sprachliches Bild, das durch das Koppeln von fernen und unvereinbaren Sprachelementen entsteht; „nämlich Bilder, die aus Worten erblüht sind. Es geht um Wortbilder, also auch um Hörbilder, wie sie nicht in der äußeren Natur, sondern nur in der Sprache anzutreffen sind." (S. 206) Derartige Bilder bildeten nichts ab, sie hätten keinen Referenten in der Wirklichkeit, vielmehr sollten sie gewohnte Denkmuster erschüttern. „Immer schon ging es der Poesie darum, schlagende, verwirrende, überraschende Bilder zu finden, indem sie das Entlegenste, das Nicht-zu-Vereinbarende zusammenführte." (S. 209f) Dieses Zusammenführen soll auf der individuellen Ebene, im Denken des Subjekt zu einem Schock, zu einer Erregung führen, auf der gesellschaftlichen Ebene zu einem Skandal, der großes Aufsehen erregen soll, wobei bereits 1955 Breton zu Luis Buñuel resignierend sagt: „Es ist traurig, mein lieber Luis, aber mit dem Skandal ist es vorbei." (zitiert nach Hoß 1997, S. 142) Den öffentlichen, medial vermittelten Skandal haben die Romantiker, die Lebensreformer und die Surrealisten gesucht. Sollte es 1955 damit vorbei sein? War 1968 nicht auch noch skandalös? Für die Macher und Leser der Bildzeitung sicherlich, wobei vermutlich eine Veränderung zu verzeichnen ist, die den Skandal eingemeindet:

> „Das Avantgardistische ist in der postmodernen Ära der Konsum- und Medienkultur Opfer eines Funktionswandels geworden und verhält sich nicht mehr subversiv zu einer ‚hohen' affirmativen bürgerlichen Kultur oder einer ‚niedrigen' zerstreuenden Unterhaltungskultur, sondern ist zu einem Konsum-Segment und -Baustein auf dem fraktionierten Markt der Lebensstile und inszenierten Identitäten geworden." (Wiggershaus 1997, S. 188)

Dieser Funktionswandel läutet das Ende der Romantik und ihrer Nachfolger ein. Wenn Fernsehsendungen und Werbung dadaistisch und surreal daherkommen, dann ist es mit der liebgewordenen Provokation und Subversion vorbei.

Die romantischen Wurzeln des Surrealismus

Die Moderne und die bürgerliche Aufklärung haben den Anspruch, mit einer klaren und unzweideutigen Sprache die Naturbeherrschung zu verbessern, den Fortschritt zu beschleunigen und das Wohlbefinden der Bevölkerung zu erhöhen. Rationalität und eine rationale Spreche sind gleichsam Instrumente der Nützlichkeit, des Utilitarismus. Nur das zählt, das nützlich ist.

Nahezu die ersten in der Moderne, wird von Hamann und Herder abgesehen, die sich gegen Rationalität und die Dominanz der Nützlichkeit wehren, sind die Romantiker – die Frühromantiker um 1800 auf der Achse zwischen Berlin und Jena: Wackenroder, Tieck, Novalis, die Brüder Schlegel, um nur einige Namen zu nennen (ausführlicher siehe oben). Für sie ist eine rationale und auf Nützlichkeit ausgerichtete Welt eine kalte und entzauberte. Die Romantiker wollen das Gefühl, das Gemüt, das Herz als gleich wichtig erachten wie den Verstand. Sie wollen in einem Übergangsbereich zwischen Traum und Realität leben, reine Realität erscheint ihnen zu nüchtern und zu langweilig. Sie wollen die Welt wieder verzaubern. Die Sprache soll nicht nur eine nützliche Kommunikation darstellen, sondern eine imaginäre Funktion erfüllen und in das Land der Fantasie überleiten. Romantiker verachten das Gesetz sowie soziale Normen und Verbindlichkeiten. Sie verachten Geld und Arbeit und lieben den Müßiggang und den Verlust.

In dieser dichotomen Gegenüberstellung von bürgerlicher Aufklärung und Romantik darf allerdings nicht übersehen werden, wie stark die Romantik auch einen leidenschaftlichen naturwissenschaftlichen Bezug zur Welt hat, so bei Novalis. Die Romantik auf Weltverneinung und Ablehnung von den Naturwissenschaften zu reduzieren, wäre so falsch – wie umgekehrt der idealtypische *reine* Naturwissenschaftler in seiner Arbeit eben auch leidenschaftlich sein soll. Aus der Dichotomie werden dann eher zwei Brüder mit changierend unterschiedlichem Antlitz. Wissenschaftliche Nüchternheit und romantisches Feuer gehören so untrennbar zusammen.

Eine Gallionsfigur des antibürgerlichen Protests ist im 20. Jahrhundert der eben ausführlich zitierte André Breton, der Begründer des Surrealismus. Zu dieser illustren avantgardistischen Bewegung aus Dichtern und Malern gehören zum Beispiel Salvador Dali, Max Ernst, René Magritte, Meret Oppenheim, Man Ray etc.

Breton bezieht sich explizit und ausschließlich positiv auf die deutsche Frühromantik, vor allem auf Novalis und Hölderlin. Zudem hat er die Erzählungen von Achim von Arnim herausgegeben (Bohrer 2002, S. 143) Die französischen *Götter* aber sind für Breton Rimbaud, Baudelaire und vor allem Lautréamont, de Sade und Apollinaire nicht zu vergessen.

Ein Auszug aus Lautréamont:

> „Ich habe mein ganzes Leben lang die engschultrigen Menschen, ohne eine einzige Ausnahme, dumme und zahlreiche Dinge tun, ihresgleichen verblöden und die Seelen mit allen Mitteln verderben sehen. Das Motiv ihres Handelns nennen sie Ruhm. Angesichts dieses Theaters habe ich lachen wollen wie die anderen; aber dies, seltsame Nachahmung, war unmöglich. Ich habe ein Federmesser mit scharfer Klinge genommen und mir das Fleisch dort aufgeschlitzt, wo sich die

Lippen vereinen. Einen Augenblick glaubte ich mein Ziel erreicht. Ich betrachtete in einem Spiegel diesen aus eigenem Willen verletzten Mund! Es war ein Irrtum! Das Blut, das reichlich aus beiden Wunden quoll, hinderte mich übrigens festzustellen, ob es sich tatsächlich um das Lachen der anderen handelte. Aber nach einigen kurzen Vergleichen sah ich genau, dass mein Lachen nicht dem der Menschen glich, das heißt, ich lachte nicht." (1986, S. 14)

Was liebt Breton an Lautréamont? Die Verachtung des Bürgers, die Radikalität, auch sich selbst gegenüber, die Liebe zur imaginären Gewalt, den Einschluss der Gewalt in das Reich der Fantasie.

Ein anderer *Gott* von Breton und den Surrealisten auf darf nicht vergessen werden: Sigmund Freud. Aber warum Freud, der Begründer der Psychoanalyse? Weil Freud nicht nur vom menschlichen Bewusstsein ausgeht, sondern auch vom Unbewussten, das quasi eine andere Sprache als das Bewusstsein hat, nicht logisch und nicht vernunftgesteuert ist. In ihren Bildern und in ihrer Poesie soll sich für die Surrealisten das Unbewusste öffnen. Kunst ist nur dann relevant, wenn sie einen Zugang zum Unbewussten hat. Das Unbewusste wird als eine Quelle verstanden, die die Diktatur des zweckrationalen bürgerlichen Denkens unterhöhlen kann. Für die Surrealisten ist das Unbewusste eine revolutionäre Kraft. Für Freud nicht. Er ist vom Unbewussten fasziniert, zugleich sucht er nach Mitteln und Möglichkeiten, um das Unbewusste zu kontrollieren, auf dass es nicht Oberhand über das Bewusstsein erhält. Gewinnt das Unbewusste über das Bewusstsein, dann ist für Freud diese Person verrückt geworden.

Surrealismus und Gewalt

Der Surrealismus ist eine avantgardistische (Kunst-) Bewegung vor allem der ersten Hälfte des 20. Jahrhunderts. Die von Breton verfassten Manifeste erscheinen 1924 („Erstes Manifest des Surrealismus"), 1930 („Zweites Manifest des Surrealismus"), 1942 („Prolegomena zu einem Dritten Manifest", wobei das dritte so nie erschien) und 1953 („Was der Surrealismus will"). Dann ist das Pulver gleichsam verschossen und die Lettristische Internationale und alsbald die Situationistische Internationale treten in die Fußstapfen des Surrealismus, ihre Herkunft allerdings mehr als verleugnend. In ihren Texten gibt es keinerlei positive Bezugnahme zum Surrealismus, im Gegenteil: Ihr erklärter Feind ist der Surrealismus. Dennoch sind die Strukturähnlichkeiten zwischen den beiden *Internationalen* und den Surrealisten unübersehbar und beeindruckend. Die Lettristen und die Situationisten sehen sich gezwungen, ihren Vater (Breton) zu verleugnen, weil sie keinen Vater haben, sondern sich quasi selbst geboren haben wollen – dem Anspruch nach Eigenschöpfungen, die nirgendwo herkommen und einmalig und unvergleichlich sind, eben Avantgarde, wie sie leibt und lebt.

In einem Punkt unterscheiden sich die Surrealisten von den Lettristen und Surrealisten: Breton diskutiert in den Manifesten unentwegt, welche Autoren in die Reihe der Väter der Surrealisten denn nun gehören, und diese Reihen variieren in gewissem Maße, bei den Lettristen und Situationisten tauchen die potenziellen Väter nur noch als lächerliche oder lächerlich zu machende Feinde auf. Es gehört zu Logik der Avantgarde, sich zu radikalisieren. Breton sucht und findet Väter, die *Internationalen* leugnen und vernichten Väter.

Einer ähnlichen Logik unterliegt die Thematisierung der Gewalt. Bei Breton ist sie im Wesentlichen eine Fantasie. Bei den Lettristen und Situationisten wird die Gewalt-Tat gefordert und sie wird im Mai 68 in Frankreich als revolutionärer Gestus auch verwirklicht (die Situationisten sind die Regisseure des Mai 68 in Paris). Aber erst die Söhne und Töchter der Situationisten werden zu Links-Terroristen, in Deutschland vermittelt über die Subversive Aktion, namentlich über Dieter Kunzelmann. Ohne Subversive Aktion keine Bewegung 2. Juni und keine Rote Armee Fraktion.

Bei Breton ist im Grunde nur in der Sprache Gewalt erlaubt:

> „… wird man begreifen, dass der Surrrealismus vor einem Dogma der absoluten Revolte, der totalen Unbotmäßigkeit, der obligatorischen Sabotage nicht zurückgeschreckt ist und dass er sich einzig von der Gewalt etwas verspricht. Die einfachste surrealistische Handlung besteht darin, mit Revolvern auf die Fäusten auf die Straße zu gehen und blindlings so viel wie möglich in die Menge zu schießen. Wer nicht wenigstens einmal im Leben Lust gehabt hat, auf diese Weise mit dem derzeit bestehenden elenden Prinzip der Erniedrigung und Verdummung aufzuräumen – der gehört eindeutig selbst in diese Menge und hat den Wanst ständig in Schusshöhe." (Breton 2004, S. 56)

Wie gesagt, Breton und die Surrealisten waren von wenigen Ausnahmen abgesehen, nicht tatsächlich gewalttätig (ab und zu verprügelten sie Homosexuelle, vgl. Beyme 2005), aber sie schwelgen in der gewalttätigen Imagination, weil Gewalt in ihren Augen das unüberbietbare Radikale darstellt. Die Radikalität brauchen sie, um das Bestehende wegzuräumen – ein Bestehendes, das nicht unbedingt näher definiert zu werden braucht. Das Bestehende am Bestehenden ist das, was eliminiert werden muss; die einfache Tatsache, dass etwas da ist, provoziert. Inwieweit es erniedrigt und verdummt, muss auch nicht weiter erklärt werden. Es ist einfach so, so wie es am Tag eher hell und in der Nacht tendenziell dunkel ist. Eine Erläuterung, warum das bestehende elende Prinzip erniedrigend und verdummend ist, wäre nur eine weitere Erniedrigung. Es wäre zu viel Verständnis und Nähe zum Bestehenden.

Die Manifeste des Surrealismus

Im Vorwort zur Neuauflage des ersten Manifests des Surrealismus aus dem Jahre 1929 ist ein romantisch-avantgardistischer Geist omnipräsent. Das erste Manifest solle die menschliche Existenz in Frage stellen, „indem es sie jedoch zugleich mit all den Möglichkeiten begabte, die sie diesseits und jenseits der ihr herkömmlich gesteckten Grenzen besitzt." (Breton 2004, S. 7) Die menschliche Existenz in Frage stellen, das ist die erste Aufgabe des Surrealismus – aus den Selbstverständlichkeiten aussteigen, aus dem einfachen so vor sich Hinleben, aus der schlichten Anpassung an die sogenannte Realität. Der Surrealismus möchte den Menschen aufschreckend aufwecken, um ihn dem Üblichen zu entreißen, dem Banalen, da wie die Romantik auch der Surrealismus das Alltägliche verachtet, da wie die Gnosis der Surrealismus im schlichten Dahinleben ein Vergessen der Botschaft des fernen Gottes sieht. Wird diese Botschaft vergessen, so gibt es keine Möglichkeit des Aufstiegs zum fernen Gott. Der Surrealismus intendiert eine Entfremdung aus dem Gegebenen, die Situationisten werden dies Befremdung nennen. Der Surrealismus will zudem Möglichkeiten bereitstellen, um konventionelle Grenzen zu überschreiten. Ungemein romantisch ist einerseits die angedeutete Entregelung („Wir halten uns nicht an bestehende Grenzen und Gesetze"), andererseits alleine der Begriff „Möglichkeiten" – keine Idee oder keine Tat, sondern etwas dazwischen: das Mögliche, ein ertasteter Übergangsbereich. Es folgen romantische Begriffe wie das „menschliche Abenteuer" (2004, S. 7). Es sei die Imagination, die die realen Dinge schaffe (2004, S. 7). Einem vom Marxismus angehauchten Menschen, würden sich hier die Haare sträuben, nicht aber einem Romantiker wie Breton, der wie später die Hippies fordert: Fantasie an die Macht. Trotz dieser romantischen Grundüberzeugung hat Breton mit dem Kommunismus durchaus geliebäugelt.

Der Beginn des ersten Manifests ist pathetisch:

> „So lange wendet sich der Glaube dem Leben zu, dem Zerbrechlichsten im Leben, im realen Leben, versteht sich, bis dieser Glaube am Ende verloren geht. Der Mensch, dieser entschiedene Träumer, von Tag zu Tag unzufriedener mit seinem Los." (2004, S. 11)

Wie das unter Romantikern so üblich ist, gibt es die großen Worte ohne Präzisierung: Glaube, Leben usw. Der Glaube, vielleicht als Hoffnung zu verstehen oder als Imagination, ist die einzige Quelle, die das Leben gleichsam erträglich macht, aber das Leben zerbricht den Glauben. Die Droge namens Glaube erschöpft sich. Das Leben ist unerfreulicherweise für Breton mit Anstrengung und Arbeit verbunden, „fast immer zu einer Anstrengung, denn er (der Mensch; A. D. A.) hat eingewilligt zu arbeiten, zumindest hat er sich nicht gesträubt, sein Glück zu versuchen (das, was er sein Glück nennt!)." (2004, S. 11) Ein Romantiker wie Breton begibt

sich wie alle anderen Romantiker nicht sonderlich gerne in die Niederungen von
Arbeit und Gelderwerb. Welche garstige Illusion, dort Glück finden zu können?

Wenn Freud im „Das Unbehagen in der Kultur" (1989) darauf hinweist, dass
jede Kultur mit Triebrepression verbunden ist, also tendenziell unglücklich macht,
dann ist dies für Freud ein unausweichlicher Tatbestand. Aber genau diese Unaus-
weichlichkeit wollen Romantiker nicht anerkennen. Sie imaginieren das Leben
als Paradies „... in dieser Hinsicht bleibt er (der Mensch; A. d. A.) ein neugebo-
renes Kind, und was die Stimme seines Gewissens angeht, so muss ich gestehen,
dass er sehr gut, ohne sie auskommt. Wenn er sich einige Hellsichtigkeit bewahrt
hat, dann kann er nicht anders, als sich nun wieder seiner Kindheit zuzuwenden,
die ihm, so sehr sie auch durch die Bemühungen seiner Dresseure verpfuscht sein
mag, dennoch als von Zauber erfüllt scheint." (2004, S. 11) Zunächst nimmt Breton hier das Gewissen, die psychische Repräsentanz des Gesetzes als störend wahr,
ein typisch romantischer Gestus. Das Gewissen verhindert das Zurückschreiten
in die Kindheit, die Regression. Das Gewissen, das sich nach Freud in der ödipa-
len Phase ausbilden soll (für den kleinen Jungen) und das die endgültige Überwindung der präödipalen Symbiose darstellt, ist der erklärte Feind desjenigen, der
nicht erwachsen werden will, der nicht autonom werden will, der keine oder wenig Lust auf ein selbständiges Leben hat. Breton, der Kind bleiben will, übersieht
die Schrecken der Kindheit und vergisst die Lust eines autonomen, anteilig ge-
wissengesteuertem Leben.

Der Surrealismus lehnt die materialistische aber auch die realistische Haltung
ab. Letztere wird beschrieben „als jedem intellektuellen und moralischen Aufschwung absolut feindlich. Sie ist mir ein Gräuel, denn sie ist aus Mittelmäßigkeit
gemacht, aus Hass und platter Selbstgefälligkeit." (S. 13) Eine realistische Haltung ist eine Einstellung, die im Sinne Bretons nur darauf aus ist, das Überleben
nüchtern-instrumentell zu sichern. Mit der realistischen Haltung schaut man auf
eine Wiese und überlegt, wie daraus ein Nutzgarten werden könnte. Die Schönheit
der Wiese wird dagegen geflissentlich übersehen. Sie ist kategorial aus der Wahrnehmung ausgeschlossen. „Wir leben noch unter der Herrschaft der Logik." (S.
15) Aber bald wird mit der Hilfe des Surrealismus die Imagination über die Logik siegen. „Kann nicht auch der Traum zur Lösung grundlegender Lebensfragen
dienen?" (S. 17) Oder kann es nicht einen Bewusstseinszustand geben, der Traum
und Realität verbindet? „Ich glaube an die zukünftige Auflösung dieser scheinbar so gegensätzlichen Zustände von Traum und Wirklichkeit in einer Art absolu-
ter Realität, wenn man so sagen kann: Surrealität." (S. 18) Schon haben wir eine
weitere Definition dessen, was Surrealismus meint: eine Überwindung des Ge-
gensatzes von Traum und Wirklichkeit, eine neue Bewusstseinsstufe, etwas, von

dem auch die Romantiker immer geträumt haben. Das Traumerleben verzaubert
die Wirklichkeit, und mit den Mitteln der Wirklichkeit können wir den Traum interpretieren. Der Traum ist ein Wegweiser in der Realität. Breton bezieht sich zwar
bei dieser Neukonzipierung eines neuen Bewusstseinszustands auf Freud, aber er
hätte eher Jung erwähnen sollen. Denn für Freud sind Träume nicht prophetisch,
keine Hinweise für die Lösung von Realitätsproblemen, sondern reine Wunscher-
füllung. Freud strebt auch keine Vermischung von Traum und Wirklichkeit an, gewiss nicht, da für Freud der Traumzustand quasi eine psychotische Wirklichkeit
ist. Aber Breton hat Freud gewissermaßen im Traum gelesen. Ihn ficht nicht an,
was Freud geschrieben hat. Breton macht aus Freud seinen Freud und so kann er
fröhlich formulieren: „Es hängt nur von ihm ab (vom Menschen; A. D. A.), ob er
sich ganz gehören, das heißt die jeden Tag furcherregende Zahl seiner Begierden
im anarchischen Zustand halten will." (S. 21) Sich gehören, meint nicht Trieb-
verzicht und ein starkes Ich wie bei Freud, sondern sich im anarchischen Zustand
voller Begierden befinden, ein Löwe auf dem Sprung. Künstlerische Produktion
ist für Breton nur möglich durch das Zurückdrängen des Ichs: „Kaum hatte ich
es derart aufgezeichnet, als es auch schon von einer ununterbrochenen Reihe von
Sätzen abgelöst wurde, die mich kaum weniger überraschten und mir den Eindruck einer solchen Willkürlichkeit vermittelten, dass die Selbstkontrolle, mit der
ich bis zu diesem Tag gelebt hatte, mir illusorisch erschien." (S. 24) Breton versucht nicht mehr zu sagen: Ich denke, ich schreibe, vielmehr steuert er auf etwas
hin, was sich umschreiben lässt mit: Es denkt, es schreibt, also das Unbewusste.
Breton suspendiert auf dieser Ebene die Idee des souveränen vernünftigen bürgerlichen Subjekts. Hieraus ist eine andere Definition des Surrealismus zu gewinnen:
„diese neue Form des reinen Ausdrucks" (S. 26). Oder: „Reiner psychischer Automatismus, durch den man mündlich oder schriftlich oder auf jede andere Weise
den wirklichen Ablauf des Denkens auszudrücken sucht. Denk-Diktatur ohne jede
Kontrolle durch die Vernunft, jenseits jeder ästhetischen oder ethischen Überlegung." (S. 26) Wirklicher Ablauf des Denkens meint: der Strom des Unbewussten, der durch keine psychische Instanz wie Ich oder Über-Ich aufgehalten wird.
Die Surrealisten wollen die Diktatur des Unbewussten, das quasi natürlich jenseits der Kräfte der Vernunft heilen soll: „Der Surrealismus beruht auf dem Glauben an die höhere Wirklichkeit gewisser, bis dahin vernachlässigter Assoziations-
formen, an die Allmacht des Traumes, an das zweckfreie Spiel des Denkens. Er
zielt auf die endgültige Zerstörung aller anderen psychischen Mechanismen und
will sich zur Lösung der hauptsächlichen Lebensprobleme an ihre Stelle setzen."
(S. 26f) Wenn Vernunft und Gesetz Ausdruck des väterlichen Prinzips sind (vgl.
Chasseguet-Smirgel 1988), dann wird wie in der Lebensreformbewegung hier

auf die Mutter, auf Mutter Natur alle Hoffnung gesetzt. Sie soll in Gestalt des Unbewussten heilen und retten, was Vernunft und Gesetz zerstört haben – das ließe sich den Aussagen der Surrealisten hinzufügen. Heilung wäre so Rückkehr in den Mutterleib bzw. die Verschmelzung mit der Mutter. Aus dieser Idee gewinnen die Surrealisten ihren Pathos und ihre Inbrunst. Und das Feuer der Destruktion: Der Surrealismus habe kein Interesse an dem, „was nicht auf die Zerstörung des Seins zielt in einem Glanz, tief und blind." (S. 55) Die Surrealisten sind nicht unambitioniert. Sie wollen nichts anderes als die Zerstörung des Seins und diese Zerstörung ist glanzvoll, tief und blind, weil sie im Mutterleib stecken. Für Chasseguet-Smirgel (1988) ist der Wunsch nach der Zerstörung der Realität mit der Fantasie der Verschmelzung mit der Mutter eng verbunden.

Wenn im Prinzip nur der eine Junge, nur der eine Mann in Mutters Schoß zurückkehren kann (Platzmangel), dann wird es notwendig, die anderen Jungs aus dem Kreis der Surrealisten auszuschließen. Im zweiten Manifest des Surrealismus beginnen so die Säuberungen und Ausschlüsse. Zugleich gehört es zu der Logik jeglicher Avantgarde, die *falschen* Avantgardisten zu identifizieren und raus zu werfen. Zugleich wird der Wunsch nach Zerstörung des Seins nicht vor den eigenen Genossen halt machen:

> „Fast ist es überflüssig, zu bestreiten, wir hätten jemals einen geschlossenen Zirkel bilden wollen – lediglich denen, die mehr oder weniger kurz mit uns verbunden waren und von uns wegen aufgedeckter Mängel angeklagt worden waren, ihnen allein nutzt es, diese Behauptung aufzustellen. Zu ihnen gehört Monsieur Artaud, wie man sah und wie man ihn jedenfalls hätte sehen können, als er, auf dem Hotelkorridor, von Pierre Unik geohrfeigt, seine Mutter zu Hilfe rief! Zu ihnen gehörte auch Monsieur Carrive, unfähig, politische oder sexuelle Probleme anders als in bloßer Prahlerei zu verstehen; Monsieur Delteil – seine elende Chronik über die Liebe … Monsieur Gérard, der, das ist wirklich der einzige Fall, wegen ansteckender Dummheit ausgeschlossen wurde … Monsieur Limbour, auch er so ziemlich ganz verschwunden: literarische Skepsis und Eitelkeit in der schlimmsten Bedeutung des Wortes. Monsieur Soupault, das heißt totale Infamie …" (S. 62)

Es wäre falsch, Breton zimperlich zu nennen. Er führt seine Ex-Genossen vor, stellt sie, ohne mit der Wimper zu zucken, an den Pranger. Es wäre genau so falsch, Breton mit revolutionären Tatmenschen in eine Reihe stellen zu wollen. Er hat keine Kaufhäuser angezündet und niemanden erschossen. Die Gewalt der Worte oder in den Worten ist nicht gleichzusetzen mit der faktischen Gewalt. Diejenigen, die zur faktischen Gewalt neigen, verurteilen Gewalt in Wort und Bild. Diejenigen, die blutrünstig schreiben und malen, morden nicht (Lenk 1997, S. 20). „Im Begriff surrealer Praxis liegt bereits, dass es sich hier nicht um Praxis im buchstäblichen Sinne handelt, sondern um ein symbolisches Handeln, ein Handeln als Geste und Zeichen." (ebd. S. 21) Dies symbolische Handeln ist dennoch potenziell mit einer politischen Praxis verbunden. Dazu Breton: „Es tritt immer deutlicher zutage, dass jenes Element, aus dem die Welt hervorgehen wird, die wir uns anstelle der alten uns zu eigen machen wollen, nichts anderes ist als das, was die Poeten Bild nennen … Kraft der Bilder könnten im Lauf der Zeit sich wahre Revolutionen ereignen." (zitiert nach Bandier 1997, S. 40) Während die gewöhnliche Sprache die Realität verrate, so die Annahme der Surrealisten, müssten nun Worte und Bilder erfunden werden, die die Wirklichkeit erkennen und damit über sie Macht gewinnen würden (ebd. S. 41). Bandier stellt die surrealistische Textproduktion in die Tradition der Romantik:

> „So bezieht die Transkription der Emotionen gegenüber der Wirklichkeit ihre einzige Daseinsberechtigung aus der Einzigartigkeit der Erfahrung, die ihr Schöpfer mitzuteilen hat, und das Schreiben wird aufgefasst als ständige Anspannung im Ringen um die möglichst vollkommene Übereinstimmung zwischen Zeichenform und Gemeinten." (ebd. S. 41)

Mit den Signifikanten im Sinne Saussures werde um den Signifikat gerungen. Damit habe sich mit der Romantik ein Verhältnis umgekehrt: Das Signifikat geht dem Signifikanten nicht mehr voraus. Das Signifikat existiert gleichsam nicht ohne Signifikanten. Die menschliche Erfahrung, die um die angemessenen Worte kämpft, er-findet Welt. Die Welt ist keine von Gott geschaffene mehr, in der wir uns zurechtfinden müssen; mit der Romantik formt der einzigartige Mensch seine einzugartige Welt. So kann Breton sagen: „Die Mittelmäßigkeit der Welt, ist sie nicht vor allem unserem Mangel an Ausdruckskraft geschuldet?" (zitiert nach Bandier 1997, S. 42)

Ein Leben nach der Romantik bedeutet dann auch, dass das romantisch-surreale Programm der Neuformung der Welt durch eine neue Sprache nicht geringe Kratzer bekommen hat. Lenks (1997, S. 15) Zeitdiagnose lautet daher: „ein fröhliches, fast erleichtertes Bewusstsein vom Scheitern aller Bemühungen, die Welt planvoll zu verändern." Die Welt – sie ist uns entglitten. Weder durchschauen wir die Welt, noch können wir sie mit unseren Worten steuern. Die Erleichterung, von der Lenk spricht, hat vermutlich damit zu tun, dass die vorausgegangenen Weltformungen (Nationalsozialismus, Sozialismen) tragisch und katastrophisch geendet sind.

Vielleicht hat der Surrealismus mit den genannten Katastrophen etwas zu tun. Zumindest hat dies Adorno nach dem deutschen Nationalsozialismus vermutet. Dazu Steinert:

> „Der Faschismus hat Adornos Ambivalenz gegenüber einem künstlerischen Verfahren (dem Surrealismus, A. d. A.) aufgelöst, in dem das Individuum als zerstört und unmöglich, als ‚durchgestrichen' vorgeführt wird: Er weiß jetzt, dass damit nur denen zugearbeitet wird, die solche Liquidation physisch exekutieren möchten." (1997, S. 128)

Grund hierfür sei, dass die antiautoritäre Destruktion die Selbst-Unterwerfung und die Selbst-Verachtung zelebrierten, so Steinert (ebd. S. 126).

Aber vielleicht führt noch ein anderer Weg vom Surrealismus zum Nationalsozialismus. Wenn Kunst in der Moderne im Sinne Adornos die richtige sein soll, dann muss sie experimentell sein, fragmentieren und zerrütten (Brunkhorst 1997, S. 98). Damit trage sie zu einer spezifischen Freiheitsidee des Menschen bei, die auf die Romantik zurückgehe: „Das Subjekt findet gerade darin seine Freiheit, dass es sich in Gefahr begibt, sich dem Drang der eigenen *Impulse* ebenso überlässt wie es sich einer Mannigfaltigkeit prinzipiell unkontrollierbarer Situationen aussetzt." (ebd. S. 103) Cohen („Architektur des Untergangs, 1989) hat in einem Film über den Nationalsozialismus als zentrales Merkmal von Hitler dessen Selbstdefinition als Künstler herausgestellt, ein Künstler, der die Gesellschaft formt. Sein künstlerischer Ansatz war wohl experimentell, fragmentierend und zerrüttend (siehe weiter unten). Hitler mochte die surrealen Bilder nicht, surreale Politik aber gewiss. Die eben erwähnte romantische Freiheitsidee, die hat Hitler voll und ganz gelebt. Niemand hat dies besser vermocht als Hitler. Es darf selbstredend nicht vergessen werden, dass zwischen den Surrealisten und Hitler eine gewaltige Kluft liegt: zwischen dem Imaginären und der Tat.

Und dann kam Nadja

Eine „Basisschrift der klassischen Moderne" nennt Bohrer das Buch „Nadja" von Breton aus den 20er Jahren des letzten Jahrhunderts. Erzählfragmente werden vom Autor zusammengefügt, wie dies schon Friedrich Schlegel in „Lucinde" getan hat. Der Ich-Erzähler geht gerne spazieren, vor Allem in der Stadt. Rannten die Lebensreformer von der Stadt weg in die Natur, so erhält mit dem Surrealismus die Stadt ihren Zauber zurück. Sie wird zu einem Dschungel noch nicht bekannter Erfahrungen. „Plötzlich, sie ist vielleicht noch zehn Schritte von mir entfernt, sehe ich eine sehr ärmlich gekleidete junge Frau mir entgegen kommen, die mich ebenfalls sieht oder gesehen hat. Im Gegensatz zu allen Passanten geht sie erhobenen Hauptes. So zierlich, dass sie kaum den Fuß aufsetzt." (Breton 2002, S. 53) Der Ich-Erzähler spricht sie an. Sie lächelt „sehr geheimnisvoll" (ebd. S. 55) Sie gehen in ein Café. Nadja berichtet ihm von einer verblichenen Liebe mit einem Mann, bei dem sie erst später nach einem zufälligen Treffen bemerkt, dass an beiden Händen seine letzten Finger zusammengewachsen sind. Nadja erzählt von ihren Eltern, von ihrem Zeitvertreib, mit der Metro zu fahren, ziellos, so wie sie auch durch die Straßen wandelt. Er erklärt ihr, dass nur die Revolte zählt, dass Arbeit Knechtschaft sei. Bevor sie sich trennen, fragt er sie: „,Wer sind Sie?' Und sie, ohne zu zögern: ,Ich bin die umherirrende Seele.'" (ebd. S. 61) Nadja fühlt sich in der Gewalt vom Ich-Erzähler, von dem sie annimmt, dass er alles über sie weiß und sie demnach auch manipulieren könnte. Sie verfügt über hellseherischer Fähigkeiten, ist mit einer überschießenden Fantasie ausgestattet, die sie fast wegfegt. „Nadja ist noch immer geistesabwesend. Um sie wieder zu mir zurückzuholen, sage ich ein Gedicht von Baudelaire auf, doch die Modulationen meiner Stimme lassen sie erneut schaudern… Sie bleibt neuerlich stehen, stützt sich auf die Steinmauern, und unser beider Blick taucht in den Fluss, der zu dieser Stunde von Lichtern funkelt: ,Diese Hand, diese Hand auf der Seine, warum lodert sie auf dem Wasser? Es stimmt, Feuer und Wasser sind ein und dasselbe. Aber was bedeutet diese Hand?'" (ebd. S. 72) Breton hebt ab auf die Empfindsamkeit und Fragilität von Nadja, die romantisch schwebt zwischen Vernunft und Wahnsinn, zwischen Traum und Wirklichkeit. So wundern wir uns nicht, wenn Breton auf Seite 116 schreibt, dass dem Erzähler mitgeteilt worden sei, dass Nadja wahnsinnig geworden sei. Sie ist sich und ihm verloren gegangen. Zurück bleibt das Buch mit dem Titel „Nadja".

Generation Golf – Generation Porno: Bruch oder Kontinuität?

> „Wer bin ich? Wenn ich mich ausnahmsweise einem Sprichwort anvertraue: Warum sollte tatsächlich nicht alles darauf hinauslaufen, zu wissen, mit wem ich ,umgehe'? Zugegeben, das Wort verwirrt, sucht es doch zwischen bestimmten Wesen und mir eigentümlichere Beziehungen zu stiften, unausweichlichere, verstörendere, als ich dachte. Es sagt weitaus mehr als gewollt, weist mir zu Lebzeiten die Rolle eines Gespensts zu …" (Breton 2002, S. 9)

Mit dieser Frage nach der eigenen Identität beginnt „Nadja", und eines wird klar: Die Frage drängt sich auf und durchzieht den gesamten Text, aber es gibt auf die Frage weder eine abschließende noch erschöpfende Antwort. Fixe Identität ist nicht zu gewinnen. Das Fremde im Eigenen behält die Oberhand, ebenso wie die Identität des Anderen notwendig verfehlt wird (Bohrer 2002, S. 154). Wahre Identität sei nur für Augenblicke zu gewinnen (ebd. S. 154), und die Welt bleibe fremd. Im Versuch, sie zu erkennen, seien die dominierenden Emotionen Angst und Schrecken (ebd. S. 150).

In Florian Illies Buch „Generation Golf" ist von niemals abschließbarer Identitätssuche, von Angst und Schrecken angesichts einer undurchdringlichen Welt nichts mehr zu spüren. Er beschreibt die Generation der in Deutschland zwischen 1965 und 1975 Geborenen. Das Buch beginnt mit dem Satz: „Mir geht es gut." (2009, S. 9). Sein Titel verdankt es dem VW-Golf. Überhaupt ist der Konsum ein zentrales Thema des gesamten Buches, als hülle der Konsum auf eine wunderbare unverletzbare Weise ein. Generationen kritischer Generationen würden Illies verdammen, scheint er doch vollkommen der Warenwelt verfallen zu sein. Genau gegen diese Generationen schreibt Illies subversiv an. Nicht Affirmation betreibt er sondern eine „Perversion" der Konsumkritik der letzten 200 Jahre. Die Konsumkritik wird in Konsumfetischismus verkehrt. Weltflucht wird abgelehnt. Die Zeit der Utopien scheint vorbei zu sein: „Die Suche nach dem Ziel hat sich erledigt. Veränderungen wird die Zukunft kaum bringen." (ebd. S. 197)

Der da so nüchtern schreibt, der, der so großen Wert auf den Bruch mit der 68er Generation legt, bleibt dennoch in Kontinuität mit diesen – indem er so massiv polemisiert und sich abgrenzt, indem er wie jede Avantgarde die zuvorige zerreißt und verdammt. So hasst er die Menschen, die sich die Zigaretten selbst drehen, Studentinnen, die im Hörsaal stricken, Demonstranten, Menschen, die nicht zugeben können, dass sie eine Putzfrau beschäftigen. Ja, Illies schreckt nicht davor zurück, im Zusammenhang von der geouteten Liebe zu Markenprodukten von „befreiend" zu schreiben (ebd. S. 154). Oder: „Es wirkte befreiend, dass man endlich den gesamten Bestand an Werten und Worten der 68er Generation, den man immer als albern empfand, auch öffentlich albern nennen konnte." (ebd. S. 155) Das Zauberwort aller alternativen Lebensentwürfe – Befreiung – auch Illies gebraucht es. Das Virus der 68 hat ihn erwischt, möglicherweise ohne, dass er es weiß. Vielleicht darf deshalb auf der Rückseite des Buches mit einen Zitat aus der Rezension der „Generation Golf" aus dem „Hamburger Abendblatt" geworben werden. „Ein Skandal" sei dieses Werk.

Ein Buch über die „Generation Porno" (Gernert 2010) ist ja irgendwie auch ein Skandal, und Skandale mögen ja alle Romantiker, Lebensreformer und Surrealisten, auch und vor Allem den sexuellen Skandal, die unerhörte Provokation der Öffentlichkeit. Damit liegt die Generation Porno gut in diesem Trend. Kontinuität oder Bruch? Na klar: Kontinuität. Wer die Väter und Großväter überbieten will, der muss allerdings noch eine oder zwei Schippen drauflegen. Der nackte Körper der Wilhelmine bei Schlegel reicht da nicht mehr, auch nicht die Begeisterung der Surrealisten für die Liebe und die Sinnlichkeit. Je virtueller Sex wird, umso konkreter und drastischer ist die Darstellung von Sex, und es entsteht die quälende Frage, ob der Konsum von Sexbildern im Internet, das eigene Liebes- und Sexualverhalten verroht, speziell bei Jugendlichen. Um diese Frage abwägen zu können, scheint Gerner nicht darauf verzichten zu können, Sex im Internet und in den Texten populärer Musik zu beschreiben. Der Leser und die Leserin werden eingeweiht in die vermeintlich ungeahnten und unerhörten Abgründe virtueller Sexualität – ein Enthüllungsbuch, das sich um den Porno im Netz rankt. Wir kennen diese Prozedur seit 200 Jahren. Foucault (1971) hat ausführlich beschrieben, wie Sex, Wissen, Macht und Subjektivierung in der Moderne verwoben werden. Zu dieser Prozedur gehören das Geständnis und die Enthüllung notwendig dazu. Es ist die erschreckende Sexualität der Kinder, die Onanie der Jugendlichen, die Perversionen der Erwachsenen, die ans Tageslicht gezerrt werden müssen. Mit Gernert (2010) dürfen wir hinter die Kulissen der Internetpornos schauen, werden zu schaudernden Voyeuren, die sich gierig in eine unbekannte Welt einlesen. Wenn Breton die Welt an sich als befremdlich und erschreckend erlebt, so hat sich diese Welterfahrung bei Gernert auf den Internetporno verengt, also quasi auf einen Fetisch. Nur vor ihm müssen wir uns fürchten, der angeblich immer bedenklicher und gewalttätiger wird. Zur Logik des enthüllten Sexes gehört die Steigerung, die Radikalisierung. Der im Film entblößte Rücken einer Frau in einem Film aus den 50er Jahren des letzten Jahrhunderts würde heute nicht einmal ansatzweise als Skandal wahrgenommen werden. Der Untertitel zu einem „Schulmädchen-Report": „Vergiss beim Sex die Liebe nicht" ist obsolet geworden. Der Sex hat sich von der Liebe abgelöst. Die romantische „Heirat" von Sex und Geist hat selbstredend auch abgedankt. Hier liegt der Bruch zwischen der Romantik und der Generation Porno.

Kapitel 2
Das Theater der Grausamkeit –
jenseits und diesseits des Rheins

1933 veröffentlichte Antonin Artaud „Theater der Grausamkeit". Dieses Theater sollte der vernünftigen Welt den Krieg erklären. Es sollte allerdings nie in der Realität umgesetzt werden. Artaud lobte die Frustration. Auf der anderen Seite des Rheins wurde das Theater der Grausamkeit in der Realität umgesetzt. Hitler konzipierte die Welt als Gesamtkunstwerk, in der er die vollkommene künstlerische Freiheit hatte und in der nur die Tat zählte. Hitler konnte sich hierbei auf eine Tradition berufen, auf die Romantik, die die Ablehnung des Gesetzes und der Welt propagierte. Die romantische Idee, dass Realität und Fantasie nicht abgegrenzt werden wollten, lässt sich mit psychoanalytischen Konzepten besser verstehen. Die Nazis stellten sich einerseits in die Tradition der Romantik, missbrauchten diese aber auch, um ihre psychischen Defizite zu kaschieren.

Bevor wir das Thema hier vorstellen, möchten wir noch etwas vorausschicken, etwas, was man als Gegenübertragung auf das Thema nennen könnte. Beim Schreiben an diesem Kapitel hatten wir den Eindruck, völlig belanglose und uninteressante Sätze zu schreiben. Die Gegenübertragung ist eine ähnliche wie bei der Behandlung von Menschen mit einer malignen narzisstischen Störung. Wir fühlen uns ohnmächtig, hilflos und unsagbar dumm. Jeder Satz, den wir aussprechen, ist Unsinn. Diese Schwierigkeit beim Schreiben von Sätzen zu diesem Text mag auch darin begründet sein, dass die Nazis die Sprache in höchstem Maße manipulativ gebraucht haben. Also: Wie kann man nach den Nazis noch richtig sprechen? Kann man das überhaupt noch? Eine andere Begründung: Kann man über das Grauen, das die Nazis verursacht haben, überhaupt sprechen, ohne dass die Sprache zerbricht, ohne dass man verstummt?

Antonin Artaud

In dem 1933 als Broschüre veröffentlichten Text „Das Theater der Grausamkeit"
(Zweiter Entwurf) schreibt Antonin Artaud, der, wie lässt es sich anders erwarten,
auch mit den Surrealisten verbandelt war:

> „Das Theater der Grausamkeit ist geschaffen worden, um dem Theater den Begriff eines leiden-
> schaftlichen, konvulsivischen Lebens zurückzugeben; und im Sinne dieser heftigen Unerbitt-
> lichkeit und äußersten Verdichtung der Bühnenelemente muß die Grausamkeit verstanden wer-
> den, auf die es sich gründen will. Diese Grausamkeit, die, wenn es sein muß, auch blutig sein
> wird, ohne es jedoch systematisch zu sein, verschmilzt daher mit dem Begriff einer Art von kal-
> ten moralischen Reinheit, die keine Angst davor hat, dem Leben den Preis zu zahlen, der ihm
> gezahlt werden muß." (Artaud 1996, S, 131)

Für Artaud soll das Theater zudem das Gegenteil vom „ökonomischen, utilitaris-
tischen und technischen Dahinschlittern der Welt" (S. 132) sein, also von unserer
Welt. Das Theater soll wieder der Ort für die existentiellen „Besorgnisse und Lei-
denschaften" (S. 132) der Menschen werden. Kosmische, universale und mythi-
sche Themen sollen in ihm Heimat finden. Welches Theater will Artaud auf keinen Fall? Das Theater als Staatstheater, als Belehrungsanstalt. Schiller oder Brecht
sind der Gegenpol zu Artaud. Das Theater soll nicht das wirkliche Leben widerspiegeln, soll nicht über das Leben aufklären und moralisch gute Lösungsansät-
ze vermitteln. Artaud hasst die Dominanz der Sprache auf der Bühne, er hasst das
psychologische Theater, das sich darauf beschränke, „uns Zugang zum Innenleben
von ein paar Hampelmännern zu verschaffen" (S. 89). Wirkliches Theater könne
tödlich sein. Es sei wie eine virtuelle Revolte, die das Unbewusste frei setze, allerdings keineswegs auf Realisierung drängen soll. Artaud lobt die Frustration als
„heroische Haltung" (S. 30).

Das andere Ufer des Rheins

Auf der anderen Seite des Rheins – Artaud ist Franzose – wurde dieses Programm
für ein Theater der Grausamkeit etwa zur gleichen Zeit mit bestimmten Modifika-
tionen in der Realität umgesetzt. Die nüchterne Dingwelt des Kapitalismus sollte
wieder verzaubert werden. Dem kalten Verstand wurde gründlich misstraut. Leidenschaft und Gefühle sollten wieder vorrangig sein. Begriffe wie „Unerbittlichkeit" gehören zum Lieblingsvokabular der Nationalsozialisten. Ihre Grausamkeit
war, wenn es sein musste, blutig, allerdings sehr systematisch. Die (triumphato-
rische) kalte moralische Reinheit – diese ist den Nationalsozialisten keineswegs

abzusprechen. Und sie wussten von dem Preis, der an das Leben zu entrichten ist. Genauer: Sie zelebrierten diesen Preis. Sie vergötterten den Tod.

So stellen sich einige Fragen?

- Warum wird zu einem bestimmten historischen Zeitpunkt das Theater der Grausamkeit erfunden?
- Warum wird es links des Rheins nur als Theaterkonzeption verstanden?
- Warum soll rechts des Rheins das Theater der Grausamkeit Wirklichkeit werden?

Bevor wir versuchen, auf diese Fragen Antworten zu finden, möchten wir zunächst beschreiben, wie Hitler und seine Gefolgsleute versuchten, die Realität zu theatralisieren, wie sie bemüht waren, aus der Wirklichkeit ein Gesamtkunstwerk zu machen.

Bekanntermaßen wähnte sich Hitler zuallererst als Künstler, seine Lebensweise war über lange Zeit eher die des Bohémien als die eines rechtschaffenen Bürgers. Er verachtete den Spießbürger: „Schließlich gehörte der antibürgerliche Nonkonformismus zu seiner selbst stilisierten künstlerischen Pose." (Burleigh 2000, S. 286)

Bekanntermaßen besitzt der Künstler künstlerische Freiheit. Diese reklamierte Hitler nicht nur für das Malen eines Bildes oder das Entwerfen eines neuen Gebäudes. Die künstlerische Freiheit bezogen Hitler und seine Gefolgsleute auf die Gesellschaft, die er zu gestalten trachtete. Wie lässt sich diese künstlerische Freiheit umreißen?

Künstlerische Freiheiten

Die künstlerische Freiheit bezieht sich erstens auf die stürmische und beherzte Projektion unbewusster Inhalte auf die Realität. Keine Zensur oder auch Zweifel oder Nachdenklichkeit schiebt sich zwischen Projektion und Wirklichkeit. Ein Beispiel: Ende August 1935 spricht Julius Streicher, der Herausgeber des Hetzblattes „Der Stürmer" vor 20.000 Menschen in Hamburg. Er erzählt eine Geschichte einer deutschen Professorentochter, die einen Juden geheiratet hat. Nach neun Monaten entbindet diese Frau: „‚Und was lag da in der Wiege, Volksgenossen?! Ein kleiner Affe.'" (nach Burleigh 2000, S. 336) Die Frau lässt sich scheiden und heiratet einen SS-Mann. Nach weiteren neun Monaten bringt die Frau erneut einen Affen zur Welt. Diese Geschichte erzählt Streicher. Eine psychotische Geschichte, die zu veranschaulichen versucht, dass der Jude giftiges Blut oder giftige Spermien besitzt.

Die künstlerische Freiheit bezieht sich zweitens auf eine spezifische wahnhafte Verkennung der Wirklichkeit: Sie wird gnostisch-apokalyptisch interpretiert als die letzte Entscheidungsschlacht zwischen gut und böse. Gut ist das neue auserwählte

Volk der Arier, böse ist die jüdisch-bolschewistische Weltverschwörung, die angeblich alles daran setzt, die Welt zu unterwerfen. Hitler wähnt sich als Erlöser, als
potentieller Sieger in dieser letzten aller Schlachten: „,Ich habe einen geschichtlichen Auftrag, und den werde ich erfüllen, weil mich die Vorsehung dazu bestimmt
hat.'" (Hitler, zitiert nach Burleigh 2000, S. 319) Oder: „So glaube ich heute im
Sinne des allmächtigen Schöpfers zu handeln: Indem ich mich des Juden erweh-
re, kämpfe ich für das Werk des Herrn." (Hitler zitiert nach Wagner 1997, S. 91)

Es ist aber dann auch nicht schlimm, wenn das Gute nicht siegt. Hauptsa-
che ist der Kampf und der Tod. Dazu Best, ein ranghoher Mitarbeiter des RSHA:
„,Nicht der Sieg entscheidet über den Wert des Kämpfers, die Hoffnung auf den
Sieg darf nicht einmal bestimmend sein für den Kämpfenden… Die Bejahung des
Kampfes auf verlorenem Posten für eine verlorene Sache ist das Kriterium der neu-
en Haltung.'" (nach Burleigh 2000, S. 232)

Die künstlerische Freiheit bezieht sich drittens auf eine durch nichts gebrems-
te und als völlig legitim erlebte Raserei der Gewalt: Der von Hitler verehrte Richard Wagner beschreibt das Prinzip der gnadenlosen Entgrenzung für die Musik:
Die „heilige christliche Musik" habe folgende Aufgabe:

> „Den Tempelmauern entschwebt, durfte die heilige Musik jeden Raum der Natur neu bele-
> bend durchdringen, der Erlösungs-bedürftigen Menschheit eine neue Sprache lehrend, in der
> das Schrankenloseste sich nun mit unmißverständlichster Bestimmtheit aussprechen konnte."
> (R. Wagner zitiert nach G. Wagner 1997, S. 92)

Wagner spricht über Musik, über heilige Musik, die den Raum der Natur belebend
durchdränge. Diese heilige Musik lehrte den erlösungsbedürftigen Menschen eine
neue Sprache, in der sich das Schrankenloseste unmissverständlichst ausdrücken
könne. Erlösung, Schrankenlosigkeit, unmissverständlichst: Das ist das Programm
und die Haltung der Nazis. Nicht für die Musik, sondern für die Gesellschaft. Ge-
nüsslich überschreiten sie jede Grenze. Tabubruch ist ihr Prinzip.

Ein Beispiel: Otto Ohlendorf, Führer der Einsatztruppe D, gestand bei den
Nürnberger Prozessen als einer der ersten freimütig, nüchtern, gleichgültig, fast
heiter: „Währenddessen ich Führer der Einsatztruppe D war, liquidierte sie unge-
fähr 90.000 Männer, Frauen und Kinder." (zitiert nach Klee 2003, S. 443) Ohlendorf beeindruckte bei den Nürnberger Prozessen durch seine freundliche und zu-
gewandte Art. Die Frauen fanden ihn sehr charmant. Er war einer der wenigen,
die später hingerichtet worden sind.

Zu seinem Lebenslauf:

> „Otto Ohlendorf, 1907 nahe Hannover als Sohn eines Landwirtes geboren, trat 1925 noch als
> Gymnasiast in die SA ein, von der man ihn zwei Jahre später zur SS mit der Mitgliedsnummer
> 880 überstellte. Er studierte Rechts- und Staatswissenschaften in Leipzig und Göttingen, ging

1931 als vielversprechender Stipendiat nach Italien an die Universität Padua und folgte 1934 seinem akademischen Lehrer, dem Nationalökonom Jens Peter Jessen, nach Berlin, wo er Abteilungsleiter am Institut für angewandte Wirtschaftswissenschaften wurde. Von dort wechselte er in den Sicherheitsdienst des Reichsführers SS (SD) und stieg zum Chef des Amtes III (SD-Inland) des Reichsicherheitshauptamtes (RSHA) auf." (Wildt 2002, S. 11)

Es würde niemanden wundern, wenn Ohlendorf wie viele seiner Kollegen des Reichsicherheitshauptamtes, seine Dissertation abgeschlossen hätte, um irgendwann Professor zu werden und nach den täglichen Vorlesungen und der Sprechstunde abends im Kreis seiner Familie Kammermusik zu hören.

Aber Ohlendorf hatte daran kein Interesse. Er entschied sich für die Tat. Für die blutige Tat. Sein amerikanischer Chefankläger Taylor bei den Nürnberger Einsatztruppenprozessen erinnerte sich noch 50 Jahre später an „das lähmende Schweigen im Zuschauerraum, das der kalten und unbeteiligten Aussage Ohlendorfs folgte." (Wildt 2002, S.11) Taylor bemühte sich um eine Erklärung für das Verhalten Ohlendorfs und griff auf die Literatur zurück. Ohlendorf sei eine gespaltene Persönlichkeit wie Dr. Jekyll und Mr. Hyde.

Aber bedarf es der Psychopathologie, um Ohlendorfs Verhalten oder seine Persönlichkeit zu erklären? Wäre es nicht sinnvoller zu versuchen, Ohlendorf aus seiner Zeit heraus zu verstehen? Er war ja nicht allein.

Das Reichssicherheitshauptamt, das verantwortlich für die Vernichtungspolitik gewesen ist, bestand überwiegend aus Akademikern, viele mit Doktor-Titel, überwiegend Geisteswissenschaftler und Juristen. Das RSHA bestand quasi aus einer gesellschaftlichen Elite, die den herrschenden Zeitgeist sehr gut verkörperte.

Was war der Zeitgeist? Ohlendorf und seine Gesinnungsgenossen hassten alles, was nicht Tat war. Und die Tat musste mit aller Entschiedenheit durchgeführt werden.

„Die Entschiedenheit, der Geschichte Genüge zu tun, notfalls ‚hart‘, ‚rücksichtslos‘ und ‚mitleidlos‘, dem Sieger zu seinem Recht zu verhelfen, ist" … ein „Kennzeichen, das diese jungen Männer charakterisierte. ‚Bedingung dafür ist natürlich: voller Einsatz, höchste Intensität‘ … Entschiedenheit ist … schneidende Präsenz, ist Intoleranz und unerbittliche Unmittelbarkeit… Für Zögern, Skrupel oder gar moralische Bedenken ist dort weder Raum noch Zeit. Die Situation erfordert eine rasche, klare und eindeutige Entscheidung, wie auf dem Schlachtfeld. Entschiedenheit ist ein Kampfbegriff, der scharf das scheinbar Wesentliche vom Unwesentlichen trennt und gewissermaßen mit dem blanken Schwert den Weg freimacht. Wer die Gewißheit der Geschichte besitzt, muß und darf nicht zögern." (Wildt 2002, S. 141f)

Ohlendorf und seine Mitstreiter mussten nicht unbedingt Psychopathen sein. Sie mussten sich nur, bar jeglicher persönlicher Verantwortung, als entschiedene Vollstrecker der Geschichte begreifen. Für sie war es ein Verbrechen, nichts zu tun, und eine große Ehre etwas zu tun. Egal was.

Ohlendorf und die Einsatzgruppe D mussten am Beginn ihres Mordens zunächst enttäuscht zur Kenntnis nehmen, dass die rumänische Armee ihnen bereits viel Arbeit abgenommen hatte. Die Einsatzgruppe D konnte sich bei der rumänischen Armee dann nur noch darüber beschweren, dass diese zu unsystematisch vorgegangen sei und die Leichen nicht beerdigt hätte (Burleigh 2000 S. 723). Rastlos auf der Suche nach Mordopfern durchquerte die Einsatzgruppe D den Raum (Burleigh 2000, S. 719ff). Sie wollte nur eines: möglichst viele töten. Die Tat schrie nach der nächsten Tat. Das Infame konnte nur noch durch etwas Infameres überboten werden:

> „Im März 1942 wurde die Einsatztruppe D mit drei Vergasungslastern ausgestattet; es handelte sich um Sechstonner mit täuschend aufgemalten Fenstern und Vorhängen und einer Herz-Zehn als Verzierung auf den Kotflügeln." (Burleigh 2000, S. 727)

Die künstlerische Freiheit bezieht sich viertens auf eine vollkommene Verharmlosung der eigenen Gewalt: Die Gewalt vermischte sich häufig mit Heiterkeit. Die Mörder machten ihre Späße mit den Opfern, indem sie diese in die Grube klettern ließen, um heraus zu finden, ob diese für die Leiche groß genug war (Burleigh 2000, S. 727). Eichmann teilte einem Mitarbeiter 1945 mit: „Ich werde lachend in die Grube springen, denn das Gefühl fünf Millionen Menschen auf dem Gewissen zu haben, ist für mich außerordentlich befriedigend." (Eichmann zitiert nach Overy 2001, S. 184) In den Lagern der Nazis wurde zum Amüsement der Täter jegliche Rationalität und Berechenbarkeit suspendiert. Burleigh (2000) spricht explizit von der Inszenierung eines grausamen Theaters (S. 240): „Gelangweilte Wachen in den Steinbrüchen Mauthausens warfen zu ihrem Amüsement gelegentlich ‚Fallschirmspringer' vom Rand des Steinbruchs in die Tiefe." (ebd. S. 241) Kertèsz schreibt in seinem Roman „Roman eines Schicksalslosen" dazu:

> „Aber wer könnte schon beurteilen, was möglich und was glaubhaft ist, wer könnte das ermessen, wer könnte all den unzähligen, verschiedenerlei Einfällen, Erfindungen, Spielen, Scherzen und ernsthaften Überlegungen nachgehen, die in einem Konzentrationslager allesamt ausführbar, machbar sind, sich spielend aus dem Reich der Phantasie in die Wirklichkeit überführen lassen." (1998, S. 224)

Kertèsz beschreibt unmissverständlich, dass das KZ nach dem Prinzip organisiert ist: Alles ist möglich. Oder: Fantasie an die Macht. Und die Täter finden ihre Taten harmlos und lustig.

Ein anderes Beispiel, wie Gewalt auf unterschiedliche Weise verharmlost wird: Horak, ein Dolmetscher aus dem RSHA unterhält sich als Gefangener bei den Nürnberger Prozessen mit von Goldstein, einem anderen Gefangenen, Hauptbauleiter der Organisation Todt: Horak:

> „Ich war einmal in Wien dabei, als sie die Leute für eine dieser Massendeportationen verladen haben. Hunderte wurden in Viehwagen gequetscht, in die normalerweise ein paar Kühe passten. Und dabei wurden sie auch tüchtig durchgeprügelt. Ich trat auf einen Mann zu und fragte ihn, ob die Prügel wirklich notwendig seien. Er lachte und sagte, das sei doch sowieso nur Abschaum." (zitiert nach Overy 2002, S. 375).

Derselbe Horak sagt einige Zeilen weiter: „Ich habe nichts gegen Gaskammern. Es kann der Moment kommen, wo es für die Rasse nützlich ist, gewisse Elemente auszumerzen." Der prügelnde Mann, den Horak beobachtet hat, verharmlost seine Gewalt, indem er die Opfer lachend als Abschaum bezeichnet. Horak stellt sich selbst als moralisch einwandfrei dar, indem er diese Form von Gewalt verachtet. Zugleich legitimiert er die Gaskammern mit rassebiologischen Argumenten. Die Ungeheuerlichkeit der Gaskammern schrumpft zu einer rassemedizinischen Maßnahme, gegen die bei Gott nichts einzuwenden sei. Oder?

Best, Heydrichs Stellvertreter bis Mitte 1940 beim RSHA, begreift die nationalsozialistische Polizei als einen Arzt, „„als eine Einrichtung, die den politischen Gesundheitszustand des deutschen Volkskörpers sorgfältig überwacht, jedes Krankheitssymptom rechtzeitig erkennt und die Zerstörungskeime feststellt und mit jedem geeigneten Mittel beseitigt." (zitiert nach Wildt 2002, S. 13f)

Wir wissen ja, dass Ärzte bekanntlich nur helfen wollen, dass ihre Interventionen, zugegebenermaßen, zuweilen auch schmerzvoll, aber notwendig sind. Das RSHA ist nichts anderes als ein guter Arzt für das Volk.

Ein letztes Beispiel zu Gewalt, Verharmlosung und Lachen. Der bereits zitierte Horak erzählt von Goldstein vom Krematorium: „In jedem Ofen war nur Platz für eine Leiche. Es roch schrecklich nach Ätzkalk und brennendem Fleisch, es stank wie Pisse … (beide lachen). Aber man gewöhnt sich daran, dass man sogar sein Butterbrot da drin isst." (zitiert nach Overy 2002, S. 376)

Die eben an einigen Punkten skizzierte künstlerische Freiheit der Nazis basiert auf dem dezidierten Wunsch, aus der Welt ein Gesamtkunstwerk zu machen. Der Regisseur dieses Gesamtkunstwerks ist das bloß gelegte Unbewusste. Soweit zum Dritten Reich als Theater der Grausamkeit.

Antworten auf die Fragen

Weiter oben haben wir einige Fragen aufgeworfen. Zur Frage eins: Warum wird im 20. Jhd. das Theater der Grausamkeit erfunden?

Dies mag Gründe haben, die aus der Geschichte des Theaters resultieren, etwa im Sinne der bewussten Abkehr vom Theater als Belehrungsanstalt, vielleicht war man dieses Staatstheaters überdrüssig. Ein anderer Grund mag darin bestehen, dass das Theater der Grausamkeit eine Antwort darstellt auf die Entzauberung der Welt (Weber) durch die Moderne. Das Theater der Grausamkeit beabsichtigt, die „transzendentale Obdachlosigkeit" (Lukács) in der Moderne zu kompensieren. Es möchte die „Entleerung des geistigen Raums" (Krakauer) rückgängig machen (Eckert 2003).

Warum aber ist für Artaud das Theater der Grausamkeit auf das Theater beschränkt? Warum bleibt es bei Artaud eine inszenierte Fantasie im Raum des Theaters? Warum passiert in Deutschland genau das Gegenteil?

Eine mögliche Antwort könnte so ausfallen: Das deutsche Theater der Grausamkeit steht in der Tradition der Romantik. So wie es eigentlich nur eine Renaissance gibt, nämlich die italienische, so gibt es nur eine Romantik, nämlich die deutsche (siehe Kapitel zur Romantik), die den Denkraum für die Nazis zur Verfügung stellte.

Die Nazis waren stolz darauf, antibürgerlich zu sein. Sie verachteten Gesetz und Ordnung. Der Holocaust war das Ergebnis einer Entgesetzlichung. Das Reichssicherheitshauptamt unterstand keinem Gesetz mehr. Nur so war diese entsetzliche Entgrenzung möglich. Die Handlung in „Lucinde" schwebt zwischen Traum und Wirklichkeit. Dies ist Absicht. Reine Wirklichkeit wäre für Romantiker banal und schnöde. Das Leben soll sich situieren im Übergang zwischen Traum und Wirklichkeit. Das endlose Morden ist präziseste Wirklichkeit und zugleich entwirklicht als Traum. Es ist nicht wirklich real. Daher kann Otto Ohlendorf gelassen, fast heiter gestehen, 90.000 Menschen auf dem Gewissen zu haben.

Was führt noch von den Romantikern zu den Nazis: die Ablehnung der Welt, so wie sie ist, die Ablehnung kapitalistischer Warenwelt, die Ablehnung des Materialismus. Die Welt ist höchstens dann erträglich, wenn sie romantisch überhöht wird. Das beschreibt doch Dr. Heinz Gräfe, SS-Obersturmbandführer und Oberregierungsrat, Leiter der Gruppe Sowjetunion des RSHA (vergleiche Kapitel Bahnungen).

Bevor man einen Julius Streicher psychopathologisiert, ihn als psychotisch definiert, weil er vor 20.000 Zuschauern davon spricht, dass eine deutsche Frau mit einem jüdischen Mann nur Affenkinder gebären kann, sollte man die Romantik ernst nehmen. Die Romantik propagiert eine radikal subjektive Welt: Real ist nur, was ich denke und fühle. Was die Nazis wirklich richtig echt gemacht haben. Sie haben ganz im Sinne Schlegels mit „kühner Entschlossenheit alle Rücksichten und alle Bande zerrissen". Darin waren sie Weltmeister. Unübertreffbar.

Was haben die Nazis noch von den Romantikern übernommen? Die Verehrung des Todes. Der Tod ist das Anti-Prinzip zur bürgerlichen Ökonomie. Der Bürger möchte kalkulieren und kontrollieren. Der Tod entzieht sich dem Kalkül. Deshalb lieben die Romantiker den Tod. Die Nazis auch. Die Aufklärung hat eine vernünftige Gesellschaft verkündet, in der Wohlbefinden für alle machbar wäre. Nichts hassen Romantiker mehr als diese Vision. Sie ziehen alle Register, um das glückselige Zeitalter zu verhindern und zu verdüstern. Romantiker beten deshalb das Leid, das Grauen und den Tod an. Werner Best wurde weiter oben zitiert. Er beschwor in diesem Zitat den Kampf, gerade wenn er in den Untergang führt, wenn man auf verlorenem Posten steht. Nur heldenhafter Kampf und der Tod sind wirklich schön. Aber davor sollen, bitte schön, möglichst viele Feinde vernichtet, ausgemerzt, ausgelöscht werden. Romantiker verachten nichts mehr als Menschen ohne Leidenschaft. Man muss leidenschaftlich für eine Sache eintreten, leidenschaftlich kämpfen, und sollte dies den eigenen Kopf kosten. Was macht die Nazis so heiter gestimmt? Sie verlachen im Schulterschluss mit dem Tod, Seit' an Seit' mit ihm die Lebenden, diejenigen, die ängstlich am Leben hängen.

Psychoanalytische Erklärungsansätze

Wir haben bislang versucht, das nationalsozialistische Theater der Grausamkeit ideengeschichtlich einzuordnen. Keine Frage, dass es andere Erklärungsansätze für den Nationalsozialismus gibt. Wir erinnern nur an Horkheimer und Adorno, an Bauman.

Nun gibt es auch einige, vor allem psychoanalytische, Ansätze, die sich darüber auszeichnen, dass sie versuchen, die Psychopathologie des Nazis zu beschreiben. Die Frage, die sich stellt: Bedarf es überhaupt psychologischer Erklärungsansätze, wenn zum Beispiel mit einem ideengeschichtlichen Ansatz so viel zu erklären ist?

Wir würden vermuten, dass sie Einiges erklären können, vor allem, wie der von der Romantik eröffnete Denkraum der Entgrenzung psychisch umgesetzt werden kann, wie er sich psychisch organisiert.

Lange Zeit galten im Rahmen der Psychoanalyse die Nazis als autoritäre Charaktere. Reich, Fromm und Adorno begriffen sie als Neurotiker. Eichmann wurde lange Zeit auch so gesehen. Er selbst stilisierte sich ebenso. In seinem Abschiedsbrief an seiner Frau schreibt er: „Meine Schuld war mein Gehorsam." (Klee 2003, S. 130) Das weiter oben vorgetragene Zitat spricht aber eine andere Sprache. Eichmann sagte darin, er werde lachend in die Grube springen, da es ein sehr befriedigendes Gefühl sei, 5 Millionen Menschen auf dem Gewissen zu haben.

Und Wildt (2002) weist immer wieder darauf hin, dass Eichmann weniger Befehlsempfänger, sondern Aktionist war. Das RSHA musste seinen Tatendrang des Öfteren bremsen.

Theweleit hat in seiner berühmten Studie „Männerphantasien" (1977), die allerdings unter Historikern umstritten ist, darauf insistiert, dass die soldatischen Männer, zu denen die Nazis eventuell zu rechnen sind, nicht neurotisch, sondern früh gestört seien. Das bedeutet, dass deren Ich nicht ausgereift ist, dass sie dementsprechend auch nicht verdrängen können. Ihr Unbewusstes liegt quasi offen (S. 253ff).

Dies könnte erklären, warum Streicher ohne jeglichen Zweifel in seinem Vortrag von Affenkindern spricht, die jüdische Männer zeugen würden. Mit Theweleit könnte auch verständlicher werden, warum diese Männer töten müssen, unablässig töten müssen. Deren Ich ist nicht ausgereift genug, Lebendiges zu ertragen. Sie müssen töten, um sich zu beruhigen. Was bei den Romantikern Programm ist, das Ineinandergleiten von Fantasie und Realität, erscheint bei den soldatischen Männern im Sinne Theweleits eher als Defizit.

Um ein Beispiel für das Defizit zu geben: General von Lettow-Vorbeck wird von Theweleit zitiert:

> „Nach der Versöhnung mit meinem Vater wollte ich mit meinem Antrag an das Mädchen herantreten, das seit meiner Leutnantszeit mein Inneres erfüllt hatte. Ich hatte mich absichtlich ganz von ihr zurückgezogen, um ihr volle Freiheit zu lassen. Und nun erfuhr ich, dass soeben ihre Hochzeit stattfand. Ich fiel aus allen Wolken." (1977, S. 22)

Dass er die Realität nicht anerkennen will und kann, ist zunächst nicht ersichtlich. Schließlich kann man aus allen Wolken fallen, wenn die geliebte Frau einen anderen wählt. Aber von Lettow-Vorbeck hat sich über zwanzig Jahre nicht einmal bei dieser Frau gemeldet. Bei der geliebten Frau, die er zu heiraten gedenkt. Und dann fällt er aus allen Wolken. Es ist offenkundig, dass von Lettow-Vorbeck mit Frauen nicht viel zu tun haben will. Im Sinne Theweleits sind sie zu lebendig für ihn.

Wir kommen zu einem anderen psychoanalytischen Ansatz, dem von Grunberger (1988). Grunbergers Fokus ist der Antisemitismus. Zunächst hält Grunberger fest, dass er nicht denjenigen Antisemiten beschreiben wolle, der mit dem Antisemitismus seine Über-Ich-Gebote überschreite. Vielmehr will er sich mit demjenigen Antisemiten beschäftigen, „der durch seine antisemitische Tätigkeit den Anforderungen seines Über-Ichs genüge" (S.3) tut. „Es handelt sich um sogenannte ‚gutgläubige' Antisemiten, die eben diese Gutgläubigkeit noch bösartiger macht." (S. 3) Otto Ohlendorf ist sich keiner Schuld bewusst, als er freimütig und gleichgültig von 90.000, unter seiner Leitung ermordeten, Menschen spricht. Sein Über-Ich hat dies nicht nur zugelassen, sondern sogar unterstützt. Grunberger macht hierfür ein unreifes Über-Ich verantwortlich, das nicht über Identifizierung funktioniere, sondern reine Dressur oder Konditionierung sei. Wenn der Führer sagt, dass die Juden umzubringen seien, dann wird dies auch ausgeführt, ohne moralischen Skrupel. Im Gegenteil. Das Morden erheitert die Nazis, weil sie einem Befehl Folge leisten. Artaud führte für das Theater der Grausamkeit aus, dass die Grausamkeit „mit einer Art von kalten moralischer Reinheit" auszuführen sei. Diese kalte moralische Reinheit ist möglicherweise identisch mit einem primitiven Über-Ich, das das Morden liebt. Der Mörder wird umso unschuldiger, je mehr er mordet. Das Morden macht rein. Es macht rein, weil im Morden auf die Ermordeten projizierte negative Selbstanteile ausgelöscht werden.

Morden ist wie Duschen. Man befreit sich von seinem eigenen Dreck. Nach Grunberger stellt die Projektion den „irreduziblen Kern" (1988, S. 3) der Persönlichkeit des Antisemiten dar. Er projiziere prägenitale Impulse auf den Juden. Diese Projektion funktioniere so gut, weil der Antisemit im Primärvorgang lebe. „Da er in seiner Phantasie lebt, irritiert ihn jeder Hinweis auf die Realität, die er ablehnt." (1988, S. 4) Romantisches Denken strebt nach primärprozesshaftem Leben.

Das Primärprozesshafte ist das Ideal der Romantik. Die Nazis haben dieses Ideal vorbildlich umgesetzt. Primärprozesshafte Inhalte sind das Skript, mit dem die Welt in ein grausames Theater umgestaltet wird. Solange die Inszenierung erfolgreich umgesetzt wird, solange die Projektion gelingt, „erfreut sich der Antisemit eines offenkundig ausgezeichneten, ja sogar euphorischen Gleichgewichts. Wir können daher von der einfachsten Feststellung ausgehen: ,Man ist Antisemit, weil es Spaß macht.'" (Grunberger 1988, S. 7) Durch die Projektion eigener böser Selbstanteile auf den Juden, befinde sich das Ich des Antisemiten in völliger Harmonie mit seinem Ichideal (Grunberger 1988, S. 8) Daher das rastlose Morden eines Otto Ohlendorfs. Die projizierten negativen Selbstanteile müssen unablässig eliminiert werden, damit er sich gut fühlt.

Bei den Nürnberger Prozessen waren die Ankläger zutiefst erstaunt, welche erbärmliche Führungsriege das Dritte Reich aufzuweisen hatte: Drogenabhängige, Verrückte, unreife Persönlichkeiten, Jammerlappen. Die Ankläger hatten eine Führungsriege vorgefunden, die als Angeklagte psychisch dekompensierten, weil ihnen das Morden ausgegangen war.

Wir wollen noch einen dritten psychoanalytischen Ansatz, den von Hanna Segal, hinzuziehen, um näher zu beleuchten, inwiefern die Nationalsozialisten unfähig zum Denken waren, genauer: unfähig zur Symbolbildung. Wer unfähig zur Symbolbildung ist, kann gar nicht anders, als konkretistisch zu handeln. Wer die Differenz zwischen Symbol und Realität nicht wahrnimmt, verliert sich einerseits im konkretistischen Zerstörungshandeln, das andererseits als solches nicht wahrgenommen wird. Hanna Segal berichtet in „Anmerkungen zur Symbolbildung" von einem schizophrenen Patienten, der von seinem Arzt gefragt wird, warum er seit seiner Erkrankung nicht mehr Geige spiele. Der Erkrankte antwortet: „Warum? Erwarten Sie, daß ich in der Öffentlichkeit onaniere" (1992, S. 73) Segal spricht in diesem Zusammenhang von einer symbolischen Gleichsetzung. Objekt und Symbol werden gleichgesetzt. Segal nennt dies auch „konkretes Denken" (S. 137). Dieses konkrete Denken – Geigenspielen ist Onanie – führt Segal auf gestörte Objektbeziehungen zurück, genauer: auf die mangelhafte Unterscheidung zwischen Subjekt und Objekt.

Es wäre ja zu vermuten, dass die Nazis den Juden nicht als den schlechthin Anderen begriffen haben, sondern unabgegrenzt sehr intim mit ihm verbunden waren. Um dies zu erläutern, muss Segal etwas ausführlicher vorgestellt werden. Sie bezieht sich im folgenden Zitat auf Melanie Klein:

> „Die wichtigsten Charakteristika der ersten Objektbeziehungen des Kindes sind die folgenden: Das Objekt wird als ein gespaltenes gesehen, einerseits in ein ideales und gutes und andererseits in ein gänzlich böses Objekt. Das Ziel des Ichs ist die völlige Vereinigung mit dem idealen Objekt und die totale Vernichtung des bösen Objekts wie auch der bösen Teile des Selbst. Omnipotentes Denken herrscht vor, das Realitätsempfinden ist prekär ... Die Vorstellung der Abwesenheit ist kaum vorhanden. Immer wenn der Zustand der Vereinigung mit dem idealen Objekt nicht erreicht wird, ist das, was erfahren wird, nicht die Abwesenheit; das Ich fühlt sich vom ... bösen Objekt überrollt." (1992, S. 77)

Wir versuchen, dieses komplizierte Zitat am Beispiel der Beziehung der Nazis zu den Juden zu veranschaulichen. In den ersten Objektbeziehungen ist es für das Kleinkind nicht möglich, die gute mit der schlechten Mutter zusammenzubekommen. Einmal ist sie liebend-stillend. Schon im nächsten Moment lässt sie einen alleine, obwohl man schreit. Dies kann ausgeschlossen ein und dieselbe Person sein, die so Konträres darstellt. Das Kleinkind spaltet in die gute und die böse Mutter. Es wäre vorstellbar, dass sozusagen DER Nazi auf diesem Niveau stehen geblieben ist. Das gute Objekt ist Adolf Hitler oder das deutsche Volk. Mit diesen will er verschmelzen. Zugleich will er das böse Objekt vernichten, sprich: die Juden. DER Nazi gibt den Juden die Schuld, dass es nicht zur vollkommenen Vereinigung mit dem guten Objekt kommt. In das böse Objekt werden qua projektiver Identifizierung auch alle negativen Selbstanteile verlagert – ein Grund mehr, das böse Objekt vernichten zu wollen. In dieser Phase der ersten Objektbeziehungen kann das Kleinkind nicht unterscheiden zwischen Objekt und einem Symbol für das Objekt. Geigespielen ist nicht unbewusstes Symbol für Onanie: Geigespielen ist Onanie. Substitute vom Objekt im Innern des Subjekts werden erlebt, als seien sie wirkliche Objekte. Insofern ist die Psyche des Kleinkindes in dieser Phase überflutet von echten Objekten, nicht von Symbolbildungen. Subjekt-Objekt-Trennung ist nicht möglich. Mit der Gleichsetzung von Objekt und Symbol muss nun das böse Objekt real vernichtet werden. Wenn zusätzlich DER Nazi den Begriff Jude verwendet, um seine negativen Impulse und Selbstanteile darunter zu subsumieren, dann muss konkretistisch DER Jude ausgerottet werden. DEM Nazi gelingt es nicht zu trennen zwischen: DER Jude symbolisiert nur mein inneres Unglück und dem tatsächlichen Juden. DEM Nazi als idealtypischer Figur wäre es nicht gelungen, auf ein psychisch reiferes Niveau zu gelangen, auf dem das gute und böse Objekt integriert wird, also wahrgenommen wird, dass das Objekt beides sein kann. Mit der Wahrnehmung des Objektes als ganzes, gibt es auch eine klarere Trennung zwischen Subjekt und Objekt. Die projektive Identifizierung tritt in den Hintergrund. Das ganze Objekt kann nun auch nicht mehr schlichtweg wie das böse Objekt einfach eliminiert werden. Man fürchtet, ihm mit den eigenen aggressiven Impulsen etwas angetan zu haben. Man hat Schuldgefühle, Verlustangst und Wiedergutmachungsgefühle.

Ein Aspekt der nationalsozialistischen Entgrenzung ließe sich also mit Segal besser verstehen: der bedingungslose Wunsch der Vernichtung der Juden. Natürlich bedarf es der Technologien der Moderne, bedarf es ausgezeichneter bürokratischer Strukturen, um dies umzusetzen. Aber die Wunschseite wird mit Segal deutlicher.

Das nationalsozialistische Theater der Grausamkeit hat, weil es konkretistisch das böse Objekt vernichten musste, niemals das „als ob" des Theater der Grausamkeit von Artaud gehabt. Es war ein endloses Wüten, allerdings aus einer seltsamen Position heraus.

Um diese seltsame Position zu verstehen, müssen wir nochmals Dr. Heinz Gräfe vom RSHA zitieren: „In diesem Augenblick fühlten wir uns Ewigkeit gewinnen, wie eintretend in die Figuren eines Bildes und wieder zurücktretend aus ihnen, dessen farben- und umrißlose Vorgestalt in unserem und der Welt Seinsgrund eingelegt ruht." Gräfe gewinnt Ewigkeit, wenn er in die Figuren eines Bildes eintritt. Die Vorgestalt dieses Bildes sei eingelegt in seinen und der Welt Seinsgrund. Nach Gräfe ist es die einzige und wahre Bestimmung des Menschen in dieses Bild einzutreten, aufzugehen in Archetypen, seine Individualität zu verlieren, einem historischen Auftrag nachzukommen. Dieses Bild macht die Geschichte, nicht Gräfe. In gewisser Weise müssen wir schlussfolgern, dass es Gräfe gar nicht gegeben hat. Entweder ging er in einem archetypischen Bild auf. Oder er war Maske in dieser Welt. Dazu Dr. Heinz Gräfe:

> „Es trägt weiter zum Begriff des Männlichen bei, daß dieses Wirken spielerisch ist, denn unser Sein ist nicht darin, was wir wirken, sondern darin, daß wir wirken… So sind wir die wahren Objektivisten und Schauspieler … Wie einen Fechter mit Verhüllung und Finte treibt uns unsere Aufgabe wie ein Schicksal und ordnet die Maske an und die Gewänder, die wir tragen, um sie zu beschleichen, und die Gestalten, die wir im Spiele wechseln." (zitiert nach Wildt 2002, S. 123)

Gräfe will sagen: Egal, was er tut, Hauptsache dass er und seine Gesinnungsgenossen wirken, spielerisch Wirkung erzielen, irgendeine, zum Beispiel Morden. In der Tat sind sie Objektivisten, aber aus der Position von Schauspielern. Jetzt folgen bei Gräfe gleich mehrere „als ob" oder „wie". Wie einen verhüllten Fechter treibe sie ihre Aufgabe wie ein Schicksal an. Nicht Menschen tun, vielmehr hält sie die Aufgabe an, die allerdings nicht Schicksal ist, sondern nur wie ein Schicksal. Diese Aufgabe ordne Maske und Gewandt, in die er nur noch hinein schleicht, aber öfters die Rolle wechselt. Gräfe handelt als Schauspieler, er tut irgendetwas,

aber ohne wirklichen Grund. Denn die treibende Aufgabe ist ohne Letztbegrün-
dung: Wie ein Schicksal, aber nicht das Schicksal.

So kommt man zu einem merkwürdigen Paradox: Das konkretistische Theater
der Grausamkeit wird von echten Schauspielern aufgeführt, von quasi vom Schicksal herbeigeführten Wanderschauspielern. Schauspieler, die wirklich leidenschaftlich
handeln, die wirklich gerne töten. So lässt sich zusammenfassen: Das Subjekt Gräfe ist gar nicht aufgetaucht, aber dieses Nicht-Subjekt hat gewirkt: im Vernichten.

Am 25.1.1944 ist Dr. Heinz Gräfe bei einem Autounfall in der Nähe von Bad
Tölz ums Leben gekommen (Klee 2003, S. 196).

Eine abschließende Antwort auf die Frage: Welchen Nutzen haben derartige psychoanalytische Modelle für das Verstehen des Nationalsozialismus?

Mit ihrer Hilfe kann man verstehen, wie der Denkraum, den die Romantik
zur Verfügung gestellt hat, aufgrund psychischer Defizite genutzt worden ist, um
psychisch zu überleben. Also: Einerseits begünstigt romantisches Denken ein be-
stimmtes Seelenleben. So wird Schrankenlosigkeit moralisch akzeptabel. Andererseits wird romantisches Denken von Nazis quasi missbraucht, um eigene psychische Defizite zu kompensieren.

Wir wollen, dies Kapitel abschließend, auf den Schauspieler Dr. Heinz Gräfe in
einer nicht psychologischen Perspektive zurück kommen.

Warum war seine Schauspielerei so grausam? Warum war zum Beispiel das
Barockzeitalter deutlich weniger grausam? Der Barock wollte – in gewisser Weise
vergleichbar mit den Nazis – auch nicht unterscheiden zwischen Welt und Theater:
Die Welt war Theater und das Theater war Welt. Trotzdem gibt es zwischen dem
Barock und dem Dritten Reich einen entscheidenden und gewaltigen Unterschied.
Die Barockzeit hat zwar grausame Kriege hervor gebracht, aber keine Massenver-
nichtung. Der Unterschied ist der: Das barocke Welttheater diente der Repräsentation der göttlichen Größe. Im Zeitalter des Nationalsozialismus fehlten Gott und
Transzendenz. In Ermangelung dessen wurde das Programm der innerweltlichen
Heilserlösung gnadenlos, „unerbittlich" konkretistisch umgesetzt. Wenn der Chris-
ten-Gott historisch tot ist, wenn sich die Heilserwartungen der Aufklärung nur teilweise erfüllen, wenn partielle Heillosigkeit nicht ausgehalten werden kann, wenn
also Freuds Vorschlag zur Aufgabe der Religion als zeitgemäßer Lösung nicht angenommen wird, dann besteht die Gefahr, dass in einer gottverlassenen Welt vollkommen anomisch gewütet wird – ein Wüten allerdings, das, je grausamer es ist,
es sich für die Akteure wie ein Spiel anfühlt: ein mitunter für die Täter durchaus
heiteres Theaterspiel, aus dem die Realität verbannt wird.

Kapitel 3
Romantische Paranoia: die lettristische und die situationistische Internationale

Ein romantisch-paranoides Märchen: „Der blonde Eckbert" von Ludwig Tieck

Der Ritter Eckbert und seine Frau Bertha wohnen in Ruhe und Abgeschiedenheit in einem kleinen Schloss. Nur ein Freund Eckberts besucht sie häufiger: Philipp Walther. Sie werden innige Freunde, weil Philipp ähnlich denke wie Eckbert. Es gibt Stunden, schreibt Tieck, in denen sich ein Freund vor dem anderen ängstige, wenn er ein Geheimnis nicht offenbare: „die Seele fühlt dann einen unwiderstehlichen Trieb, sich ganz mitzuteilen, dem Freunde auch das Innerste aufzuschließen, damit er um so mehr unser Freund werde." (2003, S. 10) Eines Abends ist das Wetter so unfreundlich, dass sich Philipp vor dem Heimweg graust. „Eckbert schlägt ihm vor, bei ihm zu bleiben, die halbe Nacht unter traulichen Gesprächen hinzubringen." (S. 10)

Es ist dann um Mitternacht Bertha, die ein Geheimnis ihrer Jugend offenbart, da „es unrecht sei, euch etwas zu verhelen." (S. 10) Bertha ist bei einem armen Hirten und seiner Frau aufgewachsen. Bertha ist gänzlich ungeschickt und für Hausarbeit nicht geeignet, was den Vater „immer sehr ergrimmte" (S. 11) und ihn dazu veranlasste, sie grausam zu züchtigen. Anstatt etwas zu tun, träumt sie davon, so viel Reichtum zu besitzen, dass sie ihre überraschten Eltern mit Gold und Silber überschütten könne. Sie flieht. „Als der Tag graute, stand ich auf und eröffnete, fast ohne dass ich es wusste, die Tür unsrer kleinen Hütte." (S. 12) Nach einem endlosen Weg durch den Wald trifft sie eine alte Frau. Diese nimmt sie mit. Zuerst wandern sie noch durch „wilde Felsen" (S. 15), doch allmählich wird die Natur angenehm und lieblich, „und ich werde den Anblick und die Empfindung dieses Abends nie vergessen. In das sanfteste Rot und Gold war alles verschmolzen, die Bäume standen mit ihren Wipfeln in der Abendröte, und über den Feldern lag der entzückende Schein." (S. 15) Sie darf bei der alten Frau bleiben und in ihrem Haus mit einem Vogel und einem Hund leben. Auf einmal ist sie so geschickt, dass sie die Hausarbeit vortrefflich erledigt. Nach vier Jahren bei der Alten traut diese ihr an, dass der Vogel täglich einen Edelstein lege. Bertha liest von der Liebe und träumt von dem „schönsten Ritter" (S. 18) „Ich war jetzt vierzehn Jahre alt, und es ist ein Unglück für den Menschen, dass er seinen Verstand nur dafür bekömmt, um die Unschuld seiner Seele zu verlieren." (S. 19) Als die Alte für längere Zeit nicht da ist, erwägt Bertha zu fliehen. „Es war mir enge und bedrängt zu Sinne, ich wünschte wieder da zu bleiben und doch war mir der Gedanke widerwärtig; es war ein seltsamer Kampf in meiner Seele, wie ein Streiten von zwei widerspenstigen Geistern in mir. In einem Augenblick kam mir die ruhige Einsamkeit so schön vor, dann entzückte mich wieder die Vorstellung einer neuen Welt, mit allen ihren wunderbaren Mannigfaltigkeiten." (S. 20). Ein Geist siegt in ihr, sie bindet den Hund in dem Haus an, nimmt ein Gefäß mit Edelsteinen und den Vogel mit. Wie durch ein Wunder kommt sie wieder zu dem Dorf, in dem sie aufgewachsen ist, doch ihre Eltern sind bereits tot. „Ich hatte es mir so schön gedacht, sie mit meinem Reichtum zu überraschen." (S. 22) In einer schlaflosen Nacht öffnet sie den Käfig des Vogels und erwürgt den Vogel, „er sah mich bittend an" (S. 23) Bertha fürchtet sich nun vor der Aufwärterin, die sie ja schließlich auch berauben oder gar ermorden könnte. Sie beschließt, Eckbert aus Sicherheitsgründen zu heiraten. Eckbert wiederum kann ihren Reichtum gut gebrauchen. Eckbert: „Ich hatte kein Vermögen, aber durch ihre Liebe kam ich in diesen Wohlstand." (S. 24)

Nach diesem Geständnis geht Bertha zuerst ins Bett, dann Walther. Eckbert kann nicht schlafen: „Jetzt gereut mich diese Vertraulichkeit! – Wird er sie nicht missbrauchen? Wird er sie nicht andern mitteilen?" (S. 24) Am nächsten Morgen ist Bertha krank und Walther völlig verändert: desinteressiert und gleichgültig. Nur noch selten besucht er sie für kurze Augenblicke. „Es war ein rauher stürmischer Wintertag, tiefer Schnee lag auf den Bergen und bog die Zweige der Bäume nieder. Er (Eckbert) streifte umher, der Schweiß stand ihm auf die Stirn." (S. 26). Da sieht er Walther und erschießt ihn mit der Armbrust. Als Eckbert nach Hause kommt, ist seine Frau tot. Um sich zu zerstreuen, geht Eckbert in die Stadt und lernt den jungen Ritter Hugo kennen. Schnell sind sie sich vertraut und „der Fremde erzeigte Eckbert alle möglichen Gefälligkeiten." (S. 27) Eckbert kann nicht anders, als Hugo seine Lebensgeschichte zu enthüllen. Doch danach verändert sich Hugo, wird abweisend, tuschelt mit anderen, und, auf einmal, sieht Hugo aus wie Walther. Eckbert wird fast wahnsinnig, beschließt zu reisen und den Traum von Freundschaft auf ewig aufzugeben. Irgendwann kommt er zu der alten Frau, die ihn anschreit, ob er ihr ihre Perlen, ihren Hund und ihren Vogel zurück bringen würde. Und sie sagt: „Siehe, das Unrecht bestraft sich selbst. Niemand als ich war dein Freund Walther, dein Hugo." (S. 29). Schließlich enthüllt sie ihm, dass Bertha seine Schwester war. „Eckbert lag wahnsinnig und verscheidend auf dem Boden; dumpf hörte er die Alte sprechen, den Hund bellen, und den Vogel sein Lied wiederholen." (S. 30)

Was sollen wir aus diesem Märchen lernen? – zunächst und am offenkundigsten, dass Unrecht bestraft, grausam und unerbittlich geahndet wird. Aber will Tieck nicht auch darauf aufmerksam machen, dass Verbrechen unausweichlich ist und dass der Kern des Romantischen das Verbrechen ist. Bertha hätte nicht weg gehen müssen von der Alten, hätte den Hund nicht verhungern und verdursten lassen müssen, den Vogel nicht töten müssen, die Edelsteine nicht mitgehen lassen müssen. Sie hätte sich für ein ruhiges und gutes Leben entscheiden können. Das aber wäre so unendlich langweilig gewesen, und sie hätte den Traum vom schönsten Prinzen aufgeben müssen. Sie hätte ihre wunderbaren Fantasien und deren potenzielle Realisierung aufgeben müssen. Wer das Leben will, der verstrickt sich in Schuld. Wer das Leben will, muss sich auf den Tod vorbereiten. Ein romantisches Leben ist niemals harmlos. Unsere Vorstellungen von einem romantischen Sonnenuntergang haben mit der Tieckschen Romantik nichts gemein. Unser romantischer Sonnenuntergang ist bereinigt von Schuld und Verbrechen. Vielleicht ist er deshalb auch so tendenziell fad.

Tieck schreibt einerseits romantisch, etwa bei seinen Naturbeschreibungen, und verwendet romantische Topoi (die Natur als wahrer Ort des Lebens, die mittelalterliche Ritterburg), andererseits *entlarvt* er zugleich unerbittlich romantische Mythen. Die in der Zeit der Romantik aufkommende Idee der innigen Freundschaft, der Seelenverwandschaft, lässt Tieck am Berg der Paranoia zerschellen. Das intime Geständnis führt nicht zu Vertrauen sondern zu Misstrauen und Tod. Im Grunde lässt sich das Märchen „Der blonde Eckbert" dahingehend bündeln: „Du bist töricht, wenn Du Dich jemanden anvertraust. Du wirst diese Tat bereuen. Du lebst viel besser, wenn Du schweigen kannst." Tieck schreibt als Mitgründer der romantischen Bewegung bereits deren Abgesang, indem er die barocke Lebenskunst à la Grazián indirekt preist. Dies betrifft auch den romantischen Wunsch nach Verwischung der Grenzen zwischen Realität und Fantasie. Eckbert wird wahnsinnig, weil er Realität und Fantasie nicht auseinander halten kann. Er erkennt in Hugo Walther und kann deren Verhalten nicht richtig interpretieren. Auch der originär romantische Wunsch nach dem Neuen und Unbekannten karikiert Tieck, indem er mitteilt: Das Neue ist nur das Alte. Eckbert schläft mit seiner Schwester Bertha. Hugo und Walther sind nur heimtückische Erscheinungsweisen der Alten. Und selbst die romantische Rückbesinnung auf die Natur untergräbt Tieck gewaltig. In einem Augenblick ist die Natur noch friedliche Idylle, schon im nächsten ist sie bedrohlich und grausam. Auch Tiecks Menschenbild ist nicht fröhlich, *romantisch*, heiter. Er sagt, der Mensch ist zuvörderst zerbrechlich und inkonsistent.

Am Besten sollte er in Ruhe und Einsamkeit leben. Dazu ist er aber nicht in der Lage. Er verfällt dem Verbrechen. Aus einem netten Mädchen (Bertha) wird unvermittelt eine Mörderin, aus dem guten Freund (Eckbert) ebenfalls ein Mörder. Der Mensch ist nichts anderes als ein lebender Kipppunkt in der Zeit. Meide nette Mädchen und gute Freund, rät Tieck uns. Und Tieck sagt, dass sich der Mensch auf seine Wahrnehmung nicht angemessen verlassen kann. Die Wahrnehmung des Menschen ist stimmungsabhängig und potenziell paranoisch. Von Vernunft und Gewissen lässt sich der Mensch schon gar nicht leiten sondern von seinen Fantasien, seinem Begehren und seiner Paranoia. Und das ist gut so: Der Mensch wäre bereits begraben, wenn er nur seiner Vernunft folgen würde, so das Credo Tiecks und der anderen Romantiker. Seiner Vernunft nicht zu folgen, ist jedoch gleich bedeutend mit der Verstrickung in Schuld. Das Leben des Menschen – es ist tragisch, weil keine Alternative funktioniert.

Romantische Paranoia ist geboren aus der Erfahrung: „Nichts ist so, wie es scheint. Ich kann mich auf niemanden verlassen. Der Nächste und Vertrauteste ist besonders gefährlich. Er kennt mich zu gut. Ich muss ihn eliminieren. Die gesamte Welt der Erfahrung möchte mich an der Nase herumführen. Die Welt ist heimtückisch und irreführend. Sie will mir Böses. Ich muss die Welt vollständig bekämpfen, damit ich ihr nicht verfalle, ihrem bösen Schein und Mammon." Bertha fürchtet die Nächste (eine Frau, die Aufwärterin), weil sie so sein könnte wie sie selbst (stehlend und mordend). Eckbert fürchtet den Nächsten (einen Mann), weil er ihm, weil der Andere zu viel weiß (die Geständnisse), schaden kann. Und er fürchtet den Nächsten, weil er mit ihm homosexuell verbunden ist. Der andere ist in ihn eingedrungen, indirekt bei Walther über Bertha (Was passierte in der Zeit nach dem Geständnis, als sich Eckbert Sorgen machte, und Bertha und Walther bereits zu Bette gegangen waren und Zeit hatten, sich gegenseitig zu erfreuen?), direkt bei Hugo, der ihm so viele Gefälligkeiten erweist.

Revolutionäres Denken muss dann, vorausgesetzt es stünde in der Tradition der Romantik und der romantischen Paranoia, sich den Feind vornehmen, der ihm am nächsten steht: Zum Kapitalismus muss eine heimliche und / oder ehemalige Liebe bestehen. Der Kapitalismus ist so schmeichelnd und verführerisch wie ein junger schöner Ritter. Zugleich ist nichts beschämender, als ihm zu verfallen, seine Gefälligkeiten anzunehmen. Deshalb muss er vernichtet werden. Ist die heterosexuelle Liebe zwischen Eckbert und Bertha durchtränkt von Vernunft (er braucht Geld, sie die Sicherheit) und damit in der Verführungsgewalt deutlich eingeschränkt, so ist das homosexuelle Verlangen sinnlos und damit um so attraktiver – für den Romantiker, obwohl in den Augen Tiecks Mann und Frau so wenig trennt. Eckbert ist nur Bertha mit einer Ecke und ohne a. Und blond sollte ein Mann sein. So einfach lassen sich die Geschlechter definieren.

Ob hetero- oder homosexuell, das ist dem Romantiker *einerseits* egal, da für ihn Normen nicht zählen, nicht zählen dürfen. Und: Gerade wenn die Norm die Heterosexualität will, dann wird das Andere gezielt gewählt. Heterosexualität ist in dieser Perspektive so öde wie 10 Stunden täglich zu arbeiten oder am Sonntag in die Kirche gehen. Die Beliebigkeit des Geschlechts des Objektes reduziert sich *andererseits* durch die gefährliche Homosexualität. Wäre der blonde Eckbert prototypisch, dann wird der homosexuelle Akt *nachträglich* paranoisch verarbeitet. Ob über das Geständnis oder den sexuellen Akt: Zu viel Nähe ist entstanden, die massiv Misstrauen hervorruft. Vermutlich muss beides für die Paranoia zusammen kommen: das intime freundschaftliche Gespräch und der Sex. Warum wird Eckbert bei seiner Frau nicht paranoid? Die Antwort könnte lauten: Ihr Verhältnis ist legal (der Romantiker hängt mehr an der Norm, als ihm lieb ist), und möglicherweise sind Eckbert und Bertha weniger intim als Eckbert mit Walther und Hugo. Die Ehe ist bis ins 18. Jahrhundert hinein nicht von Liebe bestimmt sondern von der gegenseitigen Verpflichtung, dem debitum (Klotter 1999). Erst mit der Romantik wird aus der Vernunftehe die Liebesehe. Und Tieck steht am Beginn der Romantik.

Angenommen avantgardistische und linksradikale Bewegungen haben unter anderem ihre Wurzeln in der Romantik, dann werden sie sich eventuell auch auf spezifische Weise mit Homosexualität auseinandersetzen. Die Surrealisten um Breton, Vorläufer der Lettristischen und Situationistischen Internationale, haben gezielt Jagd auf Homosexuelle gemacht und sie verprügelt (Beyme 2005, S. 166) und sie haben die Liebe zur Frau überschwänglich beschworen (Pierre 1994) – möglicherweise aus Angst vor Homosexualität, die unter Avantgardisten eigentlich möglich sein sollte, da diese prinzipiell davon ausgehen, dass alles möglich ist und alles ausprobiert werden muss (Klotter 2007).

In der von der Subversiven Aktion stark inspirierten linksradikalen Untergrundzeitschrift Agit883 wird 1969 Jahrzehnte nach den Surrealisten immer noch zur Jagd auf Homosexuelle aufgerufen: „Herausgeputzt mit einem weißen Puppenhemdchen, das aus dem Tuntenshop Selbach stammen könnte, sitzt mein Freund … – von hinten heringshaft anzusehen am Fenstertisch und reißt das Maul auf … Lasst euch mal mit euer Johannes-Püppi etwas einfallen, aber schnellsten, wenn ich bitten darf, sonst fällt mir was ein (Perinelli 2006, S. 92).

Romantische Paranoia und Angst vor Homosexualität scheinen eine hohe Affinität zu besitzen. Der Freund, der Feind dringt in den romantischen und linksradikalen Mann ein und kann ihn fürderhin manipulieren. Rechtsradikale machen es sich, wie so oft, leichter. Friedrich Hielscher ein nationalrevolutionärer Mitstreiter

Jüngers gründet eine heidnische Kirche, die vorschreibt, sich innerhalb der Ehe hetero-, außerhalb der Ehe homosexuell zu verhalten (Jünger / Hielscher 2005).

Ausgesetzt, vergessen, verloren

Es ist zu vermuten, dass es in der BRD nicht viele gibt, die etwas mit der Bewegung Situationistische Internationale anfangen können. Mag sein, dass wenige wissen, wer Guy Debort ist, wenigen sagt der Name Dieter Kunzelmann etwas. Beide sind zentrale Figuren der Situationistischen Internationale (Debord, Frankreich) und der Subversiven Aktion (Kunzelmann, BRD). Diese Bewegungen sind entscheidende Wurzeln des Linksradikalismus und des Linksterrorismus in der Nachkriegszeit in Frankreich (und anderen europäischen Ländern) und in Deutschland. Dennoch sind sie nahezu vergessen. Ab und zu erinnert eine Ausstellung an sie – eine Ausstellung, weil die Situationistische Internationale mehr war als Revolutionstheorie und Revolutionspraxis. Am Anfang der Situationistischen Internationale steht Kunst und Kunsttheorie. Die Politik gesellt sich später hinzu. Der Mai 1968 in Paris und Frankreich wird von einigen Mitgliedern der Situationistischen Internationale kunstvoll inszeniert. Anfang der 50er Jahre ist hiervon noch wenig zu spüren. Da drehen Mitglieder der Situationistischen Internationale noch Avantgarde-Filme und kreieren ihren radikal antibürgerlichen Lebensstil, der der Maxime folgt, auf keinen Fall zu arbeiten. Stattdessen sitzen sie in Kneipen, saufen, schweifen aufmerksam durch die Straßen Paris, oszillieren zwischen Obdachlosigkeit, Kunst, Knast und Psychiatrie und wissen, dass ihre Leben gefährdet sind. Das Leben: Es ist mehr als fragil und befindet sich, auch wenn man noch jung ist, stets an der Schwelle zum Tod. Dies ist nüchtern zur Kenntnis zu nehmen. Alleine ein Bollwerk, bestehend aus der Überwindung dieses Lebensstils und der Gewinnung eines revolutionären Begehrens, vermag den Drohungen des Todes vorübergehend zu trotzen. Die antibürgerliche Attitüde und Lebensweise wird transformiert in die Identifizierung eines Feindes: der bürgerlichen Gesellschaft, die von nun an unerbittlich bekämpft werden muss. In der bürgerlichen Gesellschaft gegen die bürgerliche Gesellschaft agieren, zu erkunden, wo deren Schwachstellen liegen, zu welchen Zeitpunkten, sie besonders angreifbar ist, sich Zeit zu nehmen und den richtigen Zeitpunkt abzuwarten, um die Revolution zu initiieren – das scheint ein Verfahren zu sein, das das eigene Leben stabilisiert. Die Erkennung und das Bekämpfen eines Feindes schützt das eigene Leben, indem es dieses vor der Fragmentierung bewahrt.

Und gesellschaftliche Traumata, die psychische Fragmentierung begünstigen, sind in den 50er Jahren des 20. Jahrhunderts zahlreich vorhanden: Frankreich hat im 2. Weltkrieg zunächst eine schwere Niederlage gegen Deutschland hinnehmen müssen; die Franzosen, die das Nazi-Regime mehr oder weniger unterstützt haben, und die Franzosen, die zur Resistance neigten bzw. in ihr organisiert waren, stehen sich quasi als Bürgerkriegsparteien immer noch unversöhnlich gegenüber; die Atombombe ist gezündet worden; das Wüten des stalinistischen Terrors wird langsam ruchbar und das Undenkbare, die Shoa, hat statt gefunden. All das hat die bürgerliche Gesellschaft entweder selbst zu verantworten oder nicht verhindern können – so könnte dies von der Lettristischen und Situationistischen Internationale interpretiert worden sein. Es gibt also viele Gründe, die bürgerliche Gesellschaft zu hassen und sie überwinden zu wollen, gerade weil das Bürgertum so tut, als sei nichts geschehen und sich in Vietnam und in Algerien in sinnlose Kriege stürzt.

Die Mitglieder der Lettristischen und Situationistischen Internationale insistieren darauf, dass anerkannt werden muss, dass Katastrophen statt gefunden haben. Ihre Kunst demonstriert den zerrissenen Sinnzusammenhang der bürgerlichen Gesellschaft und die Fragmentierung des Lebens. Sie sind sozusagen die einzigen, die darauf aufmerksam machen (Ohrt 1997).

Dass die Situationistische Internationale nun nahezu vollständig vergessen sind, liegt vielleicht auch daran, dass sich niemand gerne an diese historischen Katastrophen erinnert und auch nicht an diejenigen, die die Katastrophen wahrnehmen wollten. In der deutschen Erinnerung sind zum Beispiel die 50er Jahre des 20. Jahrhunderts eher verbunden mit Bildern wie Nierentisch, Petticoat, Rock'n Roll-Bands, Sissi, Hildegard Knef, VW-Käfer und das Gesicht von Konrad Adenauer. Es ist keine Frage, dass in der BRD heute umfangreich über den Nationalsozialismus informiert wird, aber vielleicht wird dennoch der Illusion Vorschub geleistet, dass der Nationalsozialismus 1945 quasi folgenlos abgeschafft worden ist. Dass er aber noch in die 50er, 60er, 70er und 80er Jahre hinein reicht, wirkmächtig ist und massive psychische Auswirkungen hat, will vielleicht niemand gerne wissen. Er soll einfach vorbei, ein abgeschlossenes Kapitel der Geschichte sein, eine Insel in der deutschen Geschichte.

In der derzeitigen medialen Berichterstattung über die RAF wird das Vergessen der Auswirkungen des Nationalsozialismus besonders deutlich. Es wird über zahllose Seiten diskutiert, wer denn nun Buback erschossen hat. Über die mögliche Beziehung zwischen Nationalsozialismus und RAF wird erheblich weniger nachgedacht. Die Frage, ob das Phänomen RAF nur denkbar ist über den Nationalsozialismus, wird in den Medien seltener gestellt. Stattdessen wird aus der RAF ein action-Film gemacht, mit vielen bösen Buben und bösen Mädels.

Die Lettristische und Situationistische Internationale wurde vielleicht aber auch fast vergessen, weil sie sich zu sehr auf Marx berufen hat, einem Theoretiker, der möglicherweise mehr mit dem Stalinismus zu tun hat, als seinen Anhängern lieb ist (Beckenbach 2007). Die Situationistische Internationale argumentierte mit Marx gegen die erwähnten Katastrophen, ohne zu berücksichtigen, dass Marx mit der einen Katastrophe etwas zu tun hat. Insofern ist sie mit der einen Katastrophe selbst verstrickt und hat sich selbst so paralysiert und ins Vergessen gebracht.

Romantik und die Situationistische Internationale

Die Mitglieder der Lettristischen Internationale (I.L.), eine Vorläufer-Bewegung der Situationistischen Internationale (SI) stellen sich mehr oder weniger bewusst in die Tradition der Romantik (die französische Romantik hat große Ähnlichkeiten mit der deutschen, vgl. Praz 1994). Einige Gemeinsamkeiten sind: niemals arbeiten wie der Bürger, die Intensität des Augenblicks und die Leidenschaft suchen, Stadt und Natur erkunden, dem Außergewöhnlichen nachstellen.

> „Paris hatte schon die Dadaisten zu absurden Verabredungen und die Surrealisten zu gemeinsamen Streifzügen angestiftet. In der I.L. nimmt man den Begriff ‚dérive' – ‚Umherschweifen' wurde er ins Deutsche übersetzt. Dieses Verhalten wird als ein experimentelles Vorgehen in einer Forschung definiert, als gleichermaßen forciert und beschleunigt in der Bewegung wie systematisch oder ziellos in seiner Orientierung. Man kann sich das ‚dérive' auch als eine imaginäre Reise vorstellen… Debord hält den Begriff ‚dérive' in der Waage zwischen der Hingabe an eine Szenerie, indem man sich ohne festen Kurs dem Spiel der Umgebung aussetzt, und der bewussten Entwicklung eines Verhaltens, das sich die Außenwelt zugänglich macht, ein Verhalten, das den Raum findet, erkennt, sich schnell entscheidet und abwendet, um zu neuen Räumen zu gelangen, zu neuen Gewohnheiten." (Ohrt 1997, S. 84)

Haben Tieck und Wackenroder nicht Ähnliches gemacht? – umherstreifen, um das Ungewöhnlichste zu finden (vergleiche Kapitel zur Romantik)? Debord und seine Mitstreiter gießen ihr Umherstreifen in einer modernere Sprache: die Sprache der Psychoanalyse. Der Psychoanalytiker soll dem Patienten mit gleichschwebender Aufmerksamkeit begegnen, nicht Wort für Wort dem Patienten folgen sondern mit dem dritten Ohr das Unbewusste des Patienten aufnehmen. Nicht umsonst taucht im Zusammenhang mit dérive in den Texten der I.L. auch der Begriff der Psychogeografie auf. Der Psychoanalytiker bleibt in seiner Praxis, die Mitglieder der I.L. gehen ins Feld, auf die Straße, in ein Stadtviertel, um dort nicht nur mit gleichschwebender Aufmerksamkeit zu arbeiten. Sie kartografieren den Raum, sie erarbeiten sich eine neue Sichtweise auf den Raum und bleiben dennoch mit ganzem Herzen Romantiker: „Die Suche der I.L. nach Streit, nach den Spuren von Gefahren, Glück, Zwischenfällen und Affären auf der Straße konnte durchaus vom Weg abführen. Sie konnten sich verlieren." (Ohrt 1997, S. 85)

Marxistisch inspirierte Rezipienten der I.L. und der SI wie Baumeister und Negator (2007) tun sich schwer mit den romantischen Wurzeln dieser Bewegungen und versuchen die romantischen Spuren zu verwischen, indem sie revolutionsgemäßere Definitionen anbieten.

> „Das Umherschweifen (le dérive) im engeren Sinne ist eine kollektiv organisierte Erkundung bisher unentdeckter Nutzungsmöglichkeiten der bestehenden Städte. Im weiteren Sinne bezeichnet sie das bewusst strategische Durchqueren der spektakulär-kapitalistischen Umwelt, die damit auf handlungspraktischer Ebene weiter erforscht werden soll." (S. 141) Und: „Die ‚Psychogeographie' stellt eine Forschungsweise dar, die eine Kartographierung der Umwelt, der Handlungsspielräume, ihrer Möglichkeiten für eine revolutionäre Praxis, eine Sondierung des proletarischen Bewusstseins und der Begierden erlauben soll." (S. 141)

Der kulturwissenschaftliche Blick Orths (1997) und der politisch-marxistische Blick von Baumeister und Negator (2007) machen klar, dass die I.L. und die SI sehr unterschiedlich betrachtet werden können, was es im Folgenden notwendig macht, die primären Quellen der I.L. und der SI näher unter die Lupe zu nehmen.

Die umherschweifenden Haschrebellen: dérive als Terror

Bevor dies geschieht, darf nicht unerwähnt bleiben, dass dérive bzw. Umherschweifen auch sehr merkwürdige Effekte zeitigen kann, zumindest in Deutschland. Eine Traditionslinie von der SI führt zur deutschen Gruppe SPUR, dann zu einem deutschen Derivat der SI, der Subversiven Aktion und anschließend zum Zentralrat der umherschweifenden Haschrebellen. Die umherschweifenden Haschrebellen durchqueren die Stadt, um geeignete Anschlagsziele für Terroraktionen zu finden. Auch so lässt sich dérive definieren. Dérive schließt Gewalt und Terror prinzipiell mit ein. Dérive kann auf eine Revolte, auf eine Revolution, aber auch schlicht und einfach auf Terror hinauslaufen. Georg von Rauch, ein Mythos in der linksradikalen Szene und ein bekennender Linksterrorist, gibt noch eine relativ harmlose Definition von dérive: „Wo Aktion drin ist, Abenteuer, Leben, Lieben, Laufen (und nicht Gehen), Schlendern, Sommer, gesellschaftliche Mächtigkeit und alles total." (zitiert nach Kraushaar 2005, S. 137) Tieck und Wackenroder hätten an von Rauch Gefallen gefunden. Bestimmt. Nur der unwiderstehliche Drang zur politischen Tat hätte ihnen vermutlich nicht so zugesagt. Dieser Drang entsteht erst im 20. Jahrhundert, er wird zum Beispiel formuliert von Rechtsextremen wie Schmitt und Jünger, die die romantische Fluchtbewegung in eine Welt der Tat umformen wollen (siehe weiter oben).

Aus den Haschrebellen gehen wiederum die Tupamaros West-Berlin hervor (aus denen wiederum die Bewegung 2. Juni). An dem für die deutsche Geschichte

äußerst geschichtsträchtigen Tag, dem 9. November, wird 1969 von den Tupamaros West-Berlin eine Bombe in der Jüdischen Gemeinde deponiert. Ein zentrales
Mitglied der Gruppe SPUR, Gründer und mehr oder weniger offenkundig heimli-
cher Chef der Haschrebellen und der Tupamaros (sowie der Kommune I) ist Dieter Kunzelmann, eine Person, die Antisemitismus offen predigt (Kraushaar 2005).
Obwohl die Aktion, der Anschlag auf die Jüdische Gemeinde, vielfach von Linken kritisiert wird, wächst die Popularität der Tupamaros in der linken Szene mit
diesem und anderen Anschlägen (Kraushaar 2005, S. 146). Rechts- und Linksradikalismus ziehen wie zuweilen im 20. Jahrhundert an einem Strang, in diesem
Beispiel an der physischen Vernichtung von Juden. Ähnlich wie die Romantik und
ähnlich wie die Nationalrevolutionäre des 20. Jahrhunderts in Deutschland versuchen auch die umherschweifenden Haschrebellen die Grenze zwischen Vernunft
und Wahnsinn zu lockern (Kraushaar 2005, S. 149). Und ähnlich wie die Nationalrevolutionäre finden sie Gefallen an der nietzscheanischen Verherrlichung des
Verbrechens: „An einem Verbrechen ist nichts zu verachten." (zitiert nach Kraushaar 2005, S. 154) Kraushaar fasst dies so zusammen: „Nur derjenige, der es wagt,
das Gesetz zu brechen, ist wirklich autonom. Die Romantisierung der Kriminal-
lität wird hier zum Programm erhoben." (2005, S. 156) Meister Eckbert und seine liebe Frau Bertha lassen grüßen. Und ähnlich wie Nietzsche und im Anschluss
daran die Nationalrevolutionäre im 20. Jahrhundert in Deutschland kämpfen die
Tupamaros et alii für die Vernichtung des Über-Ichs und für das Rauslassen aller
Impulse, also dem Ausleben des Unbewussten (Kraushaar 2005). Sie stützen sich
hierbei zu Unrecht auf den gerne von ihnen gelesenen Freud.

Das Programm der Lettristischen Internationale (I.L.)

Die Lettristen (Bernstein, Conord, Dahou, Debord, Fillon, Wolman) beschreiben
ihre Entwicklung in „potlatch 6" dem „Informationsbulletin der französischen
Gruppe der Lettristischen Internationale" am 22.7.1954 (Debord 2002, S. 37). Begonnen habe alles 1947 mit lautmalerischer Poesie. In den folgenden Jahren sei-
en die Tätigkeitsfelder Roman, Malerei und Film hinzugekommen. Sie beschreiben diese Bewegung als „positiven Dadaismus" (S. 36), dem es darum gegangen
sei, „sich die Mechanismen der Erfindung untertan zu machen" (Debord 2002, S.
36), die „leidenschaftlichen Zwecken" (S. 36) dienen sollen. Die Welt neu zu erfinden, das ist eine der Grundideen der Romantik, alles ist möglich, deren Parole
(sieh weiter oben). Das, was leidenschaftliche Zwecke sind, wird bedauerlicherweise nicht näher erläutert. Vielleicht sperrt sich die Leidenschaft auch gegen ihre
Definition. Die Autoren lassen nicht unerwähnt, dass die Lettristische Bewegung

von starken Fraktionskämpfen und vom „Ausschluss der von der Entwicklung überholten Rädelsführer" (S. 36) geprägt war. Die Ausschlüsse werden auch als „Säuberung" beschrieben. Ob es sich hierbei um eine ironische Imitation stalinistischen Terrors handelt oder um eine ironiefreie Nachahmung, lässt sich nicht eindeutig klären. Allerdings ist der Ton, den die Lettristen anschlagen, überwiegend ironiefrei. Ironie verträgt sich so schlecht mit Leidenschaft, Pathos und Revolution. „Die Komplizität eines gemeinsamen Klimas hindert sie nicht daran, einen der ihren auszuschließen, sobald dieser auch nur die leiseste Anzeichen von Vulgarität erkennen lässt, sobald er sich mit dem von ihm Geleisteten zufrieden gibt. (Debord 2002, S. 34) Vulgär ist, wer mit sich und seinen Taten zufrieden ist, wer faul und schläfrig wird. Ein naher Kontakt unter Genossen kann von einer Sekunde zur anderen Sekunde umschlagen in Verwerfung. Es ist eine Kleinigkeit, die Anlass dazu sein kann. So wie sich Eckberts Einstellung zu Walther oder Hugo blitzschnell verändern und ins Gegenteil umschlagen kann. Das ist romantische Paranoia. „A.-F. Conord, dessen ungeschickter Stil die Armseligkeit des Denkens nicht zu kaschieren vermochte, ist am 29. August unter der Anklage des Neobuddhismus, des Evangelismus und des Spiritismus endgültig ausgeschlossen worden." (Debord 2002, S. 53). Neobudhismus etc. – das klingt durchaus ironisch, doch es ist zu vermuten, dass diese Form intellektuellen Humors im Wesentlichen dazu dient, eine grausame Realität des Ausschlusses und der Verwerfung zu kaschieren. Wer ironisch ist, der hat nicht nur zum Geäußerten Distanz sondern auch zu sich. Er wird den Anderen nicht ausschließen, weil er seine eigenen Schwächen und Anfälligkeiten kennt. Die I.L. scheut sich ganz in stalinistischer Manier nicht, die „Selbstkritik" von A.-F. Donord zu veröffentlichen: „Von Natur aus unrein, war ich so unaufrichtig, mich in die Lettristische Internationale einzuschleichen. Obwohl ich mich absolut nicht würdig fühlte, habe ich die Funktion des Chefredakteurs von Potlatch angenommen. Ich habe versucht, die Freundschaft von Menschen zu gewinnen, die sauberer sind als ich und das in der bloßen Hoffnung auf eitlen Ruhm. Als mir bewusst wurde, dass ich die mir anvertraute Aufgabe nicht erfüllen konnte, begann ich die Lettristische Internationale auf weniger bedeutende Ziele abzulenken." (Debord 2002, S. 65) Sauberkeit und Eitelkeit – das sind tendenziell christliche Kategorien und sie geben der falschen Hoffnung Ausdruck, dass ein Mensch sauber und uneitel sein könnte. Selbstkritik ist so eine Variante der katholischen Beichte und eine Variante an Selbstvernichtung. Die Person, auf die sich die Paranoia richtet, richtet sich selbst.

Im Juni 1952 sei die Lettristische Internationale gegründet worden (S. 37). Was ist das Ziel dieser Bewegung? „Wir haben uns stets dazu bekannt, dass eine gewisse Ausübung beispielsweise der Architektur oder der sozialen Agitation für uns bloße Mittel zur Annäherung an eine noch zu konstruierende Lebensform sind. (S. 37) Die I.L. gibt nicht vor, das Ziel bereits zu kennen. Klar ist nur, dass es sich um eine bestimmte Lebensform handeln müsse. Die Lettristen experimentieren noch. Einfacher scheint es zu sein zu definieren, was sie nicht sind. Sie sind keine Poeten, keine Anhänger einer bestimmten Ästhetik und: keine „Drogensüchtige oder Gangster" (S. 37). Ihre Nachfolger, die umherschweifenden Haschrebellen, können sich ca. 20 Jahre später damit brüsten, Drogen zu nehmen und dem Verbrechen zu huldigen (s.o.).

In einem Vorwort zur Wiederveröffentlichung des Bulletin „Potlatch" weist Guy Debord darauf hin, dass dieses vom 22.6.1954 bis zum 05.11.1957 siebenundzwanzigmal erschienen sei. Es sei gemäß seines Titels nie verkauft worden („Ablehnung warenförmiger Beziehungen", S. 6; das hier besprochene Buch „Potlatch" mussten die Autoren dieses Textes allerdings käuflich erwerben). In ihm sei der Versuch unternommen worden, kulturelle Avantgarde mit revolutionärer Gesellschaftskritik zu verbinden. Mit demselben Ziel sei 1957 die Situationistische Internationale gegründet worden.

> „Wir wissen auch, dass außerhalb der Situationistischen Internationale niemand mehr eine zentrale Kritik dieser Gesellschaft hat formulieren wollen, obgleich diese Gesellschaft doch um uns zusammenfällt und dabei lawinenartig ihre desaströsen Fehlschläge verbreitet, stets eilig darum bemüht, deren neue anzuhäufen." (Debord 2002, S. 7.)

Dies schreibt Debord 1985. Sicherlich würden ihm einige andere dabei widersprechen, dass die SI die einzige Gesellschaftskritik skizziert habe. Alleine aus Frankreich stammen Entwürfe der Kritik unter anderem von Sartre, Deleuze und Guattari, Baudrillard, die Kommunistische Partei einmal außer Acht lassend. Ob diese Gesellschaft zusammenfällt, darüber lässt sich auch trefflich streiten. Auf jeden Fall wird damit die Einstellung von Debord deutlich. Er erlebt diese unsere Gesellschaft nicht vor dem Zusammenbruch sondern im permanenten Zusammenbruch. Die Katastrophe hat quasi bereits statt gefunden. Dieser Gedanke hat auch etwas Tröstliches. Allerdings wissen wir noch nicht, welche Katastrophen Debord vor Augen hat.

In der ersten Ausgabe von „potlatch" entlehnen die Lettristen den Titel ihres ersten Beitrags einem Text von dem von ihnen wie von den Surrealisten geschätzten Comte de Lautréamont: „Alles Wasser des Meeres würde nicht ausreichen …" (S. 9) Das klingt leidenschaftlich und pathetisch. Im Text wird dann das Schicksal der sechzehnjährigen Marcelle M. umrissen, die sich zusammen mit ihrem Freund das Leben nehmen wollte. Offenbar ist der Versuch gescheitert. Der Freund bezichtigt sie dann, ihn gegen seinen Willen zum Selbstmord verleitet zu haben. Sie wird vor ein Jugendgericht gestellt. „In Frankreich ist es gang und gäbe, minderjährige Mädchen in religiöse Gefängnisse einzusperren, wo ihnen die Jugend ausgetrieben wird." (S. 9) Ähnlich besorgt äußern sich die Lettristen über die Ausbeutung der Dritten Welt und den vergeblichen Kampf der dortigen Revolutionäre („Guatemala ist verloren", S. 19), um dann wieder zu eingesperrten Mädchen und Frauen zurück zu kehren: „Die Arbeiterinnen der Fabrik ,Omi Silk Spinning Compagny' (Japan), die in Schlafsälen unter extrem strengen Regeln leben, beklagen sich darüber, dass die Unternehmensleitung alles tut, was in ihrer Macht steht, um sie an der Heirat zu hindern oder ein Liebesleben zu haben." (S. 33) Die Parallelmontage von eingesperrten Mädchen und unterdrückten Proletariern lässt sich so bündeln: Die Mitglieder der I.L. sind unweigerlich dazu aufgerufen, die Revolutionäre zu unterstützen und die Mädchen zu befreien. Das impliziert, dass sich die Mitglieder der I.L. selbst bereits als befreit definieren. Um dies ins Sexuelle zu übersetzen: Das bereits befreite Geschlecht der Lettristen wird das Geschlecht der bis dato eingeschlossenen Mädchen befreien. Bei der Revolution ist die Befreiung ohne Zweifel schwieriger und langwieriger. Dazu müssen dann Texte studiert und geschrieben werden.

Allerdings darf es nie dabei bleiben, nur zu lesen oder zu schreiben. Sonst wären die Lettristen nichts anderes als die verhassten Intellektuellen wie Camus. „Woran es diesen Herren mangelt, ist Terror." (S. 11) Hinzuzufügen ist: und die Leidenschaft sowie die Liebe. „Nichts bringt das Leben darum, absolut leidenschaftlich zu sein. Wir wissen, was hierzu getan werden muss." (S. 15) Die Lettristen suchen in einer feindseligen Welt, die voller Schwindel ist (S. 15) ein „in jeder Beziehung furchtbares Abenteuer – ohne Nachsicht." (S. 15) Die deutschen Nationalrevolutionäre der Weimarer Republik hatten Ähnliches vor Augen: die Welt als Tat und das unbedingt und unerbittlich. Wenn die Welt an sich absolut schlecht ist, dann stellt sich die quälende Frage, wie man ihr entkommen kann: „Alles, was irgendetwas aufrechterhält, trägt zur Arbeit der Polizei bei. Denn wir wissen, dass alle existierenden Ideen und Verhaltensweisen unzulänglich sind. Die gegenwärtige Gesellschaft teilt sich also nur in Lettristen und Spitzel auf." (S. 18) Das *System* darf in keiner Weise unterstützt werden, zu arbeiten wäre Unterstützung. Und die Lettristen haben die Übel der Welt erkannt und sind daher von ihr gefeit. Dies ist eine typische gnostische Argumentationsfigur: Nur wer die Welt richtig erkennt (Gnosis = Erkenntnis), kann ihr entkommen. Jedoch schleichen sich in die Gruppe der Lettristen immer wieder Personen ein, die eigentlich Spitzel sind. Der nächste Genosse ist, wie bereits erwähnt, der schlimmste Feind: romantische Paranoia. Der schlimmste Feind muss aus der I.L. dringend ausgeschlossen werden, z. B. mit folgenden Begründungen: „Moralisch retrogrades Individuum, begrenzte Ambitionen" (S. 17), „Fälscher, Null" (S. 17), „Dekorativ"

(S 17), „Dummheit" (S. 17). Diese vernichtenden Urteile werden wie bei den Surrealisten auch veröffentlicht. Es werden Menschen gnadenlos an den Pranger gestellt. Die Revolution rechtfertigt solches Tun – vor allem dann, wenn diese Legitimation von jungen Mädchen vorgestellt wird. Die Lettristen zitieren aus dem Tagebuch der Chinesin Pin Jin (sie ist gerade mal süße 16 Jahre alt – das richtige Alter für …, Sie wissen schon!). „Natürlich wollte ich meine Eltern nicht verlassen. Aber daran dürfen wir nicht denken; denn die Revolution muss eine kleine Anzahl von Menschen für das Wohl und das Glück der großen Menschheit opfern." (S. 23) Und wenn es dann mal 50 Millionen Opfer werden, sei's drum. Wer will schon in dieser Welt leben? „Darüber hinaus weitet das Regime – mit seinen Kriminalromanen ebenso wie mit seiner Presse oder seinen Filmen von jenseits des großen Teichs – seine Gefängnisse immer weiter aus, in denen es weiter nichts zu gewinnen gibt, aber außer Ketten auch nichts zu verlieren. Das Leben ist jenseits davon zu gewinnen." (S. 25) Alles ist Verführung und Verderben, materia pecata, auch die Filme von Howard Hawks, John Houston und Nicoals Ray, diesen bösen Yankees. Sie machen das Leben unmöglich. Aber was ist das Leben, um das die Lettristen ehemals betrogen worden sind? Vielleicht Sex mit Pin Jin (solange sie noch 16 Jahre alt ist)? Oder die Revolution? Die Revolution diente dann nicht einem Zweck, einem Ziel. Sie ist das Ziel, weil sie das einzige Instrument ist, die böse Welt aus den Angeln zu heben.

Die Lettristen machen es den heutigen Leserinnen und Lesern leicht, mit Ironie, gepaart mit Fassungslosigkeit ihre Texte zu lesen. Ihr Pathos und ihre Absolutheit provoziert Spott. Zugleich darf nicht übersehen werden, dass diese jungen Männer offenbar in höchster Not geschrieben haben. Sie fühlten sich eingeschlossen in eine durch und durch verderbte bürgerliche Welt, die offenbar jeden Zweifel an sich abwies und scheinbar leer weiter funktionierte. Vielleicht bedurfte diese Welt der lettristischen Radikalität, um sie ein wenig aufzusprengen. Das lettristische Gegen-die-Welt-sein diente der Welt dazu, sich zu öffnen. Genau dies versuchte die I.L. zu verhindern. Ohne Erfolg. Allerdings ahnten die Lettristen, dass sie keinen Erfolg haben könnten. Unter der Überschrift „Die Katharer hatten recht" (Katharer waren Gnostiker) beschreiben sie, dass es zwar Anti-Materie gebe, aber diese nicht ausreiche, „um den Planeten zu zerstören". (S. 30) Schade! Die Lettristen wissen von Anfang an, dass sie verloren haben. Sie schreiben zwar: „Auf jede Gewalt muss mit noch größerer Gewalt geantwortet werden." (S. 29) Aber perspektivisch gibt es keinen Sieg, kein Entkommen, kein Erreichen eines utopischen Zustands. Die Lettristen bereiten sozusagen unablässig Lebensmittel zu, stehen tagein, tagaus in der Küche, wissend, dass es kein fertiges Gericht geben wird, dass sie niemals essen werden. Und Pin Jin ist weit weg. Das mit dem unfertigen Gericht ist insofern gut, als die Lebensmittel vergiftet sein können. Die Lettristen wissen nicht gewiss, ob der Genosse ihnen nicht Gift ins Essen streut oder sie sich selbst vergiften. Die radikale Negation von Welt greift über in radikale Selbstverneinung und radikalen Selbstzweifel. Letzterer ist wiederum dringend nötig, um den Feind in sich sowie in dem Freund zu erkennen. Eckbert muss, um sich vermeintlich zu retten, wissen, dass Walther und Hugo seine Feinde sind. Konnten sich die Katharer als Gnostiker noch relativ sicher sein, der entsetzlichen Welt entweichen und zum fernen Gott aufsteigen zu können, so besitzen die Lettristen diesen Glauben nicht mehr: Sie sind Gnostiker ohne Erlösungswissen. Das ist eine äußerst bittere Angelegenheit.

„Avantgarde ist ein gefährlicher Beruf." Dies schreibt der Lettrist Wolman (zitiert nach Debord 2002, S. 54) Es ist immerhin ein Beruf. Die Lettristen gehen einer Beschäftigung nach, die jedoch gefährlich ist – gefährlich, weil der Feind überall lauert. Und er ist gefährlich, weil die Lettristen gefoltert und getötet werden können von „Inquisitoren wie André Breton und Joseph MacCarthy" (S. 68) – schon wieder eine katholische Metapher. Es ist nicht nur amüsant, aber auch paranoid (und größenwahnsinnig: Die ganze Welt hat sich gegen uns verschworen.), Breton und MacCarthy in einem Atemzug zu nennen. Es ist natürlich auch eine maximale Verunglimpfung von Breton, der der geistige Vater der Lettristen ist. Auch der Vater ist der Feind. Warum könnte er eine Inquisition ins Leben rufen wollen? Weil die Lettristen sich zu Moskau bekennen. „Übrigens stimmt es, dass wir unter Umständen, die eine Entscheidung verlangen, natürlich auf die Seite jener ‚Moskautiere' gegen ihre Herren und die Affen ihrer Herren stellen werden." (S. 68) Um sich von den Surrealisten abgrenzen zu können, brauchen sie den moskautreuen Marxismus: „Wir wollen nicht die Rolle des Spaßmachers bei festlichen Anlässen spielen." (S. 69) Sie wollen die Tat und die Gewalt und die Revolution als Mittel der Distinktion in der Konkurrenz der Avantgarden. Gewalt ist ein gutes und erfolgreiches Mittel der Distinktion.

Ordentliche Marxisten sind die Lettristen allerdings nicht. So schreiben sie unter der Überschrift „Die Generallinie": „Das Ziel der Lettristischen Internationale ist die Schaffung einer leidenschaftlichen Struktur für das Leben. Wir experimentieren mit Verhaltensweisen, Formen von Dekor, Architektur, Urbanismus und Kommunikation, die geeignet sind anziehende Situationen hervorzurufen." (S. 73) Die Lettristen machen aus der Welt ein großes Labor, um darin Experimente durchzuführen: Welche Variablen müssen wie variiert werden, damit welche Effekte entstehen? Die Lettristen sprechen die Sprache des naturwissenschaftlichen Experiments, das aber nicht zu Ursache-Wirkungsgefügen führen soll sondern zu einer „leidenschaftlichen Struktur für das Leben." Dieses Ziel ist hochgradig ro-

mantisch-vitalistisch und möglicherweise beeinflusst durch den psychoanalytischen Diskurs. Die Lettristen träumen davon – ähnlich wie andere davon träumen, Kunst und Wissenschaft zu versöhnen -, Naturwissenschaft und Romantik
zu vereinen. Die *bösen Buben* der I.L. entpuppen sich hier als harmonieanfällig.
Wer hätte das gedacht?

Im Gegensatz zum orthodoxen Marxismus beschränkt sich die I.L. nicht auf
die zentrale *Umweltvariable* „Ökonomie, Produktivkräfte, Produktionsverhältnis-
se" sondern bezieht die sozialen und urbanen und kulturellen Lebenswelten mit ein.
Insofern steht sie der Welt ganz offen gegenüber – eine Haltung, die ein unüber-
sehbares Paradox zu ihrer gnostischen Weltverneinung darstellt, eine Idee, die sich
im Anschluss an die marxistische Grundorientierung wieder offenbart: „In ihrer
letzten Entwicklungsphase sind die von uns angestrebten kollektiven Konstruk-
tionen nur möglich nach dem Verschwinden der bürgerlichen Gesellschaft, der Art
ihrer Güterverteilung und ihrer moralischen Werte. Wir werden zum Untergang
dieser Gesellschaft unseren Beitrag leisten, indem wir mit der Kritik und der totalen Untergrabung ihres Begriffs von Vergnügen fortfahren und nützliche Schlagworte in die revolutionäre Aktion der Massen einbringen." (S. 73f) Die bürgerliche
Gesellschaft muss weg, das steht fest, was danach kommt, bleibt offen. Die I.L.
spricht von einer offenen Situation und liefert keine fertigen Konzepte wie Sozialismus oder Kommunismus. Es sind die Vergnügungen des Kapitalismus, die sie
offenbar besonders erbittern. Sie meinen damit vermutlich Dinge wie Auto kaufen, Auto fahren, Liebesfilme anschauen, Krimis lesen, in Urlaub fahren, zu Pfer-
derennen gehen, flanieren und einkaufen, tanzen, fernsehen – allesamt oberfläch-
liche Vergnügen, die einem davon abhalten, die Welt als unerträglich zu erleben.
Und selbstverständlich ist die Welt untragbar. Die I.L. geriert sich hier im Über-
gangsfeld von streng katholisch bis gnostisch. Benedikt XVI. hätte wohl auch Freude an ihrer Position. Verfalle nie dem Dämon weltlicher Genüsse! Sie schläfern
nur ein. In Ermangelung katholischer oder gnostischer Erlösungsvorstellungen (in
den Himmel kommen, aufsteigen zum fernen Gott) kann es nur innerweltliche Erlösung geben. Diese besteht darin, sich experimentell eine eigene Welt (Situationen) zu bauen: Die ist dann echt, lebendig, leidenschaftlich. Das Umherschweifen
ist der Beginn der Aneignung der Welt, sie in eine eigene umzubauen. Dann sieht
man nicht neben dem Benetton-Laden das Esprit-Geschäft, was von der Hilfiger-
Boutique abgelöst wird, sondern man schaut über die Fassaden hinweg, sieht das
alte Gebäude, in dem der Laden ist, sieht die Menschen, die vorbeiströmen, beobachtet aufmerksam den U-Bahn-Eingang, um ihn von der reinen Nützlichkeit zu
entkleiden. Die I.L. fordert auf, die Sehgewohnheiten der Warenwelt zu durchbre-
chen. Sie wollen das sehen, was das Marketing verdunkeln will. „Zur Stützung ei-

ner bekanntermaßen deprimierenden Alltagsrealität greift die Bourgeoisie zu zwei oder drei, dem System nützlichen Ablenkungsindustrien. Der Western, die Pfadfinderbewegung und die Reportage aus fernen Ländern rekrutieren für dieseleben Expeditionskorps." (S. 104) Alles ist falscher und böser Schein, vertraue niemals naiv. Dies ist offenkundig romantische Paranoia. Und sie ist vollkommen undifferenziert. So gibt es gesellschaftskritische Western. Ist die I.L. nicht selbst eine romantische Pfadfindergruppe, die den Wald durch die Stadt ersetzt hat? Die Berichte aus fernen Ländern und das Träumen von fernen Ländern gehören zu fast jeder menschlichen Kultur dazu. Sie sind nicht kapitalismusspezifisch. Aber um solche Kleinigkeiten kümmert sich der echte Paranoiker nicht. Kleinigkeiten stören den großen Blick.

Der große Blick macht blind. Ein Kommentar zu den 8. Filmfestspielen in Cannes ist überschrieben mit „Das Greisenalter des Kinos". Die I.L. meint, dass fast alle neuen Filme nichts Neues mehr zu erzählen haben und sie zählt zu den schlechten Regisseuren Clouzot und Hitchcock. „Oder dass der letzte Hitchcock (was haben sie denn auch von Hitchcock erwartet?) völlig grundlos ein Fenster auf einen gänzlich nichtssagenden Hof geöffnet hat." (S. 120) Die I.L. schreibt mit einer Anmaßung, die nichts sieht. Aber vielleicht ist dies auch die Voraussetzung von Anmaßung: blind zu sein.

Was ab Seite 122 passiert

Die Seiten von Potlatch werden mehr und mehr gefüllt von einer Nabelschau und Selbstbespiegelung. Die zu befreienden Mädchen und der Internationalismus sind fast gänzlich verschwunden. Es geht im Wesentlichen nur noch um sie und ihre intimen Feinde. Die Lettristen geben so einer Kontroverse um eine mögliche Ausstellung ihrer Kunstwerke in einer Brüsseler Galerie 10 Seiten Raum (Debord, 2002, S. 122 bis 132). Natürlich ist der Galerist ein richtiger und lächerlicher Feind. Natürlich müssen sie in der Kontroverse die Konkurrenz denunzieren. „Hinzugefügt sei hier, dass wir es dem Verfasser von *Der Mensch in der Revolte* gegenüber keineswegs an Achtung haben fehlen lassen, wenn wir ihn als Durchschnittsmenschen bezeichneten, der bereit ist, sich auf allen Bühnen zu produzieren." (S. 132) Ihre geistigen Väter wie Camus oder Breton sind diejenigen, die sie am meisten hassen und dies wiederholt kundtun, selbst Artaud scheint ihnen überbewertet zu sein (S. 53), Picasso ist für die Lettristen ein „tristes Aas, das gut dazu ist, auf irgendeinen Schindanger geworfen zu werden" (S. 164f) (nur die Dadaisten kommen immer wieder ganz gut weg). Die Lettristen als Bruderhorde wollen den Vater töten, um als einmalig dazustehen. Die Lettristen wollen sich den Anschein geben, sich selbst geboren und geschaffen zu haben. Sie machen das, was auf allen Laufstegen dieser Welt das Erstrebenswerte und das Normalste ist: Sie wollen der letzte Schrei sein.

Immer wieder tauchen (para-)paranoische Einsprengsel auf, die in der gleichen Selbstverständlichkeit geschildert werden wie der Kauf von Zigaretten. Im Schreiben enthüllt sich kein Hauch von Zweifel: „Am 10. Mai betrat Mohamed Dahou versehentlich die Galerie Craven, in der gerade eine Ausstellung von dreißig abstrakten Malern zu sehen war. Zu seiner Überraschung erkannte er im Publikum mehrere Zivilpolizisten. Er ging unverzüglich hinaus, nicht ohne die anwesenden Personen vorher gewarnt zu haben." (S. 135) Zumindest aus heutiger Sicht erscheint es als erstaunlich, wenn auf einer Ausstellung Zivilpolizisten erscheinen.

Es folgen Ausführungen zur Architektur, zu Filmen zu Musik, die dem einen Muster folgen, dass alleine die Lettristen alles immer richtig machen und fast alle anderen borniert Idioten sind. So einfach kann die Welt sein. Das Andere als das Selbst dient den Lettristen überwiegend dazu sich zu erhöhen.

> „Alles, was zur Zeit in der Welt gedruckt wird, ist voll und ganz dem kleinbürgerlichen Geist verpflichtet – egal ob kapitalistische oder sozialistisch-realistische Literatur, falsche formalistische Avantgarde, die von Formen lebt, die nunmehr Gemeintum sind, oder wurmstichige und theosophische Agonien gewisser emanzipatorischer Bewegungen von einst." (S. 148) Oder „Schon seit ein paar Jahren haben wir nicht einen Film gesehen, der irgendetwas Neues gebracht hätte." (S. 182)

Die Lettristen sprechen wie Greise, denen das Interesse am Neuen abhanden gekommen ist. Sie sind offenkundig der Welt überdrüssig. Der Ton der Lettristen verschärft sich, wenn einzelne Personen heraus gegriffen werden. Dann blüht der Hass förmlich auf:

> „In dieser Zurschaustellung beleidigender Unbedeutsamkeit, moralischer Verworfenheit und mottenzerfressenen Denkens tut sich – das muss hier gesagt werden – Blavier eindeutig hervor: Er ist am dämlichsten. *Potlatch* wird er selbstverständlich von jetzt an nicht mehr erhalten. Es könnte sonst der Gedanke aufkommen, dass wir die Intelligenz eines Mannes kreditieren, der imstande ist, solchen Schmonzes herauszugeben. Ich bin froh, dass wir uns bei seinem letzten Aufenthalt in Paris nicht gesehen haben: Nach einem Gespräch von zehn Minuten wäre dieses Individuum entlarvt worden. Es ist immer ärgerlich, zu Beleidigungen greifen zu müssen, die sich ebenso ähneln wie diese Leute untereinander." (S. 170)

Debord versteht es, Menschen zu vernichten. Von Grund auf. Es ist nicht leicht, hasserfüllter als Debord zu schreiben. Sein Genosse Dahou hasst nicht nur, er schlägt zu: „Ohne viel Federlesen zerrte Dahou den Provokateur (einen Mitbegründer der Schweizer Gruppe der I.L.; A. d. A.) auf die Straße und begann, auf ihn einzuschlagen." (S. 163) Diese Form der Gewalt wird von den Lettristen in keiner Weise hinterfragt. Sie erscheint als gerechtfertigt. „In gewisser Hinsicht ist es gut,

Fanatiker zu sein." (S. 155) Deshalb kann Debord „die vollständige Zerstörung der religiösen Gebäude aller Konfessionen" (S. 173) vorschlagen. Auch hier ist von Ironie oder Distanzierung nichts zu spüren. Debord scheint dies ernst zu meinen. Zwischen all diesem blinden Fanatismus gibt es dann auch ironische Inseln:

> „Nicht viel Neues. Im Rahmen der Entspannung enthüllt die Presse gerührt, dass zwei junge sowjetische Mädchen, nachdem sie sich neben zwei französischen Filmstars fotografieren ließen, erklärt haben, dies sei der schönste Tag ihres Lebens gewesen. Zur gleichen Zeit gibt die *Prawda* bekannt, dass die UDSSR den Aufbau einer sozialistischen Gesellschaft vollendet habe und dass nun mit dem Übergang zum Kommunismus begonnen worden sei." (S. 184)

Beides erscheint den Lettristen als vollkommen absurd, dass ein Hauch von glamour glücklich mache und dass die UDSSR irgendetwas mit Kommunismus zu tun habe. Überhaupt die Idee, dass eine Revolution abgeschlossen sei wie ein Geschäftsbericht, muss die Lettristen mehr als verblüffen. Schön ist die Montage von Glück in der Sowjetgesellschaft, das verursacht wird durch Stars, und dem Beschluss vermutlich des ZKs, dass nun die Sowjektmenschen alle unweigerlich glücklich sein müssten, da sie im komunistischen Paradies lebten. Es darf nicht unerwähnt bleiben, dass in dem hier verhandelten Buch „Potlatch" junge Mädchen seit Ewigkeiten nicht mehr vorgekommen sind.

Die Dokumente der Lettristischen Internationale

In den Dokumenten der I.L. (Artikel, Flugschriften, Manifeste, Debord 2002, ab S. 251) erscheinen die Lettristen in einem anderen Licht. Kreisen die Texte von Potlatch um Radikalität, Avantgarde, Säuberung und Terror, so offenbart sich in den Dokumenten eine poetische Schreibweise. Radikalität dient dann einer mächtigen Poesie. Marxismus und Terror klingen so einfach gut. Sie sind Schmuckelemente. Die Lettristen haben Lust am großen Wort. Sie suchen nach einer Sprache der Gewalt, die Gewalttaten wie Schlägereien braucht, um glaubwürdig zu sein. Aber ihre Sprache der Gewalt zielt primär nicht auf eine Vorbereitung tatsächlicher Gewalt. Die Lettristen sind in die Sprache verliebt und nicht ins Leben, auch wenn sie es noch so oft beschwören.

Die Lettristen schreiben in einem Manifest aus dem Jahre 1953:

> „Die lettristische Provokation dient stets dem Zeitvertreib. Das revolutionäre Denken besteht aus nichts anderem. Wir setzen unsere kleine Ruhestörung im begrenzten Jenseits der Literatur fort. Und in Ermangelung eines Besseren schreiben wir Manifeste selbstverständlich, um uns zu manifestieren. Frechheit ist etwas Schönes, doch waren unsere Begierden vergänglich und enttäuschend... Unsere Begegnungen sind zufällig und unsere prekären Kontakte verirren sich hinter der zerbrechlichen Verteidigungslinie der Worte. Die Erde dreht sich, als sei nichts ge-

schehen. Um es klar zu machen: Die Lebensbedingungen des Menschen gefallen uns nicht. Wir
haben Isou den Laufpass gegeben; er glaubte an die Nützlichkeit, Spuren zu hinterlassen. Alles, was irgendetwas aufrechterhält, trägt zur Arbeit der Polizei bei. Denn wir wissen, dass alle
existierenden Ideen und Verhaltensweisen unzulänglich sind. Die gegenwärtige Gesellschaft
teilt sich also nur auf in Lettristen und Spitzel, von denen André Breton der notorischte ist...
Fast alles ist uns untersagt. Verführung Minderjähriger und die Einnahme von Drogen werden
bestraft so wie, allgemeiner gesehen, alle unsere Gesten, mit denen wir die Leere überwinden
wollen." (Debord 2002, S. 263)

Ein Satz aus dieser Sequenz wurde hier bereits zitiert. Er stand einsam im „Potlatch": „Alles, was irgendetwas aufrechterhält..." Aus dem Kontext genommen,
klingt er radikal und fundamentalistisch. Wenn aber dieser Satz in einem Abschnitt
steht, der mit dem Satz beginnt, Provokation diene dem Zeitvertreib, und revolutionäres Denken sei nichts anderes als dieses, dann bekommt dieser Satz ein anderes Gesicht. Er ist Teil einer melancholischen Poesie, in der so wunderschöne
Sätze stehen, wie dass sich prekäre Kontakte hinter die zerbrechliche Verteidi-
gungslinie der Worte verirren. Sprache wird als Verteidigung begriffen, als anfällige Verteidigung. Aber auch die Kontakte sind fragil und gefährdet. Alles sei
unzulänglich. Hier spricht das terroristische Über-Ich, das alles entwertet, die eigene Person eingeschlossen. Nichts ist richtig. Weil man auch alles haben will:
Drogen, minderjährige Mädchen (Die Mädchen sind endlich wieder nach so vielen Seiten aufgetaucht!). Einem unerbittlichen Über-Ich stehen maßlose unbefrie-
digbare Bedürfnisse gegenüber. Kein Wunder, dass den Lettristen die Lebensbedingungen nicht gefallen. Drogen und die Verführung Minderjähriger werden als
Gesten begriffen, um die Leere zu überwinden. Die Gesten dienen nicht der Repräsentation wie im Absolutismus, in dem bereits der horror vacui bekannt war
(Bauer 1992). Die Gesten sind auch nicht Ausdruck des Inneren, der Psyche. Letz-
teres wäre eine romantische Vorstellung. Nein, auf Authentizität setzen die Lettristen auf keinen Fall. Die Gesten werden äußerst nüchtern als Mittel gesehen, um
den leeren Raum zu füllen. Die revolutionäre Geste gehört dazu. Den Lettristen
geht es nicht gut, sie hoffen nicht auf das Jenseits, glauben nicht an innerweltliche
Erlösung und setzen keine Hoffnung in das menschliche Subjekt. Kein Wunder,
dass sie Drogen nehmen wollen und dies auch getan haben. Drogen können eine
Lösung sein, wenn man so rein gar nicht ein bisschen sich mag und schätzt und
nichts von einem bleiben soll. Keine Erinnerung. Die, die all das schreiben, sind
oder haben sich bereits ausgelöscht. Diesen Umstand aber können sie wunderbar
in Worte fassen. Das fragmentierte Leben spiegelt sich wider in einem Schreiben,
wo ein Satz übergangslos neben dem anderen steht. Die Passage von oben setzen
die Lettristen fort mit:

„Mehrere unserer Genossen sind im Gefängnis wegen Diebstahl. Wir protestieren gegen Strafen, die gegen Personen verhängt werden, denen klar geworden ist, dass man auf keinen Fall arbeiten darf. Diskussionen lehnen wir ab. Leidenschaft, ja gar Terror, muss die Grundlage der menschlichen Beziehung bilden." (Debord 2002, S. 264)

Die Lettristen sind in diesen Sätzen überzeugte Romantiker. Auch Tieck dachte, dass man auf keinen Fall arbeiten darf. Tut man es doch, ist man wie Wackenroder schnell tot. Und sie sind Romantiker, weil sie mit der Welt brechen und rationale Argumente ablehnen. Leidenschaft ist das Zauberwort der Romantik, Terror allerdings nicht. Dieses Wort gehört eher ins 20. Jahrhundert. Aber aus unserer heutigen Sicht sind die Lettristen eher „Sprücheklopfer" als echte Terroristen. Vielleicht liegt dies auch daran, dass die Autoren und Autorinnen der RAF oder der Bewegung 2. Juni einfach nicht so gut schreiben konnten wie die Lettristen. Wer gut schreiben kann, wirft in der Regel keine Bomben. So schreibt der Lettrist Mension:

„Die Schönheit des Menschen liegt in seiner Zerstörung … Das fortwährend gesuchte Nichts, es ist nur unser Leben. Descartes ist so viel wert wie ein Gärtner. Nur eine Bewegung ist möglich, dass ich die Pest bin und Beulen verleihe. Alle Mittel sind recht, um sich zu vergessen: Todesstrafe, Drogen, Alkoholismus, Wahnsinn. Abzuschaffen wären aber auch die Träger von Uniformen, Mädchen unter 15, die noch Jungfrauen sind, als gesund geltende Menschen und ihre Gefängnisse." (zitiert nach Debord 2002, S. 266)

Die Lettristen lieben geheimnisvolle und schöne Worte (wie die Romantiker), die einfach gut klingen. Sie sollen einerseits nichts bedeuten und nur verführen. Andererseits liegen hinter dem Schleier schöner leerer Worte immer wieder kehrende Botschaften: Schafft die Polizisten ab, freie Sexualität mit minderjährigen Mädchen. Die Sprache der Lettristen zielt weniger auf Sinnvermittlung denn auf das Erlangen bestimmter Effekte. Dem Leser oder der Leserin soll das gewohnte Weltbild zerschlagen werden. Die Lettristen greifen übliche Denkmuster an – mit dem Ziel, sie zu zerstören. Sie lieben es zu zitieren, ohne dies zu benennen. Sie nennen das Entwenden, und es hat eine sehr positive Konnotation. Auch in diesem Zusammenhang ist „Klauen" gut. Das Entwendete ist dann effektiv, wenn es in ungewohnte Zusammenhänge gestellt wird. In einer Art von Collage der Lettristen zum spanischen Bürgerkrieg taucht dann der Lippenstift-Reklame-Satz auf: „Schöne Lippen sind rot." (Debord 2002, S. 324)

„Die Entwendung … wird, indem sie alle gesellschaftlichen und rechtlichen Konventionen frontal angeht, unweigerlich als ein gewaltiges kulturelles Instrument im Dienste eines richtig verstandenen Klassenkampfes auftreten. Der wohlfeile Charakter ihrer Erzeugnisse ist die schwere Artillerie, mit der alle chinesischen Mauern der Intelligenz sturmreif geschossen werden." (Debord 2002, S. 326)

Die Lettristen versprechen sich von der Entwendung sehr viel. Sie zerstört übliches Denken und begünstigt, dass altes durch lettristisches Denken ersetzt wird. Ihre Propaganda kann erst greifen, wenn alte Denkmuster in Trümmern liegen.

Die Lettristen machen das Gleiche wie ihr Feind: der Kapitalismus: verführen und manipulieren. Sie liefern sich ein Wettrennen mit ihrem Feind, wer besser die Köpfe der Bevölkerung beeinflussen kann. Aber in den Augen der Lettristen sind sie selbst bezüglich der Propaganda nichts Besseres als die Kapitalisten. Sie sind so billig und vulgär wie diese. Die Lettristen müssen sich hassen und verachten. Es gibt für sie keinen Ausweg. Die Wirren, Schreie und Schüsse der Revolution sollen diese Aporie nur ein wenig verbergen. Die Drogen sollen das Übrige leisten.

Das Buch „Potlatch" schließt mit zwei Protokollen von „Umherschweif-Experimenten", die eigentlich nichts anderes darstellen als paranoisches Erleben. „Normales", also neurotisches psychisches Funktionieren tut alles dafür, Verrücktes zu verbergen. Der Neurotiker mit paranoiden Episoden oder Anwandlungen wird keinem Menschen etwas davon erzählen. Es ist ihm zu peinlich. Einem „verrückteren" Menschen ist aber nichts peinlich. Deshalb veröffentlicht er seine Paranoia.

Die Lettristen G. I., G. D. und G. L. sind in einem algerischen Café (S. 341 ff). Ein Mann fragt sie, ob sie bei der Armee seien.

> „Als sie dies verneinen, erkundigt er sich vergeblich danach, ‚zu welcher Organisation' sie denn gehören. Sich selbst stellt er unter dem offensichtlich falschen Namen Camille J. vor. Was er dann sagt, ist voller Koinzidenzen (die Adressen, die er angibt, seine Sorgen, die in der betreffenden Woche auch die seiner Gesprächspartner sind, sein Geburtstag, der ebenfalls der von G. I. ist) und Sätzen, die er als doppelbödig verstanden wissen will und die wie bewusste Anspielungen auf das Umherschweifen erscheinen." (S. 341)

Debord und seine Mitstreiter befinden sich inmitten eines Spionage-Thrillers (es ist eine James Bond-Welt) voller dunkler Andeutungen, doppelten Böden, geheimnisvollen Ansinnen, merkwürdiger Koinzidenzen. Sie leben eigentlich in einer Renaissance-Welt (Foucault, Culianu 1974, 2001). „Nachdem ihm aufgefallen war, dass der Ring, den J. am Vorabend trug, sich nun an der Hand seiner Frau befindet, spielt G. L. mit gedämpfter Stimme auf Bemerkungen vom Vortag an, als die Rede unvermeidlich auf Zombies und die Erkennungszeichen von Geheimsekten kam, und sagt zu G. I.: ‚Der Voodoo hat heute die Hand gewechselt.' J.s Frau hört dies und lächelt komplizenhaft." (S. 343) Es ist nicht so einfach, die Verrücktheit der Lettristen zu übertreffen.

In einem Café, in dem ein Dutzend Männer Jiddisch sprechen, werden sie von einem von diesen zur Rede gestellt. Die Lettristen verlassen das Lokal.

> „Draußen kommen sie rasch überein, noch nie eine so eisige Atmosphäre erlebt zu haben und dass die Gangster des Vortags im Vergleich dazu Lämmchen waren. Sie setzen ihre Expedition

fort. Als sie den Pont Notre-Dame erreichen, fällt ihnen auf, dass ihnen zwei der Männer aus dem Café gefolgt sind, ganz wie in einem Gangsterfilm. Dieser Tradition glauben sie folgen zu müssen und versuchen, die beiden abzuhängen." (S. 345)

Poesie und Romantik ist, von der „Realität" in ein Filmgenre zu wechseln und da dann mitzuspielen – wie zum Beispiel in einem Gangsterfilm. Aber die „Realität" ist ihrerseits davor bereits paranoisch besetzt. Ein Jude stellt sie zur Rede. Er verkörpert in den Augen der Lettristen vermutlich das archaische Gesetz, das sie so verachten und permanent übertreten. Immerhin kümmert sich der Repräsentant des Gesetzes noch um sie. Welche Ehre! Aber die Atmosphäre im Gerichtssaal ist eiskalt. Das hebräische Gesetz ist ohne jegliche menschliche Wärme und christliche Gnade. Die Juden sind schlimmer als alle Verbrecher. Um heil davon zu kommen, müssen sie flüchten. Aber sie werden verfolgt. Werden sie entkommen?

In diesem paranoischen Szenario wird sichtbar, dass die Lettristen, auch wenn sie Kirchen zerstören wollen (in Frankreich sind dies überwiegend katholische Kirchen) im Grunde ihres Herzens Katholiken geblieben sind, die gegen den Gott des Hebräischen Testaments aufbegehren und auf diese Weise antisemitisch werden, obwohl sie doch wissen müssten, was im hebräischen Testament mit denen geschieht, die mit Hybris aufbegehren. Ihnen wird die Nemesis, die göttliche Gerechtigkeit widerfahren, die sie gewiss vernichten wird. Die Lettristen wissen, dass es nur eine Frage der Zeit ist, bis sie von Gott vernichtet werden. Eigentlich sind sie bereits zerstört. Das Damokles-Schwert befindet sich direkt über ihren Köpfen. Ein Leben lang.

Vielleicht ist es auch eine unerhörte und unübertreffbare Herausforderung, sich mit dem Gott des hebräischen Testaments anzulegen, der dann auch noch antwortet und zur Rede stellt. Was für eine Ehre! Die katholischen Lettristen erkennen in ihm den Urgrund von Freund und Feind. Der Gott des hebräischen Testaments ist eben nicht reine Liebe und Gnade sondern Freund und Feind zu gleich. Und unberechenbar. Auf den christlichen Gott kann man schlechter paranoisch reagieren, der Gott des hebräischen Testaments eignet sich hingegen vorzüglich zur Projektion von Paranoia.

Die Weltbejahung im hebräischen Testament setzt sich in den Köpfen der Lettristen im Kapitalismus fort, der dann ebenfalls Freund und Feind ist, Freund, weil die Lettristen trotz des nicht Arbeitens recht gut überleben können, Feind, weil er zu viele Annehmlichkeiten und „Gefälligkeiten" (Tieck) zur Verfügung stellt, auf die sie eigentlich mit Dankbarkeit reagieren müssten. Aber genau das wäre die schlimmste aller Katastrophen, die schlimmste Affirmation des Bestehenden. Den Lettristen ist es so peinlich, an den Gefälligkeiten des Kapitalismus

Gefallen zu finden, dass sie den Kapitalismus vernichten wollen, so wie Eckbert seinen Freund/Feind Walther.

Ein kleiner Sprung

In den zwischen 1958 und 1969 erschienenen Bulletins der Situationistischen Internationale (auf Deutsch Band 1: 1976 und Band 2: 1977) sind wesentliche Unterschiede zur Lettristischen Internationale nicht zu erkennen. Der Sprachstil ist jedoch wissenschaftlicher. Es wird zitiert, zum Beispiel Gracian (Band 1, 1976, S. 182): „Viele Leute wären nie berühmt geworden, hätten vortreffliche Feinde sie nicht erwähnt. Es gibt keine größere Rache als das Vergessen, da es eigentlich bedeutet, jene Leute unter dem Staub ihrer Nichtigkeit zu begraben." Damit ist klar, warum Debord und co so intensiv hassen und verdammen und Mitglieder ausschließen – eine gegenseitige Unterstützung gegen das Vergessen. „Attila Katànyi ist am 27. Oktober aus der S.I. augeschlossen worden. Drei Wochen vorher hat er den Situationisten einen Text unterbreitet, in dem er eine grundsätzliche theoretische Neuorientierung verlangte. Diese war äußerst rückschrittlich und ging sogar bis zum Mystizismus. Ihr Verfasser wurde einstimmig ausgeschlossen. Allein der dänische Situationist Leter Laugesen erklärte, dass er in diesem Text nichts besonders Anstößiges fand, worauf er selbst sofort ausgeschlossen wurde." (Band 2, 1977, S. 124)

Junge Frauen im Bikini oder nackt sind beliebte Bildmotive. Auf einem Comic-Bild ist ein Bikini-Girl am Strand zu sehen, die denkt: „Etwas Öl zum Bräunen, ein gutes Buch, mein Radio und vor allem … dass nur nichts geschieht." (Band 1 1976, S. 272) Blöde Frau, will keinen revolutionären Sex. Ein Untergrundflugblatt aus Spanien wird reproduziert. Eine nackte Frau auf dem Bauch mit der Spruchblase: „Ich kenne nichts Schöneres als mit einem asturischen Bergarbeiter zu schlafen. Das sind Männer." (Band 2, 1977, S. 109) Einer Emanuelle ähnlichen nackten Frau in einem Korbsessel wird der Spruch in den Mund gelegt: „Die Emanzipation der Arbeiter wird das Werk der Arbeiter selbst sein." (Band 2, 1977, S. 127) Eine Frau in einem Slip auf einem Bett: „Erschieß mich nicht, ich bitte Dich, ich habe nichts Schlimmes getan." (Band 2, 1977, S. 443) Aus heutiger Sicht waren die 50er und 60er Jahre des letzten Jahrhunderts schlichte Zeiten. Nackte Frauen wollen revolutionären Sex mit echten Männern. So einfach kann das sein.

Angesichts derart nicht übermäßig differenzierter Betrachtungen ist die Furcht nicht unberechtigt, dass auch die Theorie jenseits des Geschlechterverhältnisses einfach gestrickt sein könnte. Unter der Überschrift „Definitionen" wird etwa genauer umrissen:

„Konstruierte Situation: Durch die kollektive Organisation einer einheitlichen Umgebung und des Miteinanderspielens von Ereignissen konkret und mit voller Absicht konstruiertes Moment des Lebens." (Band 1, 1976, S. 18) Nicht passives und naives Opfer der Kulturindustrie, des Spektakels werden, so ließe sich diese Definition bündeln – den Herrschenden durch konkretes Tun einen Strich durch die Rechnung machen.

„Situationismus: Sinnloses Wort, missbräuchlich durch Ableitung des vorigen gebildet (situationistisch / Situationist; A. d. A.). Einen Situationismus gibt es nicht – was eine Doktrin zur Interpretation der vorhandenen Tatsachen bedeuten würde. Selbstverständlich haben sich die Anti-Situationisten den Begriff ‚Situationismus' ausgedacht." (ebd.) Die Situationisten lehnen eine kohärente Theorie als Doktrin ab. Sie wollen kein schlüssiges und hermetisches Lehrgebäude bilden. Dennoch werden sie wohl eines haben. Nur dann sind Ausschlüsse möglich.

Der deutsche Ableger: Die subversive Aktion

Lettristen und Situationisten haben ein zwiespältiges Verhältnis zur Realität: Einerseits bemühen sie sich, dem gesellschaftlich verordneten Spektakel zu entkommen, dem falschen Schein, andererseits erkunden sie die Wirklichkeit experimentell und systematisch, etwa bei und mit dem Umherschweifen. Die Vertreter der Subversiven Aktion sind da insgesamt weltfeindlicher. Mit dem Zitieren von Merleau-Ponty beziehen sie sich auf die Gnosis: „Die Manichäer, die sich in die Aktion stürzen, verstehen sich besser untereinander als mit den Philosophen: verschworene Komplizenschaft gibt es unter ihnen, jeder ist die Existenzgrundlage des anderen." (Böckelmann et al. 2002, S. 356) Dr. Werner Best hätte das nicht besser umreißen können, obwohl „Heroischer Realismus" dann doch eine knappere Bündelung ist. Es geht um die Tat als Tat im Männerbund – gegen eine Welt, die als „entpersönlichte und planierte Fremde" (ebd. S. 184) erlebt wird, natürlich nur von den Wissenden. Die nicht Wissenden, also die große Mehrheit, spürt diese fremde Welt gar nicht mehr (ebd. S. 184) Vermeintliche neue Freiheiten in dieser Welt müssen durchschaut werden: „Der neueste Beweis für die Integration der Frau in die Gesellschaft liefert die anheimelnd-laszive Diskussion um die Busenfreiheit. Je freier die Gesellschaft sich gibt, desto unfreier ist sie." (ebd. S. 185) Das hätten sie mal den Situationisten sagen müssen (siehe oben). Auf jeden Fall ist das scharfsinnigste gnostische Bewusstsein notwendig, um diese neuen Unfreiheiten so klar erkennen zu können. Damit ist auch klar, dass der entblößte Busen „nicht mehr erregend" (ebd., S. 185) wirken kann. „Busenfreiheit wird zum Warenartikel der Konsumgesellschaft." (ebd., S. 185)

Argumentationen wie „Die hochindustrialisierte Konsumgesellschaft" (ebd., S 110) sei eine „perfekt verinnerlicht-faschistische Ordnung" (ebd., S. 110) lassen den Wunsch nach der Möglichkeit von Zeitreisen aufkommen, also den Wunsch, die Verfasser dieser „Unverbindliche Richtlinie 2" so ein bis zwei Jahre Drittes Reich erleben zu lassen, um so eventuell den Unterschied zwischen Nationalsozialismus und BRD wahrnehmen zu können und den Begriff Faschismus nicht allzu schnell als Allzweckkeule einsetzen zu wollen. „Die von der Gesellschaft arrangierte totale Verstümmelung des Menschen wird durch die laute Verkündigung der Phrase vom Grundgesetz verschleiert." (ebd., S. 111) Was meinen die Herren Verfasser mit „totale Verstümmelung"? An welchen Teil ihres Körpers haben sie wohl gedacht? Was hat dies mit dem System zu tun? Was ist das Gegenteil von Verstümmelung? „Die Ganzheit muss im täglichen Vollzug gelebt werden... Der Mensch als Ganzheit ist nur möglich in einer ganzheitlichen Gesellschaft." (ebd., S. 120) – die selbst redend erst noch geschaffen werden muss. Die Subversive Aktion stützt sich immer wieder auf den Surrealisten Breton, ohne begriffen zu haben, dass Ganzheit oder Ganzheitlichkeit für ihn etwas ganz Schreckliches ist. Breton geht davon aus, dass der Mensch nicht über sich verfügt, dass er sich stets fremd bleibt. Die Subversive Aktion hat jedoch eine Illusion vor Augen, dass der Mensch diese Fremdheit überwinden kann. Erst dann wäre alles eins – eine symbiotische Fantasie, zurück in den Mutterleib. Nur die (revolutionäre) Tat bahnt den Weg zurück in den Mutterleib. Auf diesem Weg muss Vater und das Gesetz mal kurzerhand getötet oder abgeschafft werden. Die Subversive Aktion, die sich auf den Dadaismus, den Surrealismus und auf die Situationisten beruft, ist diesen viel ferner als dem Nationalsozialismus:

> „Der Mensch, der sich als Möglichkeit entdeckt und infolgedessen die Aufgabe akzeptiert, allen Möglichkeiten des Menschlichen in sich und um sich Raum zu schaffen durch den Umsturz der gültigen Werteordnung und darüber hinaus entschlossen ist, alle Möglichkeiten des Menschlichen zu realisieren, um – wie es der Ordnung des Seins entspricht – die Entwicklung voranzutreiben." (ebd., S. 121)

Besser lässt sich die Zielsetzung des Reichssicherheitshauptamtes nicht zusammenfassen. Das RHSA hat erfindungsreich und systematisch alles realisiert, was menschenmöglich war, jenseits jeglicher tradierter Werte, so wie es eben der Ordnung des Seins entspricht, aber keiner moralischer Ordnung. Die Subversive Aktion setzt die Befreiung vom Gewissen fort.

Etwa 40 Jahre nach dem Verfassen der „unverbindlichen Richtlinien" schreiben Böckelmann und Nagel in einem Nachwort zu dem Buch zur Subversiven Aktion unverdrossen:

> „Die ‚Unverbindlichen Richtlinien' beschwören 1962 keinen Pluralismus, sondern den Menschen als *Integral* seiner Möglichkeiten, keine höhere Wachstumsrate psychischer und mentaler Anlagechancen, sondern je einzigartige Intensität. Auch von ‚Selbstverwirklichung' ist die Rede, aber im Sinne einer Wiederaneignung des Menschseins." (ebd., S. 493)

Der seit der Romantik bis zum Nationalsozialismus beliebte Hieb gegen den Kapitalismus (Wachstumsrate, Anlagechancen) wird ergänzt um diesen entsetzlich vagen und Furcht einflößenden Begriff Menschsein, eine leere Kategorie, die alles legitimieren kann, ähnlich wie der Begriff Leben.

Kapitel 4
Rebel without a cause.
Jugend und Popkultur in den 60er Jahren

Die Nachkriegsjugend

Romantik ist die Sehnsucht nach dem Absoluten. Romantik ist das Abenteuer der radikalen Phantasie in einer Aura der Auserwähltheit. Jugend, als Lebensabschnitt des ‚Moratoriums'[33] ist prädestiniert für die Entwicklung von Phantasie. Die Expedition der inneren Bilder dringt vor bis in die entlegensten Horizonte. Aber das imaginäre Erleben benötigt geeignete Räume. Die äußeren Umstände sind entscheidend für den Flug der Inspiration. Sie sind nicht in jedem Falle günstig für die Entfaltung des romantischen Erlebens. Nach dem Ende der NS-Epoche war in der Bundesrepublik jede Form eines radikalen Empfindens verpönt. ‚Verbranntes Kind scheut das Feuer' antwortete Anfang der 50er Jahre ein Bundesbürger, der den Nationalsozialismus miterlebt hatte, auf die Frage nach seiner Bereitschaft zu öffentlichem Engagement. Vom ‚gesunden' Volksempfinden der NS-Ära waren nach Kriegsende nur ein ängstlicher Konformismus und eine sentimentale Suche nach Harmonie und Gemeinschaft übrig geblieben. Es waren die unverfänglichen Restposten des ehemals hochfliegenden Gefühls einer nationalen Kulturmission, in denen nach 1950, als in der Bundesrepublik die dringenden Aufbauprobleme gelöst waren, in den Bilderwelten der Illustrierten, des Schlagers oder im Heimatfilm ein Element von Romantik überlebte.

Die Nachkriegsjugend in der Bundesrepublik bot zunächst das Abbild dieser Jahre. Der Durchschnittsjugendliche der 50er und der frühen 60er Jahre, so lautete die Diagnose des Soziologen Helmut Schelsky, sei an Politik und überhaupt an allen Dingen außerhalb der Nahwelt von Familie, Beruf und (damals noch schmaler) Freizeit nicht interessiert (Schelsky 1953, 1957). Jugendliche der Unterschicht ‚bolzten' auf dem Hinterhof oder auf dem Trümmergrundstück; der Sohn aus dem Bürgertum paukte fürs Abitur oder vergnügte sich auf dem Coca-Cola-ball. Eine ‚skeptische Generation' so Schelsky, sei auf lange Sicht immun gegen

---

33 Zum Begriff des psychosozialen Moratoriums s. die Ausführungen in Kapitel ‚Jugend und Zeitlichkeit'.

jede Art von überhöhten Ideen, unter welchem Vorzeichen diese auch immer auftreten würden. Auch die Diagnosen aus dem Bereich der ‚Frankfurter Schule‘, einer kritischen Soziologie, ergaben unter dem Aspekt der Situationsbeschreibung
ein ähnliches Bild. In einer Studie zum Gesellschaftsbild der Studenten an der Universität Frankfurt/ Main kommen die Autoren zu dem Ergebnis, dass insbesondere
bei Studierenden aus dem konservativ-bürgerlichen Milieu das Gesellschaftsbild
einer Führungselite nach ständischem Vorbild weiterhin stark vertreten war, stärker verbreitet sei bei den Frankfurter Studierenden ein formales Demokratiever-
ständnis als eine kritische und engagierte Haltung (Habermas u.A., 1961, S.201)[34].

Wenn Jugendliche in der Pfadfinderuniform auf Fahrt gingen, so war es mit
dem Ziel eines sinnvollen Freizeiterlebens trotz schmaler Kasse. Noch die ersten
Reisen im Autobus über den Brenner nach Italien an die Adria gegen Ende der
50er Jahre waren primär auf Erholung ausgerichtet. Der Italientourist suchte Meer,
Sonne, Zerstreuung und ein Quartier zu günstigen Preisen, ohne jeden Blick für
die kulturellen Reichtümer jenseits der Alpen. Auch hier zeigt sich, abgesehen von
der Suche nach Leichtigkeit und einem unbeschädigten Leben, ein abgestorbener
Trieb der Romantik im Zeitalter der Kommerzialisierung. Catharina Valente sang
in einem ihrer Schlager Millionen Menschen in der Bundesrepublik aus dem Herzen: „Komm ein bisschen mit nach Italien, komm ein bisschen mit ans blaue Meer,
und wir tun als ob das Leben eine schöne Reise wär‘ „.

Die verkitschte Adriaromantik war, ebenso wie der Nachkriegsschlager oder
der Heimatfilm, die Kehrseite des deutschen Wirtschaftswunders. Es war die Suche
nach dem Reich der Freiheit jenseits der unausweichlichen Zwänge des Alltags.
Die in der Wiederaufbauphase geforderten Sekundärtugenden wie Disziplin, Gehorsam und Loyalität ließen ein sublimeres Freizeiterleben allenfalls in Ansätzen
aufkommen. Die Biederkeit der Unterhaltungssparte war die neue Gemütlichkeit
der Republik. Man war ‚unter sich‘, und man brauchte keine äußeren Feinde mehr.

Poprevolution und Jugendavantgarde

Mit der Veränderung des Wahrnehmungsverhaltens durch die urbane Moderne,
angeregt z.B. durch die Bewegungen des Surrealismus und des Situationismus/
Lettrismus,[35] war in Teilen der Öffentlichkeit ein Wandel der kulturellen Sensibilität verbunden. Mit den hier angedeuteten Strukturveränderungen in den 60er
Jahren hängt, verglichen mit dem 19. und dem Beginn des 20. Jahrhundert, eine

---

34 S. dazu auch N. Beckenbach: Bildungsmisere und Gesellschaftskritik in Schröder und Rickers
    (Hg.): 1968 und die Bildungspädagogik. Neukirchen-Fluyn 2010, S. 56-71.
35 S. das Kapitel 1-3 im vorliegenden Teil.

weitreichende Veränderung im Verhältnis von Jugend und Gesellschaft zusammen (v. Friedeburg 1965). Stürmer und Dränger, Romantiker sowie die Anhänger von Lebensreform- oder Wandervogelbewegung artikulierten sich als Träger und Sprecher von abgegrenzten Vorstellungen und Handlungen, als ein Stamm oder eine Spezies *sui generis* gegenüber einer als unwandelbar erlebten Umwelt. Gleiches gilt für die künstlerischen Avantgarden in der wechselvollen Geschichte des 20. Jahrhunderts.

Der Bildungsträger der alten Welt hatte einen langen und mühsamen Bildungsprozess von der alltäglichen Umgebung bis zu den Sinnwelten der Hochkultur zu durchlaufen. Der neue Jugendtyp wird dagegen mehr als je zuvor sozialisiert durch sekundäre Instanzen wie Schule, Ausbildung und Massenmedien. Andy Warhol hatte im Zeitalter der Popkultur die bahnbrechende Parole ausgegeben: ‚Jeder kann ein Künstler sein'. Auch das industrielle Produkt kann zum Kultobjekt werden – die Konservendose oder die Banane, der Comic-Held Tarzan oder das Gesicht von Marilyn Monroe. Mit der Erweiterung der künstlerischen Avantgarde innerhalb der Nachkriegsmoderne erwerben speziell die mental beweglichen Gruppen des Jugendalters durch gekonnte Selbstinszenierung und Provokation den Zutritt zum Club der imaginären Künstler.

Jugendlicher Aufbruch und kulturelle Avantgarde verschmelzen in den 60er Jahren bis zur Unkenntlichkeit. Was zu Beginn der Moderne noch eine schöpferische Originalität erforderte, nivellierte sich nun zu einer Frage des Stils und der Mode. Auch der Ort der neuen Jugendavantgarde hatte sich verschoben. Der Weg in das gelobte Land eines freien und autonomen Jugenderlebens lag seit dem Beginn der Kulturrevolution nicht mehr abseits der Großstadt, auch nicht mehr allein im bündischen Erleben oder im intimen Zwiegespräch des Gebildeten mit Musik und Literatur. Die Jugendavantgarde der 60er ist präsent in Cafés und Szenekneipen, in literarischen Zeitschriften und später an den politischen Büchertischen und in den alternativen Seminaren der Universitäten.

Mit der neuen Kultur wandeln sich auch die Leitbilder. Nicht mehr der mondäne Star mit dem trügerischen Glanz der großen Welt, sondern der Kulturrebell vom Schlage eines Marlon Brando, eines James Dean oder das ‚Halbstarken'-Idol Elvis Presley ziehen die 60er-Jahre-Jugend an. Während sich die Jugendlichen aus den unteren Sozialschichten am Halbstarken-Idol mit creme-frisierter Haartolle und Blue Jeans orientieren, dominiert bei den Jugendlichen der Bildungsmilieus die überbreite Flanellhose; man trifft sich beim Coca-Cola-Ball oder im Jazzkeller und feiert Party in der elterlichen Villa.

Die Popkultur hatte sich in den 60er Jahren als internationales Phänomen ausgebreitet. In der Popkultur zeigt sich eine neuartige Beziehung zwischen Kultur und

Gesellschaft. Waren die Jugendbewegungen wie die Romantik, der Wandervogel oder die Avantgarden der modernen Kunst gegen den herrschenden Trend der Rationalisierung und teilweise auch gegen die Modernität insgesamt gepolt, so zeigt sich in der Popkultur das Gegenteil. Jugendbewegt in der Absage an die Konventionen und die starre Autorität, in der Neigung zu Protest und Revolte, jugendbewegt vor allem in einer radikal veränderten Bild- und Klangwelt, verhält sich die Popkultur gegenüber der umgebenden Gesellschaft wie eine durchlässige Membran, adaptiv gegenüber dem wirtschaftlich – technischen Fortschritt und der Massenkultur, gleichzeitig offen für die Bilder des neuen Jugendalters und die Schöpfungen der Nachkriegsmoderne in den kreativen Zentren von New York, London und Paris. Die Avantgarden zu Beginn des 20. Jahrhundert zehrten von dem scharfem Kontrast zum Bürgertum und noch mehr zu den beiden Ständen des *ancien regime,* Adel und Geistlichkeit. Dagegen verhält sich die Popkultur adaptiv und geschmeidig gegenüber der Hochkultur; sie nimmt ebenfalls wichtige Aspekte der Unterhaltungskultur wie etwa den ‚schönen Schein' der Verpackung und den Appell an den Massengeschmack in sich auf. Sie unterscheidet sich gleichzeitig von der Trivialkultur durch die Kreativität, in der ihre Protagonisten Oberfläche und Hintergründiges zu vermischen verstehen.

In besonderer Weise spricht die Popkultur das Jugendempfinden an. Sie präsentiert sich avantgardistisch gegenüber der überlieferten Kultur und die stiftet gleichzeitig ein gemeinsames Band zwischen verschiedenen Gruppierungen und Milieus innerhalb der Jugendgeneration. Zwanglos erobert die Popkultur im Verlauf der 60er Jahre eine kulturelle Sphäre nach der anderen, von der darstellenden Kunst über den Film bis zur Architektur und der Mode[36]. Die bis dahin gültige Trennung zwischen Hochkultur und volkstümlicher Kultur wird überbrückt. Die Avantgardementalität mit ihren fließenden Übergängen von Realität und Traum sowie dem Ausspielen von Ambivalenz und Doppeldeutigkeit und, besonders typisch, das Ineinanderfließen von Alltagswelt und Transzendenz erlebt eine Neuerweckung in der Poprevolution.

Die Utopie einer Überwindung des Nationalstaates durch ein universelles Band von kommunizierenden Menschen, ermöglicht durch technischen Fortschritt und friedlichen Wettbewerb, hatte als ein grundlegendes Motiv den Weltausstellungen seit 1850 zugrunde gelegen. Die künstlerischen Avantgarden hatten die-

---

36   S. dazu M. Francis: *Faire du style une revolte, ou de la revolte un style in Ders. (Hg.): Les Annees Pop* 1956 –1968. Ausstellungskatalog, Centre Pompidou. Paris 2001; zur Designkultur s. L. Jackson: *the sixties. Decade of design revolution.* New York 1998; unter dem Aspekt der Jugendästhetik s.a. die Beiträge zum Themenbereich '(Die) 60er' in : Deutscher Werkbund e.V. und württembergischer Kunstverein Stuttgart (Hg.): Schock und Schöpfung. Jugendästhetik im 20. Jahrhundert. Neuwied 1986, S. 214-253.

ser Idee seit Baudelaire und den Surrealisten eine gesellschaftskritische Wendung gegeben, dabei aber, wie wir gezeigt haben, gleichzeitig der faschistischen Gewalt eine Tür geöffnet. Die Popkultur der 60er Jahre versöhnt und nivelliert die beiden gegensätzlichen Strömungen. Sie erreicht durch die Internationalität der Klang- und Bildersprache weltweit alle Jugendlichen, sie wirkt universell und unabhängig von Hautfarbe und Geschlecht, von Religion und nationaler Zugehörigkeit und sie überbrückt die Gräben des Ost-West-Konflikts durch die eingängige Botschaft *love and peace.*

Versteht man das Jugendalter als Zeit des Innehaltens und der Chance von kultureller Nischenbildung (Moratorium), so zeigt sich am vorliegenden Beispiel die besondere Affinität zwischen Jugend und Pop. Die Imitation des Glamour, die Lust am Rollenspiel, an Verkleidung und Maskerade, kurz gesagt: Leben auf der Probebühne des ‚Moratoriums', bringt beide, die Jugend und die neue Kultur, zusammen. Das Jugendalter, von dem es in der traditionalen Gesellschaft heißt ‚Lehrjahre sind keine Herrenjahre', mutiert in den 60er Jahren und danach immer mehr zu einem generationenübergreifenden Kulturphänomen. Der ‚schöne Schein', vormals eine gesellschaftliche Randerscheinung in der Welt der Werbung und der leichten Muse, wird Teil der Alltagskultur. Die Tugend der Innerlichkeit wandelt sich zur Inszenierung des Selbst. Die Begleitmusik zu dieser Selbstinszenierung liefern die Massenmedien.

Gleichzeitig bilden sich national unterschiedliche Verläufe heraus bei der Adaption der Popkultur. Nordamerika, bereits seit den 30er Jahren das Land der circensischen Spektakel, der Comics und der populären Kunst, war dazu prädestiniert, gemeinsam mit England eine Art von *common ground* für die bereits seit dem Ende der 50er Jahre vordringende Popkultur abzugeben. Auch wenn sich durch die Bürgerrechtsbewegung und die Vietnam-Demonstrationen seit Mitte der 60er Jahre das politischen Klima verschärft hatte, behielt hier der Protest eine pragmatische, an gesellschaftlicher Reform orientierte Zielrichtung. Die Lust am intellektuellen oder künstlerischen Spiel war dabei wichtiger als die Artikulation einer revolutionären Gesinnung mit dem Ziel einer Änderung der gesellschaftlichen Verhältnisse.

Auch in Frankreich waren die Voraussetzungen für eine kreative Entwicklung vergleichsweise günstig. Unmittelbar nachdem die deutschen Besatzungstruppen im Sommer 1944 Paris geräumt hatten, begann eine grundlegende Debatte innerhalb der jungen Generation über die Erneuerung der französischen Kultur zwischen Künstlern und Intellektuellen. Regisseure der ‚neuen Welle' im französischen Nachkriegsfilm wie z.B. Jean Luc Godard, Francois Truffaut, Claude Chabrol und Eric Rohmer fußten mit ihren Arbeiten auf einer bereits 10-jährige Debatte der Intellektuellen. Nationale Ereignisse wie der Algerienkrieg, Frankreichs Lage als

Mittelmeeranrainer und übergreifende Probleme wie die Ost-West-Spaltung oder die Rolle des Sozialismus in der Zwischenkriegszeit wurden seit Beginn der 50er Jahre öffentlich erörtert, wobei die Intellektuellen eine wichtige Rolle innehatten[37]. Diese intellektuelle Öffentlichkeit war ein wichtiges Fundament für das Vordringen der Popkultur und des neuen Jugendkults in ganz Europa (M. Francis in 2001).

Es war vor allem der Film, der in Ländern wie Frankreich, Italien und der Bundesrepublik ein breites jugendliches Publikum ansprach. Der Film war ein Unterhaltungsmedium. Aber die Inhalte des Nachkriegsfilms wie etwa die Lebenssituation am Rande der großen Städte, die Arbeitslosigkeit oder die Sinnleere einer im Krieg verbrauchten oder gar korrumpierten Generation wirkte in den Filmen der ‚neuen Welle' als ein kultureller Katalysator für breite Bevölkerungsschichten und vor allem für das jugendliche Publikum. So verbreitete sich in Ländern wie den USA, Frankreich oder Italien der neue Zeitgeist über das ganze Land. In Deutschland war dagegen die Nachkriegssituation geprägt durch die Wunden, die der Nationalsozialismus und der zweite Weltkrieg geschlagen hatten. Eine Intellektuellenschicht, vergleichbar etwa der in Frankreich, war in der Bundesrepublik nicht herangewachsen, zu stark war die Scham über die Verbrechen der Vätergeneration. Das Unterhaltungsgenre, eingängige Schlager sowie der Heimat- und Amüsierfilm, häufig unter Weiterbeschäftigung von Regisseuren und Schauspielern aus der NS-Zeit, füllten den Markt (zur medialen Ästhetik der 60er Jahre s. U. Eco 2004)[38].

Die Unterhaltungssparte in der Bundesrepublik bot zwar für die Einführung der Popmusik keinerlei Schwierigkeiten. Aber im Film und in der Alltagskultur gelangte die neue Welle erst mit Zeitverzögerung über den Rhein. Schauspielerinnen wie Marlene Dietrich oder später Romy Schneider wurden von der Massenpresse – diese diktierte in der Zeit einer immer noch enormen Unsicherheit den Publikumsgeschmack – diffamiert und verfemt. In der DDR fiel die Rock- und Popkultur vollends der Zensur zum Opfer. Nach einer kurzen Periode des Abwartens zu Anfang der 60er Jahre, immerhin konnte nach dem Bau der Mauer im Jahre 1961 kein Jugendlicher mehr flüchten, setzte sich per Dekret des Politbüros die Politik der massiven Verbote durch. Rockmusik und Popkultur waren, abgesehen von wenigen Einzelereignissen, bis zum Ende des DDR-Regimes im Jahre 1989

---

37   S. dazu die instruktive Studie von M. Winock: Das Jahrhundert der Intellektuellen. Konstanz
     2003 (frz. Erstausgabe 1997); zur Entstehung der existenzialistischen Szene in der Pariser 'Rive
     Gauche' s. B. Steiner: Die Existenzialisten. Generationengeschichte und Jugendbewegung im
     Paris der Nachkriegszeit, LMU-Publikationen 11/2004. München.
38   S. dazu am Beispiel des Fernsehautors Herbert Reinecker R. Aurich, N. Beckenbach und W.
     Jacobsen: Reineckerland. Der Schriftsteller Herbert Reinecker. München 2010.

underground. [39] So zeigt sich zu Beginn der 60er Jahre ein Aspekt von nachholender Moderne in den beiden deutschen Staaten, der allerdings unterschiedlich stark ausfiel und der konsequenterweise jeweils einen unterschiedlichen Verlauf der Jugendbewegung nach sich zog. In der DDR wurde die Jugend staatlich geführt. Sie wurde in ähnlich starker Abhängigkeit von den staatlichen Institutionen gehalten wie im NS-Deutschland. Erst seit Anfang der 80er Jahre lässt sich davon sprechen, dass sich in der DDR eine eigene Umwelt- und Friedensbewegung unter politischen und moralischen Vorzeichen zu Wort meldete (Neubert 1998, S. 389 ff.).

Als wichtigste Konsequenz folgt aus dem bisher Gesagten: Es entsteht eine Jugend, die im Unterschied zu allen vorhergehenden Generationen nicht mehr eine starre Altersfolge akzeptiert. Popkultur ist gleichzeitig Lebensform und mentalitäts-prägende Bewegung. Durch die Poprevolution wird die Gesellschaft einer Verjugendlichung unterworfen wie niemals zuvor in ihrer Entwicklung. Die Pop-Avantgarden agieren dabei in der Doppelrolle als Symptomträger und als Propheten im öffentlichen Raum. Und dieser Sachverhalt wirkt umso folgenreicher, als sich mit der Diffusion zwischen wirklichem und fiktivem Leben eine Relativierung der Maßstäbe und teilweise auch eine Diffusion des Wirklichkeitserlebens vorbereitet. Dieser Sachverhalt betrifft in der Pop-Kunst das Leben von Einzelnen, er wird zum gesellschaftlichen Drama in dem Maße, wie die Popkultur politisiert wird durch den Bildungskonflikt und die Proteste gegen den amerikanischen Vietnamkrieg. Der kulturrevolutionäre Funke entsteht seit Mitte der 60er Jahre in den städtischen Bildungsmilieus. Der Protest ist nicht wie bei den Frühromantikern oder den Wandervögeln bezogen auf eine verklärte Vergangenheit oder auf ein verinnerlichtes Erleben der ‚ersten Natur'. Mit der Ausbreitung von Popkultur und Jugendprotest entwickelt sich ein anderes Muster von Gesellschaftskritik, ähnlich wie bei Rousseau orientiert an dem Ziel einer Autonomisierung des Einzelnen gegenüber den gesellschaftlichen Zwängen und Konventionen.

Wir werfen einen Blick voraus an das Ende der 60er Jahre. Wieder erklingt die Gitarre. Aber es ist nicht die Gitarre des ‚Zupfgeigenhansl' (Liederbuch des Wandervogel) im Singkreis am Lagerfeuer. Es ist die Explosion innerhalb des Rock'n Roll und das Creszendo des Protests gegenüber den politischen Verhältnissen in den 60er Jahren, wenn Jimmy Hendrix beim legendären Woodstock-Festival im August 1969 auf seiner E-Gitarre kreischend die US-Nationalhymne intoniert und dabei das Tak-tak-tak angreifender Maschinengewehre simuliert. Popmusik und

---

39   S. dazu N. Beckenbach : Gegensatz und Differenz. Wie sich West- und Ostdeutsche mental veränderten in Ders.: (Hg.): Fremde Brüder. Der schwierige Weg zur deutschen Einheit. Berlin 2008, S. 154-165.

Politik waren zusammengerückt. Aber noch bleibt der Protest symbolisch. Nur wenige Jahre später treten in der Bundesrepublik und in anderen westlichen Ländern Gruppierungen einer selbst ernannten ‚Stadtguerilla‘ an gegen die bestehende Ordnung. Sie sprechen von Befreiung, sie sind ausgerüstet mit Schusswaffen und Sprengsätzen und sie sind bereit zu Mord und Verbrechen. Das Pop-Universum ist im Aktionskreis der terroristischen Gruppen und ihrer Anhänger mutiert zum Terrain einer neuen Barbarei.

Das subversive Bild

Niemand hat so sehr den Spielfilm als Medium der künstlerischen Subversion benutzt wie der französische Regisseur Jean Luc Godard. Neben einer Reihe von zeittypischen Sujets aus den 50er- und 60er-Jahren ist es immer wieder die Situation der 60er-Jahre-Jugend, ihre Identitätssuche zwischen der Anonymität der urbanen Existenz und den verführerisch-glänzenden Fassaden der Warenökonomie sowie dazu kontastierend die Fragwürdigkeit des jugendlichen Daseins, die Godard in seinen Filmen zum Thema macht. Darsteller wie Jean Paul Belmondo, Jean Pierre Léaud oder Anna Karina repräsentieren dabei den Typ des selbst-entfremdeten jungen Menschen, der im permanenten inneren Aufstand gegen den Zustand der Sinnleere agiert und dabei meistens scheitert. Die Botschaft der Filme von Godard richtet sich nicht mehr an ein spezifisches Publikum. Die *nouvelle vague* ist eine europäische Zeiterscheinung; sie wirkt in den Ländern Westeuropas ebenso nachhaltig wie in den kommunistisch beherrschten Gesellschaften Osteuropas und der Sowjetunion.

In einem Essay über das Kino von Jean Luc Godard hat Louis Aragon, das *enfant terrible* der französischen Surrealisten, dem Sensualismus und dem Rationalismus den Kampf angesagt unter der Losung einer subversiven Kraft der Imagination: *„Et pourtant c‘ est toujours l‘imagination seule qui agit"* (In Aurich und Jacobsen, Hg. 2002, S. 11). Aragon diskutiert die subversive Rolle der Kunst als Medium der Präsentmachung von Perspektive und Perspektivenveränderung. Als Beispiele von subversiver Kunst bezieht sich Aragon auf Godards Film ‚Pierrot le Fou‘ von 1965. Der Film, gedreht nach einer Romanvorlage, handelt von der Obsession von zwei jungen Menschen, Ferdinand (Jean Paul Belmondo) und Marianne (Anna Karina). Gelangweilt und angeekelt von der Oberflächlichkeit der Bourgeoisie in Paris (Ferdinands Schwiegervater ist Autoverkäufer, bei den Partys redet man in den Clichés der Werbesprache), brennen die beiden durch nach Südfrankreich. Ferdinand liest und zitiert im Dauermonolog, er umkreist in immer neuen Wendungen die Frage nach dem Sinn der menschlichen Existenz, ohne je-

mals zu einer Lösung zu kommen. In einer Mischung von *amour fou* und Vaga-
bundieren à là *Bonny and Clyde* schlagen sich Ferdinand und Marianne mit Raub
und Mord durch, bis Marianne schließlich bei einem Feuergefecht getötet wird.
Unfähig, sein Leben wieder in normale Bahnen zu bringen, bindet sich Ferdinand
einen Sprengstoffgürtel um die Stirn, darin eingewickelt eine blau-gelbe Kokar-
de als Zeichen der Freiheit. Ferdinand sprengt sich in die Luft. Er verabscheut ein
Leben, welches er nicht bis in die letzte Nuance und ohne Rücksicht auf andere
selbst bestimmen kann.

Fernand, genannt ‚Pierrot le Fou‘, läuft damit ebenso gegen die Wand wie
der Protagonist in Godards erstem Spielfilm ‚Außer Atem‘ (1960), ebenfalls besetzt mit Jean Paul Belmondo in der Hauptrolle. Ausgehend von einem konkreten Kriminalfall, es handelt sich um einen Polizistenmord, führt Godard in diesem
Film das aus lauter Zufälligkeiten aneinandergereihte Leben des jungen Ganoven
Michel vor. Michel beherrscht den Szene-Jargon, er lebt aus dem Jetzt des Augenblicks, er ist gut integriert in seiner Clique, er hat in jeder Situation die coolen
Sprüche parat. Eiskalt erschießt Michel zu Anfang des Films einen Polizisten, der
ihn nach dem Diebstahl eines Pkw gestellt hat. Geld bedeutet ihm so wenig wie
ein interessantes Automobil; er bedient sich ihrer nach Lust und Laune. Michel bedient sich auf gleiche Weise der jungen amerikanischen Journalistin, die zufällig
seinen Weg kreuzt (Jean Seberg). Der Lebenskünstler Michel wird am Ende des
Film, ausweglos eingekreist von der Polizei, zum ersten Mal damit konfrontiert,
für seine Taten die Verantwortung vor dem Gesetz zu übernehmen. Ohne auch nur
einen Augenblick zu zögern, wählt er in dieser Situation der Aussichtslosigkeit den
Tod. Die Freiheit des Revolteurs endet in Godards Film wieder in einem Akt der
Sinnlosigkeit, man könnte auch sagen: die Freiheit ohne anerkannte Grenzen endet im masochistischen Triumph.

Der französische Essayist und Philosoph Paul Valéry hat den Film bezeichnet
als einen Eroberer, der die Kultur der Eroberten adaptiert. Der fiktionale Film erhält durch diese Verbindung bislang getrennter Genres eine dokumentarische Note;
umgekehrt nehmen dokumentarische Filme ein neues Moment von Öffentlichkeit
an. Die beiden oben vorgestellten Filme Godards behandeln die Situation der 60er
Jahre-Jugend unter dem Aspekt des Einzelschicksals. Aber auch in der Gruppe re-
produzieren sich diese Konflikte. Die Tendenz zur Verwischung zwischen Kultur
und Politik wird auch anhand von einem anderen Film deutlich, der explizit auf jugendliche Gewalt und Bandenbildung bezogen sind: Die Außenseiterbande (1965).

Jean Luc Godard. *La bande à part* (Die Außenseiterbande). Die Handlung
in Kürze:

Franz, Arthur und Odile, drei junge Menschen, schlagen sich so durchs Leben im Paris der Nachkriegsjahre. Odile besorgt den Haushalt einer Dame in einer vornehmen Villa am Rande von Paris. In dieser Villa wohnt noch ein Unbekannter, der in einem Safe seines Zimmers eine große Geldsumme aufbewahrt. Franz, elegant gekleidet, im Trench, mit Krawatte und Hut, fährt einen Simca Sport. Arthur ist so arm, dass er seinen Sakko aus der Reinigung nicht auslösen kann. Arthur und Franz machen Odile den Hof, fahren mit Franzens Sportwagen ziellos am Stadtrand umher, sie besuchen kurzzeitig mit Odile einen Englischkurs; sie hängen in Bars herum, albern, tanzen und führen Gespräche über Gott und die Welt, ein Existenzialismus des Alltäglichen mit lauter Fragen und ohne Antwort. Ihre jugendliche Existenz ist das Einerlei des Hier und Jetzt, ist zeitlose Langeweile. Alles was neu ist, sagt der Erzähler aus dem Off, T.S Eliot zitierend, ist aus diesem Grunde bereits wieder Tradition. Es ist die Fassade der Langeweile und des endlosen Umkreisens der Frage: Wer bin ich, woran erkenne ich mein Selbst?

Das Leitmotiv des Films ist die Sinnsuche *ex nihil* . Sie führt die Akteure immer wieder zurück ins Nichts. Arthurs Existenz birgt auch eine dunkle, gewaltsame Seite. Wir erhalten einen kurzen, verstörenden Einblick in seinen familialen Hintergrund. Odile wendet sich Arthur zu, sie spürt hinter seiner Coolness seine bohrenden Fragen und sie erliegt schließlich seinem starken und unbeirrbaren Willen. Arthur verrät Odile seinen Familiennamen, er heißt Rimbaud, so wie der früh verstorbene Dichter-Rebell; Arthur Rimbaud, ein legitimer Nachfahre von Baudelaire ist berühmt geworden durch seinen Sinnspruch „Ich ist ein anderer". Rimbaud wurde nur siebenunddreißig Jahre alt.

Arthur, bedrängt durch seine chaotisch agierende Familie, ein Familienmitglied bedroht ihn, will sich in den Besitz des Reichtums in der Villa von Odiles Herrschaft bringen. Er plant einen Überfall, wobei Odile die Funktion der Helferin zufällt. Arthur empfindet für Odile keine tieferen Gefühle. Sie hat für ihn nur die Rolle der Mithelferin, die den Zugang zu dem Safe in der Villa ermöglichen soll. Es kommt zum *showdown*. Der Überfall auf die Villa mißlingt wegen der dilettantischen Ausführung. Die Familie Arthurs will den beiden Amateurgangstern das Geld abjagen, was diese gar nicht haben. Arthur kommt bei dem Pistolenduell Mann gegen Mann ums Leben, er stirbt auf dieselbe sinnlose und zufällige Weise, wie sein vorheriges Leben ablief. Franz und Odile, unschuldig schuldig geworden, setzen sich ab nach Südamerika. Es ist das einzige Entkommen in einer Welt der ausweglosen Tristesse, beide entkommen auf dem Ticket des Exotik-Touristen.

Auf den ersten Blick erinnert Godards Film an das Genre des Kriminalfilms. Der Geldraub als zentraler Handlungsstrang, der Milieudruck des Junggangsters Arthur, das Ende mit dem misslungenen Geldraub könnten diesen Eindruck erwecken. Aber es geht um etwas anderes. Die Folie einer Kriminalhandlung, der Plot, wird von Godard nur verwandt als eine Art äußerer Klammer, um auf das Wesentliche zu kommen. Und außerdem: was wäre ein Krimi ohne Kommissar, ohne Verhöre und ohne schlussendliche Lösung des Falls? Leere und Nihilismus sind der rote Faden des Films. Durch sie werden die drei jungen Menschen zu Außenseitern. Die Sinnlosigkeit, welche die beiden männlichen Protagonisten verbindet, birgt in sich bereits den Keim der Gewalt. Arthur und Franz werden zu Gangstern wegen der Unfähigkeit zu lieben und zu trauern. Es geht um die Odyssee von drei jungen Menschen im sozialen Niemandsland, irgendwo zwischen Stadt und Land, irgendwo zwischen den sozialen Klassen; genauso amorph und beziehungslos erweist sich auch der zwischenmenschliche und zwischengeschlechtliche Bereich. Arthur, Franz und Odile sind damit Teil einer Dynamik, die das Zeug zu einer Jugendbewegung in sich hätte, die aber gleichzeitig im bloßen ,Nein' erstarrt und damit im Ergebnis der alten Gesellschaft verhaftet bleibt.

Godards Filmwelten stehen für das subversive Bild im Sinne Aragons. Sie verweisen im Kontext der 60er-Jahre auf eine Zäsur im Zusammenhang mit der Generationenfolge. Die jugendlichen Akteure, modelliert durch die Verlockungen der Popkultur, abgestoßen durch die Leere und Hohlheit der Bourgeoisie, rebellieren gegen die Erwachsenenwelt. Aber ihre Revolte ist noch ohne Ziel und Inhalt. Weder die bürgerliche Ehe und das unverbindliche Partymilieu (,Pierrot le Fou'), noch der Sturm auf die kapitalistische Zitadelle (,La bande à part'), ebenso wenig aber auch der aktionistische Leerlauf (,Außer Atem') führen zu einer tragfähigen Identität. Das Moratorium ist in all diesen Szenarien gescheitert. Die Grenze des jugendlichen Protests wird sichtbar: Der Ausbruch aus Zwang und Konvention als individuelle Selbstentfremdung – „Ich ist ein anderer" – schafft keine veränderte Welt, noch weniger aber eine bessere Gesellschaft.

Allerdings werden in den Filmen der neuen Welle die Krisenzeichen der Übergangszeit der 60er benannt. Nicht mehr wie zu Beginn der 50er Jahre Arbeitslosigkeit und Berufsnot machen das zentrale Problem der Heranwachsenden aus. Der Problemakzent hat sich von den Fragen der materiellen Versorgung verlagert auf das Sinnproblem. Die Entfremdungserscheinungen der Jugend sind weniger sichtbar, aber sie sind nicht weniger brennend als die Klassenfragen der Vergangenheit. Zu diesen Fragen gehört die Profilierung einer eigenen Identität gegenüber der Erwachsenengeneration, die Kritik am Überhandnehmen der Kommerzialisierung und der Technokratie und nicht zuletzt auch die Auseinandersetzung mit der Sexualität und der Rivalität der Geschlechter in einer weiterhin durch Konvention und Prüderie bestimmten Nachkriegswelt. Es sind im Grunde ähnliche Fragen, die bereits die Romantiker des frühen 19. und die Avantgarden zu Beginn des 20.

Jahrhunderts auf die Barrikaden trieben. Nur die Auswüchse eines aggressiven Nationalismus sind weniger geworden, die lautlose Macht wirtschaftlicher und me-
dialer Vereinnahmungen erfordert eine verändere Antwort der jugendlichen Rebellen. Nicht mehr die Organisierung innerhalb eines Lagers; die Behauptung von
Identität, Autonomie und Individualität steht in den 60er Jahren im Vordergrund.

Das filmische Medium, die szenische Aufmachung und nicht zuletzt auch der
Habitus von Filmikonen wie James Dean und Marlon Brando, Jean Paul Belmondo
oder Anna Karina sind, innerhalb dieser neuen Problemfelder, geeignet zur Identifikation. In der für die Popkultur typischen Verhaltensmodellierung setzen sich dabei filmische Dialoge und individueller Habitus bruchlos fort in der Alltagskultur
der jungen Generation. Es entsteht eine urbane Subkultur jenseits von Stand und
Klasse. Für eine Mehrzahl der filmisch interessierten Jugendlichen wird dadurch
die lähmende Wirkung einer Schweigespirale zwischen den Generationen überwunden. Das Moratorium bietet die Chance, einen eigenen Weg zu suchen und
aus dem perspektivlosen ‚Nein‘ herauszufinden. Für eine Minderheit jedoch entsteht der fiktive Eindruck, dass alle Grenzen überspringbar seien, wenn der Wille
nur stark genug ist. Es ein Motiv, dem wir bereits in der romantischen Bewegung
begegneten. Allerdings zeigt sich im Zeitvergleich von zwei Jahrhunderten, dass
die gesellschaftlichen Institutionen dem heranwachsenden Menschen näher auf
den Leib gerückt sind. Die Haltung der Verweigerung gegenüber den Zwängen
von Familie, Beruf und Politik kann daher allenfalls eine Zwischenlösung sein.

                                                    *

Das subversive Bild, so heißt es in dem eingangs zitierten Text von Aragon, steht
für eine Verweigerung immer dort, wo die Realität dunkle Flecken aufweist, für
welche wiederum eine Sprache, d.h. ein Begriff zu einer noch nicht existierenden
Kritik benötigt wird. Diese Kritik beginnt mit Innehalten und Verweigerung. Das
Produkt dieses Innehaltens ist das subversive Bild, ein Bild, welches durch seinen
latenten Gehalt über sich hinaus weist. Man könnte bei diesem Gedanken auch an
die Capprichios von Goya denken, etwa das symbolische Bild von der Macht des
Unbewussten (‚Der Schlaf der Vernunft gebiert die Ungeheuer‘). Aragon erwähnt
Bildmotive von Eugène Delacroix –dem Begründer der romantischen Schule in
der französischen Malerei, aus den Pariser Kunstsalons in den 50er Jahren des 19.
Jahrhunderts, an denen sich auch Baudelaire abgearbeitet hat. Aragon bezeichnet
solche Bild-Botschaften, er nennt sie subversive Bilder, gleichzeitig als Tod der
Romantik (Ebd., S. 16). Aragon nimmt die Aussage von Godards Film Pierrot le

Fou; *pars pro toto*, Aragon meint Godards Kino insgesamt, als eine Wiederholung seiner These aus seinem Roman *Le Paysan de Paris*, daß in jedem Intellektuellen und darüber hinaus in jedem Menschen, der den Zweifel kennt, ein Stück des *fou* enthalten ist. Der Narr weiß mehr, als er sagt, er spricht in Bildern und erzeugt dadurch eine komplexere Wirklichkeit.

Walter Benjamin hat dem Film eine besondere Rolle im Modernisierungsprozess zugewiesen. Der Apparat der Kamera, das räumliche Erleben in einem dunklen, höhlenartigen Raum, genannt Kino und nicht zuletzt auch die Umfänglichkeit, mit der im Film das reale Leben eingefangen und zugleich durch künstlerische Mittel verändert oder bisweilen sogar neu erfunden werden kann, hat Benjamin zu der Bemerkung veranlasst, hier werde der Anblick der unmittelbaren Wirklichkeit zur ‚blauen Blume im Land der Technik‘.[40] Der Film der Pop-Epoche, weit davon entfernt, nur epochen-abbildendes Monument, psychologisierende Nahaufnahme oder packendes Epos (z.B. Gangstergeschichte) zu sein, spielt, ja, er ‚spricht‘ mit dem Publikum. Der Film der 60er und 70er Jahre ist das Trägermedium einer auf sich selbst zurückwirkenden, d. h. einer reflexiv erweiterten Kultur *par excellence*[41]. Wer denkt bei diesen Bemerkungen nicht an Woody Allens ‚Purple Rose of Kairo‘, wo der Darsteller als Teil der Filmhandlung von der Leinwand heruntersteigt in den Zuschauerraum?

In der Entwicklungslinie vom Werbeplakat über die Vorbildfunktion der Stars für Frisur, präferierte Kleidung bis hin zum körperplastischen Design kann im Nachkriegskapitalismus jeder Wunsch Konsumziel werden, wobei gleichzeitig die Ahnung von der Poesie des Unvollendeten dem institutionellen Vergessen und der Banalisierung anheim fällt. Benjamin hat in den 30er Jahren den planmäßigen Einsatz des Films als Propagandamaschinerie beobachtet. Seine Einsichten lassen sich ohne Einschränkung auch auf das Zeitalter einer auf alle Elemente des menschlichen Empfindens und Erlebens zielende und ausgerichtete post-kapitalistische Warenproduktion anwenden. Und für keine Gruppe gilt diese individuelle Erreichbarkeit und Formbarkeit des menschlichen Habitus durch das Medium Film in größerem Umfang als für die amerikanisch-europäische Jugend der Nach-Kriegsepoche, d.h. nach dem Abschluss der ersten Wieder-Aufbauphase. Das romantische Element der Verzauberung, der Sturm und Drang gegen das Bestehende und, spezifisch für die westlichen Gesellschaften, die Utopie einer besseren und gerechteren Gesellschaft auf der Höhe eines historisch einmaligen Zivilisationsniveaus geht dabei in die Konzeption der Filme der 60er-Jahre ebenso

---

40   W. Benjamin: Abhandlungen in Ders.: Gesammelte Schriften. Band I. Das Kunstwerk im Zeitalter
      seiner technischen Reproduzierbarkeit. Frankfurt/ Main1974, S. 495.
41   Aurich und Jacobsen (Hg.), a.a.O.

mit ein wie diese Filme umgekehrt wiederum eine Generation in vorher nie ge-
kannter Reichweite beeinflussten.

Hier berühren sich die Jugendbilder im Film der 60er Jahre mit Aspekten der
empirischen Jugendforschung. Als ,Rebellen ohne Grund', in Anspielung auf einen populären Film von Nicholas Ray aus der Mitte der 50er-Jahre mit gleichem
Titel, hat der französische Soziologe Lapassade die sich seit Beginn der 60er-Jahre
abzeichnende Revolte der Jugend bezeichnet (in v. Friedeburg, 1965). Der Beobachter stößt hier auf ein Rätsel. Lapassades Wort, Rebellen ohne Grund, erscheint
bei oberflächlichem Hinsehen mehr als berechtigt. Es existiert in den 60er-Jahren
keinerlei Grundlage für eine revolutionäre Situation: Noch nie waren in Westeuropa und den USA die Bedingungen für reformerische Veränderungen derart günstig
wie in der Epoche des Wohlstands nach dem Ende der 50er-Jahre.

Und dennoch kreisen die Filme der neuen Welle um kein anderes Thema so
wiederkehrend und so eindringlich wie um die Gewalt. Hier liegt ein Übergang
von der Symbolwelt der Popkultur in eine Welt der Rebellion, wo der Faktor Reflexion tendenziell durch Ideologie und Aktionismus verdrängt wird. So propagieren die Rebellen gegen Ende der 60er-Jahre einen ,Sack voll' von Gründen für
ihren Weg zur Gewalt. Es sind Gründe im Verborgenen, subversive Bilder, die in
den Netzen der empirischen Forschung nicht eingeholt werden und die sich allem Anschein nach als Ergebnis und Konsequenz des jugendlichen Moratoriums
und der Zeitumstände der 60er- und 70er-Jahre darbieten dürften. Godard erweist
sich jedoch als der genauere Zeitbeobachter. Die Zeit, so die immer wiederkeh-
rende Botschaft im jungen Film der 60er, ist ,reif' für einen grundlegenden Wandel, aber gleichzeitig sind die jungen Akteure verstrickt in die Welt, so wie sie ist;
sie drehen sich in ständigem Dialog, sie sind voller Sinnsprüche und Reflexionen,
sie agieren gleichzeitig wie Marionetten auf einer Bühne und in einem Geschehen, das sie im Ganzen nicht zu beeinflussen vermögen[42].

Die Botschaft Godards lautet: radikale Gesellschaftskritik ist nötig. Die Jugend,
unverbraucht und frei von den Lasten der Vergangenheit, steht vor der Entscheidung zwischen Anpassung und Verweigerung. Sie ist gefordert, mit dem Lebensstil der Bourgeoisie und den Halbheiten der Wiederaufbauphase zu brechen. Aber
ein Ausweg aus dem Gehäuse von Ökonomie und Kultur erscheint nicht möglich,
es sei denn über den Weg der individuellen Distanzierung bis zum bitteren Ende.
Der Tod des Helden symbolisiert damit beides – die Notwendigkeit der Revolte
und die Unmöglichkeit einer transzendentalen Sinngebung in der Nachkriegsmoderne, es sei denn als Dauerreflexion und innerer Monolog über die Chancen der
Veränderbarkeit der gesellschaftlichen Verhältnisse. Quintessenz ist: Der Nach-

---

42   Aurich und Jacobsen, a.a.O.

kriegsintellektuelle überlebt – physisch und symbolisch – als Literat und Philosoph, aber sein Naturell treibt ihn zum Aktionismus. Aragon propagiert ähnlich wie Godard das Ende der Romantik; die Alternative zur bürgerlichen Rationalität ist intellektuelle Verweigerung und Reflexion in Permanenz. Beides wird im Spätkapitalismus zur Überlebensfrage der Kultur. Der Film der *nouvelle vague* tritt als reflexives Medium an die Seite der Literatur.

Das Frankreich der 60er Jahre war nicht Deutschland. Der Unterschied zwischen der intellektuell akzentuierten Kultur im Frankreich der 50er und 60er Jahre und der Eruption des Politischen nach 1968 in der Bundesrepublik lässt sich erahnen anhand der folgenden Szene, die zu Anfang der 70er Jahre von der deutschen Filmerin Helma Sanders-Brahms aufgenommen wurde.

Es handelt sich hier um einen dokumentarischen Film.

Eine junge Frau, schwarz gekleidet, sichtlich nervös, immer wieder an der Zigarette ziehend, sie schaut und spricht eher vor sich hin, als an ein Publikum gewendet. Sie spricht über das Erziehungsdilemma der politisch aktiven Frau. Ein Mädchen von etwa 5 bis 6 Jahren, am Klavier, spielt dazu ein Kinderlied. Der erste Augenschein ist eine bildungsbürgerliche Idylle. Aber die junge Frau hat eine andere Botschaft. „Privatangelegenheiten sind eminent politisch. Kindererziehung ist unheimlich politisch. Die Beziehungen, die die Menschen untereinander haben, sind unheimlich politisch, weil sie etwas darüber aussagen, ob sie frei sind oder ob sie unterdrückt werden, ob sie Gedanken fassen können oder ob sie keine Gedanken fassen können, ob sie etwas tun können oder nicht". Dann, nach einer Pause…" schwer …schwer.. unheimlich schwer". Die Szene könnte aus einem Film von Jean Luc Godard stammen. Die Worte tröpfeln und holpern, sie klingen so hoffnungs- und tonlos wie die Leere eines Hinterhofs; sie enthalten darüber hinaus ein Geständnis, einen Entschluss, der längst gezogen ist, der von der Sprecherin aber nicht eingestanden wird und an dem sie ‚kaut‘.

Es ist Ulrike Meinhof. Die Szene spielt im Mai 1969. Es ist ihr letztes öffentliches Interview. Von da ab wird sie nur noch aus dem Untergrund sprechen, mit einer anderen Sprache und mit anderen Botschaften. Hier, vor der Kamera einer befreundeten Filmerin, spricht der Mensch und die Mutter Ulrike Meinhof; offensichtlich in dem Wissen, dass sie bald darauf ihre beiden Kinder verlassen wird, um ein Leben als Terroristin zu führen. Ulrike Meinhof verabschiedet sich von menschlichen Bindungen und damit von menschlichen Empfindungen. Nur ein halbes Jahr später wird Andreas Baader, seinen Vorstrafen nach ein Kleinkrimineller, inhaftiert. Er kann einen Freigang erwirken, er wird freigeschossen durch Komplizen, die wie er zunächst im Kontakt mit und dann in Absetzung von der studentischen Szene den Weg der bürgerlichen Gesellschaft verlassen haben. Die

Gruppe dieser Menschen, die Rede ist von den Gründern der RAF, bewegen sich, reden und agieren miteinander wie die Akteure in einem Godardfilm.

Allerdings besteht ein wichtiger Unterschied zwischen der Gruppierung um Andreas Baader und den jungen Rebellen im Film. Dort wird Gewalt gespielt, werden Ursachen ihrer Entstehung und Reflexionen über andere, weniger destruktive Formen der Konfliktlösung angedacht, besprochen und manchmal auch ausgeführt. Das subversive Bild gehört hier zum Raum der kreativen Phantasie, es bleibt ähnlich wie bei den Situationisten auf der symbolischen Ebene. Beim Terrorismus dagegen ist die Gewalt real. Dort gehen die Darsteller am Ende des Drehtages nach Hause. Hier, im Falle der ‚Roten Armee Fraktion' (RAF), lassen alle Mitglieder des terroristischen Kerns ihr Leben. Mit ihnen, teilweise durch ihre Hand, sterben viele Unschuldig, manchmal gezielt, von Mitgliedern der Gruppe im Wahn von Schuld, Kampf und Vollstreckung für lebensunwert erklärt. Wiederum, noch ein letztes Mal hinkt die Wirklichkeit der Bundesrepublik hinter der anderer westlicher Demokratien hinterher. Es ist der Ausdruck eines schrecklichen, barbarischen Missverständnisses, wenn sich eine Gruppe von jungen Menschen, in einer Übergangssituation und noch ohne einen definierten Ort in der Gesellschaft, verrennt in die irreale Situation eines moralischen Tribunals und sich dabei die Rolle des Richters über Leben und Tod anmaßt. Wir werden diesen Schritt von der Jugendkultur zum politischen Wahn abschließend diskutieren.

Aufklärung durch Perspektivenwechsel

Wir haben das filmische Schaffen von Jean Luc Godard dargestellt als ein Muster von kultureller und politischer Reflexion *à la francaise*. Romantik ist die ewige Reise, angetrieben durch die unstillbare Sehnsucht nach dem Unendlichen. Aufklärung ist der Verzicht auf das Absolute; sie bedeutet, wohl verstanden, eine einzige tragfähige Gewissheit zu haben, nämlich das definitive Wissen um die Entzauberung. Aufklärung hat im Deutschland des 19. Jahrhunderts, in der Trennung von einer politisch verändernden Praxis, oft das Vorzeichen des Kathedergelehrten oder der schulmeisterlichen Unterweisung. Der belehrend erhobene Zeigefinger ruft die Gegenreaktion hervor.

Bezieht man sich auf das filmische Schaffen in dem hier gewählten exemplarischen Ausschnitt, so ergibt sich im Resultat ein anderer Typus von Aufklärung. Godard, in dem Sinne, wie eingangs von Aragon angedeutet, transportiert in seinen Filmen nicht etwa Lehrstücke, ebenso setzt Godard trotz der reichlichen Anleihen beim amerikanischen *film noir* nicht in erster Linie auf Sensation und Schock, auch das romantische Motiv einer ultimativen Befreiung von den lästigen Begrenzungen des Alltags bildet nicht den Bezugspunkt seiner Botschaft. Godard arbeitet vielmehr mit einem eigenen dramaturgischen Schema. Er operiert mit dem Perspektivenwechsel. Dazu gehört die Varianz von Distanz und Nähe sowie der ständige Wechsel zwischen Aktion und Unterbrechung, hinzu kommt der Wechsel des Genres durch Einbeziehung des filmischen Zitats; meist handelt es sich um Literaten oder Romanvorlagen aus anderen Ländern und anderen Epochen. Die Akteure bzw. die Szenarien des jugendlichen Moratoriums sind in Godards Filmen platziert in einem multiplen Raum. Hauptzweck dieses Ebenen- und Genrewechsels ist zum einen der Überraschungseffekt: Niemals stellt sich in einem Film von Godard die unbefangene Ruhe des Schauens ein. Darüber hinaus wird der Zuschauer daran gehindert, durch übermäßige Idealisierung oder auch durch verselbständigte Sensations- und Horroreffekte dem filmischen Geschehen gegenüber eine vom Autor her gesehen unangebrachte Affektivität zu entwickeln. Romantische Motive und Moralismen jeder Art sind dem Godarschen Film fremd. Der Zuschauer wird dadurch zum beständigen Perspektivenwechsel angeregt.

In der Differenz zu Ulrike Meinhofs inhaltsschwerem Sinnspruch aus der oben zitierten Szene, „alles ist unheimlich politisch", erscheint das Werk von Godard niemals in einem vollständig geschlossenen Setting. Der jugendliche Protest gegen Krieg, Ausbeutung und Unterdrückung, das jugendliche Moratorium und der Generationenkonflikt oder ganz profan das *muddling through* des Einzelgängers, der bereits in jungen Jahren auf seine letzte Bewährung zutreibt: Situationen wie diese sind nicht deshalb wichtig, weil sich in ihnen ein Sinn der Geschichte erschließt. Es geht dabei vielmehr um subjektive Reflexion und intersubjektive Auseinandersetzung, speziell um die Fähigkeit zur dialogischen Perspektive. Wechselseitigkeit (Reziprozität) bedeutet die Chance, das Bestehende auch mit den Augen des Anderen wahrnehmen zu können. Diese Fähigkeit zum Perspektivenwechsel ist grundlegende Voraussetzung für beides: für die eigene Entwicklung und für die Veränderung der gesellschaftlichen Verhältnisse. Hier liegt ein aufklärerischer Aspekt des französischen 60er-Jahre-Kinos.

Kapitel 5
Jugendbewegung als Wahn

Gewaltlosigkeit als einigendes Band

In Leipzig ziehen 11. Oktober 1989 nach dem allwöchentlichen Friedensgebet 70.000 Menschen in einer spontanen Demonstration durch die Innenstadt. Die große Leipziger Montagsdemonstration war der Beginn der friedlichen Revolution und der politischen Wende in der DDR. Es waren vor allem zwei Parolen, die immer wieder gerufen wurden, sie konstituierten das einigende Band der Freiheitsbewegung in der DDR: „Wir sind das Volk!" und „Keine Gewalt!" In der Verbindung der Forderungen nach Volkssouveränität und Gewaltlosigkeit liegt die historische Dimension der Ereignisse von 1989. Rückt man die Montagsdemonstrationen in Leipzig und in anderen Städten der DDR in den Zusammenhang der Staatsfeiern anlässlich des 40. Jahrestages der DDR am 9. Oktober 1989 so enthüllt sich in der Gegenüberstellung der beiden Lager das wesentliche Element der Demokratiebewegung vom Herbst 1989. Es war das Gewahr-Werden und der Appell an das von Rousseau ausgesprochene Prinzip der *volonté générale* in Verbindung mit der Aufforderung zur Gewaltfreiheit, vor dem die Machthaber eines Gewaltregimes zurückweichen mussten.

Die Demokratiebewegung in der DDR war in erster Linie eine Bewegung der Jugend. Die aktiven Träger der Umweltbewegung (z.B. die Berliner Umweltbibliothek, die Initiative ‚Schwerter zu Flugscharen', die unzähligen Gesprächskreise innerhalb der jungen Gemeinde in der protestantischen Kirche der DDR, einzelne Clubs von Künstlern und Intellektuellen, Musikgruppen wie ‚Renft' und nicht zuletzt aktive politische Gruppierungen wie z.B. die Gruppe ‚Gerechtigkeit' in Leipzig waren Teil einer DDR-weiten Jugendbewegung. Hinzu kamen couragierte Pfarrer innerhalb der protestantischen Kirche und prominente Künstler wie Kurt Masuhr, Leiter des Gewandhausorchesters in Leipzig. Diese deutliche Konturierung der Oppositionsbewegung in der DDR hängt wiederum zusammen mit dem monolithischen Zuschnitt der durchstaatlichten Gesellschaft der DDR. Die sozialistische Partei, die SED, beanspruchte ein Macht- und Meinungsmonopol. Wer immer in der DDR die Courage aufbrachte, eine von der SED abweichende Meinung zu äußern und diese oppositionelle Haltung gar noch organisatorisch und programmatisch zu artikulieren, wurde als Staatsfeind ‚entlarvt‘ und verfolgt bis zur physischen Zermürbung und Vernichtung. So bestand, in der Umkehrung des deklarierten Staatszwecks der DDR, der gesellschaftliche Zentralkonflikt im Herbst des Jahres 1989 in der Auseinandersetzung zwischen der staatlichen Gewalt eines tendenziell de-legitimierten Regimes und der eingeforderten Souveränität der Bevölkerungsmehrheit in der DDR. Alle gegenläufigen Auffassungen wie z. B. die Behauptung von der Reformierbarkeit des DDR-Sozialismus gehören in das Reich der Legende.

Auch in der Bundesrepublik war die Jugendbewegung ein wichtiges Element in dem Demokratisierungsprozess nach 1965. Hatten sich, angestoßen durch die künstlerischen Avantgarden, bereits erste Anzeichen zu einer Auflockerung der starren Ordnungs- und Autoritätsvorstellungen gezeigt, so führte die Politisierung dieser Autoritätskonflikte durch den Vietnamkrieg zu der Revolte von 1968. Im Zusammenwirken unterschiedlicher Konfliktanlässe, z.B. die unzureichende Modernisierung des Bildungssystems, die Autoritätskonflikte in Familie, in der Arbeitswelt und den oben beschriebenen Differenzierungen innerhalb der jugendlichen Subkultur[43] entstanden multiple Konfliktfronten. Anders als in der DDR, anders als teilweise von den Protestierenden in der Leidenschaft des Streits behauptet wurde, bestand in der Bundesrepublik kein festgefügter Machtblock und keine monolithisch verfasste öffentliche Meinung. Abgesehen von einzelnen Presseorganen und den konservativen Parteien war es insbesondere die Dumpfheit einer nach wie vor ungeklärten Haltung der Deutschen zur jüngeren deutschen Vergangenheit und das Schweigen zu den Verbrechen des Nationalsozialismus, wodurch der notwendige Dialog zwischen den Generationen behindert wurde. So entstand die 1968er-Revolte als Generationenkonflikt. Jetzt hatten, um die oben diskutierte Formel von Georges Lapassade nochmals aufzugreifen, die Rebellen ihre *causa*[44].

Zur Genese der Gewalt

Auch die 1968er-Revolte in der Bundesrepublik wurde in der Anfangsphase zusammengehalten durch das Band einer gewaltfreien Solidarität. Debatten in den Seminaren, politische Clubs wie z.B. der ‚Argument‘-Club und studentische Vereinigungen, tonangebend war der ‚Sozialistische Deutsche Studentenbund‘

---

43   S. dazu die Kapitel über Situationismus/Lettrismus und über die Popkultur im vorliegenden Band.
44   S. das Kapitel 4 im vorliegenden Teil.

(SDS), dazu flankierend Gedenkschriften und politische Manifestationen mit unterschiedlichem Inhalt bestimmten die Haltung der zunächst vorwiegend akademischen Protestbewegung. Es war die aufgeputschte Atmosphäre der ‚Frontstadt' Berlin und dabei vor allem die Demagogie der Zeitungen des Springer-Konzerns, die eine Aura von Hass und Gewalt entstehen ließen. Die Gewalt brach wie eine Woge in die 1968er-Bewegung hinein. Aus dieser Progromstimmung heraus, angeheizt durch die Springerpresse, fielen die Schüsse gegen Rudi Dutschke, den Sprecher der Revolte.

Ein Berliner Polizeibeamter, heute ist bekannt, dass er gleichzeitig für die Staatssicherheit der DDR arbeitete, erschoss am 2. Juni 1967, anlässlich einer Demonstration gegen den Schah von Persien, den Studenten Benno Ohnesorg; der politische Senat von Berlin rückte erst später von dem Todesschützen ab, ein Untersuchungsaussschuss über die Umstände der Gewalttat verlief im Sande. Eine Mitverantwortung an den Geschehnissen der Jahre 1967 und 1968 ist von Seiten des Springerkonzern bis heute nicht anerkannt worden.

Allerdings bleibt festzuhalten, dass weder die Bevölkerung insgesamt noch die mediale Öffentlichkeit in ihrer Gesamtheit als geschlossener Block gegen das Anliegen der 1968er-Bewegung standen. Es war, auch in diesem Punkt muss sich der Beobachter mit Ideologe und Legendenbildung auseinandersetzen, eine aus der Bewegung selber kommende Gewalt, die zu der nachfolgenden Welle des Terrorismus führte, in dessen Verlauf insgesamt mehr als 50 Mensch ihr Leben ließen. Die Janusköpfigkeit der 1968er-Revolte, einerseits als genuine Reform- und Demokratiebewegung, andererseits als Ausgangsbasis einer terroristischen Gewalt, die bis heute umstritten ist und deren innerer Kern noch aufzuklären ist – dies sind die beiden Aspekte der westdeutschen Jugendbewegung in den 60er und 70er Jahren, die im Folgenden diskutiert werden.

Revolutionäre Romantik

Romantik bedeutet im 18. Jahrhundert die Suche nach Gottähnlichkeit. Durch vollkommene Harmonie, rauschhaftes Erleben und exklusive Zugehörigkeit soll ein Zustand erreicht werden, der dem Irdischen enthoben ist: ein Paradies auf Erden. Die Dauer dieser Epiphanie spielt keine Rolle; dem rauschhaften Erleben gilt jede ekstatische Sekunde als eine Ewigkeit. In der Zeit des gärenden Konflikts der Generationen nach 1965 kam eine neue Form von Romantik auf.

Der Westen der Bundesrepublik und ebenfalls die westeuropäisch-amerikanische Kultur waren für sich allein nicht geeignet, eine solche Kultur hervorzubringen. Die Halbstarkenkrawalle erfassten zunächst die Jugend der Vorstädte. Der

Rock and Roll, die Elvismähne und die Blue Jeans hatten für die bürgerliche Jugend keinen ästhetischen *appeal*. Die Filme der ‚neuen Welle‘ in Frankreich oder der ‚schwarze Serie‘ in den USA boten zunächst die Kultur eines lässigen Individualismus; ein neues Werthergefühl. Das Bewusstsein, von den Menschen der älteren Generation nicht verstanden zu werden, die Identifizierung mit den Idolen der Poprevolution und die Zugehörigkeit zu der Szene der Verweigerer führte zu einer Absetzbewegung vom kulturellen *mainstream*. Aber noch fehlten verbindende Werte und verbindliche Zugehörigkeiten. Die klassischen Avantgarden hatten bei aller Radikalität des provokativen Denkens und der Gesellschaftskritik, und in diesem Punkt waren sie ebenso sehr Künstler wie z. B. die Regisseure der ‚neuen Welle‘, immer an jenem Punkt Halt gemacht, wo eine imaginäre Projektion oder ein Entwurf mit wirklichkeits-übergreifenden Zügen Gefahr lief, im Verhältnis von eins zu eins der bestehenden Wirklichkeit übergestülpt und dadurch ideologielastig zu werden. Das utopische Moment einer besseren oder wie es bei den Vertretern der ‚kritischen Theorie‘ hieß: einer ‚vernünftigen‘ Gesellschaft blitzte in der Kunst der 60er Jahre immer wieder auf. Aber Niemand hätte ernsthaft behauptet, dass solche Visionen unvermittelt in die gesellschaftliche Wirklichkeit umzusetzen wären. Nicht zuletzt die bitteren Erfahrungen mit dem Kommunismus ostdeutscher und osteuropäischer Prägung waren der Grund dafür, dass sich der Sozialismus für das utopische Denkens nicht mehr als das ‚gelobte Land‘ zu eignen schien.

Die Schneise für eine Neuerweckung des utopischen Denkens unter sozialistischem Vorzeichen wurde geschlagen durch eine Neudefinition des Kommunismus und eine gleichfalls neu erfundene Version der politischen Avantgarde. Innerhalb der 1968er-Generation in der Bundsrepublik waren die Erfahrungen über die Vorkriegszeit minimal. Das Verhalten des politischen und juristischen Apparates in den Konflikten während des ‚roten Jahrzehnts‘ (Koenen 2001), von heute her gesehen eher hilflos-autoritär als gezielt repressiv, der latente Antikapitalismus innerhalb der Jugendavantgarden und die im allgemeinen Trend konservative Nachkriegspolitik in allen westlichen Gesellschaften lassen es als erklärlich erscheinen, dass die utopische Zielsetzung in der 1968er-Revolte auf dem Terrain einer Art von Wiedergeburt angesiedelt wurde. Es war das historische Repertoire der gnostischen Christen, der protestantischen Wiedertäufer, verbunden mit der Haltung der Stürmer und Dränger, aus dem die politische Utopie von 1968 komponiert wurde. Die ‚revolutionären Dörfer‘, von China über Kuba und Vietnam bis Algerien, geführt durch Guerilleros, mit den Tugenden als Religionsstifter und Militärführer, unverbrauchte und unbestechliche Volkstribunen dieser gleichzeitig nationalen und internationalen Revolutionsbewegung, galten als Vorbild der zu führenden Kämpfe in den ‚Metropolen‘ der westlichen Welt. Zu Beginn der 70er Jahre wurde Revolutionsführern aus der ‚Dritten Welt' wie Ho Tschi Minh, Che Guevara oder Mao Tse Tung ein regelrechter Heiligenschein angeheftet. Die Idolatrie dieses Heiligkeitskults überkreuzte und vermischte sich bis zur Unkenntlichkeit mit dem rationalen politischen Kern der Revolte. Hier liegt bis heute eine Grauzone, wo manches projektive Gefühl seine Nahrung findet.

Das Martyrium eines revolutionären Heldentods, z. B. im Falle von Che Guevara, steigerte diese quasireligiöse Anbetung bis zum Heiligkeitskult. Es war im Zeichen dieser Idolatrie der revolutionären ‚Dritten Welt', dass die Antiquariate aus Ostberlin zu Beginn der 70er Jahre urplötzlich sich einer massenhaften Nachfrage nach den ‚blauen Bänden' von Marx und Engels gegenübersahen. Die neue Jugendbewegung verlangte nach Wissen und nach Schulung. Und es war wiederum die Scholastik dieser neuen Marx-Schulungsbewegung, die in einer ungeplanten Dialektik von Neo-Autoritarismus und Re-Hierarchisierung dem provokativen Elan der 1968er-Revolte nach und nach das Wasser abgraben sollte (Beckenbach in Rickers und Schröder, Hg., S.67 f.).

Rudi Dutschke als charismatischer Führer

Kein anderer vermochte in diesem Jugendkreuzzug in ähnlicher Weise den dramatischen Ton zu treffen und für die die Steigerung der eigenen charismatischen Wirkung zu nutzen wie Rudi Dutschke. Er war kurz vor dem Bau der Mauer aus der DDR in den Westen von Berlin geflüchtet und hatte an der ‚Freien Universität', einer Gegengründung der kommunistisch beherrschten Humboldt-Universität im Osten der Stadt, sein Studium aufgenommen. Dutschke studierte Soziologie. Aber seine intellektuelle, wir sind geneigt zu sagen ‚weltanschauliche' Fundierung brachte Dutschke zu wesentlichen Teilen bereits mit in den Westen der Stadt. Das frühchristliche Ethos einer harmonischen Urgemeinde, die tiefe Überzeugung von der Verrottung der westlichen Gesellschaftsordnung im unaufhaltsamen Getriebe des Kapitalismus; schließlich, und auch hier steht das sozialistische Denken Pate, die sprengende Kraft einer Avantgarde von entschlossenen Minderheiten – diese drei Elemente, auf dem Boden der angespannten Situation in der westlichen ‚Frontstadt' Berlin und in der Situation einer Erwartung der prophetischen Parole auf Seiten der Protestbewegung waren der Zündfunke, welcher eine Bewegung für mehr Liberalität und für demokratische Hochschulreform transformierte in Richtung auf eine romantische Erweckungsbewegung.

Max Weber hat das Charisma als eine Herrschaftsform bezeichnet, wo die Beziehung von Befehl und Gehorsam nicht rational, sondern durch Glaubensrituale oder durch affektive Beziehungen zwischen dem ‚Guru' und seinen Gefolgsleuten hergestellt wird. Aber das Charisma (wörtlich: Herrschaft des Außer-All-täglichen) begründete in den Hochburgen der Revolte eine besondere Kultur der Zugehörigkeit, angefangen von kommuneähnlichen Gemeinschaften über neuartige Formen der Straßendemonstration durch kleine spontan auftretende Gruppen und veränderte Lern- und Studienformen bis hin zu parteiähnlichen Gruppierungen, die aber ähnlich wie der Hainbund gegen Ende des 18. Jahrhunderts trotz leidenschaftlicher Schwüre niemals länger als zwei oder drei Jahre bestanden, um danach von den heftigsten Zerwürfnissen und Befehdungen abgelöst zu werden.

Brennpunkte der charismatischen Politik waren vor allem zwei Städte – Frankfurt/M. als Ort der kritischen Theorie und der Psychoanalyse sowie der westliche Teil von Berlin als Sammelpunkt jener Jugendströmungen, die jenseits der restaurativ erstarrten Kultur in der Bundesrepublik Veränderung wollten. Sie suchten Veränderung jenseits der festgefügten Strukturen von Erziehung, Ausbildung, Beruf und Politik. Neben diesen beiden Städten entwickelten sich weitere Subzentren der Revolte, in der Regel waren dies Universitätsstädte, wobei die jeweilige Ausrichtung der intellektuellen Führungsgarnitur den Grad der Radikalität bestimmte. Auch die Spezifik der sozialen Brennpunkte war ausschlaggebend dafür, wieweit und unter welchem Vorzeichen sich die akademische Revolte innerhalb des jeweiligen lokalen Rahmens verbreitete und unter welchem Vorzeichen die Revolte über den akademischen Bereich hinaus getragen wurde.

In den Jahren nach 1968 waren Leben und Protest häufig eine Einheit. Das Studium, folgend auf die Phase der Adoleszenz, bedeutet in der Entwicklung des Individuums den Übergang von der Jugend in das Stadium des Erwachsenen, mit Beruf, Familie und den verschiedenen Aktivitäten der Freizeit, mit den freiwilligen Vereinigungen und den Netzwerken der Informalität. Mit der Rebellion der Studenten dehnte sich die Sphäre des jugendlichen Moratoriums, erhielt urplötzlich die Praxis einer politischen Intervention durch Demonstration und Manifestation, schließlich auch durch verändernde und teilweise gewaltsame Aktion, einen Raum. Aus dem antiautoritären Protest wurde eine Jugendbewegung, die bereits gegen Ende der 60er Jahre in allen Gruppen der Jugend, von der Universität über die Schule und den Betrieb bis in die kulturellen Vereinigungen vertreten war. Zwischen dem universitären Bereich und verschiedenen gesellschaftlichen Orten wie etwa Schule, Erziehung und Jugendarbeit entstanden spontane Zusammenschlüsse. In ihnen manifestierte sich eine Erweiterung der politischen Sphäre. In den Massenmedien, die sich zunächst dem Phänomen des jugendlichen Protests gegenüber zurückhaltend und teilweise sogar offen feindselig verhielten, entwickelte sich eine differenzierte Haltung. Dies gilt umso mehr, als sich aus der Protestbewegung heraus selber eine breit gefächerte literarische Produktion entwickelte.

Die 1968er-Bewegung sprach mit vielen Stimmen. Wenn bereits für die Popkultur galt, dass sich die Schattierungen der Alltagserfahrung fortsetzten und ver-
längerten in eine künstlerische Bilder- und Klangwelt, die ihrerseits enger und gewissermaßen ,verbindlicher' als die klassische Hochkultur zurückwirkten, in die
Lebensgewohnheiten, so gilt dieses Phänomen einer ,Dehnung' des Lebens durch
eine imaginäre Welt der Projektionen und Wünsche noch mehr vor dem Hintergrund des politischen Protests. Die Kultur von 1968 war zum großen Teil selbst-
organisierte Bildung und provokative Straßenagitation, sie war experimentelles
Leben und ständige Auseinandersetzung mit der umgebenden Sozial- und Medi-
enwelt. Es waren mehrere unterschiedliche Milieus, wo jeweils die mehr theore-
tisch-akademische, die spontan-kreative oder die militant-aktionistische Dimension der Bewegung im Vordergrund standen.

Das Erkennungszeichen der ,Revolutionsgelehrten' war eine ausgefeilte Theoriesprache mit marxistisch-sozialistischem, anarchistischem oder auch psycho-
analytisch-kulturwissenschaftlichem Akzent. Während in der akademischen Praxis eher eine Arbeitsteilung besteht etwa zwischen soziologisch-politologischer
Seminarsprache und Alltagsdeutsch und wenn im Allgemeinen auch zwischen
Umgangssprache und wissenschaftlicher Diagnostik mehr oder weniger sorgfältig unterschieden wird, so galt für die politische Rhetorik der Bewegung das ge-
naue Gegenteil. Es existierte in der Revolutionsrhetorik allerdings immer noch
jener kleine Vorbehalt, anhand derer z.B. jeder Sozialforscher zu unterscheiden
lernt zwischen einer gut bestätigten (oder widerlegen) Hypothese und einer Theorie ohne empirischer Grundberührung; mochte diese Theorie noch so umfassend,
noch so ,grundstürzend' daherkommen. Dieser Vorbehalt gilt auch und gerade gegenüber jenem Typ an Theoriesprache, der sich seit Beginn der 60er Jahre zunehmend etablierte: dem Marxismus.

Hätte die marxistische Theoriesprache in den 70er Jahren ein verbindendes Moment zwischen den Revolteuren im Westen und den Parteifunktionären
im Osten sein können? Dies war nicht der Fall. In der DDR war der Marxismus
zur Staatssprache geworden; mehr Hoheits-Ritual als überprüfbare Wissenschaft,
mehr gestützt auf eine autoritäre Zwangsmoral als auf Diagnose und Prognose.
Der DDR-Marxismus war bis zur Unkenntlichkeit deformiert und dadurch ideologisch verdorben. In der Bundesrepublik lag die marxistische Debatte in den beiden ersten Nachkriegsjahrzehnten danieder. Es war das Verdienst von Gelehrten
wie Horkheimer, Adorno und Habermas in der Bundesrepublik sowie von Herbert Marcuse in der USA, den Marxismus modernisiert zu haben und diesen dadurch wieder auf die veränderten gesellschaftlichen Verhältnisse anwendbar zu
machen. Die Cheftheoretiker der 1968er Bewegung, an der Spitze der Bewegung

Rudi Dutschke in Berlin und der Adorno-Schüler Hans Jürgen Krahl in Frankfurt, gaben für die neue Marxrezeption den Ton an. In den universitären Seminaren und den politischen Clubs entstand eine Intellektuellenschicht, welche die eigenen akademischen Lehrer herausforderte und ihnen auf dem ureigenen Feld des Erklärungswissens den Rang streitig machte.

Rudi Dutschke, der charismatische Sprecher der 1968er-Bewegung, versammelte in sich das Buchwissen der sozialistischen Klassiker, er verfügte über die Rhetorik eines Predigers, in der DDR war er Mitglied der protestantischen ‚Jungen Gemeinde‘. Dutschke verstand es in den nur fünf Jahren seines Wirkens in voller geistiger Gesundheit, Gesinnungsgenossen mit Einfluss um sich zu sammeln. Was seinem Auftreten die größte Wirksamkeit verlieh, war ein religiös anmutendes Pathos, mit dem er seine Botschaft unter die Zuhörer brachte. Dutschke verstand es, zwischen sich und seinem Publikum einen magischen Kreis des ‚außeralltäglichen‘ Erlebens und einer Art von Auserwähltheit herzustellen, kurz: er schlug seine Anhänger wie ein Magier in den Bann und er brachte gleichzeitig seine Gegner zur Weißglut, weil er jedes Gegenargument gegen seine immer rhetorisch brillianten Interventionen unterlief und widerlegte durch eine Art von moralischer Indizierung in einer Werteordnung, die an dem Ideal eines zu schaffenden neuen Menschen ausgerichtet war. Es war im wesentlichen auf Dutschkes organisatorische Energie und auf sein rhetorisches Geschick zurückzuführen, dass sich im Berliner SDS eine strikt anti-imperialistische Strömung entwickelte, bis hart an die Grenze einer praktischen Unterstützung der vietnamesischen Kämpfer, des Vietcong, auf dem Gebiet der westlichen Gesellschaften (Lönnendonker, Rabehl, Staadt 2002, S. 372 ff.). Es war diese Mischung aus moralischer Fundierung, Buchgelehrtheit und einem nicht geringen Anteil an Fanatismus, wodurch die bis dahin intellektuell ausgerichtete Protestbewegung in die Grauzone von blindem Aktionismus und blanker Gewalt hineintrudelte.

Aber die Kultur des Theoretisierens verflachte und verfiel in den 70er Jahren immer mehr. Sie wurde abgelöst durch das Zirkel- und Schulungswesen. Die Marx-Nomenklatura im Westen unterschied sich bald von Ihresgleichen in den sozialistischen Ländern nur noch dadurch, dass dort die Ideologieträger und ihre Auftraggeber die Macht innehatten (Beckenbach in Rickers und Schröder, Hg., S. 67). Die Marx-Pharisäer der Kapitalkreise in den 70er bilden heute in Ost und West das intellektuelle Rückgrat der SED-Nachfolgepartei ‚Die Linke‘. Auch in Teilen der 1968er-Bewegung existierte immer eine unterschwellige Sympathie für die sozialistischen Gesellschaften in Osteuropa und der DDR. Die Mehrzahl der 1968er folgte allerdings dem in die USA emigrierten Philosophen Herbert Marcuse. Marcuse, weniger orthodox als die Vertreter der kommunistischen Linken, gleichzeitig aber hoffnungsfroh hinsichtlich der Avantgarderolle der neuen akademisch gebildeten Mittelschichten, hatte vor allem im Krisenjahr 1967/68 eine wichtige Stützungsfunktion für den studentischen Protest. Mehr und mehr entfernten sich zu Beginn der 70er Jahre allerdings die Sprecher des Protestes von den Autoritäten der Frankfurter Schule. Die Protagonisten des Protests trugen nun Lederjacke. Das Pöbeln hatte den Diskurs verdrängt. Auch hier liegt ein Grund für die Zersplitterung der Bewegung in unterschiedliche Lager und in der weiteren Konsequenz auch für das Überborden der Gewalt.

Gruppierungen wie die ‚Kommune I‘, die spontaneistischen Gruppierungen wie etwa die Basis-Betriebsgruppen, die Sexpolbewegung oder die anarchistischen Gruppierungen des Blues hielten sich frei von der Dogmatisierung. In den Szenemilieus misstraute man jedem Führungsanspruch, der nicht durch die Praxis getragen und legitimiert wurde. Die philiströse Selbstgerechtigkeit der theoretischen Avantgarde war den ‚Spontis‘ verhasst. Hier zählten eher die Fähigkeit, jeden Tag phantasievolle Aktionen durchzuführen, provokatorisches Auftreten gegen die herrschenden Mächte und, seit Anfang der 70er Jahre mehr und mehr, Experimente im Umgang mit ‚Mollies‘, selbstgebastelten Sprengkörpern. So entwickelte sich eine gefährliche Tendenz des Abrutschens und des Voluntarismus beim Umgang mit Gewalt.

Jenseits der Gewaltrhetorik

Der Höhepunkt der antiimperialistischen Agitation und gleichzeitig, rückschauend gesehen, der Umschlagpunkt vom radikaldemokratischen Protest zu einem borderline-artigen Revolutionsjargon war ein internationales Treffen in Berlin. Der ‚antiimperialistische Vietnamkongress‘ an der Technischen Universität fand am 17./18 Februar 1968 statt[45]. Wir geben einen kurzen Rückblick. Die Stimmung ist euphorisch und illusorisch. Die Volksaufstände in der ‚Dritten Welt‘ sollen von der Peripherie her die kapitalistischen Metropolen umzingeln. Fast alle Beiträge auf diesem Kongress enden mit einem Hoch auf die Weltrevolution. Die revolutionäre Avantgarde soll in den Zentren des Kapitalismus den Boden bereiten für eine sozialistische Lösung neuen Typs – ohne Parteidiktatur, ohne staatliche Bü-

---

45 S. dazu die Broschüre: Der Kampf des vietnamesischen Volkes und die Globalstrategie des Imperialismus, 17. und 18. Februar 1968, hg. vom Internationalen Forschungs- und Nachrichteninstitut (INFI) . Berlin 1968.

rokratie, verbunden lediglich durch den gemeinsamen Willen, an der Herstellung des kommunistischen Paradieses zu arbeiten. Überall soll in Permanenz an dem großen Werk gearbeitet werden, in „Betrieb und Verwaltung, Kirche oder Wohnblock" (S. 117). Liest man die Beiträge von Rudi Dutschke beim Vietnamkongress, so scheint er selber eine vage Idee davon gehabt zu haben, dass das von ihm angefachte Trommelfeuer der Rhetorik auch ihn selber nun physisch bedrohte. Dutschkes Redebeitrag ist doppeldeutig. Einerseits propagiert er den Aufbau einer Vietcong-artigen Guerilla in Europa und den USA (123). Der Romantiker eines zu schaffenden nicht-entfremdeten Daseins posiert, vielleicht empor getragen durch das Bewusstsein seiner charismatischen Wirkung – mehr als 15.000 Demonstranten zogen skandierend durch Berlins bürgerliche Wohnviertel – urplötzlich in der Rolle des Robespierre. Er bedient sich einer Sprache, die links-faschistoide Züge hat. Jürgen Habermas hatte diesen Vorwurf bereits bei einem Streitgespräch mit Dutschke kurz nach den tödlichen Schüssen auf Benno Ohnesorg erhoben. Die akademischen Lehrer fanden nicht mehr Gehör – eine Ausnahme bildete Herbert Marcuse. Aber Marcuse versagte sich die Rolle des kritischen Korrektivs.

Rudi Dutschke, möglicherweise in einer Art von innerer Selbstbeschwichtigung, spricht bei dem antiimperialistischen Kongress im Februar 1968 von der Notwendigkeit einer Verbreiterung des antiautoritären Lagers; er spricht gleichzeitig von Isolation der radikalen Linken innerhalb der Bevölkerung. Auch die Tatsache, dass eine Jugendrevolte und ein immer noch hohes Mobilisierungspotential innerhalb der 1968er-Generation noch keine gesamtgesellschaftlich revolutionäre Situation bedeutet oder zwangsläufig entstehen lässt, ist Dutschke nicht entgangen. In einer anderen Rede hat Dutschke, angelehnt an Mao Tse Tung, die Parole ausgegeben von dem nun anstehenden ‚langen Marsch durch die Institutionen'; eine romantische Metapher für eine denkbar unromantische Angelegenheit. Weber hat den gleichen Vorgang bürokratietheoretisch beschrieben als das unaufhaltsame Vordringen einer allmächtigen Bürokratie, jenseits der Eigentumsfrage. Der Entzauberer Weber hat in der Rückschau mehr Recht gehabt als der romantische Magier Rudi Dutschke. Welche Antwort man auch präferiert, an der Entgleisung der antiautoritären Revolte und der Welle der Gewalt in den 70er Jahren trägt Rudi Dutschke, trotz aller Beteuerungen zu gewaltlosem Vorgehen, eine beträchtliche Mitverantwortung.

In dem Hin und her zwischen Revolutionsrhetorik und gekonnter Metaphorik lag die Stärke des utopischen Romantikers Dutschke. Aber Dutschkes herausragende Statur war gleichzeitig die zentrale Schwäche der Bewegung. Dutschke war nicht zu stoppen, die revolutionsromantisch gestimmte Gefolgschaft folgte ihm, irgendwie beklommen aber nach wie vor in Begeisterung, wie verzaubert.

Auch dieser romantische Zauber gehörte zu den deutschen Verhältnissen der späten 60er Jahre. Eine radikale Minderheit setzte ein revolutionäres Theater auf die
Bühne des Zeitgeschehens, romantisch in dem Glauben an die Erlösungsmission
der ‚Dritten Welt' und gleichzeitig ohne eine abwägend-reflexive Diskussions-
kultur; der utopische Gedanke schien von sich selbst her auf die Tat und diese auf
veränderte gesellschaftliche Zustände zu verweisen. Es war eine Kette von Fehl-
schlüssen, die teuer bezahlt werden mussten.

Der Berliner Vietnamkongress war in seiner illusionären Triumphalität ein
schrilles Warnzeichen. Aber keiner der angereisten Revolutionäre bemerkte die
Vorzeichen der nahenden Katastrophe. Ziemlich genau zwei Monate nach den Berliner Brandreden, am 11. April 1968 wurde Rudi Dutschke durch Schüsse eines
Hilfsarbeiters lebensgefährlich verletzt. Der Attentäter ruft, bevor er die Schüsse
auf Dutschke abfeuert: „Du dreckiges Kommunistenschwein". Es ist der O-Ton
der Bildzeitung. Als dem Attentäter später in der Zelle dämmert, welcher Verblen-
dung er aufgesessen ist, macht er seinem Ende ein Leben.

Das Attentat auf Rudi Dutschke war das Ende der romantischen Phase im antiautoritären Protest. Es war das Ende der Phase des friedlichen Protests, zugleich
ein gewisser Haltepunkt, gekennzeichnet durch eine Umgruppierung der Kräfte-
verhältnisse und das Auftauchen neuer Akteure des Protests, weniger intellektuell ‚munitioniert', kaum noch öffentlich agierend und bereit zur Gewaltanwendung, die unter den veränderten Vorzeichen in Erscheinung traten. Sie rissen das
Gesetzt des Handelns an sich. Sucht man nach ersten Anzeichen für diese Gewalt
von unten, so muss man in den Annalen von Berlin einige Jahre zurückblättern.

Der initiale Knall

Parallel zu der Woge der rhetorischen Gewalt, die sich aus dem romantischen Re-
volutionsgefühl einer akademischen Elite, d.h. aus der Mitte der bürgerlichen Gesellschaft aufbaute, waren die sozialen Randzonen in den urbanen Zentren auf ihre
Weise mit Konflikten der verschiedenen Art aufgeladen. Aber nur in Berlin kam
es zu einer temporären Verbindung von Teilen von Jugendlichen aus den industriellen Vorstädten mit den Jugendavantgarden. Erst die Verbindung zwischen aka-
demischem Protest mit den Gewaltmilieus der Vorstädte brachte in Berlin – und
nur in Berlin – jene Bereitschaft und jenes Berechtigungsgefühl zur Gewaltanwendung hervor, in dessen Zeichen sich dann die beiden Gruppierungen einer ‚Stadtguerilla' entwickelten: die ‚Tupamaros Westberlin' bzw. ‚Bewegung 2. Juni' und
die ‚Rote Armee Fraktion'(RAF).

Das initiale Ereignis, wo eine neue Form von Straßengewalt in Erscheinung tritt, ist ein Konzert der *Rolling Stones* in der Berliner Waldbühne im Jahre 1965. Das Konzert steht von Anfang an im Zeichen von Krawall. Bereits bei der Hinfahrt mit der S-Bahn stehen die Zeichen auf Sturm. Die Waldbühne liegt am westlichen Stadtrand von Berlin; die Besucher kommen zum großen Teil aus den nördlichen Stadtteilen, häufig aus sozialen Brennpunkten. Viele Mitfahrer, teils abgesprochen, fahren schwarz. Bei den S-Bahn-Zügen, diese stehen unter der Verwaltung der DDR-Reichsbahn, nach dem Mauerbau wurde die S-Bahn boykottiert, werden auf der Hinfahrt zum Konzert bereits einige Waggons demoliert. In der Waldbühne – das Fassungsvermögen ist mehr als 20 000 Personen – werden die Ordner überrannt; mehrere tausend Fans haben keine Eintrittskarte. Die von Anfang an aufgeheizte Stimmung eskaliert noch weiter, als die Vorbands (örtliche Beatgruppen) sich anderthalb Stunden lang verbreiten. In dem dann folgenden Tumult bringen die Stones gerade einmal drei Stücke, in der Zeit von knapp einer halben Stunde, auf die Bühne. An ein geordnetes Konzert ist nicht mehr zu denken. Die Musiker streichen dann die Segel und verschwinden. Dann bricht das Inferno los. Die Jugendlichen weichen diesmal (ein historisches Novum) vor der geballten Macht von Ordnern und herbeigerufener Polizei nicht zurück. Man schlägt zu, Mann gegen Mann. Das Mobiliar der ‚Waldbühne‘ wird in der kollektiven Wut der zu Tausenden angetretenen Anarcho- und Vorstadtszene zu Kleinholz. Zurück bleiben 87 Verletzte, es gibt 85 Festnahmen, der Sachschaden beträgt nahezu eine halbe Million DM. Die Waldbühne liegt Jahrelang als Ruine. Erst Anfang der 80er Jahre wird die Berliner Waldbühne, renoviert, wieder eröffnet. Es ist der erste bürgerkriegsartige Krawall auf dem Boden des westlichen Berlin. Er ist ein schwaches Vorzeichen für das, was nur ein halbes Jahrzehnt später folgen wird.

Was sich in Berlin in diesem Ausmaß zum ersten Mal manifestiert, ist eine Gewalt von unten, eine Gewalt ohne intellektuelle Begründung und ohne zündende Parolen; getragen durch ein massenhaftes Einverständnis. Es ist ein ‚Urknall‘ der Gewalt ohne das sonst bei Demonstrationen übliche Zurückweichen und Einlenken der Protestierenden vor der geballten Staatsmacht. Insbesondere aber geht es, wenn die Zeichen nicht täuschen, bei dieser Art des Protests nicht mehr darum, wie in einer Demokratie üblich, ein Vertrags-, Verhandlungs- oder Diskursmodell durch begrenzte Regelverletzung einzufordern oder zu ergänzen. Die manifestierte Gewalt der Szene am 15. September 1965 in der Berliner Waldbühne hatte eine andere Funktion. Sie war ein kollektives, teilweise unbewusstes aber teils auch absichtlich in Szene gesetztes Drohritual für eine neue Art von Konflikt. Es war der Konflikt einer zunächst noch ungeordneten Menge, nicht Partei, nicht Klasse,

auch nicht ein Teil der Studentenrevolte. Der Waldbühnenkrawall brach hervor wie
eine Sturmfront, die einen längerfristigen Wetterwechsel einleitet.

Anarchismus und Gewalt

Es bedurfte der Politisierung der Straßengewalt, bis sich aus der akademischen
Revolte von 1968 eine veränderte Bewegung mit wiederum verändertem Verhalten in der Frage der Gewalt entwickelte. Die Träger dieser zweiten Phase der Jugendrevolte waren die Anarcho-Zirkel im Berliner *underground*. Das politische
Projekt des anarchistischen *underground* war eine Mischung von alternativ-hedo-
nistischer Lebenspraxis, Stadtteilarbeit in Kreuzberg (einem Berliner Randbezirk
nahe der Mauer mit Brennpunktcharakter), sowie eine Manifestation von Gewalt
, wo das staatliche Gewaltmonopol singulär in Frage gestellt aber nicht systematisch und frontal angegriffen wird. Die Anarchisten im Berliner *underground* verstehen sich zunächst als ‚Freaks‘, als Vorreiter des revolutionären Lustprinzips, sie
propagieren die Bedürfnisökonomie ohne Tausch und Gegenleistung. Aber zwischen der Beschaffung von Drogen durch Raubdruck und dem organisierten Wa-
rendiebstahl (dieser wird innerhalb der intellektuellen Szene kurz durchgespielt
und dann wieder aufgegeben) auf der einen Seite und dem Einbruch in eine Bank
liegt jeweils nur ein hauchdünner Unterschied. Der entscheidende Punkt, gleichzeitig die dünne Membran zum Milieu der Gewaltkriminalität, ist die Anwendung
von Schusswaffen. Diese Stufe einer quasi-militärischen Devianz erforderte eine
politische Legitimation. Hier lag der Übergang zwischen der Spaßguerilla und
dem Verbrechen des Terrorismus.

In der ersten Hälfte der 70er Jahre entsteht eine zweite Welle der Revolte,
weitgehend ohne Rhetorik und durchgängig gewaltbereit. Die Protagonisten dieser zweiten Welle haben sich entweder losgesagt von ihren bürgerlichen Ursprün-
gen oder sie stammen aus dem Vorstadtmilieu. Sie sprechen eine andere Sprache
und sie haben andere Lebensgewohnheiten als ihre Vorläufer aus den bürgerlichen
Mittelschichten. Von uferlosen Debatten mit theoretischem Anspruch, von Romantik und Charisma kann hier keine Rede sein. Ganz im Gegenteil: Suchte man nach
Idee und Programmatik einer strikt antiromantischen Bewegung – der 70er-Jah-
re-Anarchismus böte sich an. Die Hingabe an eine Idee von höherer Einheit und
vollendeter Harmonie ‚hinter den Dingen‘ ist dem Anarchisten verhasst als Metaphysik der Herrschenden; der Zauber des Vergangenen, die gläubige Hingebung
an eine höhere Natur widerspricht seinem konsequenten Individualismus, an abs-

trakt-theoretisierendes Argumentieren ist er oder sie nicht gewöhnt. Insbesondere aber ist dem konsequenten Anarchisten jede Bindung zuwider, die auf der Unterordnung gegenüber sogenannten ‚höheren Machten' wie etwa dem Staat oder der Religion beruht. Anarchismus und Romantik gleichen sich in diesem Punkt. Beide streben nach individueller Freiheit, beide beanspruchen vom Grundgedanken her Universalität, poetisch gesprochen: Unsterblichkeit.

Wahre Ideen wie Moral, Gerechtigkeit, individuelle Freiheit oder wie die Menschheit selber, so schreibt der russische Anarchist Michail Bakunin, prominentester Theoretiker des Anarchismus im 19. Jahrhundert; die wahren Ideen werden lt. Bakunin nach einer geradezu gesetzesmäßigen Logik verfälscht, deformiert und manipulativ missbraucht, sobald sie von den Schergen der beiden großen Herrschaftsordnungen, dem Staat und der Kirche, in die Regie genommen werden; immer in der Absicht, das Volk zu verdummen und die eigene Macht zu festigen (Bakunin 1995, S. 25). Und, so folgert Bakunin weiter, da die Herrschenden jede Art von Gewalt anwenden, um das Volk zu unterwerfen, ist konsequenterweise auch jede Art von Gegengewalt erlaubt. Konsequenter Anarchismus bedeutet permanenter Konflikt und Kampf; in der Extremform ausgefochten mit allen Mitteln, ein Kampf auf Leben und Tod.

Ein Klima der Gewalt war entstanden. Zwei Angehörige der studentischen Opposition waren ums Leben gekommen bzw. nur knapp dem Tode entkommen unter Umständen, welche die Herrschenden zu vertreten hatten, die aber jeweils nicht juristisch geahndet wurden. Das verhängnisvolle Wort von der Gegengewalt kam auf, überzeugend für die, die es aussprachen, gleichwohl illegitim innerhalb einer Gesellschaft, die auf dem Weg war zu mehr Freiheit. Die Brutstätte für diese, mit Weber gesprochen, gesinnungsethisch legitimierte Gegengewalt, lag in der Frontstadt Berlin, nur hier konnte sich innerhalb der Jugendrevolte der 60er und 70er Jahre dieser politische Fauvismus bis zum Kampf mit der Waffe herausbilden[46].

Der Anarchismus hat viele Gesichter. Als eine Alltagserscheinung kommt er vor bei Jugendlichen, die keine Autorität und keinerlei Bindung anerkennen wollen, die nur das eigensinnige Selbst kennen und die konsequenterweise überall anecken und auch mit dem Gesetz beständig auf Kriegsfuss leben. Ein solcher Jugendlicher war Andreas Baader. Aufgewachsen in einem Frauenhaushalt, der Vater war im Krieg verschollen, unfähig und unwillig, irgendeine Art von Bildung und Erziehung anzunehmen, geriet er bereits als Jugendlicher in das Szenemilieu, zuerst in München und dann in Berlin. Er schlug sich durch als Schlafwagenschaffner und er versuchte sich als Journalist. Am liebsten hing er nächtens in Bars he-

---

46   Zum Begriff der Gesinnungsethik s. M. Weber : Wirtschaft und Gesellschaft, 2 Bde., Tübingen
     1956. Erster Halbband, S. 448.

rum, in körperbetonter enger Kleidung, mit großer Gosche, bereit zum Streit mit Jedem, ein Frauentyp (Aust 1985, S. 16). Baader war intellektuell gesehen eine Null. Für sich allein geblieben, wäre niemals über den Status des Kleinkriminellen hinausgelangt, er wäre irgendwo in der Anonymität des städtischen Amüsierbetriebs versackt. Aber gleichzeitig steckte in ihm ein Stachel des permanenten Aufruhrs gegen alles und Jeden.

Baader spürte instinktiv, dass jede Ordnung und jede Herrschaft zu einem gewissen Teil beruht auf Anmaßung und Konvention. In der Bindung an eine übergreifende Ordnung ist immer auch ein Moment der Unangemessenheit enthalten. Den Stachel gegen diese Herrschaftsanmaßung spürte Baader bereits im Jugendalter. Von seinen terroristischen Mitstreitern wird immer wieder die ,unheimliche Konsequenz' des späteren Bandenführers Baader hervorgehoben. Baader brachte es schließlich zu einer Art Armeegeneral, seine Armee hieß in der öffentlichen Sprache ,Rote Armee Fraktion' (RAF). Baader war kein Freiheitskämpfer im klassischen Sinn, aber er begeisterte seine Anhänger durch seine innere Unbeugsamkeit. Wer den Staat Bundsrepublik hasste, wer in den bestehenden Verhältnissen nicht Fuß gefasst hatte und dafür ,dem System' die Schuld zuschob, dem erschien Baader als Verkörperung des, wie die RAF-Sprachbildnerin Gudrun Ensslin später schrieb, ,unversöhnlichen Feindes'. Innerhalb der 1968er Revolte konnten Baader und sein Gruppe erst dann Fuß fassen, als durch die verbalrevolutionären Eskapaden von Rudi Dutschke und die ,Spaßguerilla' der Kommune I der Boden für Gewalt bereitet war und als es ihm gelang, sich durch Gleichgesinnte mit intellektuellem Hintergrund ,sprachfähig' zu machen. Wir werden Baaders Weg von einer anonymen Szene-Erscheinung zum Anführer des deutschen Terrorismus der 70er Jahre weiter unten eingehender beschreiben.

Anarchistische Gruppierungen in der Nach-1968er-Epoche wie die Berliner Haschrebellen, auch als der ,Blues' bezeichnet, wie die ,Tupamaros Westberlin' oder die aus dieser Gruppe hervorgegangene ,Bewegung 2. Juni', unterschieden sich von der Protestbewegung der späten 60er Jahre in mehrerlei Hinsicht. Dies bezieht sich vor allem auf die Gretchenfrage der Gewalt. So erzählt ein Mitglied des ,Blues':

> „Wir haben mit der Gewalt von Kindesbeinen an gelebt. Das hat eine materielle Wurzel. Wenn Zahltag ist, der Alte kommt besoffen nach Hause und verprügelt erst mal seine Alte – das sind doch die ganzen Geschichten. In der Schule, da keilst du dich. Sich mit den Fäusten durchsetzen, das ist für die eine ganz normale Sache. Du keilst dich auf der Arbeitsstelle, du keilst dich in der Kneipe, du hast ein gesünderes Verhältnis. Für dich ist Gewalt eine ganz spontane Sache, die du ganz leicht abwickeln kannst."[47]

---

47   Michael ,Bommi' Baumann: Wie alles anfing. München 1975, Neuaufl. 1995, S. 101.

Das Buch, aus dem Zitat stammt, die Lebensbeichte eines Anarchisten, authentisch im Tonfall und ohne die verschrobene Marxrhetorik der akademischen Rebellen, wurde gleich nach seinem Erscheinen im Jahre 1975 verboten. Es konnte erst 2 Jahrzehnte später und unter den Bedingungen einer liberaleren Bundesrepublik wieder erscheinen. Im Unterschied zu den vielen Selbstdarstellungen von ehemaligen Mitgliedern der anarchistischen Szene beabsichtigt Michael ‚Bommi' Baumann mit seiner Autobiographie keine Legitimierung seiner Taten, ebenso wenig eine nochmalige Kampfansage und Hasstirade an die Adresse einer herrschenden Klasse. Seine Auseinandersetzung mit der eigenen Vergangenheit liest sich authentisch, weil er in der Lage ist, sein eigenes Handeln in den 70er Jahren kritisch zu reflektieren, ohne sich dabei aufzugeben.

‚Bommi' stammt aus Ostdeutschland und er flüchtet ähnlich wie Rudi Dutschke kurz vor dem Mauerbau mit seinen Eltern in den Westen von Berlin. Als er eine Lehre als Betonbauer beginnt, drängt sich ihm eine zweite grundlegende Einsicht auf. „Das machst du jetzt fünfzig Jahre. Es gibt kein Entkommen. Der Schreck hat mir ziemlich in den Gliedern gesessen. Also hab ich immer eine Möglichkeit gesucht, rauszukommen" (S.18). Er wird stadtbekannt nach mehreren Reifenstechereien, es handelt sich insgesamt um 80 Pkws in der Parkanlage eines bürgerlichen Wohnviertels. Michael Baumann wird zu einer mehrmonatigen Haftstrafe verurteilt. Auch dies ist ein zugleich symbolischer Akt. Bei den Mitgliedern der Anarchoszene gilt der Codex, dass man das bürgerliche Recht partout nicht respektiert. Aus der Szene heraus werden in den nachfolgenden Jahren Institutionen und teilweise auch Personen angegriffen, die für die bürgerliche Ordnung stehen: Banken und Justizeinrichtungen oder auch private Wohnungen von Richtern. Verschiedenartiges Material wird benötigt für den Aufbau einer Infrastruktur im Untergrund, dazu gehören auch Melderegister, Waffenarsenale, gefälschte Ausweise sowie Kraftfahrzeuge aller Art.

In Berlin bestand ebenso wie in anderen Städten der Bundesrepublik seit Kriegsende ein Milieu von Aussteigern und Abbrechern, die Gammlerszene. Man traf sich meistens auf den Stufen der Kaiser Wilhelm-Gedächtnis-Kirche, einer Ruine aus dem zweiten Weltkrieg. Das Wort ‚Gammler', ein Schimpfwort für den Normalbürger, ist ein Erkennungszeichen mit Wir-Appeal innerhalb der Szene. Im neo-proletarischen Status des ‚Gammlers' begegneten sich der Bundeswehrdeserteur Manfred Grashoff, die Friseuse Petra Schelm, beide später bei der RAF aktiv, und so auch ‚Bommi' Baumann. ‚Bommi' ist aufnahmebereit für die neue Idee eines Lebens ohne Frust, vor allem aber ohne die Anstrengung einer lebenslangen Lohnarbeit. Der Hedonismus der direkten Bedürfnisse nach dem Prinzip der individuellen Selbstverwirklichung ist die eine Seite, das Wagnis eines alternativen Lebens in neuartigen Lebensgemeinschaften die zweite; das einigende Band einer mehr emotional gefühlten als intellektuell durchdrungenen Vorstellung von Politik und Gesellschaft ist die dritte Seite dieser anarchistischen Welt. Es ist ‚Existenz pur', ohne existentialistische Philosophie. Hier liegt der Bodensatz für eine neue Eskalation der Gewalt. Die Gewalt kommt diesmal von unten, sie ist weder staatlicherseits provoziert noch von Seiten der 1968er-Intellektuellen programmatisch vorgedacht.

Der Berliner Blues trägt seinen Namen zu Recht. Es ist eine Blues-Kultur von der härteren Art. Ausgerechnet der Sender der amerikanischen Armee, die *American Forces Networks* (AFN), der Sender der ‚imperialistischen Hauptmacht', liefert in den Anfangsjahren die musikalische Rahmung, den Rock and Roll, den Jazz und den Blues. Die Kleidungsgewohnheiten innerhalb der Subkultur sind authentisch und kreativ; die Comics aus der Szene sind ätzend und treffend. In dem schwarzen Humor und einem gewissen Sinn für das *easy going* selbst in Situationen der Zuspitzung sind die Mitglieder der Szene dem ‚philiströsen' Eiferertum der Marxsekten (mit dem Wort ‚Philister' glossierten die Romantiker des frühen 19. Jahrhunderts den bürgerlichen *mainstream*) geschweige denn den Gefolgsleuten des orthodoxen Kommunismus um Längen überlegen. Bei Banküberfällen wird schon mal gebrüllt: „Alles die Hände hoch oder auch nicht!" oder man deponiert nach einem gelungenem Coup einen Lachsack. ‚Bommi' schreibt in seinen Memoiren, dass insbesondere in proletarischen Stadtvierteln wie z. B. Kreuzberg bei manchem Passanten durchaus Züge von Sympathie für die Anarcho-Gangster spürbar gewesen sei. Und mancher Einsatzwagen der Polizei sei, so berichten Insider, gezielt am Tatort vorbeigefahren.

Die neue Szene wächst Anfang der 70er Jahre rasch an, sie zählt bald nach Tausenden. Die gemeinsame Erfahrung (und Ausübung) von Straßengewalt in allen möglichen Erscheinungsformen steigert auf Seiten der Anarcho-Täter das Selbstbewusstsein und die Größenphantasien. Schnell erscheint der Normalbürger, z.B. der arbeitende Mensch, als ein ‚Idiot' (Bommi), dem man sich haushoch überlegen dünkt. Die Abwertung der Umwelt impliziert gleichzeitig die Selbstüberschätzung der eigenen Kräfte. Beides wiederum hat zur Konsequenz, dass die Schwelle für Gewaltanwendung permanent abgesenkt wird. Bei den Demonstrationen seit der Mitte 70er Jahre sind es die Angehörigen des ‚schwarzen Blocks', vermummt und militant, die diesen anarchistischen Flügel innerhalb der Bewegung repräsentieren. Aus der vermummten Anonymität heraus wird die Gewaltschwelle nochmals abgesenkt. Es bedurfte nur noch des konkreten Anlasses, bis sich die Gewalt entlud. Und dieser Anlass rückte näher in dem Maße, wie sich Polizei und Justiz auf die neuen Kampfformen einzustellen lernten.

Evolution der Gewalt

In der Debatte über die Entwicklung der Gewalt nach 1968 stehen sich zwei Positionen gegenüber. Bei den ehemaligen Angehörigen des Terrorismus, ebenso auch in der Unbeweglichkeit einer nostalgischen Identifizierung mit 1968, wird den Herrschenden die ursächliche Verantwortung zugewiesen für die Kaskade der Gewalt in den 70er Jahren. Astrid Proll, in den 70er Jahren RAF-Terroristin, schreibt in einer späteren Veröffentlichung, dass sich aus einer spontanen Rebellion unter dem Einfluss von überzogener Härte des Staates ein ‚gnadenloser sinnloser Kampf‘ entwickelte.[48] Diese Auffassung ähnelt der Verkehrsrichters, der bei einem Streit der Beteiligten nach einer Karambolage beiden Seiten die Mäßigung empfiehlt. Die Ungeheuerlichkeit, die darin besteht, in einem Gemeinwesen mit gesicherten Grundrechten mit der Schusswaffe Jagd auf andere Menschen zu machen, wird dabei eklatant verdreht. Zumindest auf der Ebene der Zurechnung von Ursachen kommt u.E. Wolfgang Kraushaar einer adäquaten Erklärung nahe, wenn er die Gewaltlinie von Dutschke über die ‚Bewegung 2. Juni‘ bis zur RAF als ‚Entpuppung‘ eines inhärenten Prinzips bezeichnet (Kraushaar 2005, S. 13 ff..).

Aber bei dem evolutionistischen Ansatz von Kraushaar bleiben wichtige Punkte ungeklärt. Dies betrifft z. B. den gesellschaftlichen Kontext dieses Handelns; es betrifft auch die Unterscheidung zwischen rhetorischer Gewalt als symbolischer Form von Protest und Provokation auf der einen Seite sowie von ‚in Kauf genommener‘ oder gezielt zu Mord und Schrecken ausgeübter Gewalt auf der anderen. Wir haben versucht herauszuarbeiten, dass viele Instanzen und differierende Orte und Situationen dazu beitrugen, dass sich jene Gewaltkaskade aufbauen konnte, die Kraushaar in seinen historischen Falldarstellungen zu sehr als linearen Prozess modelliert. Der Vorteil unseres Vorgehens besteht u. E. darin, dass die häufig nicht beabsichtigten Folgen des jeweiligen Handelns und das strukturelle Entgleiten der Situation zu Beginn der 70er Jahre besser fassbar werden.

Der destruktive Modus

Die eigentliche Schwelle für ein Motivverstehen der terroristischen Verbrechen liegt dort, wo die handelnden Personen jenen Raum des Politisch-Imaginären ver-

---

48   A. Proll: Hans und Grete. Bilder der RAF 1967-1977. Berlin 2004, Editorial.

lassen, der sich durch die Politisierung eines vorwiegend akademischen Bildungs-
und Autoritätsszenarios und die gleichzeitige Erweiterung von Vorstellungs- und
Erlebniswelten durch neuartige Formen des Zusammenlebens im Bereich des jugendlichen Moratoriums bestimmte. Die Utopie der 60er Jahre und ihr Ausfransen
bis hin zu der Vorstellung, in den Baunischen einer heruntergekommenen Stadt-
landschaft ein selbstbestimmtes wildes Leben führen zu wollen, markiert für eine
soziologische und zeitgeschichtliche Analyse eine Grenzsituation.

Gehen wir hier nochmals zurück zu dem eingangs vorgestellten Kurzinter-
view von Ulrike Meinhof, so eröffnet sich noch eine andere Szenerie. Einiges
spricht dafür, dass hier eine junge Frau, nicht mehr als Jugendliche agierend (Ulrike Meinhof ist zum Zeitpunkt ihres Untertauchens 35 Jahre alt), unmittelbar vor
einer lebensentscheidenden Wende steht und diese Wende möglicherweise innerlich bereits vollzogen hat. Sie gesteht in der eingangs zitierten Filmsequenz etwas
Ungeheuerliches: sie schickt sich an, alle Beziehungen zu zerreißen, in denen sie
bis dahin gelebt hat. Hier liegt der selbst-zerstörerische Aspekt.

Ulrike Meinhof – dabei, die Brücken zu ihrem sozialen Umfeld abzubrechen
– sagt einem anonymen Publikum, gleichzeitig aber auch ihrer nichtsahnenden
Tochter, dass sie ihre beiden KInder verlassen wird. Es ist ein Abschied des Be-
schweigens und durch dieses Beschweigen auch wiederum ein Akt der latenten
Gewalt. Man könnte an dieser Stelle an Friedrich Schlegels Romanfigur Lucinde
denken. Auch sie zieht ihren Elan daraus, dass sie die Brücken zur bürgerlichen
Normalität abbricht. Ulrike Meinhof begibt sich auf einen Weg, der sie im Zick-
Zack-Kurs, in der Trendlinie jedoch ‚absteigend‘, hineinführt in den kalkulierten
Mord, als Mord unter politischen Vorzeichen handelt es sich um politischen Wahn.
Nicht einmal ein Jahrzehnt später, am Ende ihres zerstörerischen Weges, stehen
der Suizid und die kalkulierte Lüge; ihr Mitgefangener Jan Raspe wird vor Gericht
behaupten, Ulrike Meinhof sei ermordet worden. Die Zerstörung hat im Denken
der RAF-Gründer eine totalitäre Dimension angenommen. Die Bilder im eigenen
Kopf sind nicht mehr zu trennen von der äußeren Realität. Die Gruppe um Ensslin und Baader befindet sich in dem ultimativen Zustand einer Gruppenpsychose.

Daneben geht es um eine kollektive Aufbauleistung unter dem Vorzeichen
von Destruktion. Es geht um eine zerstörerische Allianz von Gleichgesinnten. Es
ist anzunehmen, und die Erklärungsversuche zu dem tragischen Weg der Journalistin und Mutter Ulrike Meinhof bestätigen diese Annahme, dass das Ergebnis einer
Bandengründung weiterer Einzelentscheidungen, wiederum lebensentscheidender
Brüche bei anderen Personen bedurfte, die allesamt möglicherweise für sich allein diese Zerreißprobe nicht gewagt hätten. Andreas Baader war als Einziger von
Anfang an entschlossen, den Weg des Gesetzesbruchs zu gehen. Gerd Koenen ist

der Frage nachgegangen, wie sich in der Allianz von beidem – dem *criminal intent* und einer Art von pervertierter Phantasie zwischen Baader und Ensslin jene bis heute nur schwer zu entschlüsselnde Mordbereitschaft mit lachendem Antlitz herausbilden konnte (Koenen 2003). Die Tatsache, dass hier unter beiden Aspekten – Selbstdestruktion und Tatenergie bzw. daraus folgend die Überzeugungskraft für Dritte – ein erhebliches Potential von Hassprojektion und politischem Wahn ,akkumuliert' wurde, zeigt sich an dem Umfang der Gewaltausübung, in der zeitweise erfolgreichen Außenlegitimation und in der zumindest temporären Verbreiterung und Konsolidierung der Gruppenbasis nach der Inhaftierung des Kerns der RAF. Bevor ein Mensch mordet, begeht er eine Art von Seelenmord – an der Person, die er oder sie bislang gewesen ist. Wir fragen im vorliegenden Zusammenhang danach, wie sich diese Transformation von hemmenden und treibenden Affekten über die Schwelle der terroristischen Gewalt darstellt, wenn man sie als eine gemeinsame destruktive Leistung dreier Handlungsbeteiligter versteht. Wieweit diese kollektive Destruktivität von Anfang an geplant war oder ob sie mindestens teilweise auch ein Produkt von naturwüchsigen Umständen und partiell von innerlichem Zögern begleitet war, was zumindest im Fall von Ulrike Meinhof nicht ganz auszuschließen ist, soll hier nicht erörtert werden. Da Menschen für ihr Handeln als verantwortlich angesehen werden müssen, ist die Konsequenz dieselbe.

Auch für den Terrorismus in der Bundesrepublik existierte der initiale Knall. Am 14. Mai 1970 wurde Andreas Baader mit Waffengewalt aus der Untersuchungshaft befreit. Bei der Befreiungsaktion wird ein Justizbeamter durch einen Bauchschuss schwer verletzt. Andreas Baader war gemeinsam mit Gudrun Ensslin und zwei weiteren Mittätern wegen Brandstiftung verurteilt worden. Beide hatten gegen das Urteil Berufung eingelegt. Während der Berufung waren sie auf freien Fuß gesetzt worden, dann untergetaucht. Baader war bei einer Kontrolle festgenommen worden. Ulrike Meinhof, in der Planung von Baader und Ensslin ursprünglich nur als Deckadresse und Wohnungsgeberin vorgesehen, flüchtet mit den beiden Brandstiftern und geht mit ihnen in den Untergrund. Der Gebrauch der Schusswaffe, bei den anarchistischen Gruppen und der ,Bewegung 2. Juni' eher als ein notwendiges Übel angesehen, wird nun zum Symbol von Macht und Schrecken.

Das lateinische Wort ,Terror' bedeutet Schrecken. Das Gebäude des Schreckens wird planmäßig errichtet. Mit der Urszene des deutschen Terrorismus ist ein völlig neuer Modus des Politischen, eine andere Sprache und eine veränderte Beziehung von Sprache und Verhalten, von Innen- und Außenwelt, auch, ganz gegen die Beteuerung einer strikt kollektiven Praxis, ein extremes Machtgefälle zwischen der Führung im roten Kreis und ,den anderen'; gleichzeitig auch eine neue Existenzweise verbunden, ein Leben als permanente Zerreißprobe. Die kriminelle Energie, man kann nicht umhin zu sagen, die kriminelle Potenz der beiden Bandengründer Baader und Ensslin besteht darin, den Sinn der Worte umzuformen und einen veränderten Typ von Wirklichkeit zu erfinden. Wir bezeichnen ihn als destruktiven Modus.

Gudrun Ensslin übernimmt beim Aufbau dieses destruktiven Kosmos die sprach-schöpferische Rolle. Ulrike Meinhof, zunächst noch für die Verbindung zur Außenwelt zuständig, wird in den folgenden Jahren immer mehr zur Nebenfigur. Sie wird schließlich zum Hassobjekt des Führungsduos. Beim Frankfurter Brandstifterprozess hatte sich Gudrun Ensslin bereit erklärt, sich von einem psychiatrischen Gutachter untersuchen zu lassen. Der Gutachter kommt zu dem Urteil, die Angeklagte Ensslin gebe sich nach außen hin freundlich und verbindlich, sie sei im Kern jedoch starr und unabdingbar. Sie, die Gruppe, wollten kein ‚Blatt in der Kulturgeschichte' sein, sagt sie. Der Gutachter antwortete : „Das ist der Schrei des Menschen nach Ewigkeit" (Aust 1985, S. 76). Gudrun Ensslins Vater, Pfarrer Ensslin, hatte dieser Hybris sekundiert. Seine Tochter, sonst immer rational überlegend, habe hier „fast den Zustand einer euphorischen Selbstverwirklichung erlebt( ), einer ganz heiligen Selbstverwirklichung, so wie geredet wird vom heiligen Menschentum." (zit. n. Aust, S. 73). Die reale Geschichte, so hatte Friedrich Schlegel gesagt, sei die Realisierung von Gottes Werk auf Erden. Der Kirchenmann Ensslin legt seiner Tochter hier einen verbalen Heiligenschein um, den sich die werdende Terroristin Gudrun Ensslin vollständig zu eigen macht.

Gudrun Ensslin hatte zu Beginn der 60er Jahre versucht, gemeinsam mit ihrem damaligen Verlobten Bernward Vesper, Sohn des Blut- und Boden-Dichters Will Vesper, politische Texte herauszugeben. Sie geht daran, dieses ‚heilige Menschentum' (Pfarrer Ensslin) in die Köpfe derer, die bereit sind, den Weg in die Destruktion mitzugehen, einzubrennen. Wichtig für die Transformation des Politischen in den Innenraum des Terrorismus ist die Hassprojektion und das Hassvokabular. Bereits bei den ersten Debatten in der Wohnung von Ulrike Meinhof hatte Gudrun Ensslin die Parole ausgegeben, der 24-Stunden-Tag müsse auf den Begriff ‚Hass' gebracht werden. Sie arbeitet unablässig daran, die ‚Methode Hass', sozusagen als Vorform des Waffengebrauchs, zum Sprachgebrauch der Gruppe werden zu lassen. Jeder , der sich rückschauend zu den Jahren der Gewalt äußert und der mit Gudrun Ensslin zu tun hatte, stimmt zu: ihre Energie war ohne Beispiel.

Gudrun Ensslin sorgte auch innerhalb der RAF für einen gewissen Ausgleich der Spannungen. Sie erkannte, wenn eine Situation drohte, zu eskalieren und sie ventilierte die entstehenden Aggressionen, immer im Dienst der terroristischen Sache. Baader neigte dazu, im Kreise der Gruppe endlose Sermone über die Anwesenden zu ergießen. Gudrun Ensslin saß dabei häufig in der Hocke und pendelte

ihren Körper hin und her, in Lauerstellung wie eine Kobra. Sie nahm die Latenz
in der Gruppe wahr und kanalisierte sie durch eine schnelle Bemerkung. ‚Bommi': „Das hat auch immer gestimmt. Sie war eine hervorragende Psychologin."
(zit. n. Aust, S.190)

Baader vertritt innerhalb der Gruppe immer den Standpunkt der Gewalt. Er
agiert als starkes Männchen. Seine Körpersprache ist eindeutig. In anderen Zusammenhängen würde er den Namen tragen ‚der Zuhälter'. In der RAF trägt er
(zugemessen von Gudrun Ensslin) den Namen Hans. Sie ist Grete. In der Drama-
turgie des Schreckens sind Hans und Grete die Kinder, die Hand in Hand aber un-
erschrocken hinausgehen in die böse Welt, eine Welt voller monströser Wesen, ihre
Namen wechseln ständig, der böse Geist bleibt; beide sind angetreten, um für das
Gute eine Bresche zu schlagen. ‚Bommi' Baumann, selber nicht ganz unbeleckt
bei der Anwendung der Sprache der Grausamkeit, liegt ganz auf dieser Linie, wenn
er das mögliche Terrain der Gewaltsamkeit absteckt: „Ein kleiner entschlossener
Kreis kann so eine Auseinandersetzung noch ein Stück weiterbringen, kann fürch-
terliche Breschen hauen ins ganze Gefüge." (Baumann, S. 50).

Baader ist der unbestrittene Führer. Aber Baader ist kein Rhetoriker. Er hat
die intellektuelle Politik immer abgelehnt. Es existiert ein Tondokument, wo Andreas Baader während des Stammheim-Prozesses für die RAF eine Erklärung ab-
gibt. Baader verstolpert sich, sein Ton stockt häufig. Wüsste man nicht, dass hier
der Anführer des westdeutschen Terrorismus spricht, könnte man meinen, hier übt
ein Anfänger in einem Imperialismus-Seminar. Ohne Gudrun Ensslin wäre Andreas Baader das geblieben, was er in er Berliner Szene der 60er Jahre immer war:
ein letztlich unpolitischer, querulantischer Macho. Aber Baader wird respektiert
und im inneren Kern des Terrors sogar verehrt wegen seiner ‚unheimlichen Konsequenz', wie es ein Mitstreiter formuliert. In einem Kassiber, während der Untersuchungshaft seit 1972 eingerichtet zur Zirkulierung von Nachrichten zwischen den
Häftlingen und vor allem als Instrument der inneren Gleichschaltung, charakterisiert die Sprachbildnerin in Sachen kollektiver Wahn Gudrun Ensslin ihr *alter ego*:

> „Der Rivale, absolute Feind, Staatsfeind: das kollektive Bewusstsein, die Moral der Erniedrig-
> ten und Beleidigten, das Metropolenproletariat – das ist Andreas … An Andreas, über das , was
> er ist, konnten wir uns bestimmen, weil der das Alte (erpressbar, korrupt, usw.) nicht mehr war,
> sondern das Neue: klar, stark, unversöhnlich, entschlossen … weil er sich über die Ziele be-
> stimmt." (zit. n. Aust, S. 289)

Niemand wird als Mörder geboren. Der destruktive Modus bedarf einer eigenen
Versprachlichung und er muss durch Gewalttaten eingeübt werden. Vorbilder und

initiale Akte sind erforderlich. Die politische Rhetorik, das Vokabular der Grausamkeit, ist dabei zunächst Sache der journalistischen Intellektuellen Ulrike Meinhof.
Die Namensgebung der Gruppe und das Emblem, der rote Stern, die Kalaschnikow
und der Schriftzug RAF sind das Werk von Ulrike Meinhof. Die erste Erklärung
der Gruppe (‚Die Rote Armee aufbauen. Erklärung zur Befreiung Andreas Baaders
vom 5.6. 1970‘) war nicht mehr gerichtet an die bürgerliche Öffentlichkeit; mit ihr
zielten die Gründer der RAF in den Raum der potentiellen Sympathisanten. Das
erste RAF-Manifest erweist sich als eine Mischung aus Ganovensprache, Stamo-
kap und plumper Agitation. Niemand käme ernsthaft auf den Gedanken, diesen
Text als ein Produkt mit intellektueller Substanz zu verstehen. Es ist die Sprache
der Regression, ein Appell an das Destruktive.

Ulrike Meinhof charakterisiert in einem anderen Kassiber, ebenfalls während
der Untersuchungshaft in Stammheim entstanden, die Stadtguerilla mit folgenden
Worten: „in der vollständigen durchdringung aller beziehungen im imperialismus
durch den markt und im prozess der verstaatlichung der gesellschaft durch die repressiven und ideologischen staatsapparate gibt es keinen ort und keine zeit, wo
du sagen könntest, von da geh ich aus.“[49] Der destruktive Modus als konstitutives
Prinzip der terroristischen Gruppe kommt in dieser Formulierung besonders treffend zum Ausdruck. Hass, Tatbereitschaft und, wie Gudrun Ensslin nicht müde
wurde zu wiederholen ‚tiefe Freiwilligkeit‘ sind die Voraussetzung, um diesen Zustand der Ortlosigkeit zu ertragen – nahe am Wahn und für die Inhaftierten darüber hinaus noch ohne die Perspektive, in absehbarer Zeit wieder frei zu kommen.
Ulrike Meinhof ist die Einzige im Führungskern, die mindestens in Restbeständen
noch Kontakt zur Realität hatte. Als sie in einer letzten Erklärung vor Gericht einen kaum verschlüsselten Hinweis zu der Aussichtslosigkeit ihrer Lage öffentlich
ausspricht – keinem der anwesenden Juristen scheint die Dramatik ihrer Worte bewusst zu sein – war sie im internen Prozeß der RAF längst an den Rand gedrückt.

Beides: die reale Aussichtslosigkeit eines Kampfes unter dem Kalaschnikow-
Emblem und die innere Isolation innerhalb der Gruppe brachten, soweit sich dies
von außen einschätzen lässt, ihren Lebenswillen zum Versiegen. In einem letzten
Akt von revolutionärer Theatralik am 8.Mai 1976 erscheint Ulrike Meinhof beim
täglichen Umschluss vor den Zellen vor ihren Mitgefangenen nicht in dem sonst
üblichen grauen Kittel. Sie trägt, völlig ungewöhnlich in einer Justizanstalt, eine
leuchtend rote Bluse. Das rote Hemd war in der Zeit des Terrors in der französischen Revolution die Kleidung der zum Tode Verurteilten. Keiner ihrer Mitgefangenen ‚rafft‘ die Bedeutung der Geste. Die anderen Gefangenen, man sitzt im

---

49 Zit. n. das info: briefe von gefangenen aus der raf – aus der diskussion 1973-1977, hg. von P.B.
Schut. Hamburg 1987, S.271.

Kreis zusammen, brüllen vor Lachen. Ulrike Meinhof lässt sich in ihre Zelle bringen. Sie erhängt sich in der folgenden Nacht.

Die RAF ging hervor aus der Studentenrevolte von 1968, einer genuinen Jugendbewegung. In den Absetzbewegungen von Protagonisten wie Ulrike Meinhof oder Gudrun Ensslin wird eine Grenze deutlich, die den Terrorismus der RAF unterscheidet von den Bewegungen des jugendlichen Moratoriums und einer diesmal, anders als zu Beginn des 20. Jahrhunderts, ins Politische gewendeten Romantik. Noch die ‚Gammler' vor der Berliner Gedächtniskirche, die ‚umherschweifenden Haschrebellen' und selbst die anarchistischen Gewalttäter um Michael ‚Bommi' Baumann und Georg von Rauch gehören mit ihren Träumen von einer Welt ohne die Zwänge der Arbeit und die Mühen des Warentauschs zu den Ausläufern der Romantik. Aber der Schritt in die Gewalt mit Waffen ist gleichzeitig der Weg von der Utopie zu Barbarei und Regression. Der destruktive Modus bezeichnet die Zugehörigkeit zu einem Paralleluniversum. Es ist eine Monsterwelt, in der der Hass und die paranoide Projektion regieren. Wer heute die Selbstbezichtigungen und die Selbstquälereien der inhaftierten RAF-Mitglieder in Stammheim und in anderen Untersuchungsgefängnissen der Bundesrepublik anschaut, den ergreift ein Schauder. Hier wird unter der Parole ‚Methode Mensch' zur Selbstaufgabe bis hin zum Seelenmord aufgerufen. Hier agieren am Ende zwei Fanatiker der Hassgewalt, die in einer perversen Form von Selbstüberhöhung ihren motivationalen Kern haben. Pfarrer Ensslin hatte nicht vor der Blasphemie Halt gemacht, den beginnenden Irrweg seiner Tochter heilig zu sprechen. Bereits Anfang der 20er Jahre des 20. Jahrhunderts war eine anderer Fanatiker angetreten, im Namen einer ewigen Vorsehung die Welt umzustürzen. Man kann Andreas Baader, Gudrun Ensslin und auch Ulrike Meinhof nach dem Umfang und der Nachhaltigkeit der Zerstörung, die von ihnen ausging, nicht mit Adolf Hitler vergleichen. Aber der Geist eines im Politischen kreisenden und wuchernden Wahns ist der gleiche. Wenn daher die britische Journalistin Jillian Becker die Baader-Meinhof-Ensslin-Gruppe als ‚Hitlers Children' apostrophiert, so hat dieser Vergleich jedenfalls in Bezug auf die Gründer der RAF ein Moment an Berechtigung.

Literatur

Adorno, Th. W. (1964). Minima Moralia. Reflexionen aus dem beschädigten Leben. Frankfurt: Suhrkamp.

Adorno, Th. W. (1979). Über Statik und Dynamik als soziologische Kategorien. in: Ders.: Soziologische SchriftenI. Frankfurt: Suhrkamp Verlag.

Alff, W. (1955). Vernunft, Moral, Gesellschaft / Ein Text Concordets. Einleitung und Übersetzung. In: Adorno, Th. W., Dirks, W.: Soziologische Exkurse I. Frankfurt: Suhrkamp.

Arnim, v. A. (1992). Melück Maria Blainville, die Hausprophetin aus Arabien. In: E. Bronfen, Die schöne Seele. München: Goldmann.

Artaud, A. (1996). Das Theater und sein Double. München: Matthes & Seitz.

Augustinus (1960). Der Gottesstaat. Einsiedeln: Johannes Verlag.

Aurich, R., Jacobsen, W. unter Mitarbeit von Jatho, G. (2002). European 60s. Revolte, Phantasie und Utopie. Filmmuseum Berlin.

Aust, S. (1985). Der Baader-Meinhof-Komplex. Hamburg: Hoffmann und Campe.

Bakunin, M. (1995). Gott und der Staat. Wien: Monte Verita-Verlag.

Bandier, N. (1997). „Die Straße …. Der einzig geeignete Ort für Erfahrungen von Wert". In: Hoß, D., Steinert, H. (Hg.) (1997). Vernunft und Subversion – Die Erbschaft von Surrealismus und Kritischer Theorie. Münster. Westfälisches Dampfboot.

Barlösius, E. (1997). Naturgemäße Lebensführung – Zur Geschichte der Lebensreform um die Jahrhundertwende. Frankfurt: Campus.

Barthes, R. (1984). Fragmente einer Sprache der Liebe. Frankfurt: Suhrkamp.

Bataille, G. (1975). Die Aufhebung der Ökonomie. München: Rogner & Bernhard.

Bataille, G. (1999). Das obszöne Werk. Reinbek: Rowohlt.

Bataille, G. (2000). Der niedere Materialismus und die Gnosis. In: Schulz, W., Dokumente der Gnosis. Augsburg: Bechtermünz.

Bauer, H. (1992). Barock – Kunst einer Epoche. Berlin: Reimer.

Baumeister, B., Negator, Z. (2007). Situationistische Revolutionstheorie – Eine Aneignung. Stuttgart: Schmetterling Verlag.

Beckenbach, N. (Hg.) (2007). Avant Garde und Gewalt. Hamburg: merus.

Beckenbach, N. (2010). Bildungsmisere und Gesellschaftskritik. Die ‚Leitwissenschaft Soziologie' und die 1968er-Revolte. In: Rickers, F., Schröder, B. (Hg.): 1968 und die Revolutionspädagogik. Neukirchen-Vluyn: Neunkirchener Verlagsgesellschaft.

Benn, G. (2006). Gedichte. Frankfurt: Fischer.

Benn, G., Jünger, E. (2006). Briefwechsel 1949-1956. Stuttgart: Klett-Cotta.

Berlin, I. (2004). Die Wurzeln der Romantik. Berlin: Berlin Verlag.

Beyme, v. K. (2005). Das Zeitalter der Avantgarden. München: Beck.

Bischof, R. (1997). Weder dynamisch, noch statisch. Überlegungen zum surrealen Bildbegriff. In: Hoß, D., Steinert, H. (Hg.) (1997). Vernunft und Subversion – Die Erbschaft von Surrealismus und Kritischer Theorie. Münster. Westfälisches Dampfboot.

Blüher, H. (1912). Wandervogel. Geschichte einer Jugendbewegung. 2 Bde. Berlin: Bernh. Weise Verlag

Böckelmann, F., Nagel, H. (2002). Subversive Aktion – Der Sinn der Organisation ist ihr Scheitern. Verlag Neue Kritik.

Bohrer, K. H. (2002). Nachwort zu A. Bretons „Nadja.

Bolz, N. (1989). Auszug aus der entzauberten Welt. München: Fink.

Braudel, F. (1987).Das Land. In: F. Braudel, G. Duby und M. Aymard, Die Welt des Mittelmeeres. Frankfurt: Fischer.

Breton, A. (2002). Nadja. Frankfurt: Suhrkamp.

Breton, A. (2004). Die Manifeste des Surrealismus. Reinbek: Rowohlt.

Brumlik, M. (1992). Die Gnostiker. Frankfurt: Eichborn.

Brunkhorst, H. (1997). Romantischer Impuls und untergründiger Surrealismus bei Adorno. In: Hoß, D., Steinert, H. (Hg.) (1997). Vernunft und Subversion – Die Erbschaft von Surrealismus und Kritischer Theorie. Münster. Westfälisches Dampfboot.

Bruyn, G. v. (2006). Als Poesie gut. Frankfurt: Fischer.

Büchner, G. (2002). Lenz. Eine Erzählung. Stuttgart: Reclam.

Burleigh, M. (2000). Die Zeit des Nationalsozialismus. Frankfurt: Fischer.

Casanova, G. (1985). Geschichte meines Lebens. Band 4. Berlin Propyläen Verlag.

Chasseguet-Smirgel, J. (1988). Zwei Bäume im Garten. Zur psychischen Bedeutung der Vater- und Mutterbilder. München, Wien: Verlag Internationale Psychoanalyse.

Conzen, P. (2010). Erik H. Erikson, Pionier der psychoanalytischen Persönlichkeitstheorie in: Forum der Psychoanalyse, Band 26/. Heft 4, S. 389-411.

Culianu, J. P. (2001). Eros und Magie in der Renaissance. Frankfurt: Insel.

Debord, G. (2002). Potlatch – Informationsbulletin der Lettristischen Internationale. Berlin: Edition Tiamat

de Lagarde, P.(1919). Deutscher Glaube. Deutsches Vaterland. Deutsche Bildung, Hg. v. F. Daab. 2 Bde. Jena: Eugen Diederichs Verlag.

Dülmen, R. v. (2002). Poesie des Lebens. Band 1. Köln: Böhlau.

Eckert, N. (2003). Parsival 1914. Hamburg: Europäische Verlagsanstalt.

Eco, U. (Hg.) (2004). Die Schönheit der Medien in Ders.: Die Geschichte der Schönheit. München und Wien: Hanser.

Elias, N. (1978). Über den Prozess der Zivilisation. Bd 1 und 2. Frankfurt: Suhrkamp.

Elzer, M. (2011). Wandel der Patientenrolle in der Psychiatrie. In: W. Hoefert, C. Klotter (Hg.), Wandel der Patientenrolle. Göttingen Hogrefe.

Erikson, E. H. (1958). Kindheit und Gesellschaft. Stuttgart: Klett Cotta.

Erikson, E. H. (1958). Der junge Mann Luther. Eine psychoanalytische und historische Studie. München: Csesny Verlag.

Erikson, E. H. (1970). Jugend und Krise. Die Psychodynamik im sozialen Wandel. Stuttgart: Klett Cotta

Foucault, M. (1974). Die Ordnung der Dinge. Frankfurt: Suhrkamp.

Foucault, M. (1977). Sexualität und Wahrheit. Frankfurt: Suhrkamp.

Foucault, M. (1978). Nein zum König Sex. In: M. Foucault, Dispositive der Macht. Berlin: Merve.

Foucault, (2002, 1970). Dits et Ecrits. Band 2. Frankfurt: Suhrkamp.

Foucault, M. (2003, 1978). Dits et Ecrits. Band 3. Frankfurt: Suhrkamp.

Francis, M. (Hg.) (2001). Les Années Pop (1956-1968). Ausstellungskatalog. Paris.

Frecot, J., Geist, J. F., Kerbs, D. (1972). Fidus – Zur ästhetischen Praxis bürgerlicher Fluchtbewegungen. München: Rogner & Bernhard.

Frecot, J. (1980). Landkrone über Europa – Der Monte Verità als zentrales Versuchsfeld für alternative Lebensformen zwischen Jahrhundertwende und Erstem Weltkrieg. In: Monte Verità – Die Brüste der Wahrheit. Ausstellungskatalog.

Freud, S. (1988). Brautbriefe. Frankfurt: Fischer.

Freud, S. (1989). Das Unbehagen in der Kultur. Studienausgabe. Frankfurt: Fischer.

Freud, S. (1996). Tagebuch 1929 – 1939. Basel: Stroemfeld / Roter Stern.

Friedeburg, L. v. (Hg.) (1965). Jugend in der modernen Gesellschaft. Köln: Kiepenhauer und Witsch.

Gerlach, G. (2001). Zu Tisch bei den alten Römern. Stuttgart: Theiss Verlag.

Gernert, J. (2010). Generation Porno – Jugend, Sex und Internet. Köln: Fackelträger.

Gersdorf, D. v. (2006). Die Erde ist mit Heimat nicht geworden – Das Leben der Karoline von Günderrode. Frankfurt: Insel.

Goethe, J. W. (2005). Die Leiden des jungen Werther. Frankfurt: Insel.

Grazián, B. (2005). Handorakel und Kunst der Weltklugheit. München: dtv – Beck.

Grunberger, B. (1988). Narziss und Anubis. Bd. 1. München – Wien: Verlag Internationale Psychoanalyse.

Güntzel, K. (1995). Die deutschen Romantiker. Zürich: Artemis & Winkler.

Habermas, J., Friedeburg, Oehler, Weltz (1961). Student und Politik. Eine soziologische Untersuchung zum politischen Bewusstsein Frankfurter Studenten. Neuwied: Suhrkamp.

Hesse, H. (2003). Nachwort zu Tieck, L., Die schönsten Märchen.

Heyer, G. R. (1937). Von der Seele im Stoff. In: G. R. Heyer, F. Seifert, Reich der Seele, Band II. München, Berlin: Lehmanns Verlag.

Hirschfelder, G. (2001). Europäische Esskultur – Geschichte der Ernährung von der Steinzeit bis heute. Frankfurt: Campus Verlag.

Horkheimer, M. (Hg.) (1936). Studien über Autorität und Familie. Paris: Felix Alcan.

Horkheimer, M. (1985). Zur Kritik der instrumentellen Vernunft. Frankfurt: Fischer.

Hoß, D., Steinert, H. (Hg.) (1997). Vernunft und Subversion – Die Erbschaft von Surrealismus und Kritischer Theorie. Münster. Westfälisches Dampfboot.

Hoß, D. (1997). Zum historisch-politischen Verlauf zweier benachbarter Strömungen. In: Hoß, D., Steinert, H. (Hg.) (1997). Vernunft und Subversion – Die Erbschaft von Surrealismus und Kritischer Theorie. Münster. Westfälisches Dampfboot.

Huch, R (1951). Die Romantik. Blütezeit, Ausdehnung und Verfall. Tübingen: Rainer Wunderlich Verlag.

Ille, G, Köhler, G. (1987) Der Wandervogel. Es begann ins Steglitz. Berlin:Stapp Verlag.

Illies, F. (2009). Generation Golf – Eine Inspektion. Frankfurt: Fischer.

Jäggi, E. und Klotter, Ch. (1995) Essen ist keine Sünde. München: Quintessenz Verlag.

Jünger, E. (1982). Der Arbeiter. Stuttgart: Klett-Cotta.

Jünger, E., Hielscher, F. (2005). Briefwechsel. Stuttgart: Klett-Cotta.

Jung, C. G. (1991). Über die Energetik der Seele. Ges. Werke. Band 8. Olten: Walter.

Kaempfer, W. (1997). Die zerbrochene Zeit. In: H. Heidbrink (Hg.), Entzauberte Zeit. München: Hanser.

Kertèsz, I. (2003). Roman eines Schicksallosen. Reinbek: Rowohlt.

Klee, E. (2003). Das Personallexikon zum Dritten Reich. Frankfurt: Fischer.

Klinger, C. (1995). Flucht – Trost – Revolte. München: Hanser.

Klotter, Ch. (1990). Adipositas als wissenschaftliches und politisches Problem. Heidelberg: Asanger.

Klotter, Ch. (1999). Liebesvorstellungen im 20. Jahrhundert. Gießen: Psychosozial-Verlag.

Klotter, Ch. (2004). Schwarze Romantik – schwarze Liebe. Psychologische Medizin, 3, 15, 9-15.

Klotter, Ch. (2007).: Avantgardementalität in: N. Beckenbach (Hg.): Avantgarde und Gewalt. Gratwanderungen zwischen Moderne und Antimoderne. Hamburg: Merus Verlag.

Koenen, G. (2001). Das rote Jahrzehnt. Unsere kleine deutsche Kulturrevolution 1967-1977. Köln: Kiepenhauer und Witsch.

Koenen, G. (2003). Vesper. Ensslin. Baader. Urszenen des deutschen Terrorismus. Köln: Kiepenhauer und Witsch.

Krabbe, W. R. (1974). Gesellschaftsveränderung durch Lebensreform. Göttingen: Vandenhoeck & Ruprecht.

Kraushaar, W. (2005). Die Bombe auf die jüdische Gemeinde. Hamburg: Hamburger Edition.

Kraushaar, W. (2005). Rudi Dutschke und der bewaffnete Kampf in: Rudi Dutschke. Andreas Baader und die RAF. Hg. Vom Hamburger Institut für Sozialforschung. Hamburg: Hamburger Edition.

Kurzke, H., Stachorski, St. (2002). Kommentar zu Th. Mann, Ein Appell an die Vernunft.

Laclos, Ch. de (1972). Schlimme Liebschaften. Frankfurt: Insel.

Landmann, R. (2009). Ascona – Monte Verità. Frauenfeld: Huber.

Langbehn, P. (1890). Rembrandt als Erzieher. Leipzig: C. L. Hirschfeld.

Langbehn, P. (1928). Dürer als Führer. Vom Rembrandtdeutschen und seinem Gehilfen. München: Josef Müller Verlag.

Lapassade, J. Rebellen ohne Grund. In: L. v. Friedeburg, a.a.O., S. 191-199.

Lautréamont, I. D. C. d. (1986). Werke. Berlin: Edition Sirene.

Le Goff, J. (Hg.) (1989). Der Mensch des Mittelalters. Frankfurt: Campus Verlag (frz. Erstaufg. 1986)

Leitzmann, Keller und Hahn (1999). Alternative Ernährungsformen. Stuttgart: Hippokrates Verlag.

Lenk, E. (1997). Kritische Theorie und surreale Praxis. In: Hoß, D., Steinert, H. (Hg.) (1997). Vernunft und Subversion – Die Erbschaft von Surrealismus und Kritischer Theorie. Münster. Westfälisches Dampfboot.

Lespinasse, J. d. (1997). Briefe einer Leidenschaft. München: Beck.

Ley, M. (1997). Apokalyptische Bewegungen in der Moderne. In M. Ley und J. H. Schoeps (Hg.), Der Nationalsozialismus als politische Religion. Bodenheim: Philo Verlagsgesellschaft.

Linse, U. (1980). Der Rebell und die ‚Mutter Erde'. Asconas ‚Heiliger Berg' in der Deutung des anarchistischen Bohemien Erich Mühsam. In: Monte Verità – Die Brüste der Wahrheit. Ausstellungskatalog.

Lönnendonker, S., Rabehl, B., Staadt, J. (2002). Die antiautoritäre Revolte. Der Sozialistische Deutsche Studentenbund nach der Trennung von der SPD. Band I: 1960–1967. Köln: Westdeutscher Verlag.

Mann, Th. (2002). Die Stellung Freuds in der modernen Geistesgeschichte. In: Th. Mann, Ein Appell an die Vernunft, Essays 1926-1933.

Mellinger, N. (2000). Fleisch – Ursprung und Wandel einer Lust. Frankfurt: Campus.

Melzer, J. (2003). Vollwerternährung – Diätetik, Naturheilkunde, Nationalsozialismus, sozialer Anspruch. Stuttgart: Franz Steiner.

Menell, S. (1988). Die Kultivierung des Appetits – Geschichte des Essens vom Mittelalter bis heute. Frankfurt: Athenäum Verlag.

Mogge, W. (Hg.) (2009). „Ihr Wandervögel in der Luft"…Fundstücke zur Wanderung eines romantischen Bildes und zur Selbstinszenierung einer Jugendbewegung. Würzburg: Königshausen und Neumann.

Mogge, W., Reulecke, J. (Hg.) (1988): Hoher Meissner 1913. Der Erste Freideutsche Jugendtag in Dokumenten, Deutungen und Bildern. Köln: Verlag Wissenschaft und Politik.

Montanari, M. (1993). Der Hunger und der Überfluss – Kulturgeschichte der Ernährung in Europa. München: Beck.

Mühsam, E. (1980) zitiert nach Linse, U. (1980). Der Rebell und die ‚Mutter Erde'. Asconas ‚Heiliger Berg' in der Deutung des anarchistischen Bohemien Erich Mühsam. In: Monte Verità – Die Brüste der Wahrheit. Ausstellungskatalog.

Neubert, E. (1998). Geschichte der Opposition in der DDR 1949-1989. Berlin: Ch. Links Verlag.

Nietzsche, F. (1999). Ecce homo. Krit. Studienausgabe. Band 6. Berlin: de Gruyter.

Nietzsche, F. (1999b). Also sprach Zarathustra. Krit. Studienausgabe. Band 4. Berlin: de Gruyter.

Novalis (2006). Gedichte – Romane. Zürich: Manesse Bibliothek der Weltliteratur.

Novalis (1992). Das Christentum oder Europa. Ein Fragment. In: Apel, F. Romantische Kunstlehre – Poesie und Poetik des Blicks in der deutschen Romantik. Frankfurt: Deutscher Klassiker Verlag.

Ohrt. R. (1997). Phantom Avantgarde – Eine Geschichte der Situationistischen Internationale und der modernen Kunst. Hamburg. Edition Nautilius.

Overy, R. (2002). Verhöre Die NS-Elite in den Händen der Alliierten 1945. München: Propyläen.

Ovid (1991). Ars Amatoria – Remedia Amoris. München und Zürich: Artemis & Winkler.

Panarello, M. (2004). Mit geschlossenen Augen. Frankfurt: Fischer.

Perinelli, M. (2006). Lust, Gewalt, Befreiung – Sexualitätsdiskurse. In: rotaprint 25 (Hg.). agit 883 – Revolte, Untergrund in Westberlin 1969-1972. Berlin: Assoziation A.

Pierre, J. (1994). Recherchen im Reich der Sinne – Die zwölf Gespräche der Surrealisten über Sexualität. München: Beck.

Praz, M. (1994). Liebe, Tod und Teufel – Die schwarze Romantik. München: dtv.

Proll, A. (2004). Hans und Grete. Bilder der RAF 1967-1977. Berlin: Aufbau Verlag.

Rocco und Antonia (1977). Schweine mit Flügeln. Reinbek: Rowohlt.

Rousseau, J.J. (1955). Über den Ursprung der Ungleichheit unter den Menschen (Erstausg. 1755) in: Schriften zur Kulturkritik. Hamburg: Meiner.

Rousseau, J.J., (1971): Emil oder über die Erziehung. Paderborn: Ferdinand Schöningh.

Rousseau, J.J. (1977). Vom Gesellschaftsvertrag oder Prinzipien des Staatsrechts in: Politische Schriften. Eingeleitet, übersetzt und herausgegeben von K. Weigand. Band I. Paderborn: Ferdinand Schönigh.

Schelsky, H. (1953). Wandlungen der deutschen Familie in der Gegenwart. Dortmund: Enke Verlag.

Schelsky, H. (1957).Die skeptische Generation. Eine Soziologie der deutschen Jugend. Düsseldorf: Eugen Diederichs.

Schlegel, F. (1985). Lucinde. Frankfurt: Insel.

Schmitt, C. (1982). Politische Romantik. Berlin: Duncker & Humblot.

Schmitt, C. (1985). Politische Theologie. Berlin: Duncker & Humblot.

Schmitt, C. (2005). Tagebücher. Oktober 1912 bis Februar 1915. Berlin: Akademie Verlag.

Schneider, N. (1996). Geschichte der Ästhetik von der Aufklärung bis zur Postmoderne. Stuttgart: Reclam.

Schneider. P. (1973). Lenz. Berlin: Wagenbach.

Segal, H. (1992). Wahnvorstellungen und künstlerische Kreativität. Stuttgart: Klett-Cotta.

Selg, A., Wieland, R. (Hg.) (2001). Die Welt der Encyclopédie. Frankfurt: Eichborn.

Situationistische Internationale 1958-1969. (1976) Band 1. Hamburg: MaD Verlag.

Situationistische Internationale 1958-1969. (1977) Band 2. Hamburg: MaD Verlag.

Sombart, W. (1938). Vom Menschen. Berlin: Duncker & Humblot.

Spieler, R. (2010). Gegen jede Vernunft – Surrealismus Paris-Prag. In: Gegen jede Vernunft – Surrealismus Paris-Prag. Belser (Ausstellungskatalog).

Staiger, E. (2006). Einführung zu Novalis, Gedichte – Romane.

Steinert, H. (1997). Warum Professor Adorno in späteren Jahren von Surrealismus nichts mehr hielt. In: Hoß, D., Steinert, H. (Hg.) (1997). Vernunft und Subversion – Die Erbschaft von Surrealismus und Kritischer Theorie. Münster. Westfälisches Dampfboot.

Steinert, M. (1994). Hitler. München: C. H. Beck.

Szeemann, H. (1980). Monte Verita – Berg der Wahrheit. In: Monte Verità – Die Brüste der Wahrheit. Ausstellungskatalog.

Taylor, Ch. (1994): Quellen des Selbst. Die Entstehung der neuzeitlichen Identität. Frankfurt: Suhrkamp.

Theweleit, K. (1977). Männerphantasien, Bd. 1 und 2. Frankfurt: Roter Stern.

Tieck, L. (2003). Die schönsten Märchen. Frankfurt: Insel.

Tieck, L. (2004). Franz Sternbalds Wanderungen. Stuttgart: Reclam.

Viénot, P. (1999) Ungewisses Deutschland. Zur Krise seiner bürgerlichen Kultur. Neu, herausgegeben, eingeleitet und kommentiert von Hans Manfred Bock. Bonn: Bouvier.

Volkan, K. V. D. (1994). Sektrum des Narzissmus. Göttingen: Vandenhoeck & Rubrecht.

Wackenroder, W. H., Tieck, L. (2005). Herzensergießungen eines kunstliebenden Klosterbruders. Stuttgart: Reclam.

Wagner, G. (1997). Vom Erlösungswahn Wagners in Lohengrin und Parsival. In M. Ley und J. H. Schoeps (Hg.), Der Nationalsozialismus als politische Religion. Bodenheim: Philo Verlagsgesellschaft.

Weber, M. (1993). Die protestantische Ethik und der >Geist< des Kapitalismus. Hamburg: Athenäum.

Wiesing, L. (2008). Die Sichtbarkeit des Bildes – Geschichte und Perspektive der formalen Ästhetik. Frankfurt: Campus.

Wiggershaus, R. (1997). Diskrete Radikalität. Über die Schwierigkeiten der Kunst nach Auschwitz. In: Hoß, D., Steinert, H. (Hg.) (1997). Vernunft und Subversion – Die Erbschaft von Surrealismus und Kritischer Theorie. Münster. Westfälisches Dampfboot.

Wildt, M. (2002). Die Generation der Unbedingten Das Führungskorps des Reichssicherheitshauptamtes. Hamburg: Hamburger Edition.

Ziegler, K., Sontheimer, W. (1979). Der kleine Pauly. München: dtv.

MIX
Papier aus verantwortungsvollen Quellen
Paper from responsible sources
FSC® C105338

If you have any concerns about our products,
you can contact us on
ProductSafety@springernature.com

In case Publisher is established outside the EU,
the EU authorized representative is:
**Springer Nature Customer Service Center GmbH
Europaplatz 3, 69115 Heidelberg, Germany**

Printed by Libri Plureos GmbH
in Hamburg, Germany